O AUTISMO COMO ESTRUTURA SUBJETIVA

CONSELHO EDITORIAL
André Luiz V. da Costa e Silva
Cecilia Consolo
Dijon De Moraes
Jarbas Vargas Nascimento
Luís Augusto Barbosa Cortez
Marco Aurélio Cremasco
Rogerio Lerner

Blucher

O AUTISMO COMO ESTRUTURA SUBJETIVA

Estudo sobre a experiência do autista na linguagem e com a palavra

Cirlana Rodrigues de Souza

O *autismo como estrutura subjetiva: estudo sobre a experiência do autista na linguagem e com a palavra*
© 2023 Cirlana Rodrigues de Souza
Editora Edgard Blücher Ltda.

Publisher Edgard Blücher
Editores Eduardo Blücher e Jonatas Eliakim
Coordenação editorial Andressa Lira
Produção editorial Thaís Costa
Preparação de texto Regiane Miyashiro
Diagramação Guilherme Salvador
Revisão de texto MPMB
Capa Laércio Flenic
Imagem da capa Acervo da autora.

Blucher

Rua Pedroso Alvarenga, 1245, 4º andar
04531-934 – São Paulo – SP – Brasil
Tel.: 55 11 3078-5366
contato@blucher.com.br
www.blucher.com.br

Segundo o Novo Acordo Ortográfico, conforme 6. ed. do *Vocabulário Ortográfico da Língua Portuguesa*, Academia Brasileira de Letras, julho de 2021.

É proibida a reprodução total ou parcial por quaisquer meios sem autorização escrita da editora.

Todos os direitos reservados pela Editora Edgard Blücher Ltda.

Dados Internacionais de Catalogação na Publicação (CIP)
Angélica Ilacqua CRB-8/7057

Souza, Cirlana Rodrigues de

O autismo como estrutura subjetiva : estudo sobre a experiência do autista na linguagem e com a palavra / Cirlana Rodrigues de Souza. – São Paulo : Blucher, 2023.

508 p. : il

Bibliografia
ISBN 978-65-5506-583-1

1. Psicanálise 2. Autismo I. Título

23-3561 CDD 150.195

Índice para catálogo sistemático:
1. Psicanálise

Para Elisa, essa bebezinha que mastiga as palavras se preparando para a complexa tarefa de falar.

Apresentação

O autismo como estrutura subjetiva é um livro sobre um pouco da experiência do autista na linguagem e com a palavra. "Um autista não tem senso moral. Ele não se comunica." são enunciados do tipo que aqui se busca combater.

Há mais de oitenta anos, Léo Kanner, psiquiatra austríaco radicado nos Estados Unidos, no trabalho intitulado *Autistic disturbance of affective contact* (Distúrbios autísticos do contato afetivo) estabeleceu os aspectos clínicos comuns entre onze crianças cujos nomes merecem ser postos: Donald, Frederick, Richard, Paul, Bárbara, Virgínia, Herbet, Alfred, Charles, John e Elaine. Esses aspectos foram compilados na síndrome denominada de autismo, por ele. Essas crianças tinham entre 2 e 8 anos e apresentavam perdas neurológicas, atrasos no desenvolvimento geral, eram incapazes de se relacionar com outras pessoas e não usavam a palavra para se comunicar. Essas características descritas são o oposto das feitas por Hans Asperger, em suas pesquisas na Alemanha nazista, para crianças verbais e inteligentes, sem perdas neurológicas, mas que também não usavam as palavras para se comunicar, dificultando suas relações sociais, e tinham tendência ao isolamento. Em 1906, o psiquiatra Plouller introduziu o adjetivo autista na literatura médica. Na época, ele estudava o pensamento de pacientes que faziam referências para si mesmos a tudo no mundo e a sua volta, num processo considerado psicótico. Esses pacientes tinham o diagnóstico de demência precoce, que ele mudou para esquizofrenia, também introduzindo esse termo. Bleuler, em 1911, difundiu o termo autismo como condição da esquizofrenia, em que os pacientes tinham como sintoma uma fuga da realidade, uma espécie de encapsulamento em si mesmos, sendo um dos sintomas negativos da esquizofrenia, de acordo com a fenomenologia psiquiátrica.

Desde então, o autismo se tornou signo de uma sociedade que reconhece sua diversidade e direitos enquanto estabelece critérios e paradigmas que, por si só, são excludentes ainda que pareçam bem-intencionados. Como produto de mercado que se tornaram o autismo, os autistas e suas famílias, diferentes campos de conhecimento, por vezes, entram em embate pela sua posse. Esse mercado é dominado pelo que se propõe e se faz nos Estados Unidos a partir de sua definição de saúde e doença. Isso se vê, entre outras coisas, no uso do vocabulário e na determinação do nocivo DSM (Manual Diagnóstico e Estatístico de Transtornos Mentais) e, incrivelmente, no uso de termos em língua inglesa para se referir a sintomas e eventos de autistas, por estas terras brasileiras, como *meltdown, shutdown, stimming*, ABA (*Applied Behavioral Analysis*) e *flapping*. A causa para o autismo está no cerne dessa disputa. Disputa sustentada pela má fé contida na promessa de cura que, como toda promessa, amarra as pessoas no ponto máximo de um querer e, sem que percebam, não conseguem ir adiante. Assim se vê, muitas vezes, que determinadas propostas de tratamentos são construídas muito mais contra outras propostas do que de fato para essa condição de ser no mundo acometida de sofrimentos e perdas significativas.

Por seu turno, a psicanálise já respondeu a isso. Tal posição foi necessária, pois impediu o apagamento do autista como sujeito do desejo – como um ser que quer, que fala a seu modo, que está no mundo, e não apenas como um órgão biológico cuja anatomia é seu destino. A psicanálise, e alguns de seus psicanalistas, fisgada pelo equívoco inicial e apressado de Kanner de que algumas mães daquelas primeiras crianças eram desinvestidas afetivamente, precisou enfrentar esse embaraço de modo rigoroso, respondendo às adversidades dentro do próprio campo. Antes de mais nada, mostrando que o significante "mãe" evoca, afinal, o contrário: marca o lugar subjetivo do vivo que dosa a angústia desses sujeitos pelo exercício do agenciamento materno, e essa função é sempre de quem está ocupando o lugar da palavra a ser dita. Agora, esse campo demonstra ter avançado e retroagido ao lugar que lhe cabe dentro dos discursos de saber sobre o que se passa com os seres humanos, como se civilizam, como se tornam sujeitos e como ascendem à posição de poder usufruir de seu direito constitutivo e político-ético de desejar.

Como um modo de tratamento para o sofrimento, a angústia, o mal-estar e os sintomas das pessoas, interessa à psicanálise não a espécie humana, mas sujeitos singulares e, por que não, muito particulares situados no universal do discurso que os enlaça. Nesse sentido, o *pathos* do autismo, aquilo que lhe é ímpar na sua experiência de vida, interessa visando os impasses que nele podem fazer sofrimento e impedimentos. Falar sobre estrutura em psicanálise é falar sobre direção de tratamento, na transferência, diga-se de passagem, para não se esquecer.

A psicanálise faz objeção a toda e qualquer manipulação do outro a partir da complexidade de sua existência. Por conta disso, não aceita que o autista seja (e)feito de discursos de danos, deficiências e quase não humano, como um cérebro a ser refeito em laboratório, sem senso moral e que não se comunica. Sobre a psicanálise, o autista avança em seus termos: impondo ir além da obviedade da fala, das linguagens e da comunicação. Aliás, não é isso que fazem todos os que vão às análises: falar uma língua de muitos, mas que por vezes causa mal-entendidos, impasses e não ditos naquilo que quer ser uma língua impondo outras modalidades de transferência direcionadas por esse singular de cada um? O que tem nessa existência de linguagem que força outra escuta? Ao analista, cabe uma transformação mais profunda na ideia tão combatida pela psicanálise da intersubjetividade, da troca direta entre dois: o autista nem dessa posição partiria. Questões que, a partir da clínica, direciona a proposição do autismo como estrutura subjetiva.

Em psicanálise, quando falamos em "estrutura", não estamos abordando apenas uma questão diferencial na clínica, um signo em termos de diagnóstico estrutural, no qual se busca o lugar dos elementos na estrutura universal da linguagem e posições singulares, como a imagem, o eu, o outro, os significantes, o desejo e suas relações. Há na palavra "estrutura" uma função significante, um corte que tem o peso de uma direção de tratamento: de que lugar escutamos esse sujeito? De que lugar ele se dirige a nós, analistas, pelas vias da linguagem? Em suma, não se diz de qualquer maneira, sendo esse o problema de quem habita a linguagem, afirma Jacques Lacan sobre todos nós. Nesse sentido, descrever formas da língua, modos de discursos e enunciados, sintaxes, semânticas e morfologias não é suficiente para se aproximar do modo de cada um dizer.

As densas aproximações teóricas que se seguem são tentativas de localizar algo específico que se passaria apenas nesse ser falante e em suas possíveis transformações, da posição do autista. Se foi na clínica com a criança que essas questões tiveram início, foram os autistas adultos – pois crianças autistas crescem – que anunciaram que não os escutamos, não reconhecemos o quão complexo e árduo é seu trabalho de se incluir na linguagem dos outros, quantos cálculos precisam fazer quando se está em um grupo de amigos diante da difícil tarefa de escutar e ler do outro tudo, e ao mesmo tempo; o quanto seu tempo de semantizar algo não é o mesmo de outra pessoa; que as palavras lhes chegam como peças separadas e que precisam ser montadas; que os afetos não escoam numa linearidade circular, mas escoam. Se é função dos adultos possibilitar às crianças compreender as palavras, os nomes, oferecer-lhes significantes, acolher trocas, equívocos, brincadeiras com as línguas e com as linguagens, subverter as gramáticas, os tempos verbais, nas vias do autismo é preciso transmitir-lhes possibilidades de linguagem. Quando uma criança pede alguma coisa, como um objeto qualquer, um doce ou um brinquedo, esse pedido só poderá ascender à função de ensaios do desejo caso aquele outro que o escuta lhe ofereça palavras antes, significantes entre esse pedido e objeto tal como imaginado. Françoise Dolto sugeria ser assim a castração, numa espécie de inscrição pela linguagem e pelas palavras como uma alternância entre o sujeito e seu desejo. Não se tratando, portanto, de afastar, proibir, oprimir, moldar e reprimir o que se quer – isso é impedir a inscrição da lógica do desejo.

Não são poucas as vezes que se pode ver, no cotidiano dos cuidados prestados a crianças autistas, o avesso dessa lógica: se a criança diz "pirulito" pegando na mão de quem está com ela e apontado para o que quer, o que se faz é retornar esse dizer não em forma de demanda, mas algo como "Você só terá o pirulito quando disser a frase toda 'eu quero o pirulito, por favor'". Aqui não se trata de ensinar bons e opressivos modos à criança enfiando-lhe a normatividade da língua, mas é a repetição sem fim impedindo que se passe a outra coisa. Imagine o terror diante da ameaça de concatenação para uma criança autista, o horror em ter que fazer seriações com as palavras. Para ela, é o abismo traumático da linguagem. Por vezes, não podem enunciar isso, pois não conseguem falar como nossos ouvidos estão acostumados a escutar. Também é fácil testemunhar, em certas intervenções, a modulação do corpo dessas crianças, forçando um modo de estar, direcionando a criança ao que o terapeuta quer, espaços onde a língua e a linguagem estão a serviço de uma ortopedia. A psicanálise vai em outra direção: da solução e da invenção com e a partir desses sujeitos.

A clínica psicanalítica é antagônica ao que foi colocado e é isso se apresenta nas páginas seguintes, divididas em três partes que se amarram em torno de nomes que fizeram marcas no discurso da psicanálise sobre o autismo, a partir de Sigmund Freud e Jacques Lacan, a saber: Melanie Klein, Rosine Lefort e Robert Lefort, Jean--Claude Maleval e Ângela Vorcaro.

A primeira parte é intitulada "O autismo como estrutura (não) borromeana: primeiras aproximações" abrindo com o que é dizer estrutura em psicanálise, discernindo a estrutura no simbólico como cadeia significante e estrutura (do) real como topologia borromeana. Essa distinção privilegia as transformações no discurso psicanalítico como respostas aos impasses clínico-teóricos, e não o apagamento de uma noção pelo avanço da outra. O nó borromeano é lido como a linguagem de escrita do inconsciente nos termos em que possibilita elaborar o dizer e as significações como não mais restritas a uma única dimensão. A fala precisa ser considerada também nas dimensões de Real, Simbólico e Imaginário, e não apenas no peso de sua primazia imaginária. São essas especificações que baseiam um primeiro ensaio do autismo como estrutura (não)borromeana em que esse (não) será elevado a sua marca singular, nessa construção teórica.

A segunda parte é denominada "Autismo: estrutura subjetiva em psicanálise" e avança na discussão anterior para destacar os elementos simbólicos e suas relações que compõem a estrutura e suas especificações para o autismo. Nessa discussão, tem espaço a importante distinção estrutural com base nos traços, nas ficções e fixões que organizam a realidade psíquica dos sujeitos. Tal distinção merece esse destaque levando-se em conta o lugar indistinto que o autismo teve nas primeiras elaborações psicanalíticas. Fechando essa segunda parte, assim como na primeira, avanço na elaboração do autismo como estrutura topológica (não)borromeana apoiada nas construções em torno da estrutura de borda e estrutura topológica borromeana.

Na terceira parte, desenvolvo a hipótese de que as negativas, a negação e a voz no autismo dizem sobre suas especificidades estruturais, cuja hipótese levantada dá nome a essa parte final como "Recusa aos desdobramentos significantes e renúncia ao saber suposto pelo Outro: a trajetória da negação no autismo". Abordo os princípios das negativas em psicanálise, desde seus primórdios em um projeto de psiquismo freudiano negativado. Na sequência, delimito a função estrutural da negativa no inconsciente estruturado como uma linguagem, indo das negações na gramática à negatividade do objeto em que a ordenação lógica avança na seriação significante. Realizo uma pesquisa sobre a negação nas elaborações psicanalíticas, seu lugar na linguagem *nãotoda* e seus efeitos sobre a primazia da fala em psicanálise. Dessa negação, leio o caso Dick apresentado pela psicanalista inglesa Melanie Klein pela lógica topológica de amarração entre Real, Simbólico e Imaginário, a voz, a imutabilidade e as negações que situam o autismo na linguagem.

Os desenhos que ilustram a capa e contracapa deste livro são feitos do indizível em palavras cuja persistência traça a imutabilidade de um sujeito que, autista, faz do avesso e do direito o mesmo, onde, na dobra, apenas o furo muda de posição, bordeado por traços que vão se sobrepondo na folha, alternando-se em cores. Esses desenhos são feitos de uma linguagem que não se serve de signos verbais, mas tem relação com alguma coisa de quem os traçou. Também não serve para comunicação, não serve para expressar um significado. De que se trata essa linguagem? Para que serve, então? Serve para fazer sujeitos, disse Jacques Lacan. Como uma escritura não legível, faz questão de não dizer alguma coisa. Da ausência de palavras, essa escritura não quer dizer, quer ser ali o traço a ser lido e que aponta para o lugar de um desejo.

Prefácio

Esta leitura aqui oferecida por Cirlana Rodrigues de Souza é fruto de seu intenso esforço em registrar o que sua prática efetivamente clínica com crianças lhe transmitiu. Assinala-se que ela não trata das crianças conformadas aos ideais sociais, mas daquelas que, desde a primeira infância, se contrapõem a padrões de normalidade perseguidos pelo discurso vigente.

O ideal de eficiência, produtividade e assertividade que impera sobre as crianças também incide sobre os profissionais ditos especialistas que devem imediatamente enquadrar o lugar e a posição destas crianças atípicas e inadequadas. Consentindo com as promessas neles depositadas, esses profissionais estabelecem correspondências unívocas entre observação restrita de comportamentos incômodos ao observador e signos preconcebidos de debilidade orgânica, desconsiderando a complexa trama em que tais signos comparecem como deslocamentos, substituições e suplências que os configura como uma enigmática modalidade de resposta ao que, na realidade e na construção do próprio corpo, afeta a subjetivação dessas crianças. Sem localizar o tecido que envolve e determina singularmente tais comportamentos atípicos, o avaliador se sustenta em um protocolo genérico que fixa e anula os ângulos e os pontos cegos sob os quais as crianças são vistas, encobrindo qualquer possibilidade de supor-lhes um querer-dizer, mesmo que em seu nascedouro. Longe do funcionamento da criança ser problematizado e localizado em uma lógica simbólica, esta visada retira o movimento dialético e plástico da criança na linguagem, recortando signos imediatos e estanques que, nesta apresentação, só podem ser atribuídos a disfunções orgânicas, alçados a dados científicos apenas por terem sido categorizados e assim elevados à função diagnóstica diferencial.

Desse modo, as crianças são classificadas genericamente numa tipologia disposta em graus de acometimento de déficits, em um espectro dito autista que os quantifica e decide destinos. Sobrepondo, com o critério sindrômico, o nome próprio que receberam na linhagem geracional e substituindo, com uma prótese, o saber parental que referencia e orienta qualquer criança, os ditos autistas se constituem sob o efeito avassalador da modelagem técnico-ideológica a que se opõem, insistindo em resistir.

Neste contexto, não é por acaso que o diagnóstico psiquiátrico de transtorno do espectro autista tenha ganhado proporções epidêmicas. Constatamos cotidianamente que aparentes manifestações autísticas muitas vezes se dissolvem rapidamente em encontros clínicos que privilegiam a lógica simbólica potencial do brincar de crianças que gira em torno dos acontecimentos disruptivos na constituição do corpo, quando esculpem ou que estancam o exercício primário da fala. Também são nítidas as situações em que o tratamento clínico longitudinal não avança, que o recrudescimento do quadro é patente e que é mesmo possível atribuir incidências orgânicas intervenientes.

Não se questiona, portanto, a existência de autistas, ou seja, de habitantes do campo da linguagem que, a despeito de pouco operarem a função comunicativa da fala, usufruem de outra maneira, tanto da linguagem quanto da fala. O fato de as modalizações deste usufruto nos serem enigmáticas não as reduz a determinantes biológicos. Trata-se de discernir as consequências da linguagem no ser humano, que se distingue como espécie por habitar nela e ser habitado por ela. Trata-se de dar dignidade ao enigma do encontro do campo simbólico imaterial que produz e sofre efeitos incomensuráveis, imprevisíveis e singulares, sendo atingido e atingindo um substrato biológico concreto, a ponto de ambos se incorporarem e transmitirem-se.

Sigmund Freud concebeu a pulsão como o que ata a base somática ao aparelho de linguagem nomeado em seguida como aparelho psíquico, discernindo-a da fisiologia do arco reflexo. Jacques Lacan discerniu o corpo de sua rocha orgânica subjacente, sendo o corpo falante o efeito da pulsão, cujo movimento franqueia a combinação não toda que ela desdobra e complexifica, ao atar (e também desatar e reatar) a fenda do abismo entre corpo falante e organismo. Resta-nos fazer operar estas ferramentas registrando, na clínica, seu alcance, sua extensão e seus limites, seja para sobressaltar sua importância, seja para substituí-los.

É na trilha deste esforço que a autora propõe considerar algumas apresentações pelas quais a linguagem pode incidir numa modalidade de corpo, conjugando-se na estruturação de um sujeito qualquer, focalizando formas surpreendentes. Assim, a autora se dedica a destacar, nos autistas, os efeitos paradoxais incomensuráveis que tangenciam certas operações de linguagem que se redobram sobre ela mesma para negá-la, assim, perpetuando-a.

A densa trajetória aqui tramada fisga o leitor, exigindo interesse e esforço, posto que convoca o clínico a transitar por uma constelação tensionada por conceitos pouco tratados que resistem à biunivocidade e ao mero encobrimento. É o que acirra o necessário debate sobre o furo da linguagem que, num só tempo, mantém-se incluído e em exterioridade a ela.

Angela Maria Resende Vorcaro

Conteúdo

**Parte I – O autismo como estrutura
(não)borromeana: primeiras aproximações**   23

1. O que é estrutura em psicanálise?   27
2. A estrutura no simbólico: a cadeia significante   31
3. A estrutura (do) Real: topologia borromeana   77
4. Um adendo sobre o grande Outro   83
5. A estrutura topológica de borda e os objetos   91
6. O nó borromeano: escrita do inconsciente   123
7. A estruturação borromeana   131
8. Das primeiras elaborações sobre o autismo como estrutura (não)borromeana   147

Parte II – Autismo: estrutura subjetiva em psicanálise   153

9. Elementos simbólicos e suas relações que compõem as estruturas   157

10. Um centro de saber e o corte que o faz esvaziado — 161

11. A proposição de Rosine Lefort e Robert Lefort — 167

12. A demanda e o desejo no autismo — 173

13. Distinção estrutural — 181

14. Traços das distinções estruturais e as ficções que estruturam a realidade psíquica — 183

15. A proposição do autismo como estrutura topológica: estrutura de borda e estrutura topológica (não)borromeana — 231

Parte III – Recusa aos desdobramentos significantes e renúncia ao saber suposto pelo Outro: a trajetória da negação no autismo — 269

16. Princípios das negativas em psicanálise: do Simbólico ao Real como presença vazia — 273

17. A função estrutural da negativa na psicanálise — 291

18. A negativa no inconsciente estruturado como uma linguagem: das negações na gramática à negatividade do objeto — 303

19. A negação como ordenação lógica *avant* a seriação significante — 325

20. A negativa como barra: o *nãotodo* — 331

21. A negação em *O aturdito* — 341

22. A negação na constituição do sujeito — 369

23. A negação no autismo — 383

24. O caso Dick — 399

25. A voz no contexto das elaborações psicanalíticas 411

26. O que há de voz nos ditos de Dick? 429

Considerações finais 489

Referências 497

Parte I
O autismo como estrutura (não)borromeana: primeiras aproximações

> *Vocês veem que ao conservar ainda esse como, me apego à ordem do que coloco quando digo que inconsciente é estruturado como uma linguagem. Eu digo como para não dizer que o inconsciente é estruturado por uma linguagem. O inconsciente é estruturado como os ajuntamentos de que se tratam na teoria dos conjuntos como sendo letras.*
>
> (Lacan, 2010, pp. 65-66)

O autista é aquele que não fala: esta é a máxima dos manuais diagnósticos, pois, mesmo quando se servem do verbo, não respondem à lógica de comunicação e trocas dialógicas esperadas. Esse predicado tampona a relação do autista com a linguagem. Para a psicanálise, em sua tradicional primazia da fala, esses sujeitos impõem outra abordagem quando chegam à clínica e, por conseguinte, uma torção: ultrapassar a lógica da fala articulada e adentrar em uma dimensão outra de (não) saber como dizer que se sobrepõe aos enunciados e enunciações possíveis. Nessa dimensão, o sujeito nada tem de particular a falar ao outro. Entretanto, é possível acessar as consequências da intrusão da linguagem no ser realizando uma leitura da lógica de manifestações de um corpo que circula no espaço e que escande o tempo, sendo, portanto, materialidade acessível afetada por algo da linguagem que ali ressoa, por letra. Linguagem como a existência simbólica e que implica, necessariamente, pensar que "existem seres falantes que produzem formações linguageiras" (Milner, 2021, p. 45), portanto, que falam línguas. A psicanálise não perde de vista que seres falam línguas e, mais ainda, que se constituem nesse ato como sujeito falante e, por isso, desejante. Não se confundindo com o trabalho linguístico de descrever línguas – lidamos com o que é o dizer e que o dizer implica um sujeito. Assim sendo, o autista interessa como ser de linguagem.

Sustentar o autismo como uma estrutura subjetiva parte da concepção de estrutura na psicanálise, considerando o sujeito do inconsciente assujeitado à linguagem, ou seja, estruturado como uma linguagem, conforme a máxima de Jacques Lacan proferida em seu ensino, nos anos 1950; parte das operações implicadas na constituição do sujeito reguladas pelo Simbólico a partir da incidência do Real nessa estrutura reguladora. Nessa discussão, vou das especificidades da estrutura simbólica à estrutura borromeana, nomeada estrutura real, para fundamentar a hipótese de que encontramos, no autismo, uma estrutura topológica (não)borromeana.

Nesta primeira parte, examino o que estrutura o inconsciente como uma linguagem, visando ir da primazia da fala no campo do Simbólico para a primazia do Real como estrutura, no campo da topologia – ambos se tratando de linguagem. Além de textos fundamentais de Jacques Lacan, acesso autores e autoras como Ângela Vorcaro (2004; 2008; 2019a, 2019b e 2019c), Vorcaro e Capanema (2010; 2019) e Porge (2014a, 2014b), entre outros. Minha hipótese considera o autismo como estrutura subjetiva (não)borromeana, tomando como seu traço distintivo – marca do Real – a imutabilidade e a recusa à primazia da fala em sua escrita (não)borromeana.

Essa estrutura pode ser acessada nos ditos compostos na dimensão imaginária de um corpo não mortificado pelo significante, de objetos não pulsionais e do vazio mantido no complexo laço entre o autista e o Outro.

Início com a questão *O que é estrutura em psicanálise?* para distinguir a estrutura simbólica da estrutura real. Essa distinção não é um fim, não é pela substituição de uma pela outra na teoria lacaniana. É, porém, proposta como um meio de acompanhar as elaborações do psicanalista francês Jacques Lacan em torno dos limites epistemológicos dos fundamentos da linguística estrutural para a constituição do sujeito e suas formulações lógicas posteriores, a partir da teoria dos conjuntos como respostas aos impasses teóricos: limites e formulações que foram equacionadas na teoria do nó borromeano. Sigo adiante nas proposições desse autor sobre o nó borromeano como lógica de escrita para o inconsciente, e abordando a estrutura borromeana considerando a constituição do sujeito e a formação da realidade psíquica. Nas considerações finais desta primeira parte, proponho o autismo como estrutura subjetiva a partir dessa escrita formalizada do inconsciente.

1. O que é estrutura em psicanálise?

O discurso psicanalítico pressupõe o inconsciente estruturado como uma linguagem: é a estrutura da língua, conforme os estudos de Ferdinand de Saussure e Roman Jakobson contemplados na estrutura simbólica suposta pelo antropólogo Claude Lévi-Strauss. Esses estudos permitiram a Jaques Lacan ler os fundamentos psicanalíticos nos trabalhos de Sigmund Freud. Nesse discurso, o autismo coloca uma interrogação: essa estrutura simbólica daria conta de pensar o autismo e suas especificidades como tipo clínico?[1]

Jacques Lacan (2003a) aborda o estrutural em psicanálise levando em conta a distinção e a articulação dos elementos da língua como o que da linguagem estrutura o inconsciente. Essa estrutura não

---

[1] Minha hipótese contempla a questão da negativa para o autismo, cabendo perguntar, nesse ponto: se a estrutura da língua define o tipo autismo (ou autismos), como pensar nas negativas, pois elas derivam do simbólico? Ou algo nessa inscrição afirmação/negação abriria essa possibilidade para outra especificidade estrutural? A questão da negativa, como toda questão estrutural na psicanálise de Jacques Lacan, ganha outra elaboração diante da invenção do objeto *a*, percurso a ser feito na terceira parte.

concerne a patologias e cada sujeito, na relação com o traço unário que o significante carrega, será uma estrutura dita normal, no sentido daquilo que não é qualificável e marca como singularidade. Para a psicanálise, a estrutura não é um arranjo de critérios e características descritas e generalizantes:

> *O neurótico é normal, na medida em que, para ele, o Outro, com O maiúsculo, tem toda a importância. O perverso é o normal, na medida em que para ele o falo, o grande F, que vamos identificar com esse ponto que dá à peça central do plano projetivo toda sua consistência, o falo tem toda a importância. Para o psicótico, o corpo próprio, que se deve distinguir em seu lugar, nessa estruturação do desejo, o corpo próprio tem toda a importância.* (Lacan, 2003a, p. 398)

O significante "normal" merece ser apreciado considerando que estou dentro de um campo sinuoso entre a doença e a saúde, entre a patologização da vida e o reconhecimento de uma condição singular de existência com seus impasses, sofrimento, mal-estar e angústia. Dizer que o neurótico é normal, assim como o perverso e o psicótico, é dizer que esse sujeito parte de determinada posição suposta na linguagem, e não que ele se limita a essa posição. Assim como a língua que ofereceu um modo de funcionamento do inconsciente à psicanálise, essa estrutura subjetiva se transforma cada vez que se realiza no dizer de um falante. Ao falar, o sujeito perturba esse sistema que lhe pré-existe.

A estrutura não é um desvio ou um *déficit*, "mas agenciamento de elementos de acordo com certas configurações, com certas relações que são variáveis" (Porge, 2014a, p. 30), cujos parâmetros não são normas, mas a relação demanda e desejo. Ao dizer neurose, psicose e perversão (autismo, *bordeline*), a psicanálise não descreve atributos de indivíduos que regulam suas vidas e tomadas de decisões, mas um ponto de vista atravessado pelo não saber do inconsciente sobre a estruturação de um desejo e seu sujeito como resposta à demanda, ao real e ao gozo, em que o analista está incluso sob transferência. Esse não saber é presentificado no outro para o neurótico, no falo para o perverso e no corpo para o psicótico. E para o autista?

2. A estrutura no simbólico: a cadeia significante

O psicanalista francês Jacques Lacan (1953/1998b), no texto "Função e campo da fala e da linguagem em psicanálise", inaugura o simbólico e o primado da fala como o que da linguagem determina o sujeito do inconsciente, a partir de sua centralidade na psicanálise, desde Sigmund Freud. O imaginário como sentido dado, forjado a partir do limite do que olho vê, sem levar em conta o que dele escapa, e como estruturação pré-verbal, estava sendo questionado dentro da prática do inconsciente. O psicanalista deve dominar as funções da fala (e o campo da linguagem) como meio da realização da experiência analítica de cura e discursividade, da escuta analítica: "não há fala sem resposta, mesmo que depare apenas com silêncio, desde que ela tenha um ouvinte, e é esse o cerne de sua função na análise" (p. 249).

Trata-se de não desvincular a intenção imaginária da relação simbólica, mas articular o semelhante e o diferente, ascender sobre o imaginário da fala plena o simbólico e o que ele comporta de equívocos, cortes, vazios, suspendendo as certezas do sujeito, tornando o imaginário um engano. Mesmo o silêncio, assim como a fala vazia, tem seu valor: "Mesmo que não comunique nada, o discurso representa a existência da comunicação; mesmo que negue a evidência, ele afirma que ela constitui a verdade; mesmo que se destine a enganar, ele especula com fé no testemunho" (Lacan, 1953/1998b, p. 253), com fé na palavra dita. O discurso é a fala no mundo, qualquer que seja ela, é a existência. Cabe ao analista escutar a parte "significativa" desse discurso, as meias-palavras, os lapsos, os silêncios, fazendo a escansão oportuna. Nota-se que discurso e fala, nesse momento, são correlatos.

A partir da experiência de Ana O. (a primeira histérica em análise) com seu *talking cure* que coloca Freud e Breuer diante da teoria do trauma, Lacan (1953/1998b) discorre sobre a fala plena: o sujeito faz passar o sintoma para o verbo, ele o verbaliza para um outro. Isso fundamenta a primazia da fala no campo psicanalítico, prevalecendo a ideia de comunicar algo (mesmo não sabido) a alguém, pois a psicanálise, tal como elaborada por Freud, é ascensão da história do sujeito à posição constitutiva por ser contada em uma fala endereçada a alguém. O aspecto enunciativo da fala (no sentido de ser endereçada ao outro, em que um fala e o outro escuta), leva a questionar como a assunção da história do sujeito constituída na fala deve ser reformulada para o autista, na medida em que este não endereça a fala nem ao outro imaginário nem ao Outro simbólico: não seria apenas não se direcionar pela fala ao outro, mas, antes, de um desejo em fazer-se escutar, desejo esse que invoca o Outro.

O psicanalista recorre à fala plena e vazia para curar e explicar o sintoma:

> *Seus meios são os da fala, na medida em que ela confere um sentido às funções do indivíduo; seu campo é o do discurso concreto, como campo da realidade transindividual do sujeito; suas operações são as da história,*

> *no que ela constitui a emergência da verdade no real.*
> *(Lacan, 1953/1998b, p. 259)*

O termo indivíduo é unidade e não se refere ao sujeito dividido da psicanálise, e os meios são a fala naquilo que ela carrega o simbólico que estrutura o inconsciente. O inconsciente é discurso, o capítulo censurado da história do sujeito escrito como verdade no sintoma histérico, nas lembranças da infância impenetráveis, no vocabulário e na semântica de cada sujeito, nas lendas que formam sua história, e os restos (vestígios) dos capítulos censurados que são reestabelecidos pela interpretação em análise. Esses aspectos do inconsciente se realizariam no peso dos sentidos na fala plena e é nela que o sujeito se reconhece. Esse inconsciente é o discurso do Outro não como analogia, mas como metáfora, e nada nele é natural, pois há sujeito por este ser falado: toda a lógica inconsciente é comportada pela fala que dá sentido à experiência de análise.[1] Essa relação se sustenta, conforme tese de Lacan retornando à *Traumdeutung*, de Freud, no fato estrutural (e constituinte) de que:

> *o sonho tem a estrutura de uma frase, ou melhor, atendo-nos à sua letra, de um* rébus, *isto é, de uma escrita da qual o sonho da criança representaria a ideografia primordial e que reproduz no adulto o emprego fonético e simbólico, simultaneamente, dos elementos significantes*

---

1 O Outro aparece com O maiúsculo talvez pela primeira vez no ensino de Lacan, porém sem que o psicanalista faça qualquer comentário que diferencie Grande Outro de outro, com o minúsculo. No texto em francês "Fonction et champ..." (1953), acessível em http://staferla.free.fr/Lacan/fonction_et_champ.htm, temos ocorrências como "*Que l'inconscient du sujet soit le discours de l'Autre*". O que poderia levar a supor que a lógica de alteridade, do Outro como lugar, ainda não havia sido estabelecida, prevalecendo o outro da intersubjetividade que escuta o que o sujeito fala, sem a dialética opositiva da estrutura simbólica.

que tanto encontramos nos hieróglifos do antigo Egito quanto nos caracteres cujo uso a China conserva. (Lacan, 1953/1966 [1998b], p. 268)

Decifra-se o inconsciente, cerne da experiência psicanalítica, que, estruturado como uma linguagem e como o sonho, é falado na sintaxe da língua via figuras de linguagem, metáforas e metonímias, deslocamentos e condensações, como uma composição poética. A escrita concerne aos traços fonológicos da língua e, como tais, acessados por deciframento de uma forma. Vale destacar que o inconsciente vai de uma escrita significante a uma escrita hieróglifa.[2] Ao falar do sonho, o paciente fala de seu desejo a um outro para que esse outro reconheça seu desejo.[3] Nos equívocos do inconsciente, há uma combinatória que os ordena e que a análise revela pelos lapsos, sonhos, chistes, esquecimentos e outras formações: a análise revela o efeito de sentido dessa combinatória. A relação que ordena o inconsciente é do signo, naquilo que articula significante e significado, e não ideia e símbolo, pois este é o que faz pacto social

---

2 A Pedra de Roseta nos dá a dimensão do que é a escrita hieróglifa, grafada por traços de difícil acesso via lógica simbólica, prevalecendo a transliteração como o modo de se ler e decifrar o que não se traduz de uma estrutura real para a estrutura simbólica. Há desacordos entre os estudiosas da matéria em relação às três estruturas de linguagens distintas que nela se encontram grafadas: hieróglifos, demótico egípcio e grego. De modo geral, são três tipos de hieróglifos: ideogramas, imagens traduzidas como aquilo que representam; glifos fonéticos, imagens que representam os fonemas da língua; determinativos, imagens que não se traduzem em fala, presentes apenas na escrita. Cada hieróglifo não representa uma letra, mas uma sílaba fonética que tem como base a fala direta e sem ordem padronizada.

3 O desejo é o Desejo do Outro reconhecer o desejo do sujeito, estendendo a máxima de Hegel – e não o que o outro tem. O objeto desejado/o desejo do sujeito encontra seu sentido no desejo do outro. Entretanto, em sua especificidade, o autista interroga a busca desse reconhecimento no outro, ponto a ser explorado na segunda parte do texto.

e o significante não faz pacto, concerne ao sujeito e se destaca no campo da linguagem.

Lacan (1953/1966[1998b]) salienta que a palavra é presença feita de ausência, "toma corpo como vestígio de um nada" (pp. 277--278), nada que gera a coisa. O inconsciente, esse nada gerado pela palavra feita de ausência, inscreve-se pela operação descrita por Freud como *fort-da*, em 1920, em *Para além do princípio do prazer*, na qual o mundo das palavras cria o mundo de todas as coisas, e um conceito é essa coisa que o nada gera: "O homem fala, pois, porque o símbolo o fez homem". Esse símbolo ausente é puro significante em sua função: por isso, o recurso do psicanalista é a fala como possibilidade de acesso ao ausente.

Ao retomar o Complexo de Édipo como o limite do sujeito no universal da linguagem, um corte para uma existência desejante e singular, Lacan (1953/1966[1998b]) mostra que a marca dessa lei se incorpora pelo *Nome-do-pai*, significante que articula a lei com a imagem que a encarna: identificação, colocando esse significante no centro da estrutura.

Na relação entre fala e linguagem, existem três paradoxos para o sujeito, conforme Lacan (1953/1966 [1998b]): a linguagem sem dialética, que não se faz reconhecer como na loucura, "liberdade negativa de uma fala que renunciou a se fazer reconhecer, ou seja, um obstáculo para a transferência" (p. 281), como o delírio, em que a ausência de fala se manifesta pelo fato do sujeito ser mais falado do que falar; no campo do sintoma (da inibição e da angústia), a fala é excluída do discurso e o sintoma passa ser *o significante de um significado recalcado*, de ambiguidade semântica escrita na carne, e o sintoma é fala plena por incluir o outro e a demanda de reconhecimento [sentido] pelo Outro. O último paradoxo concerne ao sujeito que (se) perde do sentido nas *objetivações do discurso*, em que o sujeito se explica cientificamente em análise, ou, aplica-lhe a teoria psicanalítica, é o "eu sou" do homem moderno alienado: a fórmula da alienação, "o sujeito é mais falado do que fala", por isso a exigência da psicanálise pela fala plena, pela primazia da fala, e o psicanalista como o "praticante da função simbólica".

Para explicar a estrutura simbólica do inconsciente, o psicanalista segue o caminho feito pela linguística estrutural como uma das ciências modernas. Lacan (1953/1966[1998b], p. 286) encontra na matemática combinatória dos fonemas – a lógica opositiva da teoria do valor nos menores elementos da língua – as origens da função simbólica tal como Freud descreveu para "uma conotação vocálica da presença e da ausência". A experiência do *fort-da* é estrutural e carregada pela sonoridade da língua assentando o inconsciente nos sistemas de linguagem descritos pelo estruturalismo. O interesse é pelas estruturações sincrônicas diferenciadas das estruturações diacrônicas na linguagem: é o aqui agora da fala em análise construída pela associação livre. Acrescento outro paradoxo: uma estrutura de linguagem pré-existente ao sujeito se encontra com o falar livremente.

As ressonâncias da interpretação e o tempo do sujeito na técnica psicanalítica reconduzem a experiência psicanalítica à linguagem e à fala por lidar com o inefável, pelo que soa e ressoa da fala (nas formalizações fonéticas dos morfemas da fala do paciente), servindo-se da própria resistência (como o que retorna da história do sujeito) e implicando o sujeito nela (história, lógica e temporalidade/ *atribuição-retribuição/ressonância semântica*/predicados/jogo amoroso). A análise joga com "a divisão que a fala constitui nos registros da linguagem" (Lacan, 1953/1966[1998b], p. 292), na medida em que nessa divisão se escuta algo do desejo do sujeito. Por isso, o efeito – no sujeito – também é pela escuta do que ele diz e não pela interpretação, como se no inconsciente houvesse símbolos a serem decodificados: no inconsciente, o que há são formas negativas na lógica do valor do significante e que ressoam na fala do sujeito;

o desejo como interpretação é ler a falta e o que dela ressoa, e não nomear o que o analisante quer, renovando assim a técnica.

A tradição hindu sobre o *dhavani* ensina a capacidade que a fala tem de evocar (fazer ouvir) o que ela não diz, retomando a lógica da presença/ausência constitutiva da palavra fundamental para a estruturação do inconsciente. Ao discutir sobre o que nos intimida a falar, Lacan (1953/1966[1998b]) lembra que a "função simbolizadora [da fala] não faz nada menos do que transformar o sujeito a quem se dirige, através da ligação que estabelece com aquele que a emite, ou seja: introduzir um efeito de significante" (p. 297). Nessa passagem, merece destaque, considerando o autismo, a fala como o que "liga" o sujeito ao outro e coloca o significante em cadeia, cujo efeito é o sujeito do inconsciente. Se com o autista essa função simbólica da fala é destituída em termos constitutivos, à primeira vista, o que introduz esse efeito de significante, a cadeia articulatória? Haveria a cadeia de linguagem articulatória em outros moldes combinatórios?

A linguagem é trazida como relação entre elementos, o valor, a posição de fonemas, semantemas etc. As línguas humanas são muito diversas e falar implica quem fala e a quem se dirige, pois o primeiro oferece ao segundo uma nova realidade. Ao falar ao outro, o sujeito se implica no que diz – fala de si (*Tu és minha mulher*, implica que quem fala é homem.[4] Assim, toda fala inclui sua

---

4 O termo "implicar" é presente ao longo da teoria para dizer da relação do sujeito com o que fala, como nessa passagem que indica o que ele é, como de modo sempre mais particular em que o ser é implicado no que diz não como responsável, culpado, identificado, mas como o que ele é exatamente no ponto em que diz, é torção que amarra as dimensões desse dizer formando um corpo – o ser falante. É possível supor que o autista, no avesso de outros seres falantes, insiste nesse lugar do implicar-se no próprio dizer antes de estender-se ao outro, pelo que diz. Ser falante é implicar-se no dizer como perturbação: toda vez que falo, pertubo o Outro e perturbo meu corpo (gozo). Vale esclarecer que o termo "homem" é mantido como referência linguística formal de oposição ao termo "mulher", e não como questão de gênero.

resposta, pois "o emissor recebe do receptor sua própria mensagem de forma invertida" (Lacan, 1953/1966[1998b]), p. 299): eu falo, o outro escuta, ele me responde e eu escuto nessa resposta o que eu disse, mas de modo reverso, o que me torna sempre implicado no que disse. A fala não é apenas funcional e informativa, no sentido de uma linguagem comum a todos de uma comunidade promovendo a intersubjetividade e a exatidão de sentidos:

> *O que busco na fala é a resposta do outro. O que me constitui como sujeito é minha pergunta. Para me fazer reconhecer pelo outro, só profiro aquilo com vistas ao que será. Para encontrá-lo, chamo-o por um nome que ele deve assumir ou recusar para me responder.* (Lacan, 1953/1966[1998b], p. 301)

Ao convocar o outro pela fala, impõe-se uma função subjetiva a este que é de reconhecer, no sujeito, uma resposta ao desejo. A linguagem não imaterial, retoma Lacan (1953/1966 [1998b]), na sequência, é "um corpo sutil, mas é corpo" (p. 302), corpo cujo dom é a fala. O dom é dar, receber e retribuir significantes, significados e signos, e esse dom torna o falar uma relação perturbadora:

> *As palavras são tiradas de todas as imagens corporais que cativam o sujeito; podem engravidar a histérica, identificar-se com o objeto do* Penis-neid, *representar a torrente de urina da ambição uretral, ou o excremento retido do gozo avarento. Mais ainda, as próprias palavras podem sofrer lesões simbólicas, realizar os atos imaginários os quais o paciente é sujeito.* (Lacan, 1953/1966 [1998b], p. 302)

O corpo é corpo significante, ainda distante do corpo de linguagem pelo que nela habita do real, justificando que o objetivo da análise seja a fala plena, na qual o sujeito articula sua história com seu futuro e seu passado interessa na medida da presença sincrônica quando dele se fala.

A experiência analítica, velada sob formas negativas, é a articulação do real, do imaginário e do simbólico. Nesse ponto, a fala plena do sujeito carrega, aos ouvidos do analista, a resposta que ele procura e, a função deste, é de suposto-saber, de dialetizar esse circuito pergunta-resposta, evitando que se instaure o imaginário da interpretação. Trata-se da conjugação real e simbólico na análise no que concerne à história, à lógica e ao tempo, marcada pela negatividade que se articula nos problemas da fala e sua junção com o instinto de morte. Lacan (1953/1966[1998b]) mostra que nessa conjunção de contrários, instinto e morte, dá-se a dialética: o instinto, "é a lei que regula em sua sucessão um ciclo fundamental para a realização de uma função vital, e a morte desde logo como a destruição da vida" (p. 318). A vida comporta forças que resistem à morte (homeostase), instaurando uma relação contraditória entre vida e morte. Nessa relação, o automatismo de repetição mostra a "temporalidade historicizante da experiência da transferência" e, o instinto de morte, em sua negatividade, mostra o limite da "função histórica do sujeito" (Lacan, 1953/1966[1998b], p. 319), mostra sua indeterminação no intervalo de tempo que é o intervalo entre significantes. O morto que se escreve na repetição na fala sob transferência é o passado que se manifesta revertido, como o "eterno retorno" do mesmo, lembra Jacques Lacan em nota acrescida ao texto, em 1966: passado, memória e futuro inscritos na subjetividade como a negatividade que o significante carrega, traço (unário) apagado, e o tempo na experiência analítica é o da *fala que dura*.

Os fundamentos lacanianos da análise se sustentam na fala, nos idos desse ensino.

A repetição, na fala, é o jogo que fomenta a subjetividade, tal como no jogo de ocultação do *fort-da* do neto de Freud, o pequeno Ernest: "o momento em que o desejo se humaniza é também aquele em que a criança nasce para a linguagem" (Lacan, 1953/1966[1998b], p. 320). Experiência estrutural e constitutiva na medida em que entra na lógica e na temporalidade da negativa, em que o símbolo se manifesta inicialmente como assassinato da coisa, e essa morte (privação do outro) constitui no sujeito a eternização de seu desejo.

O que há, antes dos jogos seriais da fala, é a morte, a negatividade, o primordial do nascimento da linguagem, do desejo, onde não há sentido. Esse é o centro da estrutura subjetiva, um centro externo da linguagem: escapa à fala, mas constitui o sujeito. A estrutura subjetiva é como uma estrutura topológica em torno desse vazio central que a fala, ao carregar significantes, contorna:

> *Dizer que esse sentido do mortal revela na fala um centro externo à linguagem é mais do que uma metáfora, e evidencia uma estrutura. Essa estrutura é diferente da espacialização da circunferência ou da esfera onde nos comprazemos em esquematizar os limites do vivente e de seu meio: ela corresponde, antes, ao grupo relacional que a lógica simbólica designa topologicamente como um anel. Ao querer fornecer dele uma representação intuitiva, parece que, mais do que à superficialidade de uma zona, e a forma tridimensional de um toro que conviria recorrer, na medida em que sua exterioridade periférica e sua exterioridade central constituem apenas uma única região. (Lacan, 1953/1966[1998b], p. 322)*

Essa premissa da topologia estrutural que vem exercitando nos últimos cinco anos de seu ensino, é lembrada por Jacques Lacan em nota de rodapé, ao acrescentar esse parágrafo ao texto de 1953.[5] A experiência psicanalítica se compõe da estrutura da linguagem. Extrai dela os efeitos da função fala e do campo da linguagem que o psicanalista deve conhecer, em que o ser se submete à lei da fala, se reconhece pelo dom de falar e de invocar o outro aos moldes de uma linguagem de criação e reinvenção de si mesmo e da própria estrutura:

> *A experiência psicanalítica descobriu no homem o imperativo do verbo e a lei que o formou a sua imagem. Ela maneja a função poética da linguagem para dar ao desejo dele sua mediação simbólica. Que ela os faça compreender, enfim, que é no dom da fala que reside toda a realidade de seus efeitos; pois foi através desse dom que toda realidade chegou ao homem, e é por seu ato contínuo que ele a mantém. Se o espaço definido por esse dom da fala tem que bastar para a ação de vocês e para seu saber, ele bastará também para seu devotamento. Pois oferece um campo privilegiado. (Lacan 1953/1966[1998b], p. 322)*

Depois da primazia da fala, Lacan (1956/1998e, p. 13) inscreve o primado do significante no discurso psicanalítico, mantendo a função da fala de "carregar" significantes: a carta é função do significante que determina o sujeito. O inconsciente é uma ex-sistência (ainda lugar excêntrico) situando o sujeito no simbólico na insistência significante e libertando a psicanálise das impregnações imaginárias. Situa-se, desse jeito, o que lhe concerne na cadeia simbólica:

---

5 Nessa passagem, a formalização matemática (intuitiva, formal e lógica) se enlaça à teoria significante de Jacques Lacan, encontrando na topologia do anel borromeano sua escrita estrutural. Ele profere uma frase que dirá anos depois: a estrutura não é uma metáfora.

a estrutura do sujeito como a cadeia de significantes, com lei própria de funcionamento e não de regras gramaticais. Nessa série, inscreve-se o mecanismo estrutural das negativas, germinado no contraditório entre morte e vida:

> *Mas nós estabelecemos que é a lei própria a essa cadeia que rege os efeitos psicanalíticos determinantes para o sujeito, tais como a foraclusão* (Verwerfung), *o recalque* (Verdrängung) *e a própria denegação* (Verneinung), *acentuando com a ênfase que convém que esses efeitos seguem tão fielmente o deslocamento* (Entstellung) *do significante que os fatores imaginários, apesar de sua inércia, neles não figuram senão como sombras e reflexos.*
> *(Lacan, 1956/1998e, p. 13)*

A história da carta roubada ilustra como o sujeito do inconsciente se constitui na cadeia simbólica sendo determinado pelo percurso do significante. Ou, de modo enfático, a concatenação significante é determinante do sujeito. Na narrativa da carta roubada, a ordem significante tem uma cena primitiva que se repete, um significante primeiro que carrega algo destituído de significação de onde se articulam, pelas negativas mencionadas, os outros significantes. Essa cadeia se estabelece do um e depois mais um, e assim sucessivamente.

Lacan (1956/1998e) se interessa pelas propriedades do discurso, as virtudes da fala: a dimensão imaginária, dos símbolos, da comunicação de significação única, de relação direta com o objeto em cena; e a dimensão simbólica, do segundo diálogo, dos polos da palavra e da fala, dimensão que se localiza no outro como absoluto, pois o inconsciente é o discurso do outro. No que concerne à fala, há uma articulação do imaginário com o simbólico: o simbólico é o funcionamento da fala, o imaginário se refere aos signos, às palavras e ao sentido. Há a confirmação da presença no outro que consiste na supremacia do significante e na primazia da fala na ordem significante, em que esse significante, em suas relações singulares, não encontra palavras que o alcance. A carta é letra. O grande Outro tem uma definição para além daquele que reconhece o sujeito escutando o que este fala e ganha função de um lugar simbólico e todo: o Outro como campo da linguagem.

Lacan (1956/1998e, p. 27) afirma que o significante materializa a instância da morte. A letra é morte, vazio de sentidos, carrega o significante que é unidade por ser único, "símbolo de uma ausência". A letra/carta é presença em ausência: "estará e não estará onde estiver, onde quer que vá". O resto é o lixo do real, sem especificar o que é esse real. O significante não é funcional e precede o significado. Esse elemento significante é incontornável na clínica psicanalítica. Na clínica com crianças, tende-se a pensar nas aquisições funcionais e exploratórias no brincar, deixando de fora o poético da invenção. Na clínica com o adulto, busca-se sempre um significado tamponando os efeitos dessa ausência em presença realizada por um significante. Com o autista, basta que aprenda funções e utilidades dos objetos, tornando-se uma criança ou um adulto autônomo, portanto, funcional.

A carta desviada, de caminho alongado, é "o *verdadeiro sujeito* do conto: é por poder sofrer um desvio que ela tem um trajeto que lhe e próprio" (Lacan, 1956/1998e, p. 33, grifos do autor). A ordem significante tem um desvio diante do esperado, do endereçado, e esse desvio é o sujeito. A história falada do sujeito é agora uma história contada na qual o significante só se sustenta em cadeia, na alternância de suas posições, nos deslocamentos que inscreve seu retorno ao ponto inicial, a repetição. Tudo segue o significante, é o que Jacques Lacan lê em Freud:

> *o deslocamento do significante determina os sujeitos em seus atos, seus destinos, suas recusas, suas cegueiras, seu*

> *sucesso e sua sorte, não obstante seus dons inatos e sua posição social, sem levar em conta o caráter e o sexo, e que por bem e por mal seguirá o rumo do significante, como armas e bagagens, tudo aquilo que é da ordem do psicológico. (Lacan, 1956/1998e, pp. 33-34)*

A linguagem possui ambiguidade e, por vezes, é o sentido que possui o sujeito. No deslocamento, o significante anula o que significa (letra de *uso não significativo*): "o inconsciente é que o homem seja habitado pelo significante", avança Lacan (1956/1998e, p. 39) e, também, a *primazia do significante* (p. 43) é o que resta do *significante quando ele já não tem significação*: o habitante da linguagem ganha sua primeira versão. Contudo, essa ordem simbólica não é suficiente para abarcar o que concerne ao inconsciente e que se trata de saber como a linguagem determina o sujeito, pois a repetição localiza o lugar daquilo que não era palavra e funda esse sujeito.

A primazia da fala e do significante na constituição do sujeito do inconsciente nos coloca diante do fato de que o sujeito se estrutura (e se constitui) pelas vias das narrativas que o determinam, pelo falar de si e por ser falado pelo outro semelhante, imaginário em uma relação especular. Por ser falado pelo grande Outro simbólico que o acolhe, e é justamente o modo dessa primeira relação primordial que dará o tom do que se segue nessa cadeia. Esse tom marcará a posição da criança na estrutura da linguagem, também entendida como posição no desejo do Outro, desejo alimentado pelas palavras desse Outro que a inscreve na linguagem, pois ainda não fala.

Todavia, é importante supor que haveria outras possibilidades de se dizer de si e de ser dito pelo outro para além das condições de fala expostas até aqui, pois o autista não realiza o falar de si para um outro que o reconheça, seja via imaginário, seja via simbólico, considerando que o simbólico se sustenta em torno de símbolo (falo) de saber. O que possibilita, ao autista em sua constituição, a experiência de formar um eu e fazer-se alteridade? Essas premissas são válidas para a condição subjetiva do autista, considerando que o eu é, antes, uma função narcísica e uma formação social, sendo que o sujeito é uma formação de alteridade que impõe reconhecer o outro também como alteridade? Nenhum dos dois aspectos se presentificam na questão do laço com o autista tal como se distingue com as outras estruturas.

No escrito a "Instância da letra no inconsciente ou a razão desde Freud", Lacan (1957/1998f) continua a explorar o campo da linguagem que concerne ao inconsciente psicanalítico, e é na linguística estrutural que recorta os elementos dessa estrutura. A primazia da fala é explicitada pela primazia do significante como elemento estrutural carregado pela letra que desliza nas associações da fala. Ao estruturar o inconsciente como uma linguagem, prevalece a função da fala como o instrumento, o enquadre, seu material e os *topos* das incertezas da experiência psicanalítica. Porém, além da fala, "é toda a estrutura da linguagem que a experiência psicanalítica descobre no inconsciente" (Lacan, 1957/1998f, p. 498), rechaçando a ideia do inconsciente como reservatório dos instintos. A letra no título concerne – de modo literal – ao "suporte material que o discurso concreto toma emprestado da linguagem" (Lacan, 1957/1998f, p. 498), já se aproximando da forma acústica descrita pela linguística.[6] A letra distancia a linguagem do inconsciente do somático e do psíquico, no sujeito falante: não são mais os signos da fala que carregam o significante, mas a letra, essa sonoridade acústica quase indiscernível aos ouvidos menos atentos e menos flutuantes. Desse modo, a fala é um dos modos da linguagem portar essa letra. A razão primeira dessa proposição é que a linguagem antecede o sujeito, e a segunda é que todo sujeito nasce alienado ao universal da

---

6 Essa letra/*lettre* é suporte material e será o *parlêtre*, o ser por falar, (e)feito letra.

linguagem, inscrito – mesmo que inicialmente pelas vias do nome próprio – nesse universal de estruturas elementares cujas relações constitutivas antecedem sua história.[7]

A linguística estrutural dá a Jacques Lacan o estatuto – da linguagem – necessário para compreensão do inconsciente freudiano por meio do estudo das estruturas das línguas e as leis que regulam seu funcionamento, de onde recorta o algoritmo que funda essa ciência: S/s, em que se lê significante (S) sobre significado (s).[8] Significante e significado são ordens distintas e a barra, para Lacan (1957/1998f), faz resistência à significação, de tal modo que o significante não se reduz a carregar um significado.[9] Interessante que essa delimitação não se limita a nominações nem à arbitrariedade do signo linguístico, mas refere-se à função do significante. Lacan (1957/1998f, p. 501) recusa que essa função seja a representação do significado, numa cadeia de significados de coisas e objetos que elas

---

[7] Premissa que aparece em vários pontos do ensino de Lacan e que enfatiza o campo da linguagem como anterior ao sujeito, tesouro dos significantes que o antecede e cujo furo (de sentidos) o torna "portador" do buraco do Real. Todavia, na lógica borromeana, é o Real que nos antecede.

[8] Lacan inverte propositalmente o algoritmo de Ferdinand de Saussure (1916/1995) escrito como Signo igual a Significado sobre significante (S=S/s). Vale lembrar que Lacan se encontra com a linguística estrutural não por meio dos trabalhos do linguista genebrino, mas por Lévi-Strauss e seu estruturalismo cultural e civilizatório, e por Roman Jakobson com sua poética e cultura e que foi o primeiro a associar metáfora e metonímia com o deslocamento e a condensação do sonho freudiano.

[9] Sobre a barra, Vorcaro (2016), ao abordar a constituição do sujeito a partir do nó borromeano, lembra, relendo Jacques Lacan no *Seminário, livro 20, Mais, ainda*, de 1972-1973, "que importa localizar o modo borromeano de atar os registros" de Real, Simbólico e Imaginário considerando "que a barra entre significante e significado é uma reta infinita e da equivalência matemática entre reta infinita e círculo" (p. 737).

representam. Recusa, ainda, que o significante tenha "que responder por sua existência a título de uma significação qualquer".[10]

A ciência não é a busca de sentidos do sentido, e é o significante que entra no significado, conforme exemplo que usa para as mesmas portas de banheiros com nomes diferentes (homens/mulheres), em que é o significante que precipita o sentido sobre as duas portas iguais, tem efeito de sentido.[11] O significante, continua Lacan (1957/1998f, pp. 504-505), não comporta nenhuma significação pronta, pois a estrutura significante é estrutura por ser articulável: a cadeia de significantes composta por elementos distintos concatenados por leis de funcionamento que lhes são próprias. Elementos que são os fonemas descritos, pela linguística, como sistema sincrônico em "pareamentos diferenciais necessários ao discernimento dos vocábulos numa dada língua". Esse elemento diferencial, em cadeia, quando impresso, é a letra, "a estrutura essencialmente localizável do significante."[12]

Das propriedades do significante, a "cadeia significante" é o meio que conduz os elementos em distinção (significantes) e de ordem própria fechada: "anéis cujo colar se fecha no anel de um outro colar

---

10 Como dirá mais tarde Lacan (1964/2008b), com Freud, o significante é *Vorstellungrepräsentanz*, o representante da representação.
11 Como algoritmo, ainda não é possível considerar essa visada de Lacan como formalização na lógica matemática, devido, justamente, a essa letra que carrega esse significante cuja função é o efeito de sentido. Diferença interessante entre a combinatória significante, onde o sujeito é o desvio incluído nessa cadeia, e a combinatória de letras de um conjunto, onde o sujeito é o excluído, o particular no universal da combinatória, resultado de trocas de letras nessa combinatória, onde mexendo com uma, toda uma fórmula matemática muda.
12 Essa definição de letra, como impressão baixa dos fonemas da língua, será transformada no ensino de Lacan na marca indizível entre Real e Simbólico, não capturável nos fonemas da língua, indecidível entre o fonema, a frase ou mesmo todo o pensamento, conforme Lacan no seminário *Mais, ainda* (1972-1973/1985b).

feito de anéis" (Lacan, 1957/1998f, p. 505). As unidades mínimas da língua se enodam como anéis encaixados uma na outra para decantar o significante na cadeia de fala como superfície linear. Essa natureza linear da língua é importante diferenciador em relação à estrutura topológica: na primeira, os elementos jamais se sobrepõem, não poderiam se tocar, nem estar no mesmo lugar da cadeia, forçados a seguir em retas paralelas, o que é o limite do simbólico; na segunda, as dimensões se tocam, se sobrepõem e são não lineares, mesmo partindo de retas, o que é a borda topológica. Porém, a poética das línguas possibilita intervenções e deslocamentos nessa ordem, transformações, atravessamentos e subversões, tal como nas formações do inconsciente que furam isso que estaria encerrado em si mesmo, por isso se diz que o chiste é libertário e o ato falho é bem-sucedido.

São as relações associativas e paradigmáticas entre significantes que fornecem as significações da língua, e não o contrário. O significante traz um aspecto de antecipação ao sentido e, nessas relações, desdobra-se, tendo o efeito de sentidos, como no exemplo do esquecimento de palavras em frases que não impedem o sentido do que está sendo falado por causa do deslizamento do significado sob o significante na cadeia. A metonímia carrega esse lugar na fala, do recalque. O enunciado "Esqueci como chama o nome daquela rua" ilustra isso em um desfiladeiro de excesso de esquecimentos, de negativas. O sentido insiste nessa cadeia e nenhum dos seus elementos consiste na significação. Essa estrutura também aparece em elipse e zeuma, em que um termo apagado é facilmente subentendido na frase como em "Casa de ferreiro, o espeto é de pau" para a primeira, e para a segunda, o termo é retomado pela sua supressão, como em "Eu assisto a filmes, mas somente os nacionais", em favor da economia da língua. Desse jogo de significação entre significantes, a elisão será preciosa para localizar como a negação tem efeito de sujeito que aparece suprimido nas sentenças, escondido no vazio entre significantes. Em termos de funcionamento da língua, a elisão suspende no enunciado um fonema, atando outros dois, como em "caixa d'água" e possibilita vislumbrar ser possível sobrepor significantes numa posição. Essa exclusão deixa uma marca em ausência, lugar de onde advém o traço do sujeito. Para Lacan (1957/1998f), a linearidade da língua comporta um "ponto de basta" para reverter essa cadeia.[13] O funcionamento do significante permite ao sujeito dizer sua verdade, na medida em que não está atrelado a nenhum significado pronto, como ao expressar algo diferente do que está falando. Das funções do significante, Jacques Lacan (1957/1998f) passa, a partir dos trabalhos do linguista Roman Jakobson, a destacar a metonímia como *palavra por palavra* e a metáfora como *uma palavra por outra*. Ainda, nesse momento, o termo *palavra* não foi substituído pelo termo *significante* como será feito nos anos seguintes, mas o que interessa é a estrutura significante que uma palavra, no sentido lexical, carrega.

A letra estrutura o inconsciente freudiano. O sonho é um *rébus* a ser entendido ao pé da letra:

> *O que se prende à instância, no sonho, dessa mesma estrutura literante (em outras palavras, fonemática) em que se articula e se analisa o significante no discurso... as imagens do sonho devem ser retidas por seu valor significante, isto é, pelo que permitem soletrar*

---

13 Alguns autistas insistem na rigidez nessa cadeia. Uma dessas formas é o uso de um paralelismo muito próprio que não permite facilmente reverter essa cadeia, seja na entonação da fala diretamente vinculada à evitação da concatenação, ou no uso maciço de uma estrutura sintática. Um recorte como o que se segue mostra essa rigidez em entonações repetidas, transcritas a seguir: *Qué blin-CÁ? Tô blincan-DO?/ Cê ba-TI no ho-MI? / Ba-TÊ DI chine-LO*. Quando se retira essa defesa da criança, vê-se como o mutismo pode se estabelecer.

do *"provérbio"* proposto pelo rébus *do sonho.* (Lacan, 1957/1998f, pp. 513-514).[14]

Antes, é valioso que letra e ao pé da letra em psicanálise não se tratam de um sentido literal – do tipo "essa palavra é isso", mas é o traço fonemático que não se confunde com outro traço. Portanto, tem a ver com forma sonora e escutada, e não com conteúdo ou significado. Aqui, a letra é referida ao fonema, às menores unidades sonoras que, na fala sobre o sonho, ganha função significante de inscrever o sentido do sonho: é ao falar que o sonho toma forma para quem fala com aquele que escuta, e essa forma falada de um sonho o torna mais complexo ainda em seu deciframento.[15] O valor

---

14 Lembro que no texto "Função e campo da fala e da linguagem em psicanálise", aqui explorado, Lacan (1953/1998b) parte desse mesmo material freudiano para dizer dessa combinatória no inconsciente.

15 A letra perderá essa função significante de significância na cadeia sonora e passará à função de traço (unário) na escrita do inconsciente. Nesse ponto, é necessário ressaltar como a fala "perde" a primazia do peso das palavras, mas não perde a função de realizar a cadeia significante, onde passa a estar em cena um inconsciente estruturado pelas marcas da articulação do Real, do Simbólico e do Imaginário, para ser lido e não apenas interpretado na escuta. Nos anos de 1954-1955, no seminário sobre o eu na teoria e na técnica psicanalítica, Lacan (1954-1955/1985a) apresenta o esquema/modelo L para mostrar a fala e as posições do sujeito, do grande Outro e do outro com referências ao que desenvolveu nesses textos referidos a partir da hipótese do inconsciente estruturado pelas propriedades da língua e tomando a fala como aquilo da língua que o indivíduo se apropria. Enquanto a estrutura da língua concerne às suas propriedades e funcionamento (significante, valor, linearidade, entre outras), a estrutura da fala é composta pelo eu e pelo outro (paciente e analista) e pelo sujeito e grande Outro, atravessados pelo inconsciente, o que determina uma outra posição diante da fala: nem quem fala nem quem escuta tem domínio sobre o que é falado e o que é escutado (o que se escuta nunca é o que foi falado, do ponto de vista dos envolvidos na enunciação), estabelecendo o mal-entendido, os lapsos, a transformações e a mensagem invertida do sujeito, que não é o eu, retornando sempre invertida do grande Outro, que não corresponde diretamente ao receptor do código linguístico. No modelo de fala lacaniano, todos os

significante da imagem do sonho não tem a ver com o "significado" imediato da imagem rememorada: é preciso tomar essas imagens faladas por significantes como letras (hieróglifos). No que se refere ao inconsciente, estamos em uma escrita literal, de letras a serem decifradas e não decodificadas. Não são códigos e símbolos o que se inscrevem no inconsciente, mas cifras apartadas de sentidos, linguagem anterior ao verbal. Também, um fonema não é um significante. Fonemas são traços sonoros que carregam a natureza distintiva e negativa dos signos das línguas, os significantes. Por isso, a cada avanço na teoria, para a psicanálise interessará o significante como corte que pode ser qualquer coisa que carregue essa marca distintiva inscrevendo o ponto de basta da repetição e, posteriormente, como traço do sujeito, distanciando-se do significante em cadeia da linguística estrutural e toda a questão dos sentidos.

Lacan (1957/1998f) associa a noção freudiana de transposição (*Entstellung*), condição do sonho, com a de deslizamento significante sob significante na linearidade da cadeia em funcionamento inconsciente: as associações sintagmáticas são de um significante a outro significante. A transposição – encadeamento significante – ocorre via condensação (*Verdichtung*) e deslocamento (*Verschiebung*): respectivamente, metáfora (*superposição de significantes e efeito de significações/enigma/sintoma no sentido analítico*) e metonímia (*transporte da significação, meio que o inconsciente usa para dissipar a censura, instala a falta, desejo por outra coisa*). O que distingue esses dois mecanismos da língua, no sonho, é outra condição própria do

---

envolvidos e encobertos pelo campo da linguagem são estranhos. Nesse modelo se intercruzam o Imaginário e o Simbólico, o eu imaginário se desentende do sujeito, não há simetria na fala, a mensagem é sempre invertida: o trabalho de interpretação, na experiência psicanalítica, é fazer valer essa dissimetria, o mal-entendido, e não a inscrição de sentidos imaginários. A mensagem invertida (o discurso do Outro como discurso do sujeito) tem importância na questão do autismo, pois, ao prescindir da tradição de fala, o autista recusa essa inversão, essa instabilidade constante.

significante: a figurabilidade, encenação simbólica que se escreve quando se esgota justamente as aparências, as articulações lógicas e gramaticais. Essa figurabilidade pode ser compreendida como o que da natureza do significante resta por interessar à psicanálise, resta como forma a ser transformada, mantendo seu traço unário que identifica o ser. Lacan (1957/1998f) faz uma colocação interessante para o inconsciente como forma submetida às leis do significante e à prevalência da *encenação muda* (figurabilidade) e função da fala: "O fato de o sonho dispor da fala não modifica nada [a encenação muda], visto que, para o inconsciente, ela é apenas um elemento de encenação como os demais" (p. 515). Assim, a fala é um elemento a mais na encenação muda do inconsciente, nos ditos do inconsciente, e a função da fala dá espaço a uma leitura da figurabilidade, uma linguagem muda que estrutura o inconsciente. Desse inconsciente como transposição do significante para as significações via metonímias e metáforas, o traduzir-se na transferência, o sujeito se confunde com esse lugar das significações, com o efeito desse algoritmo no momento que S (significante) transpõe a barra e tem efeito de s (sentido). Porém, é essa confusão do sujeito com o significado que se desfaz considerando, entre outras coisas, a importância desse funcionamento para o que é o sintoma em psicanálise: uma resposta do sujeito no encontro com o Real, vestígios e rastros a serem ser lidos, porque não é como sentido que sujeito do inconsciente é reconhecido, mas no seu sintoma.

Lacan (1957/1998f) tece elaborações sobre o sujeito na encenação muda do inconsciente, partindo da máxima cartesiana [Eu] *Penso, logo existo* para fazer ver a radicalidade do inconsciente nesse fundamento da ciência moderna, radicalidade de um *sujeito do significante*: "O lugar que ocupo como sujeito do significante, em relação ao que ocupo como sujeito do significado, será ele concêntrico ou excêntrico? Eis a questão" (p. 520). Levando em consideração a fala, a questão é se *quando falo de mim, sou idêntico àquele de quem falo*, sou o eu do enunciado que diz "Eu sou Pedro"? Como jogo metafórico e metonímico do sujeito, sua falta e seu desejo, *eu sou onde não penso*, o eu do enunciado não é idêntico ao sujeito.

A letra, o ser e o outro estão ligados. Em português, perde-se a homofonia entre *la lettre, l'être e l'autre*, em francês (Lacan, 1957/1998f). Essa nota mostra todo o trabalho significante entre a letra, o ser e o outro naquilo que tem efeito de sujeito do inconsciente e que isso não corresponde a uma espécie de outro eu. A homofonia do traço dá forma ao sem sentido de que é feito o inconsciente. Na transposição, novas amarrações com as mesmas letras para fazer o ser e o outro. A elisão é marcada pelo apóstrofo, traço que resgata a máxima freudiana para o sujeito do inconsciente: *Wo Es war, soll Ich werden. Là où fut ça, il me faut advenir* (lá onde isso foi, ali devo advir). Nessa fórmula, está inscrita a reconciliação do ser com o sujeito diante do confronto entre a falta e o desejo. A reconciliação seria uma espécie de concordância do sujeito com esse conflito, e não uma resolução: o que há no inconsciente é conflito entre o *Eu*, o *Id* e o *Isso*, nos termos freudianos. Mantém, a cadeia significante, o que destaco para antever que o que acontecerá com a língua em psicanálise, se realizando como *lalangue*, lapso de *la langue* em francês e que não comporta essa elisão, em algo como "*l'langue*": Lacan fez o significante um, decantado da cadeia.

Sobre o sujeito, Lacan (1957/1998f) pergunta: "Qual é, pois, esse outro a quem sou mais apegado do que a mim, já que, no seio mais consentido de minha identidade comigo mesmo, é ele quem me agita?" (p. 528). A alteridade resgatada do funcionamento do significante (teoria do valor de Saussure) é o que marca a distinção entre o sujeito e o eu semelhante: o grande Outro como alteridade, o sujeito distinto do ser. Outro como dimensão da linguagem e, portanto, da (meia)verdade, tal como estrutura o inconsciente, *tesouro dos significantes*, conforme expressão de Ferdinand de Saussure explorada por Jacques Lacan nas consequências desse grande Outro para a constituição do sujeito. Essa dimensão simbólica comporta o assujeitamento e a liberdade do sujeito em termos constitutivos: como mostrei, a linguagem como o que nos antecede nos determina por sua estrutura e pela articulação de seus elementos, mas comporta o lugar possível de escapar dessa submissão a esse grande Outro. Como sujeito, estamos submetidos à mesma lei – funcionamento da língua. No entanto, é como sujeito que sou aquele de quem nada se sabe, mas ao mesmo tempo aquele do qual se fala alguma coisa. Embriagado pelo sentido que vem do Outro, como significante, re-volto ao que me causa, subverto essa lei.

Da lógica do Simbólico, resta do significante o valor esvaziado e a irredutibilidade da cadeia e sua função: a função de corte, fundamental para a torção que Jacques Lacan efetivará na estrutura, pois esse corte é o que marca a falta de algo no inconsciente. Cabe saber o que faz esse corte na estrutura simbólica. As relações entre os significantes determinam essa função, pois não são antecedidas de sentido, prevalecendo a ação entre os elementos e que nada é anterior a isso. Aqui, ainda, elementos do simbólico da linguística estrutural.

A expressão "a função significante" remete à instauração do vazio na estrutura, o corte cujo efeito é a possibilidade de haver sujeito do inconsciente porque não há sujeito sem o corte que o funde. Essa função se define por esse significante primordial carregar o traço unário, marca da negativa no inconsciente, do vazio causa do desejo (*o nada que cria conceitos*). Tem-se o traço apagado que atesta a presença/ausência estruturante na constituição do sujeito, na cadeia significante, ao instaurar esse vazio. A homofonia supracitada carrega o equívoco por ser esse traço que pode ter vários sentidos, justamente por ser esvaziado deles no momento em que o sujeito fala: corte cujo efeito é a possibilidade de haver sujeito do inconsciente na concatenação significante. As formações do inconsciente são respostas a essa marca do Real, assim como o sintoma. Essa marca primeira da linguagem *nãotoda* fundamento da regulação simbólica, tem um fruto, o desejo: é da linguagem essa falta.[16] Como sujeito do desejo marcado pelo significante (sujeito barrado), os seres de linguagem entram em um encadeamento, numa espécie de devir permanente em torno dessa primeira marca da falta. Falar em desejo é colocar na cena analítica demanda, falo, Nome-do-pai e grande Outro, significantes que, rompendo o imaginário na experiência analítica, localizam o desejo como apartado do instinto, da necessidade e da vontade do sujeito. O desejo só pode ser concebível como interpretação seguindo um trilhamento naquilo que Lacan (1957-1958/1999; 1958-1959/2002b; 1961-1962/2003a) definiu como grafo do desejo. Essa construção localiza o litoral da estrutura simbólica, o *topos* exato onde a fala que carrega sempre questões em torno do desejo se esgota. Mostra como a cadeia simbólica encarnada no outro é composta de um furo impreenchível, o lugar da falta (de resposta): a topologia e seus objetos vão contemplar esse vazio.[17]

---

16 Seguindo possível tradução minha para os neologismos lacanianos *pastoute* e *pastout* no texto *L'etourdit* (1972), e que tem a ver com a incompletude da linguagem abordada, optei por *nãotoda* e *nãotodo* quando se tratar desse ponto.

17 O grafo do desejo se refere à série de Jacques Lacan em torno das questões do sujeito e seu desejo, como o esquema L. Pertencente à matemática, a teoria dos grafos é uma representação de elementos e das relações entre estes em um determinado conjunto; estuda objetos combinatórios: os grafos (Feofillof et al., 2011), conjuntos de pontos com linhas que ligam pares desses pontos/elementos. Segundo Lucchesi (1979), um grafo consiste de um conjunto finito de elementos chamados vértices e arestas e uma função de incidência que associa cada aresta a um par não ordenado de vértices distintos ou não, os extremos. Ainda, grafos são representados por diagramas, onde cada vértice é representado por um ponto e cada aresta por uma linha que liga os pontos que representam os extremos. Esse raciocínio permite a Lacan demonstrar (via simbólico) o trilhamento do sujeito na direção de seu desejo e o que decorre disso. O grafo do desejo lida com a insuficiência dessa representação: no problema a ser enfrentado, faltam sempre elementos. O grafo do desejo é um grafo simples e completo, com seus vértices adjacentes, havendo nele um extremo impossível de ser associado (entre aresta e um vértice distinto), entre a cadeia significante e o sujeito nas posições topológicas dos elementos e das relações sem as quais não haveria funcionamento

O grafo de Lacan é composto por siglas, "linhas que as religam, mais um punção [o corte]. O conjunto dá uma figura que se pode dizer topológica, no sentido em que se pode amarrotá-la sem que as relações entre essas notações mudem" (Safouan, 2004, p. 16). O grafo realiza a transformação da estrutura, algo que muda sem mudar, como se dá com as línguas. Partindo do vértice do engodo imaginário como forma vazia, como se o objeto tivesse uma imagem ideal, nesse trilhamento, o significante vai impondo suas leis e o grande Outro, não mais reduzido ao semelhante: é o lugar de onde o sujeito recebe sua própria mensagem de forma invertida, alteridade radical. O esquema L que Lacan utilizou entre os anos de 1954 e 1957 para esquematizar o espaço da fala, uma topologia entre simbólico e imaginário ainda na lógica do signo e do sentido, ganha uma torção. Nessa mensagem invertida está contida a falta a ser substituída pela metáfora paterna, pois, até então, o sujeito se identifica com ser o falo (símbolo da lei simbólica, o significante que falta), a falta do outro. É o Nome-do-pai que marca a impossibilidade dessa função fálica (castração).

Em sua base, o grafo do desejo tem relação com o código e a mensagem. No segundo patamar, a relação é entre a pulsão, a fantasia, o A barrado e o desejo, torção fundamental para a entrada em cena de uma lógica outra na estrutura do inconsciente. A interpretação do desejo não concerne ao código carregado pela mensagem: a fala arrasta um elemento que lhe é subtraído justamente nessa relação com o outro, carrega um significante que falta.[18] Nesse ponto, a fala e o significante só se mantêm pelo que

---

do discurso. O sintagma nominal *Grafo do desejo* já é a realização, no discurso, dessa lógica, pois o significante *desejo* carrega essa marca impossível.

18 A castração (a morte que a linguagem esconde) é o lugar dessa virada: "E por quê? Porque ao nível em que o sujeito está implicado, introduzido ele próprio na fala e por isso na relação com o outro como tal, como lugar da fala, há um significante que falta sempre. Por quê? Porque é um significante. Esse signifi-

demarcam de uma falta, pela ausência, e é essa relação do sujeito com o significante que o grafo desvenda em seus dois andares. Essa divisão do grafo é consequência do sujeito saber ou não saber o que está falando, significar-se (ou não) em sua significação nas tramas de um mal-entendido invertido. Conforme Lacan (1958-1959/2002b), isso se dá em todo ato de fala. Ao adicionar à fala o nominal *ato de*, a ênfase é muito mais no verbo, no que a fala realiza, do que no que é falado em código. Falar é existir como sujeito do desejo. Os atos de fala estabelecem que algo se realiza ao ser dito, contando com todos os contraditórios da linguagem e com as posições que os sujeitos ocupam, questionando a total submissão à ordem própria da língua.

Os dois primeiros andares do grafo correspondem ao sujeito que ainda não fala (imaginário/necessidade) e ao sujeito que fala (demanda/simbólico). No segundo andar, Lacan (1958-1959/2002b) localiza o código, "o lugar onde jaz o tesouro da língua em sua sincronia" (p. 39), os elementos que permitem aos seres de linguagem se comunicarem, a organização estrutural da língua em demanda, sujeito e grande Outro. O código está dado sincronicamente como um sistema de elementos distintivos, de significantes distintos de outros significantes. Assim, na comunicação, "o que é comunicado não é o signo de outra coisa, e é simplesmente o signo de que aí no seu lugar, não está um outro significante" (Lacan, 1958-1959/2002b, p. 39). É no jogo da demanda e do desejo, ser falado e falar à criança,

---

cante é especialmente delegado à relação do sujeito com o significante. Esse significante tem um nome, é o falo. O desejo é a metonímia do ser no sujeito: o falo é a metonímia do sujeito no ser. Voltaremos a isso. O falo, na medida em que é elemento significante subtraído à cadeia da fala, na medida em que ela engaja toda relação com o outro. Este é o princípio limite que faz com que o sujeito, sem dúvida, e na medida em que está implicado na fala, cai sob o golpe disso que se desenvolve em todas as suas consequências clínicas, sob o termo de complexo de castração" (Lacan, 1958-1959/2002b, p. 33).

que o sujeito, enquanto *eu*, passa para os *desfiladeiros da articulação significante*, em função do ato de fala da mensagem. Como suporte da mensagem, esse *eu* varia a todo momento e é sensível no discurso, no "eu digo", eu oculto evocado na fala. O ato de falar do sujeito impõe ao grande outro fazer a questão fundamentalmente sem resposta: *Che vuoi?* O outro responde ao ato de falar do sujeito com essa questão: então, o que queres? "Será que falando, o sujeito sabe o que faz?", o sujeito se convence de que é amado, pergunta Lacan e responde com Freud, dizendo que não:

> *O sujeito no ato de falar, e na medida em que este ato de falar vai bem entendido muito mais longe que simplesmente sua fala, pois toda a sua vida é implicada nos atos de falar, pois a sua vida como tal, ou seja todas as suas ações são ações simbólicas – ainda que não fosse porque elas são registradas, elas estão sujeitas a registro, elas são muitas vezes ação para se tomar ato, e que finalmente, tudo o que ele fizer como se diz, e contrariamente ao que se passa, ou mais exatamente conforme a tudo o que se passa no juiz de instrução, "tudo o que ele fizer pode ser considerado contra ele" – todas as suas ações serão impostas num contexto de linguagem e os seus gestos mesmos são gestos que não são jamais senão gestos a escolher num ritual preestabelecido, ou seja numa articulação de linguagem. E Freud a isto: "Ele sabe o que faz?" responde não. Não é senão isso o que exprime o segundo andar do meu grafo, e a saber que esse segundo andar só é válido a partir da questão do Outro, ou seja* Che vuoi? *"O que queres?"; que até o momento da questão, bem entendido ficamos na ignorância e na tolice. (Lacan, 1958-1959/2002b, p. 44)*

O apelo do sujeito não é o que parece ser, não é o que ele fala, pois está marcado pelo significante tornando-o demanda. No que se refere à mensagem que recebe do Outro, trata-se de um significante do Outro que falta. O sujeito "não sabe com o que é que fala, é preciso revelar-lhe os elementos propriamente significantes de seu discurso, e que ele também não sabe a mensagem que lhe chega realmente ao nível do discurso do ser" (Lacan, 1958-1959/2002b, p. 45). Ele não sabe a mensagem que lhe chega do outro à sua demanda, já que se trata da relação do sujeito com o significante que marca a morte como o lugar do desejo que, no grafo, é escrito como X e que somente pode ser interpretado sob a fórmula do fantasma (sujeito barrado punção de *a*): é o ponto do giro, no grafo do desejo, na medida em que nem a fala nem a mensagem dizem sobre o que deseja o sujeito. Esse ponto sobre o qual retorna o sujeito é o ponto do inconsciente como tal, marcado pelo não saber e interditado ao código e à fala. O giro se dá no ponto do recalcado (de significantes) na cadeia contínua opondo-se a esse inconsciente interdito, no nível do sujeito pré-discursivo, na cadeia descontínua. Esse giro, na experiência psicanalítica, corresponderia a um giro da primazia da fala destinada a comunicar algo do desejo do sujeito (via interpretação) para outro discurso que diz mais sobre isso, conforme Safouan (2004).

Considero que esse giro interrompe a linearidade da cadeia simbólica no ponto do corte. No grafo, o Outro não está inserido na lógica da intersubjetividade, mas é o lugar da linguagem, dos significantes. Como lugar da linguagem é não-todo (Ⱥ). Sem correspondência entre significante e significado, o sujeito articula a significação recebida do Outro, lugar da mensagem carregada pelo significante. A mensagem invertida é consequência da escrita invertida do signo linguístico, como mostrado. Nessas primeiras inscrições, como mostra o traço na homofonia, há uma sutil fronteira entre sentido e significação.[19] Ainda, no grafo, o sujeito que fala se depara com um objeto que de modo imaginário estaria no outro semelhante. Primeira identificação na qual o engano é anunciado pela barra que divide o signo do desejo. O objeto causa do desejo é acessível somente na fórmula da fantasia marcado pelo X da questão do sujeito no que tange ao seu desejo – sujeito barrado punção de *a*.

O progresso de Jacques Lacan na direção de apartar a experiência psicanalítica da captura imaginária teve no Simbólico sua possibilidade, na medida em que este comporta, como cadeia de significantes, a incompletude da linguagem. Como articulação, escreve um limite ao simbolismo e o corte no engodo do sentido da interpretação frente ao inconsciente como lógica da subjetividade, pois o Outro não é mais absoluto. Ao considerar o grafo do desejo, é fundamental tomá-lo não como uma representação ou transcendência do sujeito e da análise, mas levar em conta uma topologia do sujeito possível de alocar o objeto causa do desejo inapreensível pelas formas intuitivas. A partir da comunicação subordinada à intersubjetividade,

---

19 Segundo Safouan (2004): "Se nenhum sentido novo se produz, vamos lidar com uma significação recebida, e é o caso de falar do significado do Outro, exceto se o Outro se apresenta aqui como sendo o lugar do código definido pelos modos de emprego. Se, ao contrário, a mensagem esbarra num sentido inédito, então temos sempre que lidar com uma mensagem do Outro, mas dessa vez como sendo o lugar não mais do código, mas do que Saussure chama 'o tesouro dos significantes', esses jogando em todos os níveis, principalmente no nível fonemático. Cabe perguntar aqui se os chistes homofônicos não contribuíram para a alfabetização da escrita nos Fenícios e Gregos, uma vez que esta evolução foi entravada lá onde a escrita foi sacralizada desde seu nascimento para servir à dominação dos Estados. Seja lá o que for, ali onde há uma palavra há um sujeito que sabe que fala, talvez até mesmo que se dedique a realizar-se nesse caminho, de deixar ou de tomar, a palavra. É isso que se designa por S 'sujeito marcado pelo significante'. Esse sujeito fala por si mesmo. Donde sua aparição no discurso como Eu [*moi*]. Ora, o Eu consiste em sua alienação. É preciso, portanto, a respeito desse Eu, simbolizado por m, que coloquemos a sigla i(a) simbolizando a imagem do semelhante ou do pequeno outro, que, mesmo separado do Eu por um abismo, não seria menos o mesmo por isso" (p. 26).

o grafo exibe a identificação imaginária e a identificação simbólica em uma ordem sincrônica, na qual a cadeia significante tem função da palavra em um circuito da pulsão entre o desejo e o fantasma. A palavra passa a carregar algo indeterminado dentro da linguagem, e essa indeterminação ascende à primazia na cena analítica. Desse jeito, a fala está em um conjunto de ditos que o sujeito, no circuito do desejo, lança mão para dizer sobre essa indeterminação, sobre o inapreensível pelas formas da língua, recortado pela cadeia significante. Pensando no autista e sua relação com a linguagem, o grafo do desejo poderia parecer mítico e algo a ser alcançado, contudo, leva-se em conta a lógica que organiza esse circuito do desejo: um X indeterminado que sempre esteve ali, um Outro *nãotodo*. Os elementos simbólicos como demanda, castração, desejo, fantasma, são enfrentamentos das estruturas centradas no falo para lidar com esse objeto indeterminado, algo como o que é preciso saber disso. Qual resolução o autista faz sem essa impregnação das outras estruturas, já que ele aponta, no laço e no trilhamento, saber que o Outro não é absoluto, testemunha uma linguagem não-toda, testemunha a carência do (Eu)falo em saber sobre o sujeito?

Ao reler o "Projeto para uma psicologia científica" de Sigmund Freud (1895/1995), Lacan (1959-1960[2008a]) vê o aparecimento de *das Ding* como a indeterminação, a elisão na fala. Apresenta *das Ding* e a relação do significante com um vazio interno exterior, a partir do qual a cadeia significante se organiza e, por efeito, o sujeito se constitui: o nada gera um primeiro conceito, a Coisa.[20] O aparelho

---

20 No texto "Projeto para uma psicologia científica", Sigmund Freud (1895/1995), por reiteradas vezes, ao discorrer sobre o funcionamento do aparelho psíquico e sua relação com a linguagem, percepção, representação, escrita, energia psíquica, deixa transparecer algo, nesse funcionamento, de indizível. No jogo entre o sistema de neurônios, a realidade, a percepção e as ideias, algo escapa desse sistema, das descrições e explicações possíveis pelas vias da consciência, algo que, contradizendo o objetivo de seu "Projeto", não seria natural. Nesse texto

de linguagem tem como motor o Real, operando justamente por sua incompletude. A estrutura comporta coisa indizível na medida em que essa ética, não permitindo que o gozo seja barrado, impõe a barra, a divisão do Outro. O Outro absoluto é barrado, mas permanece como marca estrutural inesquecível, inominável, como *das Ding*.

A noção de *das Ding* e sua ascensão à dignidade de objeto é o território de articulação entre Real e Simbólico: enquanto o objeto será aquilo do Real que não se ligará a nada, a nenhuma predicação, *das Ding* se liga ao grande Outro como barrado, sendo a sobreposição

---

freudiano, significantes fundamentais para a estruturação do psiquismo se inscrevem pela primeira vez no discurso da psicanálise: facilitação (*Bahnung*), ligação (*Bindung*) e representação/ideia (*Vorstellung*), assim como a inesperada *das Ding* (a Coisa). Freud (1895/1995, p. 491), descreve a experiência com o próximo como que se decompondo em dois elementos: "num componente não assimilável (a Coisa) e num componente conhecido do ego através de sua própria experiência (atributos, atividades) – o que chamamos de compreensão". *Das Ding*, a coisa freudiana, apresenta-se como aquilo que escaparia das facilitações e ligações, o excluído do Simbólico, mas pertencente a este. *Das Ding* é resposta do pequeno ser às tensões que vem do exterior, porém este não diferencia ainda dentro e fora: primeira marca do psiquismo, nos termos freudianos, no entre o estímulo e percepção e a maturação do ser. No funcionamento dos neurônios a que Freud se dedica, no "Projeto", *das Ding* está relacionada ao neurônio *a*, aquele que nunca muda, enquanto o neurônio *b* corresponde ao predicado, funcionamento que busca satisfação antes do pensamento. Assim, o aparelho psíquico perseguirá a imagem de movimento que corresponde ao prazer proporcionado pela vivência, a satisfação, conforme Lucero e Vorcaro (2009). Essa marca vazia, sem qualidades e sem quantidade, é o traço (não mnêmico) de que o outro (como cadeia significante) sobrepôs-se sobre o organismo vivo e imaturo, iniciando-se o jogo das satisfações, da demanda, do desejo e do desamparo. Na terceira parte deste livro, sobre o autismo e as negativas, retorno ao referido texto freudiano para tecer elaborações sobre as associações entre imagem-verbal, *das Ding* e atributos, em que a excitação da imagem-sonora torna-se imagem-verbal, seguida de catexia e do grito de onde se inventa a fala, e de como a modalidade particular de (não) associação imagem-palavra seria uma condição presente na estrutura autística.

do Real sobre o Simbólico, a barra desse Outro.[21] Lacan (1959-1960[2008a]) reforça que *a Coisa* como (do) Real é o que insiste, persiste e retorna, sem ser jamais representada ou articulada na cadeia significante. Porém, não é o objeto perdido.

A diferença entre *das Ding* e *die Sache*, princípio do prazer e princípio da realidade, ajuda a compreender a articulação entre Real e Simbólico. Articulação que possibilita avançar de uma estrutura simbólica sustentada pela fala plena de repetições significantes para uma estrutura topológica suposta nos ditos que libera o sujeito da repetição sem fim. Essa alforria se dá na medida em que o Real como o que retorna sempre ao mesmo lugar (à falta do real) escreve, nesse retorno ao vazio, a invenção e a criação como saída do sujeito para a tensão que o constitui. O sujeito tenta se desatar do passado sempre retomado na fala (sua historicidade e sua ficção), atualizando o laço que o constitui entre Real, Simbólico e Imaginário em torno do objeto perdido. Na fala, esse objeto não se inscreve, ao contrário do discurso.

Tanto *Das Ding* e *die Sache* são coisa. Porém, são distintas no que concernem ao trilhamento do psiquismo, à negativa e às representações: ao ler os termos como significantes no discurso psicanalítico, Jacques Lacan (1959-1960[2008a]) nos coloca diante

---

21 Como lembra Safatle (2006): "essa 'coisa', ou precisamente *das Ding* no vocabulário lacaniano, é o primeiro modo de aparição do real ou a primeira emergência da falta própria do real antes da castração propriamente dita" (p. 51). Sustentando a negativa como marca generalizada do autismo, esse ponto destacado pelo filósofo ajuda a compreender como o Real marca essa estrutura, mantendo esse sujeito atado nesse tempo mítico anterior à castração considerando não haver inscrição da metáfora paterna nessa estrutura, diferença fundamental da psicose, onde esse significante é inscrito e foracluído. No autismo, é fundamental insistir na distinção estrutural entre exclusão e foraclusão, porque, mesmo sem a castração propriamente dita, há um significante que marca uma falta, lembrando Lacan (1959-1960[2008]) de que é pelo significante que a coisa pode existir.

da distinção entre a fala e o discurso. Ambos concernem à passagem ao Simbólico, à ordem simbólica que humaniza o organismo vivo e estrutura o inconsciente a partir da relação do sujeito com o significante, este sobre o qual opera a negativa. *Ding* diz respeito à estrutura de linguagem do inconsciente e *Sache* diz respeito a uma operação de linguagem, uma função que articula palavra e coisa na pré-consciência. E, entre uma e outra, as ligações que escrevem o encadeamento da linguagem. Destaco como Lacan (1959-1960[2008a]) reitera que, no mundo humano, nada há fora da linguagem e que palavras e coisas estão alocadas como ordem simbólica: não existiria "coisa" alguma fora da linguagem e, assim, palavras e coisas são elementos da cadeia simbólica. *Sache* é "a coisa, produto da indústria ou da ação humana enquanto governada pela linguagem" (Lacan, 1959-1960[2008a], p. 60), a superfície de toda existência passível de explicação e produto da pré-consciência que nossa intenção pode fazer vir à tona, assim como a palavra se diz e se articula como coisa. O significante "trem", muito utilizado em Minas Gerais, encarna *Sache* como a coisa que se diz e pode ser o que o sujeito quiser. Palavra e coisa são representações indissociáveis no campo da linguagem. Digo mais, na função da fala, as palavras criam as coisas. *Das Ding* é outra coisa. Não é nem representação de palavra (*Wortvorstellungen*) nem representação de coisa (*Sachvorstellung*), é o ponto em que o princípio da realidade fracassa diante de uma necessidade vital que é por não se saber qual, por ser inconsciente. Enquanto *Sache* é explicável, portanto, passível de ser conhecida, *Ding* é segredo, inexplicável, algo que jamais será confessado no divã.

Ao ler as construções de Freud em seu "Projeto" (1895/1995) sobre o jogo entre princípio da realidade, quantidade e qualidade conforme o processo de representações do mundo exterior, Lacan (1959-1960[2008a], p. 62) observa que esse exterior como realidade psíquica não concerne ao fora do homem, mas a uma *profunda subjetivação do mundo exterior* escrita por alguma coisa que cria e criva uma realidade a partir de peças escolhidas pelo homem: "Trata-se de um signo na medida em que nos avisa da presença de alguma coisa que se refere efetivamente ao mundo exterior, assinalando à consciência que é com esse mundo exterior que ela lida." A *das Ding* lacaniana comporta o impossível de ser localizada (nessa medida, jamais pode ser lida pela ontologia), é não reconhecida, está fora da significação, mas é o princípio do devir do sujeito em torno de seu desejo e do objeto causa do desejo: o objeto perdido freudiano e reencontrado apenas miticamente.

Das Ding é a negatividade alocada, é a marca do Real sobre o Simbólico permitindo os giros do sujeito em torno dessa causa. Nesse sentido, a negatividade é estruturante, anterior às suas próprias modalidades, é o Outro interdito, proibido. *Das Ding* é o signo de como o sujeito lida com o mundo exterior que o nutre, a partir do qual assimila os elementos de sua estruturação. É, contudo, um mundo caótico e feito de acasos, segundo Lacan (1959-1960[2008a]).[22] A estrutura significante se interpõe entre a percepção e a consciência e o inconsciente como princípio do prazer que se inscreve no psiquismo. Essa regulação pela estrutura significante permite a primeira apreensão da realidade pelo sujeito: *Ding* é o elemento de linguagem isolado pelo sujeito em seu inconsciente, que lhe é estranho e hostil, é o Outro absoluto do sujeito e o orienta em relação ao seu desejo. Em torno da Coisa, o sujeito organiza sua realidade no discurso, sua cisão na busca desse objeto perdido que o ser almeja reencontrar. *Das Ding*, vazio, furo do Real no Simbólico, o "fora-do-significado" (Lacan, (1959-1960[2008a], p. 71) é a resposta contingente à questão impossível de responder: Que queres tu? *Das Ding*.

---

[22] Infiro como a imutabilidade é esse signo, para o autista, na função de *das Ding*, da Coisa surgida do caos do mundo, seu princípio de ordenação a partir da negativa que aparta o Outro antes que este se torne marca inesquecível para o sujeito. Os objetos ditos autísticos seriam uma versão sem significação de *Sache*.

A cisão do sujeito está relacionada com a negativa como estruturante do inconsciente. Lacan (1959-1960[2008a]) mostra isso a partir da distinção que existe entre a função da fala e a função do discurso, na experiência analítica, fundamental para meu objetivo em avançar da primazia da fala imaginária para a topologia, no que concerne ao autismo. *Das Ding* é o ausente, é justamente o que *não é* do discurso e que orienta o sujeito por não deixar de ser representação, de ser um anseio do objeto. O Simbólico se enlaça ao Real, *das Ding* a *algo que está mais além*, mesmo que representado pela Coisa. Entre o sistema inconsciente e o pré-consciente há a elisão, a negativa da Coisa a ser representada. Na gramática do sujeito, aparece na elisão, no esquecimento, na supressão na cadeia.

Essa negativa premente está para além dessa gramática ao renegar seu desejo. Trata-se da negativa inscrita entre enunciado e enunciação e que, na língua francesa, concerne ao uso da partícula [*ne*]: em termos de inconsciente, é uma negação quando o sujeito fala e não quando é falado, ou seja, essa negativa só existe no discurso, da palavra em circulação, dos significantes em cadeia. Talvez o mais realizável que se tem de um ato de fala. A fala carrega as representações metafóricas, enquanto o discurso carrega o dito, o que se realiza no dizer. A negativa estrutural, da qual *das Ding* porta algo que está mais além, inserindo uma topologia do Real, diz respeito ao não dito. O inconsciente tem estrutura significante com função de organizar a Coisa onde insiste a falta do Real (Lacan, 1959-1960[2008a]).

Na ética da experiência analítica, a fala e suas palavras serão enlaçadas em uma topologia na qual o ser segue localizado no número esvaziado de significado, na formalização que faz barreira a uma psicanálise como metalinguagem, explicativa. Esse número é o que se destaca do Real pelas vias de uma letra decantada dos significantes. A partir de *das Ding*, a fala cede lugar ao discurso que comporta uma escrita planificada, achatada e que são ditos advindos das dimensões do Real, do Simbólico e do Imaginário: escrita, forma do Real que retorna sempre ao mesmo lugar desse objeto perdido a ser ansiado pelo sujeito. Melhor dizendo, pelo ser falante, cuja lógica subjetiva se escreve aos moldes de traços que escapam à significação e à repetição: trata-se de inventar com o mesmo um corte na repetição para o novo, um giro que desloque o sujeito do centro que o limita.

O que o sujeito cria diante dessa inscrição constitutiva, do anseio pelo objeto? A noção de sublimação estaria na linha de frente das respostas a essa pergunta. Como essa noção escapa aos meus objetivos, irei, na sequência, considerá-la de modo limitado, mas suficiente para acompanhar as torções lacanianas para uma topologia estrutural, uma vez que a sublimação é tomada como o que eleva um objeto à dignidade de Coisa.

O objeto precisa passar pelo Outro para que dele seja excluída qualquer referência ao desejo como natural:

> *Algo do Real do objeto, de das Ding, atravessa a experiência do sujeito e este núcleo irredutível encontrará seu apoio nos orifícios reais do corpo. Os furos do corpo não podem se fechar, de tal forma que os objetos os invadem, criando as bordas por onde a pulsão terá que passar, as zonas erógenas. (Lacan, 1959-1960[2008a], p. 15)*

Lucero e Vorcaro (2013) esclarecem que, dessas primeiras trocas simbólicas, os objetos parciais da pulsão são imaginarizados em função de *das Ding* como núcleo irredutível à satisfação plena. Em razão da parcialidade, Jacques Lacan (1964/2008b) desloca a pulsão de seu alvo (objeto) e coloca o prazer no que contorna o objeto, no circuito pulsional entre o sujeito e Outro. Lei que tira o sujeito do gozo vicioso da primeira satisfação alucinada, demarcando um vazio de *atração irresistível, em torno do qual o sujeito se põe a fantasiar*. O sujeito se posiciona em torno do vazio: fundamento da sublimação em que um objeto, ao ser elevado à dignidade de Coisa, contorna e mantém esse vazio, objeto inscrito no Simbólico como falta. Reitero a importância do *passar pelo outro* como um ponto de extremo embaraço para o autista, sendo preciso localizar que os ditos objetos autísticos sem investimento libidinal são soluções frente à dificuldade de inscrever essa parcialidade pulsional dependente dessa passagem, dessa concatenação. O caráter imutável na estrutura autista retém esse ponto de passar ao Outro pela seriação significante, por metáforas e metonímias. A lógica da figurabilidade pode desenhar essa passagem por ser muda.

Neste trilhamento da teoria, faço agora um salto. Chego ao ponto em que o psicanalista Jacques Lacan, no seminário *De um outro ao outro* (1968-1969/2008c), às voltas com o feminino e com o "não há relação sexual", pensando na formalização, debruça-se sobre uma outra proposição de sublimação, na parte em que o grande Outro está apartado da satisfação do sujeito e a Coisa freudiana perde força para o objeto *a*. Diferenciando *das Ding* do grande Outro, a Coisa passa a ser o lugar intolerável do gozo e a sublimação está ligada ao destino das pulsões e, assim, sublimar seria um problema para o autista e o destino biunívoco de suas pulsões sem passagem para as parcialidades, para as cisões do Outro.

Da introdução ao narcisismo feita por Freud, a sublimação é evocada como a relação de idealização do objeto. Das pulsões e suas vicissitudes, é evocada do enigma de que algo se satisfaz com a pulsão, com o próprio circuito. A dialética do prazer comporta um nível de estímulo a ser buscado e evitado, dentro de um limiar, implicando uma zona de prazer intenso e proibido. Esse limiar como centralidade dessa dialética é campo do gozo, "o gozo em si como tudo o que decorre da distribuição do prazer no corpo" (Lacan, 1968-1969/2008c, p. 218), do "vacúolo", esse centro e êxtimo do sujeito em que o Outro não acessa e não regula. As zonas erógenas freudianas ganham um contorno e um centro, a borda. Do grito, sai o silêncio absoluto, grito que surge da presença do ser mais próximo, ressaltando que essa presença não é o grande Outro que articula o significante do inconsciente: esse ser mais próximo é a "imanência intolerável do gozo", e o grande Outro "é apenas sua terraplenagem higienizada" da qual se limpou o gozo do inconsciente estruturado como uma linguagem (Lacan, 1968-1969/2008c, pp. 219-220).

Por nada sabermos da sexualidade, haveria outra possibilidade de sublimação sustentada na articulação de que "na pulsão intervém o que é chamado, em topologia, de estrutura de borda" (Lacan, 1968-1969/2008c, p. 223): os objetos que funcionam como pulsão sempre se caracterizam "por orifícios nos quais se encontra a estrutura de borda", estrutura de fluxo constante por essa borda (*Drang* freudiano). Vale ressaltar que a estrutura de borda não concerne a uma estrutura significante, mas ao (des)sentido matemático, uma rota formalizada que mantém um enigma: "a pulsão, por si só, designa a conjunção da lógica da corporeidade. O enigma concerne mais a isto: como foi possível convocar o gozo da borda a uma equivalência como o gozo sexual?" (Lacan, 1968-1969/2008c, p. 223), convocar o objeto ali onde se inscreveria a Coisa. As funções estruturantes da borda são a delimitação do vacúolo como o furo próprio do gozo, função de defesa do gozo em que a sublimação tem a ver com o *objeto a*, a ser alimentado nessa centralidade vazia e não mais fálica. Como fato constitutivo, a borda faz função, na ordem do Real, de gozo e, na ordem do Simbólico, a cadeia significante faz função de desejo. Nessa direção, é o objeto que *faz cócegas em das Ding* e não mais almeja sua dignidade. O grande Outro é apartado, é excluído da cena do grito. A rota formalizada se distribui nos orifícios do corpo, e sublimar é inventar essa rota em torno do objeto *a*, tal como o grito coisa muda e que não tem relação com a palavra. Há um traço que bordeia o furo do Real, uma escrita de borda.

Volto à torção da cadeia simbólica para a estrutura topológica que comporta o furo do Real. Lacan (1960-1961/1992) profere a máxima definição simbólica de *sujeito* como *aquilo que um significante representa para outro significante,* ou, *o significante é aquilo que representa um sujeito para outro significante,* em detrimento do signo como o que representa algo para alguém: na intersecção entre significantes, o vazio que representa o sujeito.[23]

Nesse ponto, cabe retomar o autismo: se a recusa do autista à primazia da fala implica recusar o encadeamento de significantes, o *passar pelo Outro,* isso comprometeria o Outro como lugar do desejo, dos efeitos de sentido. Prevaleceria a lógica de ser algo para alguém como signo na relação signo e coisa para o autista. Essa articulação signo e coisa não concerne ao sentido, mas à negatividade que o signo carrega no significante que o forma, fora da cadeia significante, como destacado sobre *das Ding*. Assim, o peso da negativa no discurso corresponde a algo sempre do impossível de representar, algo para além do significado e que escapa à função da fala. Ainda, o significante *representa*, no aforismo lacaniano mencionado, merece ser compreendido na lógica de *das Ding,* possível naquilo que o significante carrega de ausência, de traço apagado circundando o objeto a ser ansiado pelo sujeito. O autista abriria mão do anseio por *das Ding*? Em termos de especulação teórica não, pois isso é do sujeito do desejo que a psicanálise sustenta para todos os seres de linguagem. Todavia, em que termos um significante representa um sujeito dito autista?

---

23 *Sujeito* como *aquilo que um significante representa para outro significante,* ou, *o significante é aquilo que representa um sujeito para outro significante*: esses enunciados compõem uma banda de Moebius, significante e sujeito – duas bandas do ser falante. Para isso, basta manejar os significantes nessa cadeia, nessa seriação na fala, fazer uma torção no discurso sobre esse ponto *representa*, que é significante que cobre o vazio.

Essa representação na cadeia do discurso tem a ver com identificação, com alguém diante de um outro, seja como semelhante ou como distinto. Lacan (1961-1962/2003a) faz uma separação importante, destacando o significante em seu estado bruto, pura diferença: trata-se da relação do sujeito com o significante que carrega o traço unário da historicidade que lhe concerne. Essa marca esvaziada situa a angústia por colocar o sujeito diante do objeto do desejo deixado para trás no limiar da cadeia de significantes. O falo como signo do desejo organizador da estrutura no lugar deixado pelo corte da castração é lido como raiz de menos um. Não se trata de negativizar o desejo, agora a negativa incide sobre o objeto *a*, esse menos um impronunciável. Destaco que essa relação concerne ao sujeito e ao significante e à rasura que ele carrega, o traço unário, não mais à cadeia de significante. Entra-se na formalização pela topologia dos objetos espaciais, de um espaço como objeto plano e invariável, de onde o sujeito transforma a direção da rígida cadeia significante.[24] Da negatividade da teoria do valor aproxima-se da diferença pura: o sujeito é o excluído, essa ex-sistência do significante que o representa para outro significante, não sendo o representado. A incorporação do objeto *a* é o que aloca a experiência analítica na topologia: sujeito

---

24 Topologia é o estudo dos espaços e suas propriedades; o espaço plano (superfície) e invariável não encerra as dimensões topológicas, definidas pelos movimentos nesse espaço (profundidade); o tempo é a dimensão do espaço como superfície e profundidade; o que interessa à psicanálise, da topologia, é a dimensão de espaço e as relações que a estruturam (topologia estrutural), uma estrutura desembaraçada de um objeto físico, substanciado: "o sujeito não é o objeto da psicanálise, da mesma forma que a formiga e a colherinha não são objetos dos topólogos. Eles somente se interessam por suas aparições, ou seus trajetos, na medida em que estes possibilitam a descrição de um espaço particular" (Granon-Lafont, 1990, p. 18). A topologia comporta a cadeia significante, a letra que carrega esse significante naquilo que possibilita acompanhar o percurso do sujeito, sua aparição (evanescente) em um espaço particular, para além de três dimensões, RSI: o inconsciente estruturado como uma linguagem de lógica espacial, plana e de superfície, e não apenas na linearidade da cadeia simbólica.

é a identificação com esse objeto e não se reduz à identificação com o pai, nos termos freudianos, não se reduz a querer ser esse pai, não se fixa nesse primeiro laço antes da escolha objetal, não se reduz a um nome; ainda, não se reduz à identificação simbólica, da repetição na estrutura, lugar do furo, do Outro.

Incorporação é significante que diz de um movimento para dentro, portanto, não mais linear, de algo negativado, como o "vacúolo" mencionado: função do significante e seu duplo corte na entrada em cena de uma noção de corpo que não é o corpo biológico nem o corpo sensível da filosofia. O corpo do ser se acopla a esse *menos a* da linguagem que nos antecede. A imagem de um corpo como consistência, unidade e como sexual é tocada pelo Real que se apresenta como marca do impossível de se nomear. O corpo é resposta ao impasse na formalização, escreve-se como traço apagado, rasura, torção que aponta o vazio do simbólico como antecedido pelo nada, pela pulsão de morte como lugar da criação. O que instaura a retroação do sujeito sobre o significante que carrega esse traço apagado é a questão final do grafo do desejo: *O que queres tu?* Questão que impõe dois reconhecimentos pelas duas negativas que inscreve: nem sujeito nem Outro têm solução para o problema do desejo, e o fantasma vem contemplar essa dupla falta que só pode ser escrita enquanto forma. Agora, o sujeito não espera que o Outro reconheça seu desejo, ele se reconhece como sujeito que deseja, incorpora a falta no centro de seu espaço de existência em um amalgamar-se.

Dizer que a identificação é da ordem topológica é dizer que chegará em um ponto que o sujeito só pode ser igual a si mesmo em uma proposição de constituição radical de ser o significante que determina no corte da superfície:

> *O significante determina o sujeito, o sujeito toma dele uma estrutura, estrutura que tem uma superfície. O que*

o sujeito toma dessa estrutura significante que o determina: o corte que engendra a superfície, a "inserção do significante no real". (Lacan, 1961-1962/2003a, p. 347)

Do significante dos tempos do signo linguístico, fica o corte na superfície como resposta quando se pergunta o que é um significante. Essa passagem, entre outras, mostra a entrada na lógica de uma topologia estrutural possível pelo buraco aberto pelo corte do significante na estrutura do inconsciente como linguagem. Para além da cadeia significante que determina o sujeito como efeito de sentido, a lógica do real *como o que retorna sempre ao mesmo lugar* impõe a contingência como a possibilidade de existir sempre de outra maneira. O ser falante se traduz a cada vez que fala reinventando sua demanda e seu desejo, e não apenas interpretando.

No que se refere à questão estrutural do autista, a demanda é um caroço, pois o que o sujeito demanda do Outro é o objeto que ele supõe do (ser) do Outro e, de seu turno, o Outro supõe no sujeito o objeto de sua demanda. Isso pode ser dito como *o vazio do sujeito consiste no nada do outro, o nada do sujeito consiste no vazio do outro*: é o objeto alçado à dignidade de *das Ding*, é a retroação do significante, enodamento topológico forçando, retorcendo e transformando a linearidade da estrutura simbólica.

O significante, em sua função de corte, contorna o buraco que delimita o centro do ser, o objeto *a*. Ele permite o engendramento na concatenação significante de dois modos. Primeiro corte como engendramento não especular, mas especularizável pela dissimetria radical. Segundo corte, entre o sujeito e o objeto do desejo formalizado como o fantasma, na relação sujeito barrado e corte de *a*. O primeiro corte é o do Simbólico sobre o Imaginário, situando o engano do eu. O segundo corte é do Real sobre o Simbólico, sobre o desejo, seu sentido e sua interpretação, daí que o desejo é a interpretação, o que torna toda interpretação um equívoco, um furo do Simbólico, uma furada. A definição de sujeito como o que se revela no corte aparece: "estrutura de uma superfície topologicamente definida, determinada pelo corte, ou seja, a estrutura é uma superfície e o significante é o corte que a revela" (Lacan, 1961-1962/2003a, p. 347). Doravante, a estrutura caminha na direção do Real, o significante é parte dessa topologia, como a tesoura que faz o corte. A língua estrutural é afiada, mas não é mais o centro, agora é o objeto dito *a*.

Na elaboração de uma teoria da constituição do sujeito, hipótese de construção do psiquismo para o autismo, o que se escreveria como trilhamento estrutural seriam outras soluções diante desse corte primário, não mais indo na direção do centro de saber, ou de um cruzamento com o Outro, na lógica de demanda e de desejo: que elementos do Real, do Simbólico e do Imaginário lançaria mão o autista? Da borda, dos objetos autísticos, da ecolalia e outras modalidades de fala e de dizer, do corpo estereotipado e sem regulação da linguagem, da hiper e hipossensorialidade, da distância do outro, do não reconhecimento de si na imagem do semelhante, das inversões pronominais, do choro sem significação, da intolerância à fala, do não reconhecimento de nosso desejo, da invenção de linguagens que escapem à dominação do Outro, da angústia revelada diante da invasão ruidosa da voz e dos barulhos dos outros, da sensação de não ser escutado nos termos de seu dizer, muitas vezes tamponada pelo não falar, da imutabilidade. Lançaria mão da difícil tarefa de se localizar no campo de linguagem gerenciado por um outro centralizado que dificulta questionar a ordem própria do que está instaurado e, decorrendo disso, é mais seguro excluir, deixar de fora aquele que não se comunica como deveria ou incluí-lo a toda força, a toda autoridade de uma língua.

Não são poucas às vezes que se escutam de pais e mães de autistas ditos não verbais uma submissão quase violenta ao discurso do outro. A vivência de uma impossibilidade de se fazer ouvir nesses pontos de angústia, em que a saída para uma organização mínima são repetições que, ao contrário da repetição neurótica, isolam mais ainda esses sujeitos, pois não trazem significados. Decorre disso uma certa desistência desses sujeitos, um silenciamento profundo na medida em que sabem, vivem na carne desse corpo que passam a vida tentando incorporar algo do desejo, o quanto nossos ouvidos estão restritos a uma lógica de linguagem alienante, autoritária e, inicialmente, invasiva. Autistas ditos verbais e considerados cognitivamente privilegiados expressam essas angústias em suas autobiografias, em suas terapias e análises, mas padecem desse desentendimento com o mundo, como se fez ouvir a jovem, certa vez, de que nada adiantava seus cálculos para conversar com os amigos, pois quando era sua vez, já tinham passado a outra coisa, a outro assunto.

3. A estrutura (do) Real: topologia borromeana

O objeto *a* orientável, mas nunca orientado, volta-se ao seu ponto pelas vias do impasse do desejo do sujeito que a cadeia da língua e seu funcionamento admitem como furo: é o que falta e, assim, não é orientado, não se diz onde está, em que ponto está, o que é. Não se pode traçar uma reta entre o sujeito e seu objeto. Esse percurso do ser na linguagem situa a angústia.

O princípio não é mais o verbo, mas o traço unário que define esse objeto da angústia chamando-o de (*a*), letra da álgebra cuja missão é permitir reconhecer diferentes incidências para esse objeto que já nasce perdido, sem nunca ter existido, objeto que *não é sem tê-lo*: "No início, portanto, existe um a, o objeto da caça, e um A, no intervalo entre os quais aparece o sujeito S, com o nascimento do significante, mas como barrado, como não sabido" (Lacan, 1962-1963/2005, p. 75). "Não sabido" é um outro modo de se escrever a fórmula da fantasia. O sujeito advém desse *a* perdido na relação (função) com o grande Outro, campo da linguagem, o que permite considerar que o sujeito traz a marca que lhe causa e não é submetido em sua causação a tudo que vem do Outro. Pense numa reta: de um lado, o objeto que se quer, do lado oposto, o Outro que quer esse objeto, o imagina e o predica. Entre um e outro ponto dessa cadeia de caça, o Real atravessa essa superfície e impede essa captura. O sujeito vem dessa impossibilidade.

Ao delimitar na estrutura do inconsciente a falta como efeito do traço esvaziado, Jacques Lacan passa a operar com outra lógica na linguagem, para além das formas da língua do estruturalismo. Há um buraco no inconsciente circundado para além das pulsões parciais, porém os efeitos e ecos desse *topos* escapam às formações do inconsciente e às ressonâncias da língua escutadas na fala, metaforizadas e transferidas via metonímia, e é justamente o pedaço de carne de corporeidade que pode ser nomeada de sujeito: efeito e é feito de algo indiscernível. A autoridade da fala é esburacada, pois o que se escuta (e se lê) é a função não mais apenas do significante, mas do objeto causa do desejo, não interpretável e não sabido da estrutura de linguagem que ganha um elemento a menos, o objeto *a*.[1]

Alienação, afânise e separação são operações nucleares na constituição do sujeito. Da falta inscrita pelo Simbólico via elementos como

---

[1] Anos depois, no seminário *De um Outro ao outro...*, Lacan (1968-1969/2008c) irá retomar o que disse sobre o fato de que a angústia *não é sem objeto*. Segundo ele, o sentido dessa formulação *não é sem objeto* é: "Ele significa simplesmente que há, para responder à angústia, algo que é análogo ao que se diz ser objetivo a partir de uma certa concepção do sujeito. Esse algo análogo ao objeto, do qual, segundo a psicanálise, a angústia é o sinal no sujeito, o não é sem não o designa, mas apenas revela que ele não falta. Pressupõe, portanto, o apoio decorrente da falta. Que é uma ordem simbólica? É mais do que apenas uma lei, é também uma acumulação, ainda por cima numerada. É uma ordenação." (p. 286). A seriação significante dá lugar aos números ordinais, conjunto sem um primordial, à ordenação, à invenção e à transformação do mesmo em outros moldes. Essa condição estrutural já está na lógica da língua, na medida em que a língua como um modo de funcionamento nos mostra como mudar sem mudar, o universal e singular. A ordenação avança para o particular do ser falante, para uma tomada de decisão no que se diz.

Nome-do-pai, Outro, significante, há uma falta anterior nomeada de "falta real":

> *Duas faltas se recobrem. Uma é da alçada do defeito central em torno do qual gira a dialética do advento do sujeito a seu próprio ser em relação ao Outro – pelo fato de que o sujeito depende do significante e de que o significante está primeiro no campo do Outro. Esta falta vem retomar a outra, que é a falta real, anterior, a situar no advento do vivo, quer dizer, na reprodução sexuada. A falta real é o que o vivo perde, de sua parte de vivo, ao se reproduzir pela via sexuada. Esta falta é real, porque ela se reporta a algo de real que é o que o vivo, por ser sujeito ao sexo, caiu sob o golpe da morte individual. (Lacan, 1964/2008b, p. 201)*

Ao ler essas duas faltas na lógica das operações de alienação, afânise e separação, existe uma topologia que se estrutura pelo Simbólico com o Real: a dialética do desejo a pregar peças no sujeito e sua relação com o Outro que finge possuir o objeto que resiste à apropriação, e o que vem do Outro é o enigma do desejo. O Real, marca *nãotoda* da linguagem, é o que, na relação sujeito e sexo, instaura o irredutível para o eu, o que permite escrever pela formalização o objeto *a* na estrutura. Contudo, há uma torção no que se refere à falta anterior, pois o Simbólico, até então o lugar da constituição do sujeito e da estrutura do inconsciente, não recobre o Real. O Real ascende sobre o Simbólico, faz furo de onde advém o não dito objeto *a* e o ser é sujeito ao sexo – o Simbólico está submetido ao Real. Essa ideia da alienação constrangida ao corte mais radical que ex-siste – do Real, pode ser tomada como a possibilidade de que a mesma linguagem que aliena o sujeito é a que faz o corte, assim, não haveria alienação sem o advento do objeto *a*, escrita da gênese constitutiva do sujeito.

Nesse sentido, propor que o autista estaria na alienação na linguagem, submetido ao peso dos signos linguísticos, implicaria considerar não apenas a inscrição significante, mas também a queda do objeto, o que parece adiantado tomando a relação não pulsional do autista com os objetos autísticos, objetos de gozo retirados da cultura que aloca qualquer que seja o objeto. Ou, essa alienação corresponderia à versão do imaginário, com o peso do signo na função do peso da imagem, onde, ao recusar a fala do Outro, o autista se protegeria ante a mediação da palavra entre ele e o espelho. Nesse conjunto de reunião entre sujeito e Outro, de nenhum nem outro, como Lacan (1964/2008b) se refere ao *vel* da alienação, ambos saem cindidos dessa operação: da afânise, o não sentido faz constatar ao sujeito que o Outro é não-todo e faz constatar ao Outro que o sujeito não lhe completa. Impõe-se à teoria da constituição do sujeito uma lógica sem volta, o impossível de ser objeto causa do desejo de um e de outro, lógica formalizada na letra *a*, de objeto perdido: sujeito barrado, Outro barrado.

Levando-se em conta o objetivo de avançar na torção que Jacques Lacan opera na teoria, de sua fundamentação na estrutura linguística para a estrutura topológica de fundamentação nas formalizações da matemática, para considerar o autismo como estrutura subjetiva, é pertinente um recorte no que tange não apenas à virada da fala para o dito/escrita do Real, do significante para a letra/traço unário, como do Outro como lugar do significante, depois como absoluto para um Outro incompleto, *nãotodo*.

Em termos estruturais e constitutivos, esse é um dos elementos mais polêmicos nas elaborações sobre o autismo: liga-se ou não a um outro? Se, como nas elaborações sobre o desejo (e demanda) e *das Ding*, o Outro é determinante nas relações constitutivas do sujeito, o lugar da cadeia simbólica, em que medida a torção na teoria permite supor um inconsciente sem esse centro, sem a supremacia do Outro? Não haveria estrutura mais adequada a estes questionamentos do que a estrutura autística. Em que momento e sob que condições estruturais o Outro deixa de ser absoluto e incompleto e passa a ser uma lógica não trivial, contraditória, um conjunto vazio (Lacan, 1968-1969/2008c), para além de sua condição de barrado, como já apontada?

Retorno aos apontamentos anteriores para localizar o Outro na estrutura simbólica, de tal modo que, ao seguir adiante, possa tomar esse Outro apartado do centro do saber do sujeito do inconsciente, e não como preterido de sua constituição. Esse elemento estrutural, o grande Outro, sendo incompleto, instaura um impasse na teoria da constituição do sujeito: é o Real determinando a formalização e não o recuo diante de tal contraditório. Como o que acomoda o desejo do sujeito é incompleto? A pergunta traz a resposta.

4. Um adendo sobre o grande Outro

A limitação do Simbólico em recobrir o Real endossa o que vinha insistindo no Outro: feito de significantes, feito absoluto na medida em que a mãe tem o falo (a mãe fala), esse Outro que se paralisa diante da questão do desejo é, assim como o sujeito que estrutura, também uma estrutura de significantes intervalar e, portanto, incompleta. A linguagem universal será um conjunto formado por um particular.

Lacan (1968-1969/2008c) escreve o que deve estar na palma da mão do psicanalista, para poder colar caso esqueça a resposta, ou que se grave na carne do analista: *A essência da teoria psicanalítica é um discurso sem palavra*.[1] A psicanálise é um discurso sem palavra, a fala carrega significantes. Agora, trata-se, para a psicanálise, da função do discurso, do mais-de-gozar em torno do qual gira a

---

1 A versão em português da editora Jorge Zahar traduziu a sentença "*L'essence de la théorie psychanalytique est un discours sans parole*" (*Séminaire 16: D'un Autre à l' autre*, recuperado de http://staferla.free.fr/S16/S16%20D'UN%20 AUTRE...%20.pdf) como "A essência da teoria psicanalítica é um discurso sem palavra". "Sem palavra" indica que o que interessa ao discurso psicanalítico é o "significante". Lacan trocou "palavra" por "significante", na fala.

definição do objeto *a*, do resto na escolha entre a vida e a bolsa, do entre nenhum nem outro. Das várias implicações dessa sentença, ressalto a definição *o significante é aquilo que representa um sujeito para outro significante*: não é somente na palavra falada que temos esse significante, já que ele não se representa, haja vista ser uma função significante e não uma forma significante. As diferentes unidades da linguagem podem vir a ter essa função de corte, de instaurar essa falta constitutiva, no discurso.

Ao prosseguir no discurso como o campo da linguagem que interessa à psicanálise, abre-se a possibilidade de outras modalidades que venham compor esse discurso, para além da falação. As ditas estereotipias dos autistas mostram como se torna impossível para os falantes imbuídos na manutenção de sentidos imaginários ler o que escrevem esses gestos sem palavras, esses ditos significantes como acontecimento corpóreo mais próximo possível da ausência de simbolização – do gozo. O balanceio das mãos como solução imutável (e não uma repetição sem função) pode representar algo diferente, afecções que vão da alegria ao medo, da manutenção do mesmo ao caos. A falta de supor ali um saber, um sentido, um traço que o marca no dizer do outro torcendo pela inscrição da equivocidade, acabam por isolar o sujeito. Uma aproximação permite acompanhar um ritmo e um traçado minimamente diferente dependendo da situação em que o sujeito está imerso. Agitar as mãos se satisfazendo ao assistir um filme não segue a mesma ordenação do agitar as mãos quando submetidos a um barulho excessivo, movimento esse que pode vir acompanhado de um andar sem direção, de bater no próprio corpo, o que não acontece no primeiro. Um significante não significa uma única coisa, mas é algo que se satisfaz por si mesmo. Esse fazer com as mãos sem um objeto, sem uma direção não é o usar as mãos para tatear o mundo. Esse tatear é uma das primeiras escritas atreladas ao recurso da sensopercepção nos bebês muito pequenos. Ao tocar superfícies, objetos e pessoas, movimentar as mãos no ar, tocar o próprio corpo, o bebê não somente é banhado passivamente pela linguagem, mas começa a se inscrever nela na concatenação com o outro e os significantes que nele ressoam. Também, é por esse tocar com as mãos que começam a buscar os sons do mundo ao seu redor, sua vibração, ponto de extrema importância na medida em que vai escoando os excessos, ordenando o caos nesse universo de linguagens. Bebês gostam de tocar a boca de quem os amamenta, por exemplo, como se tocassem as palavras ditas, com se as pegassem. Nos autistas, essa desordenação tomada apenas como um sintoma patológico é um resto sem borda desses primórdios.

A falta não corresponde mais apenas ao significante. Sobre isso, Lacan (1968-1969/2008c) acrescenta:

> *Observem bem que, quando falo do significante, falo de algo opaco. Quando digo que é preciso definir o significante como aquilo que representa um sujeito para outro significante, isso significa que ninguém saberá nada dele, exceto outro significante. E o outro significante não tem cabeça, é um significante. O sujeito aí, é sufocado, apagado, no instante mesmo em que aparece. Como é que alguma coisa desse sujeito que desaparece por ser o que surge, que é produzido por um significante para se apagar prontamente em outro, pode se constituir e, no fim, fazer-se tomar por um* Selbstbewusstsein, *isto é, por algo que se satisfaz por se idêntico a si mesmo? É justamente isso que se trata de examinar agora.*
>
> *O sujeito, seja qual for a forma em que se produza em sua presença, não pode reunir-se em seu representante de significante sem que se produza, na identidade, uma*

> *perda, propriamente chamada de objeto a. É isso que é designado pela teoria freudiana concernente à repetição. Assim, nada é identificável dessa alguma coisa que é o recurso ao gozo, um recurso no qual, em virtude do sinal, uma outra coisa surge no lugar do gozo, ou seja, o traço que o marca. Nada pode produzir-se aí sem que um objeto seja perdido. (p. 21)*

Essa experiência de produzir-se um objeto que seja perdido é o que permite ao sujeito abandonar o Outro e, por essa via, abrir mão que um significante represente seu desejo para reconhecimento desse Outro. Necessário esclarecer que não há sujeito sem linguagem, sem o Outro. Contudo, há muito que a psicanálise evita pensar na constituição como etapas que se sucedem uma à outra, como se primeiro tivesse o Imaginário, depois o Simbólico. No caminho que sigo, essas dimensões atravessam os falantes sem antes ou depois. Se a linguagem nos antecede, o Real também, e o Imaginário é o que o eu vai elaborando de mais imediato diante desse encontro. Essas pontuações sugerem que o autista rompe com a seriação do tipo primeiro isso, depois aquilo – é de sua condição estrutural evitar o encadeamento das coisas. De cara, a estrutura da língua e sua força constitutiva são questionadas pelo autista, e a psicanálise não deveria correr o risco de impor algo como um modelo de entrada do autista na linguagem, de inscrição do grande Outro – é a mesma lógica utilizada em terapias ortofrênicas e de treinamentos.

O primado do discurso destitui de modo mais radical os sentidos imaginários e aparta o Outro da centralidade da gênese do sujeito e da estrutura do inconsciente. E o discurso é outra coisa diferente da língua em uso.

Diante de qual impasse Jacques Lacan questiona o grande Outro e sua potência de absoluto?[2] No grafo do desejo, com a demanda

---

[2] Um dos pontos desenvolvidos por Lacan (1968-1969/2008c) trata da lógica paraconsistente como relativa à essa proposição da psicanálise como um discurso sem palavra. Configura o deslocamento do Outro da centralidade da estrutura (assim como os significantes falo, Nome-do-pai): a lógica da contradição ajuda a compreender como o que funda o sujeito – o campo da linguagem– é, quase que aos moldes de *Moebius*, faltoso, incompleto. Retomo, brevemente, alguns aspectos dessa proposição matemática (Souza, 2014): "Para formalizar a Psicanálise, Lacan (1968-1969/2008c) busca na matemática a lógica para a prática psicanalítica como aquela em que nunca se sabe se o que é dito é verdade, pois trata-se da verdade do sujeito do inconsciente vetada ao *cogito*. Os conceitos psicanalíticos e as relações entre os elementos que constituem o inconsciente e seu sujeito serão, por Lacan, inscritos em fórmulas, letras, matemas e símbolos topológicos passíveis de ordenações operatórias bem definidas, porém sem uma antecipação semântica [e menos ainda imaginária]. Nessa formalização da psicanálise, a proposta é dar às características gerais do discurso psicanalítico, aos seus conceitos fundamentais (tanto em relação ao discurso analista/analisante, como à teoria), uma possibilidade de apreensão a partir de uma lógica que coloca em xeque princípios como o da não-contradição. Desse modo, é um corpo linguístico-formal que possibilita definir e delimitar as invariantes da psicanálise como o inconsciente, o objeto *a*, o sujeito, o Outro, o tempo lógico, o desejo e o gozo, entre outras" (p. 52). Na aula de 8 de janeiro de 1969, Jacques Lacan (1968-1969/2008c) apresenta alguns delineamentos sobre a lógica matemática com o quais pretende operar. A saber: a primeira condição do discurso da matemática é aquela que garante uma linguagem *sem equívoco* sobre o objeto da matemática, porém, como toda linguagem é dúbia e se estabelece pelos deslizamentos de seus elementos, ele propõe uma linguagem inequívoca, reconhecendo o equívoco e opondo-se a ele, via formalização, tomando-o como impasse; a segunda condição do discurso da matemática, conforme Lacan (1968-1969/2008a), é que sua linguagem "deve ser pura escrita" (p. 95), constituindo-se como interpretação inequívoca formalizada e isomórfica: ou seja, os pressupostos da matemática são formalizações redutíveis, as letras quando mexidas tem efeitos diferentes. Lacan lança mão do próprio discurso matemático para tornar possível que a escrita dessa lógica comporte o sujeito do inconsciente. Para isso, vai discutir sobre o discurso consistente que abarca essa linguagem. Nesse ponto do seminário, ele faz referência ao matemático Gödel e ao discurso da aritmética. O interesse de Lacan é o que acontece no desenvolvimento de um teorema, melhor dizendo, aquilo que escapa aos processos de formalização,

construído pelo discurso primeiro da matemática e sua metalinguagem, em que a linguagem prima pela incompletude. Para Lacan, o segundo tempo da formalização implicará reconhecer a incompletude da escrita pura, ou seja, um teorema da aritmética deve implicar essa mesma linguagem que o limita. Conforme Souza (2014): "De modo mais contemporâneo, essa lógica abordada por Lacan foi (re)elaborada como a lógica paraconsistente que refuta a lógica clássica que se sustenta no princípio geral da não-contradição, aquele em que duas proposições para serem contraditórias não podem ser, as duas, falsas ou verdadeiras simultaneamente, pois se assim fosse não teriam o mesmo valor de verdade. Dessa maneira, para haver uma contradição seria sempre necessário que uma afirmação fosse falsa e outra verdadeira, e dadas duas proposições, uma sendo negação da outra, uma delas é falsa. Isto pode ser visto na contradição entre a afirmativa *Todo homem é mortal* e a afirmativa *Algum homem é imortal* que é regida pelo princípio da contradição, pois *Se Todo homem é mortal* for a afirmativa verdadeira consequentemente a afirmativa *Algum homem é imortal* é falsa. Mas, se *Todo homem é mortal* for a afirmativa falsa, então, pela lógica da contradição, a afirmativa *Algum homem é imortal* é verdadeira. Entretanto, se *Algum homem é imortal* for a verdadeira, *Todo homem é mortal* tem que ser falsa, porque existe uma contradição redutível e possível entre essas preposições restritas ao verdadeiro e falso.

Uma lógica assim não permitiria o rigor flexível nos estudos psicanalíticos, pois tomando o inconsciente como a questão é impreterível uma 'investigação' que lide com o contraditório como efeito do Real, com a possibilidade de lidar com um não saber, com a indeterminação e com a não redução do contraditório a falso ou verdadeiro. Essa lógica clássica permite apenas uma contradição consistente, imaginária e trivial, no sentido de que suas possibilidades estariam restritas aos limites das próprias contradições: ou se é falso ou se é verdadeiro, com uma ênfase em teses absolutamente homogêneas estabelecidas por relações entre seus elementos formais estáveis e diretas em que a significação possível estaria limitada a esse funcionamento. . . . Em seu trabalho, o matemático e lógico brasileiro Newton C. A. da Costa desenvolveu sistemas lógicos que pudessem envolver contradições nos sistemas matemáticos. Seu trabalho foi a gênese da lógica paraconsistente, aquela fundamentada em sistemas dedutivos inconsistentes construídos em uma linguagem que permite a contradição e que permite a escolha diante de paradoxos formais. De modo geral, essa lógica sustenta que a partir das contradições tudo pode ser demonstrado. . . . a contradição, na lógica, não inviabiliza as teorias e deve-se buscar as invariantes de uma teoria em um recurso linguístico-formal que viabilize a contradição" (pp. 54-55). Essa passa a ser a lógica do Outro: inconsistente na medida que a feita pelo sujeito, ele responde com uma falta (Ⱥ), como linguagem não é garantidor da verdade do sujeito no que tange ao seu desejo.[3] O que é o Outro como inconsistência?

---

linguagem que o estrutura lhe oferece significantes que carregam esse paradoxo formal, enlaçar e desenlaçar sujeito e outro, estruturar como universal e dividir como singular. Basta escutar dois sujeitos envolvidos em um conflito: as versões serão inconciliáveis e nenhuma poderá ser reduzida a verdadeira ou falsa, mas não podem ser qualquer coisa. Ainda, cabe lembrar que se entra na era da existência no discurso. Ou seja, se foi dito, seja em qual dimensão do dizer, é por ser possível de existir.

3 Nesse seminário *De um Outro ao outro* de 1968-1969 (2008c), Jacques Lacan se refere ao Outro como estrutura linguística incompleta, retomando a afirmação do texto "Subversão do sujeito e dialética do desejo" (Lacan, 1960/1998h). Ao discorrer sobre o grafo do desejo, indo da inversão que constitui o sujeito em sua travessia na cadeia significante até à retroação da cadeia significante tomada como fala, onde essa incompletude comparece na questão que o sujeito faz ao outro, *O que ele quer de mim?*, invertida na pergunta do Outro ao sujeito, *O que você quer de mim?*, vê-se que é como Outro que o sujeito deseja. O grande Outro, inicialmente, é instalado no grafo como (A), bateria completa de significantes, posição de mestre absoluto, detentor do código, lugar de onde o sujeito recebe sua própria mensagem invertida, lugar de fala (lugar do significante) e da verdade do sujeito, sendo inútil procurar o significante em outro lugar: não há Outro do Outro. A inconsistência do Outro se inscreve na "margem em que a demanda se rasga da necessidade: essa margem é a que a demanda, cujo apelo não pode ser incondicional senão em relação ao Outro, abre sob a forma da possível falha que a necessidade pode aí introduzir, por não haver satisfação universal" (Lacan, 1960/1998h, p. 828). Essa margem é uma vertigem, um fantasma que encobre o capricho do Outro, sua onipotência: a mãe, como esse Outro absoluto, não pode tudo, o sujeito até pode tudo, menos essa mãe, determina a Lei, o pai – a castração. O grande Outro, quando solicitado pela demanda feita pelo sujeito, por este fiar que o Outro é tesouro do significante e que isso basta para responder sobre o seu desejo, responde como faltoso. Para se preservar, esse lugar do desejo faz o *ser ansiar com impaciência*, e isso é o gozo que rompe com o universal e torna, então, o Outro inconsistente.

5. A estrutura topológica de borda e os objetos

Lacan (1968-1969/2008c, p. 30) volta à estrutura para tomá-la pelo que ela é, *o próprio real*: "A estrutura, portanto, é real. Em geral, isso se determina pela convergência para uma impossibilidade. É por isso que é real." Essa estrutura corresponde ao discurso que opera pela lógica pura, destituído de metáforas e da qual depende a existência do Real, consequência de haver discurso sem a impregnação imaginária dos sentidos da palavra falada. O discurso é sobre o gozo, o saber e o sujeito: isso não é uma metáfora, a topologia é a estrutura. Haveria uma existência na estrutura, tal como proclamava o estruturalismo, ao ponto que a realidade psíquica – a subjetividade – seria a combinatória dos significantes submetida ao campo da linguagem como tesouro de significantes, lugar do código e incompleto. A topologia e o paradoxo dos conjuntos mostram a inconsistência do todo e a estrutura é Real por causa dessa convergência da impossibilidade: no ponto do objeto *a* que, como discurso, tem efeito de gozo e que mostra o furo no Outro.

Rona (2012), partindo da hipótese de que a topologia é a estrutura e propondo enlaçar a teoria do significante com a teoria dos conjuntos e a teoria dos nós, lembra que o uso dos fundamentos da matemática em psicanálise vai além da literalização no saber gerado na transmissão, evitando "o problema das falsas conexões e dos mal-entendidos" (p. 19). Busca também a lógica em que todo enunciado é verdadeiro ser for demonstrável por procedimentos e princípios lógicos, como a própria teoria dos conjuntos. Busca, ainda, a formalização a partir da estrutura dos objetos, o que romperia com a relação do significado com as coisas do mundo. A possibilidade de formalização da teoria do significante exige que a psicanálise se afaste do intuicionismo na matemática, cujas proposições partem de uma espécie de positivismo, no qual os números e objetos matemáticos corresponderiam a uma verdade transcendental, negando a existência do absurdo e do contraditório.

A teoria do significante ganha outra validação enlaçada à teoria dos conjuntos. Essa articulação visa solucionar a incompletude do Outro e o impasse do Simbólico frente ao Real, ao impossível em todas as dimensões da linguagem. A incompletude do Outro é escrita no grafo do desejo como S($\cancel{A}$) (sujeito de A barrado), em que a falta corresponderia à falta de um significante que localizasse a causa do desejo, dando ensejo para o falo como significante puro e o Nome-do-pai como o significante da falta. Desse ponto, Lacan (1968-1969/2008c, pp. 47-48) formaliza a existência de "uma falta no significante" em que S($\cancel{A}$), como lógica, atesta a impossibilidade do grande Outro que, ao se incluir no conjunto da linguagem, o faz como conjunto vazio, fazendo cair a totalidade de um discurso. A partir desse fundamento lógico, o grande Outro, avança Lacan (1968-1969/2008c), em sua função no campo da linguagem, "não encerra nenhum saber que se possa presumir, digamos, que um dia seja absoluto" (p. 61). Esse Outro é inconsistente e não pode garantir a consistência do discurso que se articula tendo como centro o objeto *a*. O sujeito, como o que se segue depois do desejo do Outro absoluto, faz uma volta nesse reconhecimento, deixando esse todo saber e seguindo por outra ordem, da letra (*parlêtre*): esse sujeito agora é quem fala, não é mais só falado dependente das versões escutadas do Outro.

O matema S($\cancel{A}$) mostra que, no conjunto dos significantes, ou seja, no Outro, está incluso o significante do Outro, S(A), a significação que tem como efeito uma falsa consistência nesse conjunto sujeito e Outro (S1 – S2): a cadeia simbólica tem furo. O significante do Outro é um "conjunto vazio" (Lacan, 1968-1969/2008c, p. 367) por ser um significante e faltoso, é vazio no que tange à verdade do sujeito. Como Nome-do-pai é uma outra lógica: o centro do saber é vazio, o Outro é inconsistente, o que dará ensejo, na teoria dos nós, para a teoria da nominação, na medida em que esse nome é um conjunto esvaziado impondo, ao ser falante, as versões para essa inconsistência. O significante do Outro está articulado como nome/letra ao traço despossuído de referente, traço do Real que faz borda a esse conjunto vazio, o Outro. Aqui, é preciosa a diferença entre o impasse do Simbólico, a cadeia significante como o que contorna *das Ding* (o traço unário) e esse traço esvaziado, da estrutura de borda.[1]

Ao interrogar o grande Outro do lugar de absoluto, Lacan (1968-1969/2008b), retomando o aforismo fundamental da constituição

---

1 Em termos de constituição e estruturação do sujeito, toda essa torção estrutural diz de um retorno ao significante primeiro e o que nele sustenta a destituição do Simbólico no que se refere à centralidade nesse tempo: a um traço do Real fundante e que, nesse sentido, o autista toma outra direção, na linguagem, para fazer borda de si. Sendo necessário destacar que se trata de lógica e não de relações encadeadas, onde o grafo do desejo seria, por exemplo, o caminho a ser trilhado pelo sujeito até essa retroação no primeiro significante. As teorizações, fundadas na lógica da neurose, da psicose e da perversão construíram esse trilhamento no Simbólico, enquanto o autismo propõe outra lógica a partir desse significante primeiro. O Outro não perde sua centralidade, totalidade, ele nunca a teve: a alienação implica tomá-lo não apenas como parte do inconsciente transindividual, sujeito e Outro, como campo do significante e Outro absoluto, permite também o *fading*, a ruptura para outra lógica, pois não havendo Outro do Outro, não há nada que o complete.

do sujeito, quer seja, o *significante representa o sujeito para outro significante*, é preciso ao dizer que "um significante não pode representar a si mesmo" (p. 20). Um significante mantém, portanto, sua função de corte pela diferença como aquilo que os outros não são (teoria do valor, do estruturalismo linguístico e que suporta a cadeia simbólica), mas sustentado pela negatividade que comporta. Esse significante é diferente não apenas de outro significante, é diferente em si mesmo e o outro como significante perde sua consistência: ele não pode ser todos os significantes. Há o deslocamento de um grande outro para um outro a quem *devemos passar a palavra*, e não se trata da fala nem da verdade que fala, mas do que se diz como o que tem lógica. Por não ser idêntico ao outro significante é que o significante cumpre a função de revelar que a representação que o significante faz do sujeito, para outro significante, produz, no que se constitui de identidade, "uma perda, propriamente chamada de objeto a", segundo Lacan (1968-1969/2008b, p. 21).

Dessa inconsistência do Simbólico, e por conseguinte, da fala que o carrega, Lacan (1968-1969/2008b) pressupõe, doravante, a primazia do discurso sem fala na experiência psicanalítica como espaço para a duplicidade do Outro (absoluto e inconsistente): toda palavra é inconsistente e absoluta, aspecto que torna a inabalável natureza das línguas um jogo para além das garantias e consistências universais. Ou, abala essa natureza.

Se decantei a primazia da fala e a primazia do simbólico até à torção topológica – efeito do objeto *a* – na experiência psicanalítica, preciso considerar de que se trata esse discurso sem fala, pois falar equivale à prática do inconsciente. Sempre esteve em pauta a destituição das formas consistentes e imaginárias da fala, a destituição da impregnação dos sentidos. Assim dito, é a essa fala prontamente fonoarticulada, consistente e como lei definidora das significações que se busca alternativas. E o autista como aquele que não fala essa fala testemunha outros modos de dizer radicalmente, dada sua proximidade constitutiva com o real da língua. Já se vê por que o "falo" para o autista não o determina, pois ele é esse do "não falo": joguinho linguageiro que permite o equívoco entre não falar e a negação aglutinada ao falo como signo da castração (negação da negação).

Essa lógica incompatível "falo/não falo" está na função do discurso, ali onde se esgotaria a repetição da cadeia simbólica, sempre a mesma.[2] Em razão da incompletude e da inconsistência do Outro, *não há diálogo*. *O diálogo não existe*, pois não sendo o outro um código fechado, o discurso tem falhas e não é uma totalidade. Como conjunto, esse Outro maiúsculo não contém a si mesmo, contém os outros significantes distintos da cadeia (S1, S2, S3). Lacan (1968-1969/2008b) não se esquiva de que, em sua gênese, o sujeito é dependente do significante e, ainda, que a linguística lhe possibilitou escutar o material fônico presente nos jogos do inconsciente: "Isso demonstra, igualmente, não que o sujeito não está incluído no campo do outro, mas que o ponto em que ele se expressa como sujeito é externo, entre aspas, ao outro, ou seja, ao universo do discurso" (p. 91). O estatuto do sujeito *é ampliado* nos pontos em que a teoria

---

2 A título de referência, Jacques Lacan (1968-1969/2008b, p. 59) introduz a lógica da teoria dos conjuntos a partir do paradoxo de Bertrand Russel: "Já repisei esse tema, que é corriqueiro, trivial. Não há nenhum modo de incluir num conjunto o que vocês possam extrair dele, designando-o como o conjunto dos elementos que não contêm a si mesmos. Não farei a exposição no quadro, mas direi apenas que, ao simplesmente perguntar se S está em A, ao simplesmente isolar o conjunto dos S, na medida em que S, diferentemente de A, não contém a si mesmo, o resultado é que vocês ficam sem saber onde alojar esse conjunto. Façam a experiência. Se ele estiver do lado de fora, estará do lado de dentro. Se estiver dentro, estará fora.
Em outras palavras, todo discurso que se coloca como essencialmente fundamentado na relação com outro significante é impossível de totalizar, seja de que maneira for, como discurso. Com efeito, o universo do significante – não me refiro aqui ao significante, mas ao que é articulado como discurso – sempre terá que ser extraído de qualquer campo que pretenda totalizá-lo."

do significante se esgotou, mostrou-se como uma de suas dimensões, e não toda a dimensão.

A imagem da moça autista dizendo do esforço em calcular como se inserir no diálogo do grupo de amigos volta para compor essa condição do ser falante e mostrar que sugerir uma lógica matemática é considerar que, ao falar, o sujeito precisa fazer contas e formar conjuntos das e com as palavras. Ela precisa calcular o jogo dos significantes cuja primeira combinatória binária se esgota testemunhada a impossibilidade de totalizar um discurso, pois se estiver do lado de fora, estará do lado de dentro, e se ela estiver dentro, estará fora, marca da transferência com o autista. A lógica vem fazer essa função ali onde o campo do outro *não garante* em nada a consistência do discurso que se articula nele, não garante a articulação entre real, simbólico e imaginário deixando um resíduo, o objeto *a*:

> *Essa relação deixa intacto o lugar em que inscrevi o* a. *Ele não deve ser tomado como uma parte. Tudo que se enuncia sobre a função do conjunto, como deixando o elemento em si como potencial de conjunto, justifica que esse resíduo, embora distinguido sob a função do* a, *seja igualado ao peso do Outro em seu conjunto. Aqui, ele está num lugar que podemos designar pelo termo êxtimo, conjugando o íntimo com a exterioridade radical. Ou seja, isso se dá na medida em que o objeto* a *é êxtimo, e puramente na relação instaurada pela instituição do sujeito como efeito de significante, e como determinando por si só, no campo do Outro, uma estrutura de borda.*
> (Lacan, 1968-1969/2008b, pp. 241-242)

O sujeito faz uma borda entre ele e o Outro, em vez de se alienar a este. Na topologia do Real, há uma estrutura nomeada como estrutura de borda. Enquanto no simbólico, e lembro da mencionada experiência do *fort-da*, trata-se de se ligar ao Outro como uma presença-ausência, agora tem-se uma borda entre o sujeito e o outro inconsistente que liga, mas mantém um litoral, um limite até certo ponto de colagem entre um e outro. Essa estrutura de borda tem variações demonstráveis nos quatro objetos topológicos (esfera, toro, *cross-cap* e garrafa de Klein) em torno do objeto *a* (outra diferença da cadeia simbólica cuja estrutura se repete em único elemento, o significante e em linearidade). As variações desses objetos diferentes daqueles objetos parciais da pulsão permitem que a borda se encontre num ponto da esfera, fechando-se como toro. A esse objeto topológico ascende duas bordas opostas estabelecidas ponto a ponto como dupla linha vetorial a ser transformada sob a forma do *cross-cap*. Essas duas transformações por combinações de bordas estabelecem outra, a garrafa de Klein. O que interessa é que a mudança do que não muda na estrutura significante se transforma sem outras direções e dimensões para além da superfície de encadeamento da fala.

Esses quatro objetos topológicos estabelecem uma relação lógica com os objetos parciais da pulsão que integram a relação do sujeito com o outro: voz, fezes, seio e olhar, dado que o objeto *a* é o lugar de captura do gozo absoluto pelo sujeito. O que é atestado pelo significante barrado da incompletude do outro como lugar do gozo e faltoso pela própria incidência do significante que faz furo na cadeia. Nessa estrutura de bordas, o objeto *a* é o elemento estruturante, não mais o falo que é foracluído desse lugar de gozo absoluto. Aspecto importante na distinção estrutural, pois como significante central na estrutura simbólica, sua foraclusão teria como efeito uma estrutura dita psicótica, ou ser o falo da mãe, uma estrutura dita perversa, e o centro fálico, uma estrutura neurótica. Assenta-se, agora, uma foraclusão estruturante do inconsciente, pois o que é absoluto é o objeto *a*, e as distinções estruturais entrariam na relação do sujeito com o objeto *a*, conforme Lacan (1968-1969/2008b) discorre sobre a perversão e a neurose: na perversão, o sujeito vai restituir no campo do Outro esse objeto *a* mascarando a castração para prover o Outro da falta fálica, enquanto na neurose, cujo talento aritmético consiste em localizar o indeterminável, trata-se de dar volta – como no toro – nessa falta, ratificando a castração, não mascarando a falha significante.

A estrutura topológica de borda possibilitou alocar a experiência psicanalítica e seu sujeito em dimensões de linguagem tomadas via articulação real, simbólico e imaginário, enfatizando o discurso nessa experiência: a estrutura imaginária da fala, a estrutura simbólica e a estrutura de borda em torno do objeto *a*.

As elaborações anteriores não respondem ao impossível estrutural, esgotando o grafo do desejo, os objetos topológicos e a borda, necessitando ir adiante na busca da definição de linguagem como o que estrutura nossa subjetividade e que possa demonstrar o que foi ficando de fora das estruturas anteriores. A *teoria dos nós*, com a *lógica borromeana*, passando a promover a escrita de uma estrutura borromeana em torno do Real como centro da experiência subjetiva, toma as vezes na teoria psicanalítica.

Sigo considerando que a distinção entre estrutura simbólica, estrutura (topológica) de borda e estrutura borromeana é fundamental para pensar o autismo. Alguns autores sustentam o autismo em uma ou outra estrutura: Jean-Claude Maleval propõe o autismo como estrutura de borda, Ângela Vorcaro propõe o autismo como estrutura (não)borromeana, e os trabalhos percursores de Rosine Lefort e Robert Lefort sustentam o tratamento do outro no autismo, numa espécie de restituição da estrutura simbólica para o autismo, cabendo considerar em que termos ela se daria. Importante lembrar a ampla produção dentro do discurso psicanalítico e outros autores igualmente fecundos, embora meu recorte concerne ao limite de meu objeto nessa investigação.

Se a matematização e sua lógica vieram socorrer a experiência psicanalítica da incompletude e da inconsistência da estrutura simbólica, propondo aí uma estrutura de borda com seus objetos topológicos, a que veio a estrutura do nó borromeano, como Jacques Lacan designa? Veio como solução de linguagem ao impossível do real de se escrever, mesmo pelas vias da matematização e formalização. Se iniciei este texto com a escrita do inconsciente via o *rébus* freudiano, os hieróglifos, seguidos de significantes, passando a matemas e objetos topológicos, da fala à cadeia significante e ao discurso, essa alternativa de escrita comporta e suporta todos os efeitos das estruturas anteriores e, mais ainda, o impossível de escrever. Desse modo, a topologia borromeana é um artifício de linguagem com três dimensões: real, simbólico e imaginário, das quais são feitas um dizer. Dizer que realiza o falar e o olhar afetados pela incompletude da linguagem e os movimentos nesse dizer como um espaço de existência.

O simbólico é o que faz furo, e o lugar vazio é a única maneira de se dizer algo na linguagem, de se agarrar algo da linguagem: absurdo lógico da natureza da linguagem que interessa à psicanálise. Ao se esvaziar a linguagem, *há um dizer* que Lacan (1971-72) escreve como *não há relação sexual,* em que relação concerne a proporções esvaziadas de sentido. Ou seja, não há relação nos termos de intersubjetividades nem de um com o outro, na cadeia significante, mas a verdade do sujeito é sempre semidita, com um pior do outro lado. Esse escrito é em si borromeano. Contém três negativas: a negativa gramatical (não), a negatividade nos sentidos (relação) e a indeterminação do sexual, respectivamente, simbólico, imaginário e real que se enodam nesse dizer criando uma existência, um corpo (*há*). Os significantes seguem seu destino, mas não se limitam ao sentido encadeado e óbvio, começam a contorcer esse destino de linha reta.

Essa proposição é recurso discursivo para marcar o *nãotodo* da linguagem, partindo do discurso da matemática e da lógica de universais e quantificadores: a linguagem da formalização do real é *nãotoda*. O órgão, em jogo no sexo, é um significante que é um gozo, e o falo, apenas seu significado. Trata-se de uma nova lógica *do que não é*, pois o real, na linguagem, não apenas impõe embaraços, mas possibilita, nessa estrutura, manejá-lo, aproximá-lo. Essa outra lógica se escreve considerando o *nãotodo* e o número como da escrita do real. A negação, na topologia estrutural, está localizada no real, como presença em ausência excluída das significações, dos lapsos e da gramática do sujeito.

Há uma distância entre o real e o biológico, importante na definição de corpo que se estabelece: "Não é porque é biológico que é mais real. É o fruto da ciência que se chama biologia. O Real é outra coisa. O Real é o que comanda toda a função de significância." Tudo existe como discurso e o real *é o que impede que se possa escrever qualquer coisa, daí a aproximação com o número da matemática*, porque não se pode agarrar todos dos significantes ao mesmo tempo, continua Lacan (1971-1972). Os significantes são recalcados, negativados. Trabalha-se, então, com o que está interdito, no entre o dito, no vazio, com a equivocidade do significante que abala as significações antecipadas das palavras. São os significantes negativados que sexuam o sujeito, é esse significante sexual que toca o gozo, faz corpo, pois não há gozo sem corpo, lugar lógico do objeto *a*.

Há na linguagem uma hiância *lógica irredutível ao* simbólico e ao imaginário, o real "que pode definir-se como impossível, este impossível enquanto resulta da própria tomada do discurso", por isso de fácil acesso, o que não quer dizer compreensível (Lacan, 1971-1972, p. 38). É fácil localizar o impasse do real na linguagem como na angústia inominável, nas formas da arte sem significação e sem engodo, no real das línguas onde o sentido claudica, nas estereotipias dos autistas mencionadas. Porém, tudo isso é de difícil compreensão – dificilmente se sabe o que ser significa. A dosagem desse traumático é que é o outro que passa a se angustiar, a se frustrar, a ignorar o que não compreende ou a se alienar a qualquer sentido que tampe o de difícil compreensão.

Esse intervalo na linguagem entre o que existe e o que está prestes a existir é marca do gozo como inexistência, o que, seguindo a lógica de Frege, não quer dizer que é o nada: "A estrutura é lógica que comporta uma hiância irredutível, o real como impossível na tomada do discurso" e "o ser falante é essa relação perturbada com seu próprio corpo que se chama gozo."[3] Dessa perturbação, a língua que ressoa é *lalangue*, que os tradutores transliteram para o português como lalíngua, ou como alíngua, evitando uma relação com o objeto *a* ou com a partícula de negação da língua portuguesa "a". Adiante, esse ponto será retomado, pois é no seminário seguinte que Jacques Lacan define *lalangue* como a língua de que é feito o inconsciente e será retomada essa questão do prefixo a- para o autismo, considerando que, em *lalangue*, o outro não escuta, os fonemas estão apagados à nossa escuta.[4]

---

[3] Na aula de 9 de fevereiro de 1972, Jacques Lacan, partindo da formulação sobre a demanda e suas negativas, mostra a entrada da topologia borromeana na cena. Essa questão, desenvolvida no artigo "Isso o que te ofereço é 'não': o autismo e a transferência" (Souza, 2021). Assim, é outra negação na demanda do autista (não demanda/demanda sem demanda) que inscreveria a necessidade de uma estrutura topológica para essa subjetividade, pois a estrutura simbólica (e os outros elementos topológicos) não responderiam por esse *nãotodo* presentificado no autista, estrutura cujo centro é a hiância irredutível a uma simbolização fálica.

[4] No seminário sobre a angústia e seu objeto, Lacan (1962-1963/2005) retomando a relação do sujeito (S) com o Outro (A), usa os monólogos da criança, tal como descrito pelo linguista Roman Jakobson, para discorrer sobre a autonomia da fala, a autonomia de articulações significantes no monólogo em que a posição do pequeno sujeito corresponde a uma anterioridade dos primeiros traços do eu em formação (contraponto ao monólogo do egocentrismo demonstrado por Jean Piaget). Esse monólogo nunca se produz na presença de outros, nem adultos, nem outras criancinhas; é uma outra cena não compartilhável; para psicanalista, são restos acessíveis da constituição do objeto *a*; esses monólogos mostram que tudo que o sujeito recebe do outro vem pela linguagem, porém essa linguagem não corresponde somente a vocalização, à fala; algo ressoa ao

Lacan (1972-1973/1985b, pp. 25-29) argumenta que a relação da linguagem com a fundação do sujeito é da linguisteria e "dizer que o inconsciente é estruturado como uma linguagem não é do campo da linguística".[5] Mais adiante, Lacan se pergunta "O que é um significante?" com o objetivo de alocá-lo na lógica topológica: "O significante é primeiro aquilo que tem efeito de significante, e importa não elidir que, entre os dois, há algo barrado a atravessar". Esse significante não pode se limitar ao seu suporte fonemático, como propõe a fonologia em que o significante se encarnaria nos fonemas: é o corte que atravessa as dimensões topológicas. Não se perde o legado da escuta distintiva, mas a escuta do impasse nessas formas é o mais ainda, o para além do princípio do prazer interpretável. Da questão "O que é um significante?", o realce é o *um* nessa sentença, artigo indeterminado que dá ao substantivo *significante* uma natureza de coletivizado, um termo que pode abranger muitas coisas – um significante pode ser muita coisa com função de significante, de corte, de causa. Esse *um* no centro desse dizer marca duas coisas, além disso: o corte e *um* como número, não dois significantes, mas um significante que traz essa marca da existência, da identificação do ser falante. O ser falante caminha na linguagem como *um um* que não é unicidade, mas é unário. E não como *um* mais *um* como escrito em S1 + S2, dos tempos do signo linguístico.

O que causa tem relação com o real, com o ex-cluído da linguagem, no sentido não de posto para fora da combinatória da linguagem, por ser fora da linguagem em seu funcionamento linear

---

buraco dos ouvidos que é indiscernível no simbólico; é a voz que ressoa no vazio do outro e só pode ser incorporada (e não escutada) como alteridade, como não modulada, porém articulada; nessa voz, estaria o funcionamento mais primitivo do inconsciente e sua estrutura.

5 Lacan não apenas reconhece a fronteira do simbólico na estrutura do inconsciente, mas encerra de vez toda e qualquer relação da experiência psicanalítica com a comunicação mediada pela fala plena e garantidora de sentidos conotativos e denotativos entre locutor e interlocutor.

e de efeitos de sentidos. Linguagem que, ao mesmo tempo, oferece nas formas imaginárias e simbólicas, oferece o que queremos e nos mostra o impossível, o *nãotodo* que a habita. Nesses termos, a topologia resolve a não existência de um dentro e fora, de interno e externo, interrompendo a tradição do dualismo pulsional: a estrutura subjetiva concerne ao vazio, marca da morte como negatividade criativa; o discurso e o laço social como o que se escreve em torno do impossível nas dimensões Real, Simbólico e Imaginário. Diante disso, a proposição não é mais interrogar o que é esse *Um significante* nem o determinar na coletividade: "Na verdade, veremos que é preciso reverter e, em lugar de um significante que interrogamos, interrogar o significante *Um*" (Lacan, 1972-1973/1985b, p. 31), aquele significante que deixará o traço unário no vazio que instaura a cadeia.

O que interessa na relação significante e significado é o que o significado *rateia*, melhor dizendo, no que, em seu limite, ele falha, pois um significante pode significar qualquer coisa e, por isso, ser *substância gozante* que marca o corpo do falasser (ser falante; em tradução para o neologismo *parlêtre*) instaurando sua divisão primordial. Em cena, na experiência psicanalítica, não a fala, mas o ser falante que habita as dimensões borromeanas da linguagem: Imaginário enquanto corpo e consistência, Simbólico enquanto significante, furo, desejo e Real enquanto impossível de dizer. Novamente, a linguagem interessa à psicanálise porque existe o ser falante. As línguas interessam à psicanálise porque há falantes que as operam conforme habitam esse campo. Ser qualquer coisa interrompe a alienação ao grande Outro, a dependência imaginária e simbólica de reconhecimento de ser alguma coisa. A língua do inconsciente é outra, não mais aquela compartilhável no conjunto dos elementos universais do estruturalismo: trata-se de *lalangue*, essa galáxia de significantes não articuláveis em cadeia. A língua é a língua do estruturalismo, tal qual define Ferdinand de Saussure (1916/1995) como um sistema de valores opositivos, contudo, a linguagem do inconsciente também é feita de *lalangue* (lalíngua), que interrompe a articulação por seriação entre significante e significado, signo e signo, imaginário e simbólico, questiona o arbitrário do signo e só temos acesso a seus restos, como mostram os referidos monólogos do bebê. Interromper como efeito de lalíngua ajuda a diferenciá-la do significante que faz corte. O corte significante abre outras dimensões e transformações no dizer. Lalíngua interrompe isso e deixa o sujeito com ele mesmo, pois só ele escuta conforme o abalo que isso lhe causa no corpo, conforme a ressonância – por isso se diz incorporação de lalíngua.

A dimensão de lalíngua foi apresentada por Lacan (1972-1973/1985b, p. 190) como a língua dita pelo sujeito do inconsciente, já escrito como ser falante, e é o que escapa ao falante como estrutura gozante e como resíduo, resto: o que ordena nosso inconsciente, nosso desejo é o resto. Diferente da função da fala, nos tempos iniciais das elaborações estruturais, lalíngua não é direcionada ao Outro, por estar na ordem do dito, não é reguladora, não é compartilhável. Lalíngua é o saber do inconsciente, um mais-de-gozar, um dizer a mais, o exato não saber:

> *Alíngua nos afeta primeiro por tudo que ela comporta como efeitos que são afetos. Se se pode dizer que o inconsciente é estruturado como uma linguagem, é no que os efeitos de alíngua, que já estão lá como saber, vão bem além de tudo que o ser que fala é suscetível de enunciar.*
>
> *É nisto que o inconsciente, no que aqui eu o suporto com sua cifragem, só pode estruturar-se como uma linguagem, uma linguagem sempre hipotética com relação ao que a sustenta, isto é, alíngua.*[6] *(Lacan, 1972-1973/1985b, p. 190)*

---

6 *Alíngua* conforme está na tradução de *O Seminário, Livro 20: Mais, ainda*, citado. Haroldo de Campos fez a transcriação de *lalangue* como lalíngua mantendo a

relação entre o significante e sua fonia cara a Lacan: "No mesmo Livro 20 ('*Le rat dans le labyrinthe*', 1973) Lacan expõe o que entende por LALANGUE. Aqui, desde logo, discrepo de tradução que vem sendo proposta em português para esse neovocábulo: *alíngua*. Diferentemente do artigo feminino francês (LA), o equivalente (a) em português, quando justaposto a uma palavra, pode confundir-se com o prefixo de negação, de privação (**afasia**, perda do poder de expressão da fala; **afásico**, o que sofre dessa perda; **apatia**, estado de indiferença; **apático**, quem padece disso; **aglossia**, mutismo, falta de língua; **aglosso**, o que não tem língua). Assim, **alíngua**, poderia significar carência de língua, de linguagem, como **alingüe** seria o contrário absoluto de **plurilíngue**, **multilíngue**, equivalendo a '**deslinguado**'. Ora, LALANGUE, pode-se dizer, é o oposto de não-língua, de privação de língua. É antes uma língua enfatizada, uma língua tensionada pela 'função poética', uma língua que 'serve a coisas inteiramente diversas da comunicação'. Esse idiomaterno (recorro a uma cunhagem do meu poema 'Ciropédia ou a Educação do Príncipe', de 1952) é '*lalangue dite maternelle*' ('lalíngua dita maternal'), não por nada – sublinha Lacan – escrita numa só palavra, já que designa a 'ocupação (l'affair) de cada um de nós', na medida mesma em que o inconsciente 'é feito de lalíngua'. Então prefiro LALINGUA, com LA prefixado, este LA que empregamos habitualmente para expressar destaque quando nos referimos a uma grande actriz a uma diva (La Garbo, la Duncan, la Monroe). **Lalia**, **lalação** derivados do grego **laléo**, têm as acepções de 'fala', 'loquacidade', e também por via do lat. **lallare**. Verbo onomatopaico, 'cantar para fazer dormir as crianças' (Ernout/Meillet); **glossolalia** quer dizer: 'dom sobrenatural de falar línguas desconhecidas' (Aurélio). Toda a área semântica que essa aglutinação convoca (e que está no francês *lalangue*, mas se perde em alíngua) corresponde aos propósitos da cunhagem lacaniana" (Campos, 1989/2005, p. 14, grifos do autor).

Vale tensionar esse ponto, pois lalíngua é para efeito de tensionar o dizer. Considerando a negatividade que carrega o *a*- na língua portuguesa, posso argumentar que cumpriria a função de lalíngua, que é esse acontecimento estrutural que rompe com a estrutura universal e singular, ou seja, como língua estruturada alíngua é mesmo sua negação, sua recusa. Também a aglutinação do *a*- negativado é traço esvaziado no significante do objeto *a* que possibilita o equívoco, a deformação nessa estrutura. Não estando ligada apenas a uma significância patológica, portanto. Por outro lado, em lalíngua, tem-se o equívoco resultante da homofonia em francês cometido por Lacan entre *la langue, la Lande* no fonema [*l*] dos significantes envolvidos nesse dizer. A questão é que traduzir é dizer em outra língua e todo dizer se estabelece pelas dimensões imaginárias, simbólicas e impossíveis de dizer. *Lalangue* é o dito desse impossível e traduzi-la é, antes

Desse jeito, na experiência psicanalítica, a interpretação dá lugar ao ciframento, o ser falante opera na linguagem um fazer com a língua, e não mais apenas significação. Esse fazer é necessariamente uma afronta à ordem da estrutura e recai sobre o outro detentor dos significantes – lalíngua não pertencem ao tesouro de significantes do grande Outro, portanto não é algo que antecede ao sujeito; recai sobre o falo e o Nome-do-pai que são deslocados de sua rigidez, centralidade e determinação – o significante-mestre perde a mestria. A equivocidade da letra entre *la langue* e *la Lande* que gerou *lalangue* deforma toda uma ordem possível de dizer e não é que se quis dizer alguma coisa nesse ato falho. Como ato de fala, fez alguma coisa a ver com a relação entre significante e gozo.

Lacan (1971-72), ao decantar a formalização sobre a demanda e o desejo na máxima *Eu peço para recusar-me o que te ofereço, pois não é isso*, e diante do fato de que se retirarmos a recusa, não há demanda, e se retirarmos a demanda, não é necessário a recusa (lógica do contingente e necessário), reitera que não se trata de saber o que significa *não é isso* em cada uma das dimensões da sentença. O que interessa são os enodamentos em torno dos verbos e, ao denodá-los, desamarrá-los dos outros dois, encontramos o que concerne ao do que é feito o sentido da sentença: o objeto *a*. O impasse de Jacques Lacan é porque sua topologia tetrádica (que vem realizado desde o seminário de 1962 e que produziu a lógica da estrutura de borda) não responde por essa amarração, por esses enlaçamentos estruturais em torno de um *topos* negativado nomeado de objeto *a*.

---

de mais anda, lidar com essa impossibilidade e, como cabe somente ao falante, ligar-se ao significante que melhor lhe puder ser dito sobre o que não se traduz ao outro, mas se poetizar, se reinventar com as formas da língua. *Lalangue* é um significante que inscreve no discurso da experiência do inconsciente uma lógica, por isso tornou-se um conceito como modo de transmissão dessa lógica na teoria, já que sua existência se dá na transferência. As tentativas de tradução devem manter essa impossibilidade de traduzir lalíngua.

O psicanalista, no dia anterior a essa aula de 9 de fevereiro de 1972, é apresentado ao nó borromeano, no brasão dos Borromeus, uma família italiana. Há, nessa figura, o entrelaçamento de três elementos, em que um se desfazendo, os outros se soltam. Esse um se desfazer e os outros se soltam como força da subjetividade já havia sido vislumbrado para os anéis de significante ao tratar do texto "A Carta Roubada". Na imagem, Lacan *vê espaços nos interditos, espaços formados pela amarração e, no centro dele, o objeto a*, em torno desse entrelaçamento que é remetido à concatenação significante: só existem em cadeia, formando uma estrutura, esta simbólica, aquela topológica de relações negativadas, sem significação, em que a demanda é justamente o *não é isso*, do Um significante, sozinho. O nó borromeano é uma imagem que tem um vazio no centro, aspecto que amplia a importância do Imaginário no discurso psicanalítico distanciado mais ainda da imaginação e da enganação.

Ao colocar, nesse seminário, o Um como o que concerne ao inconsciente e seu sujeito, Lacan (1971-1972, p. 75) leva adiante sua redefinição da noção de grande Outro que, no Simbólico, ocupa a função de campo da linguagem a partir da qual o sujeito toma e endereça seu desejo. Esse Outro *é o outro do par sexual, escrito como barrado: não se goza senão do Outro*. A que interessa, para a topologia borromeana, esse Outro barrado, a anulação do Outro como o impossível a (não) ser abandonado? Interessa que *nada toma sentido senão pelas relações de um discurso com um outro discurso*. Todavia, o Real é o que vai resistir a essa articulação, ao avanço de um discurso, como o impossível que não se demonstra no Simbólico, o centro e a ausência da relação sexual. O *Entre* é o reconhecimento de que a função fálica é *não toda, não há relação sexual*, não há o outro do par sexual.[7]

---

7 O Outro como o impossível que se abandona? O termo abandona requer que tenha pertencido – não há sujeito sem Outro, depois, como Um, se abandona.

Na lógica de não haver relação sexual, ao abandonar esse *Entre*, isola-se a articulação significante como substância pulsional, no sentido de interromper o imaginário discursivo. O sujeito *é o que um significante representa para outro significante e uma espécie de extensão vazia do objeto a*, ponto zero da estrutura com derivação, na ordem cardinal, do *Um* mantendo o vazio no *Entre*.[8] Essa formulação é a passagem da fala encadeada e imaginarizada para um dizer cuja escrita é pelo significante da inexistência: o *Um* é o elemento impossível do Real de ser representado, a negação estrutural concerne ao fato de que o *Um* é o Nada simbolicamente inventivo articulado ao objeto *a*, ao vazio que o localiza na linguagem, não determinado nem mesmo nos valores opositivos do Simbólico. Contudo, é inexistência pelo Real, diferenciando a mesmidade da repetição simbólica, inexistência determinada pela pura e simples

---

8 Jacques Lacan encontra no matemático Gottlob Frege os fundamentos lógicos para suas proposições, que fogem ao escopo deste texto. Destaco que o *parlêtre* (falasser/ser falante aglutina, em francês, *parler* e *être*, criando uma homofonia com *lettre*, letra; ainda com *par lettre* (por letra)). De modo geral, Frege permite a Lacan formalizar sobre esse ser falante, pois, para o matemático, há no ser algo que falta, que não é igual a si mesmo e que nenhum conceito pode ser igual a outro conceito, daí a necessidade de números para mensurar isso que não pode ser significado. Em sua teoria dos conjuntos, Frege apresenta esses conceitos como função (existência da linguagem recortado do todo), esses conceitos produzem limites. O conjunto corresponde a um recorte formado pelo uno (unicidade) e por objetos distintos (unidade). Esse recorte (de letra/número) *nãotodo* que ex-siste à linguagem e na linguagem é o conceito de *falasser*. Ainda, é preciso destacar a teoria do conjuntos de Bertrand Russell – a partir da contradição na aritmética de Frege –, em que o conjunto universal comporta até mesmo o particular do elemento que integra o conjunto. Teoria fundamental para o outro como conjunto vazio, aspecto central na não primazia do Simbólico, na paraconsistência do grande Outro e sua contradição constitutiva: lugar do significante absoluto e faltoso. Não primazia que, como venho mostrando, não significa falência do Simbólico, mas que o Simbólico, como a topologia do nó permite sustentar, só se escreve como estrutura na relação com o Imaginário, com o Real em torno do centro vazio – escrito como objeto *a*.

diferença que a ordem dos conjuntos escreve (do lugar que se faz buraco, *Nada é Um que não saia e não entre*). Esse *Um* (do mesmo), argumenta Lacan (1971-1972), pode ser dito por qualquer coisa, escreve-se de qualquer coisa. Diante dessa nova premissa, a fala continua como o centro da experiência subjetiva inconsciente carregada de deformações estruturais e lógicas, carregada de equívocos. Passa a existir fora da concatenação imaginária e linear, se carregar não apenas significante, mas ser um espaço de linguagem para advento de um significante inesperado, não significado, não endereçado, contraditório, que se escreva com torções, amarrações e burle a própria ordem.

Lacan mostra que o inconsciente é estruturado como uma linguagem e, na análise, ordena-se como o discurso da matemática, tratando-se de:

> *isolar na lógica o incompleto do inconsistente, o indemonstrável do refutável, ou até acrescentar-lhe o indecidível, por não conseguir excluir-se da demonstrabilidade – imprensa-nos tanto na parede do impossível, que se emite o "não é isso", que é o vagido do apelo ao real.*[9] *(Lacan, 1972/2003b, p. 452)*

Esse "vagido do apelo ao real" não é mais a fala, o dito no dizer vem de onde o Real o comanda, Real que mantém relação com a verdade. Essa expressão merece ser lida, considerando que o apelo vira demanda pela escuta e interpretação do Outro – seria do apelo ao Simbólico. Nela, o gemido contido no apelo é direcionado ao Real, não ao Outro, aqui o excluído, foracluído. Alguma coisa nesse apelo

---

9 Consultei, também, a versão em língua francesa, *L'étourdit* (Lacan, 1972, recuperado de http://staferla.free.fr/Lacan/letourdit.htm).

não será lida como demanda, não será significada pelo Outro, pois é impossível de qualquer simbolização.[10]

Sobre o dizer como articulação negativada, pois resta algo dito não acessível ao sentido, vale sublinhar alguns rastros de Lacan (1972/2003b): *dizer que há não lhes diz nada*; o acesso ao dizer (de Freud) apenas pelo que está foracluído da escolha do analista; o dito do inconsciente ex-siste ao dizer de Freud; esse dizer se restitui na experiência de análise que confirma sua existência; esse dizer não é a verdade, pois dela só o meio-dito; esse meio-dito ganha sentido pelo dizer; esse dizer não é livre e toma lugar de outros discursos; esse dizer se circunscreve no Real pelo impossível, "o que se anuncia como: *não há relação sexual*" (Lacan, 1972/2003b, p. 454, grifos do autor). Lacan (1972/2003b, p. 454) está falando do enunciado que não faz sentido porque não há relação entre os termos: "'não há' nada que faça relação de um enunciado.". Dizer o "não há" não garante, pela homofonia, a negação. Trata-se do homem e da mulher que fazem dessa relação um enunciado por habitarem a linguagem, por ser incompletos fazendo dessa relação uma relação interdita no sentido da castração e como dita entre dois seres de linguagem sustentada pelo Real: não há relação entre homem e mulher (não se completam, por justamente haver relação, a relação é por não ser, tal como o objeto em jogo é por não tê-lo). O que não faz laço é do Real que não se liga a nada. Em torno disso, o homem dá voltas e cria um labirinto do qual não sai: ao reproduzir a pergunta o

---

10 O próprio conceito de Real efetiva a noção de conceito de G. Frege, tomada por Lacan: Real é diferente do que é real e, ao longo do ensino, perde qualquer deixa de se confundir com o Simbólico. Sem fissura, o que retorna sempre no mesmo lugar (significante), depois passa a ser feito de cortes, pleno que basta a si mesmo, a negativa como o que escapa à simbolização, como na alucinação: é com o estatuto de proibido dado a *das Ding* levando a Coisa à dignidade de objeto *a*, em *O Seminário, Livro 7: a ética na psicanálise* (Lacan, 1959-1960/2008a), que o Real se aproxima da lógica do impossível e causa aturdimentos e embaraços na fala.

homem é posto a falar, homem feito de inconsciente e da repetição, mas agora uma repetição não mais em uma cadeia linear, mas na cadeia de um labirinto.

O órgão sexual, na cena corporal – do corpo dividido do ser falante – é o significante. A divisão do eu (*moi*) traz essa metade homem falicizado de corpo marcado pelo significante que não se acessa, de desejo equivocado, metade mulher-feminino (função excluída na operação dita foraclusão), cuja significação é resposta ao Real. O sujeito é estrutura real, cujo significante e corpo não se acessam, não mais habitando apenas a cadeia de efeitos de sentido. Mesmo com o Édipo que se diz, há o mal-entendido na linguagem. Pode-se considerar, com a lógica de amarração entre Real, Simbólico e Imaginário, que esse mal-entendido agora é mal-entendido invertido, lembrando expressão freudiano sobre o sonho. Ou seja, nem a castração, nem a privação, nem a frustração resolvem ou explicam o problema da incompletude do ser de corpo que tem voz.

Lacan (1972/2003b, p. 466) passa ao sujeito, ser dito mulher: um quantificador *nãotoda* frente à existência da função fálica e, por isso, nenhuma é toda. O "feminino" insiste na equivocidade do significante em que o dizer ex-siste sem que seja sempre no discurso. O inconsciente é estruturado como uma linguagem: o homem fala e fala, parecendo não importar o dito, mas o homem é "homem do dito", *homodito*. Contudo, o feminino mostra o trabalho árduo de sujeito em dizer o impossível, o que o deixa atordoado, sem saber, dando voltas no dito:

> *Tu me satisfizeste, homenzinho [petithomme]. Compreendeste, e isso era o que era preciso. Vai, de aturdito não há tanto que te volte depois de meio-di(t)a [l'apres midit]. Graças à mão que te responderá, por a chamares de Antígona, a mesma que pode dilacerar-te, por disso*

eu finja meu nãotoda, saberás ao anoitecer igualar-te a Tirésias e, como ele, por teres bancado o Outro, adivinhar o que eu te disse.[11] *(Lacan, 1972/2003b, p. 469)*

Não há como adivinhar, não há interpretação para o desejo quando o dizer carrega o dito, o impossível de ser dito. Não há super *eu* que opere nisso: "Seus ditos só podem completar-se, refutar-se, inconsistir-se, indemonstrar-se e indecidir-se a partir do ex-siste das vias de seu dizer" (Lacan, 1972/2003b, p. 469).[12]

A topologia não é uma metáfora, mas consistência do discurso psicanalítico, não como condensação de sentido, mas feito-imagem dos vetores, ainda simbólico, mas que não se pode dizer qualquer coisa antes do dito que é o corte nos objetos topológicos, do qual o sujeito é efeito quando esse corte se fecha.

O que define o sujeito é o círculo em volta da topologia universal: "o dito se conclui por um corte que se fecha, há certos cortes fechados que dessa esfera não fazem duas partes: duas partes a serem denotadas pelo sim e pelo não, quanto ao que ocorre (pelo que é

---

11 "*Tu m'as satisfaite, petit homme. Tu as compris, c'est ce qu'il fallait. Vas, d'étourdit il n'y en a pas de trop, pour qu'il te revienne l'après midit. Grâce à la main qui te répondra à ce qu'Antigone tu l'appelles, la même qui peut te déchirer de ce que j'en sphynge mon 'pas toute', tu sauras même vers le soir te faire l'égal de Tirésias et comme lui, d'avoir fait l'Autre, deviner ce que je t'ai dit*" (Lacan, 1972).

12 "*Ses dits ne sauraient se compléter, se réfuter, s'inconsister, s'indémontrer, s'indécider qu'à partir de ce qui ex-siste des voies de son dire. [cf. les 4 formes de l'impossible: inconsistance (H), incomplétude (M), indémontrable (U), indécidable (A)].*" Conforme versão recuperada de http://staferla.free.fr/Lacan/letourdit.htm, Lacan se refere, nessa passagem, aos quatros impossíveis (do Real): inconsistência, incompletude, indemonstrável e indeciso que se realizam no dito do dizer. Se a função da fala é por buscar sentido, o dizer tem função de cessar e escrever o vagido do Real, dentro das proposições modais de possível, aquilo que cessa de se escrever, impossível, o que não cessa de não se escrever, contingente, o que cessa de não se escrever e o necessário, o que não cessa de se escrever.

'do ser') com uma delas", e são esses outros cortes que têm efeito de subversão topológica, diz Lacan (1972/2003b, p. 473), efeito de sujeito. O significante no corte encerra o falatório e abre para a dimensão do dizer, e é na topologia borromeana que se interroga a relação *nãotoda* do dizer com o dito, em que o dito é *o nem tudo se dizer*. Lacan (1972/2003b) continua: "Digo que um dizer se específica ali pela demanda, cujo estatuto lógico é da ordem do modal."[13] A interpretação não é dessa ordem lógica, modal, tem a ver com a interpretação da causa do desejo e vem envelopada (banda de *Moebius*) pela demanda no *cross-cap* como a topologia aesférica do objeto *a*. Ao que Lacan estabelece a relação entre objeto *a*, topologia, Real (e sua exclusão) e o *não há relação sexual*:

> *Nada se presta a que ela se tome por esférica. Nem por isso deixa de ser, por mais minguada a que se reduza a parte torcida por uma meia volta, uma banda de Moebius, ou seja, a valorização da asfera do* **nãotodo**; *é isso que sustenta o impossível do universo, ou seja, usando nossa formulação, o que ali encontra o real.*
>
> *O universo não está em outro lugar senão na causa do desejo, nem tampouco o universal. É daí que provém a exclusão do real . . .*
>
> *. . . deste real: que não há relação sexual.* (Lacan, 1972/2003b, p. 474)

É por habitar a linguagem que há órgão no corpo, e há discurso pelo laço social a que se *submetem os corpos que abitaño* [*labitent*] esse discurso, argumenta o psicanalista. O Real é a obscenidade do

---

13 "*Je dis qu'un dire s'y spécifie de la demande (dire de l'analysant) dont le statut logique est de l'ordre du modal (possible, impossible, contingent, nécessaire), et que la grammaire le certifie.*"

grupo. O objeto *a* é avesso ao semblante. A face única da banda de Moebius é a ambivalência. A topologia ocupa o lugar do Real:

> *De fato, o lugar do dizer é análogo, no discurso matemático, ao real que outros discursos estreitam pelo impossível de seus ditos.*
>
> *Essa diz-mensão de um impossível, que, incidentalmente, chega a compreender o impasse propriamente lógico, é, num outro texto, aquilo que chamamos estrutura.*
>
> *A estrutura é o real (o impossível) que vem à luz na linguagem. Obviamente, não tem nenhuma relação com a boa forma.* (Lacan, 1972/2003b, p. 477)

A topologia se inscreve num discurso esvaziado de sentido, pois a boa forma que produz conteúdo é prescindida de toda e qualquer metáfora e se funda naquilo que há de Real inscrito na realidade simbólica como inacessibilidade na linguagem que se revela no discurso, o que produz os cortes nesses discursos que modifica a estrutura original, não se submetendo a padrões e fixando o impossível na linguagem. O sentido é radicalmente diferenciado do significado e só se produz na tradução de um discurso em outro, no qual dizer – a forma de dizer – tem mais relevância que o dito. Isso é um problema, pois traduzir um discurso a outro, fazer significado é levar em consideração esse fixo do Real, impossível de ser traduzido na topologia, mas que é seu único modo de acesso:

> *Ela é a estrutura – como retroação de cadeia em que consiste a linguagem. A estrutura é o aesférico encerrado na articulação da linguageira, na medida em que nele se apreende um efeito de sujeito. . . . Cabe aqui distinguir a ambiguidade que se inscreve pela significação, isto é, pelo*

fecho do corte, e a sugestão do furo, isto é, de estrutura, que dessa ambiguidade faz sentido. Assim, o corte instaurado pela topologia... é o dito da linguagem, porém não mais esquecendo seu dizer. (Lacan, 1972/2003b, p. 485)

A esfera (*cross-cap*) prescinde a topologia como ficção da estrutura que ela é, ficção que reveste a estrutura, o Real. Assim, a topologia Real, Simbólico e Imaginário é aesférica por não ser esférica, pois não há curvatura constante nesses movimentos. Referência estrutural, o corte ex-siste pela esfera. O sujeito é efeito desse corte que, ao produzir a queda da causa do desejo, abre para uma dimensão que existe como dizer e o sujeito comprova isso pela repetição encontrando seu esvaecimento (da banda de Moebius): desse *fading*, imagina-se um furo de consequências pulsionais, pois o toro tem furo se olhado como objeto e não como imagem.[14]

A topologia estrutural escreve a demanda enumerável em suas voltas, só ex-siste pelo número que se inscreve no corte, do ordinal, e não da repetição na ordem simbólica.

Ao retomar a máxima *O inconsciente é estruturado como uma linguagem*, Lacan (1972/2003b) reitera o *como*, para enfatizar que linguagem só pode designar a estrutura pela qual há efeitos de linguagens diversas, dando acesso ao uso de uma entre outras, conferindo a esse *como* o *nãotodo*. A estrutura linguística desvirtua o Real que motiva a linguagem: é por causa do Real que se recria e se brinca com a linguagem. O dizer em análise se distingue da proposição, mas se pareia a uma função proposicional sobre o *ab-senso* do *não há relação sexual*: dizer, fixar, desejo, corte, demandas que pareiam o impossível com o contingente, o possível com o necessário, com o que nos falta:

---

[14] Premissa para todos os objetos topológicos: serem olhados como objetos e não como imagens, pois objetos têm furos, as imagens, não.

> *Esse dizer provém apenas do fato de que o inconsciente, por ser "estruturado como uma linguagem", isto é, como a lalíngua que ele habita, está sujeito à equivocidade pela qual cada uma delas se distingue. Uma língua entre outras não é nada além da integral dos equívocos que sua história deixou persistirem nela. É o veio em que o real – o único, para o discurso analítico, a motivar seu resultado, o real de que não existe relação sexual – se depositou ao longo das eras. Isso nas formas que esse real introduz ao um, isto é, ao unido do corpo que aí forma origem, e isso fazendo, aí faz órgãos esquartejados de uma disjunção da qual, sem dúvida, outros reais colocam-se ao seu alcance, mas não sem que a via quádrupla desses acessos se infinitize, para que daí se produza o número real. (Lacan, 1972/2003b, p. 490)*

A linguagem motiva a estrutura como incidência do Real. Pontos nodais dessa estrutura do equívoco: homofonia (ortografia), interpretação (gramática), lógica (matema, formalização), pulsão como o outro da barra do significante e a demanda como transfinito, re-petição do inacessível que parte do um, conjunto vazio.

A fala e o Simbólico isolados não são suportes estruturais para o insuportável do Real. Lacan (1973-1974/2018) aborda a *dit-mensão* (*casa do dito*), as "mensões" no dizer efeito das amarrações entre Real, Simbólico e Imaginário, pois o saber não está no Outro como o lugar do significante, porque esse saber se tem, mas não se sabe. A topologia borromeana é estabelecida como a "nova" linguagem da experiência psicanalítica.[15]

---

15 Uso a tradução e a organização feitas por Frederico Denez e Gustavo Capobianco Volaco.

Os não tolos e os nomes-do-pai (na homofonia em francês para *Les non-dupes errent* e *Les noms du père*) são um mesmo saber a partir do qual é possível decifrar o sujeito, pelo falante, pela fala (Lacan, 1973-1974/2018). Em vez de uma rigidez na estrutura estabelecida com uma espécie de referente inabalável, há uma errância de nomes, de significantes. Se o sujeito aparecia como a metáfora falada, agora ele é enigma a ser decifrado. O ser falante é aquele capaz dessa operação de sentido ao adentrar no espaço de três dimensões articuláveis e indissociáveis aos moldes da lógica borromeana, em que soltando um dos pontos que unem dois dos três anéis, todos se soltam e são precisos sempre três para determinar um ponto: Real, Simbólico e Imaginário, figurados cada um em um dos círculos que integram a escrita do nó.

Lacan (1973-1974/2018) retoma a fórmula *não há relação sexual*, passando para o ciframento dos ditos, pois o sentido do sexual se define por não poder se escrever, por haver um limite que o número real faz função. Pode-se (e deve-se) variar o quanto se quiser, mas a linguagem é *náotoda*, o sentido não é totalmente acessado (aspecto importante no furo da alienação) e a cifração permite aproximação ao impossível de determinar, dizer e demonstrar.

O nó borromeano é a possibilidade lógica no discurso psicanalítico para escrever o impossível de inscrever, o Real, no qual não se encontra nenhum modo de ser: dois círculos enodados, e um terceiro que os amarra, fazendo com dois. O dizer é um saber fazer. O que faz laço social é o discurso, a estrutura conjunta que liga os falantes por meio de uma língua que não seria toda comum. O nó mostra que a verdade só pode ser semidita. A linguagem não é um saber, mas o efeito de que há significante e, nesse ponto, Lacan renega o que escreveu em "Função e campo": a linguagem como cadeia a ser decifrada quando se junta S1 a um S2, este já um deciframento. Do nó, se evidencia o dizer que é da ordem do acontecimento, pois nem toda palavra é um dizer, somente aquela que ata o sujeito. Essa condição de particular de cada um na estrutura topológica reitera a condição do autista como ser falante à guisa de suas especificidades na fala, pois basta um significante para atá-lo ao desejo.

A topologia é a versão de Jacques Lacan para o que Sigmund Freud elaborou como realidade psíquica que existe como dizer e tem três semblantes: o Imaginário, feito de imagens, de consistência; o Simbólico, por ser definido como nó, é falado como nó; e o Real, que possibilita a cada um dar um sentido, pois cada um tece seu nó, cada um amarra dois com um fio que lhe aprouver e, isso é feito pela via da trança, seis gestos entre essas três dimensões. Como toda estrutura, o Real tem movimento, ao que faço uma conta simples: se o autista está de frente para o Real, dada a precariedade do Simbólico, a imutabilidade se apresenta como defensiva e, quanto menos formas de linguagem, mas a insistência no mesmo a tal ponto que isso pode deixar de ser traço e sintoma e ganhar função de paralisar o sujeito, de severa inibição.

A trança é uma relação com o número três que comporta um, dois, três.[16] Para se fazer uma trança com os três, é preciso ir colocando o dois no lugar do um, permanecendo o três em seu lugar e, assim sucessivamente, ir compondo os seis cruzamentos possíveis que foram lidos na psicanálise, e há outros. Essa trança é carregada pela palavra cuja função é suportar o gozo. O nó borromeano é serial, tal como os ordinais na teoria do conjunto, diferenciando-se da seriação significante, pois nele existe um entre que não cessa de se escrever o (a), letra vazia que rompe com o efeito de sentido da palavra plena em cadeia. Lacan aborda as duas séries e redefine a linguagem para um *novo discurso analítico*, no qual o necessário não cessa de se escrever:

---

16 A linearidade da língua é vertida em uma trança de três dimensões (e, posteriormente, mais um quarto elemento).

> *O meio, justamente, é o que não constitui nó senão para que haja uma ordem. A saber: que, para tomar esses 1 que constituem, digamos sem delongas, os anéis de barbante, apenas um dos três, cortado, libera a todos os outros dois, vocês o podem observar em uma cadeia de três, de três ligações ordinárias: apenas um dos três liberta os outros dois. A distinção que há entre esta cadeia, essa cadeia de que, segundo parece, é sensível que esteja ali a ordem do simbólico: um sujeito, um verbo e o que vocês queiram, um complemento: 1, 2, 3, pode ser que, tendo essa ordem, haja algo que constitui meio, o mesmo que chamamos, com a ambiguidade desta palavra, o verbo. Pode se começar pelo complemento e terminar pelo sujeito, mas quem faz o meio é o verbo.*
>
> *Em que se vislumbra, enfim, que a linguagem não é feita de palavras. Ela é esse laço pelo qual, da primeira à última, o meio estabelece essa unidade, única que se poderá romper para que o sentido desapareça, com o que se demonstra que a linguagem, e o que chamamos proposição – porque isto não é outra coisa além daquilo que chamamos proposição – é a rasuração ao menos relativa – digo ao menos relativa para lhes facilitar o acesso as coisas – a rasuração do sentido das palavras.* (Lacan, 1973-1974/2018, p. 89)

No começo não está o verbo, mas o nada. O verbo está no meio nessa linguagem em que tudo pode ser dito pelas palavras desde que não tenha sentido porque escorre, tal como os monólogos não compartilháveis dos bebês. Lacan (1973-1974/2018) substitui, no discurso psicanalítico, a palavra pela letra, pois é esta que funda o necessário como o impossível: a letra é o *que não cessa de não se escrever* marcando, na escrita da estrutura borromeana, o possível, o impossível, o necessário e o contingente, nó como traços escritos que comportam o dizer e a possibilidade de um novo acontecimento.

Como estrutura do Real, não há senão véu do sentido, e o nó é a própria articulação RSI cujo efeito é o círculo, que faz 1, mas não *Um*; o nó faz trança onde se vê esse nó, não importando a ordem da seriação RSI como números cardinais 1, 2, 3, com a troca de posições que não corresponde a uma imagem no espelho. A consistência de RSI não comporta qualidades (Imaginário), mas *faz de cada um, um,* diz Lacan (1973-1974/2018). A topologia estrutural permite uma transformação contínua como espaço, na medida em que seus elementos se tocam e pertencem ao mesmo espaço. Interessante que a consistência topológica não é uma fixação (tal como a estrutura simbólica), mas é sólida, podendo ser agarrada pelo que do Real há no dizer que, suportando o sujeito, não se subordina nem ao Imaginário nem ao Simbólico.

A estrutura borromeana é apresentada como borda do Real (a topologia dos objetos faz borda ao objeto *a*), na qual o saber do inconsciente toca a experiência estruturada, como um discurso que Lacan define na articulação escrita do embaraço. Sobre escrita da qual o inconsciente é feito, seria interessante destacar que toda escrita contém nós, embaraços:

> *O que a linguagem de alguma forma sanciona é o fato de que, em sua formalização, impõe outra coisa que a simples homofonia do dizer. É que é uma letra – e o significante nisto mostra, mostra uma precipitação pela qual o ser falante pode ter acesso ao Real – é na medida em que desde sempre, cada vez foi questão de configurar alguma coisa que de certo modo fosse o encontro do que se emite, do que se emite como queixa, como enunciado de uma*

> *verdade, cada vez se trata de tudo o que tem a ver com esse meio-dizer, meio dizer alternado, contrastado, canto alternado do que deixa separado em duas metades o ser falante, é sempre por uma referência à escrita o que na linguagem pode situar o Real (como terceiro). (Lacan, 1973-1974/2018, p. 254)*

A linguagem como formas não decifráveis pelos códigos de uma língua interessam sobremaneira no entendimento do que se pretende como escrita para a questão do inconsciente – outras formas para além das fonêmicos, como nos hieróglifos, na escrita japonesa, chinesa e coreana, sem nada que se aproxime da natureza do signo da linguística estrutural e seu recalque neurótico. Traços que contornam a língua na relação que a criança vai estabelecendo com a linguagem, no aprendizado de formas gramaticais ali onde sempre esteve presente um saber muito particular com o qual brinca, recria, injeta, questiona e desestabiliza o que está dado. Lacan (1975-1976/2007) fará dessa escrita um *sinthome*, a partir de James Joyce e das elaborações em torno do nó borromeano, exaltando o *faz de cada um* da estrutura topológica do ser falante, contrapondo à estrutura de leis universais do Simbólico e à singularidade sincrônica do sujeito representado por um significante para outro significante.

6. O nó borromeano: escrita do inconsciente

A escrita do inconsciente é a relação entre os três registros para a construção da realidade psíquica. Trata-se da forma na contraposição de sentidos inacessíveis, de conteúdos do inconsciente. O que interessa de uma metáfora não são os sentidos engendrados nos efeitos de uma cadeia de significantes, mas o traço, a letra a serem lidos. É preciso lembrar que tal relação está nos termos da incompletude da linguagem já abordada.[1] O Real, o Simbólico e o Imaginário são palavras, cada uma tem seu sentido e há uma relação entre essas palavras decantadas nas letras RSI. Esses elos visam dar conta das

---

1 Conforme Granon-Lafont (2003, p. 33), o nó borromeano consiste no modo de nodular, de fazer nó, de formar elos ou anéis; é formado por um único fio que, por seu trajeto, não pode ser reduzido a um único anel. Na cadeia borromeana, os elos formam, entre si, um só nó, uma *operação de nodulação*, de amarração e se cortar um destes elos formados, os outros dois se desfazem. Dentro de sua proposta de uma *escrita topológica*, Lacan utiliza a cadeia borromeana para: "escrever as relações de troca entre os três registros do real, do simbólico e do imaginário". Relações essas caracterizadas pela existência pura, pelo furo e pela consistência. Vale ressaltar que, em sua extensão, essas relações biunívocas e bicontínuas se dão de dois em dois, como dois elementos se articulando em cada ponto. É a lógica da trança referida por Lacan.

inscrições no inconsciente, e essa linguagem topológica localiza os furos de cada registro e o lugar vazio deixado pela perda do objeto primordial. Os buracos no meio dos anéis de cada dimensão possibilitam aos elos se atarem entre si na relação dos furos com o não sentido e com o *nãotodo*, contornando aquilo de que não se pode desviar e que se suporta por conta das nomeações de castração, com o basta do(s) Nome(s)-do-pai.[2] Esse nó e suas possibilidades constituirão versões dessa nomeação fundante ou versões da falta dessa nomeação simbólica que organiza o sujeito e seu mito: não se trata mais de um significante fálico que simboliza o saber, como do centro dessa realidade psíquica. O nó é da ordem do Imaginário, pois é uma consistência que se enraíza na superfície (de linguagem) para suportar o Real. Entretanto, a relação com o Real e as errâncias no enodamento colocam em xeque esse planeamento imaginário, permitindo antecipar a falência de um enodamento ideal, de um corpo como unidade.

O Real está posto como "o que é estritamente impensável" (Lacan, 1974-1975, p. 3), como aquilo que é anterior ao campo da palavra, como a ex-sistência pura que não deixa de se escrever e, por isso, não cessa de não se inscrever, não cessa de ter efeito por essa impossibilidade: o efeito de passar a outra coisa na repetição. O Simbólico vincula-se com o funcionamento da cadeia de significantes que estrutura o inconsciente que porta o furo; e o Imaginário é a matéria, a parte encorpada que se liga à representação do não saber, ajudando a suportar o não sentido incorporado.

Portanto, é por causa da lógica radical do Real que Lacan (1975-1976/2007) adiciona a esse nó borromeano de três um quarto elemento: o *sinthoma*. Essa operação implica na manutenção desse funcionamento de três, porém, com esse quarto elemento como suporte dando frente ao Real, por uma letra h que lhe é enxertada.

---

2 Topologia como as bordas do Real.

A ex-sistência da linguagem não se limita apenas ao furo que a linguagem comporta, mas refere-se a uma orientação que foraclui o Real, e este deve ser buscado abaixo do limite do zero e só pode ser aproximado em pedaços. O contorno dos nós aos furos faz essa aproximação, mas ficará sempre uma aproximação: "O real... é sempre um pedaço, um caroço" (Lacan, 1975-1976/2007, p. 119). Esse *ex-sistir* se contrapõe ao *existir* como o anterior que é perdido, da ordem do impossível, pois está fora, alhures e é justamente essa condição que o define. Esse *ex-sistir* se supõe a partir de uma perda fundamental: é como se, ao cair do sujeito, o objeto *a* abrisse um vão de uma dimensão da impossibilidade, já que o sujeito nela não pode "entrar" para retomar isso que é seu, e não há a palavra, talvez uma letra.[3]

Sinthome vem da palavra grega *Symptôme* que Lacan (1975-1976/2007) injeta em sua lalíngua e, por sua vez, ao particular da psicanálise que está estabelecendo a partir de uma escrita possível que comporta o furo: é a partir de uma linha que propõe o entrelaçamento e o enodamento na escrita considerando que o sinthoma é o *mas isso não* de um todo que o sujeito usa até se fartar (gozo). Sua função é ser o fiador da falta constitutiva do sujeito, tentando supri-la em suas articulações com o Real, o Simbólico e o Imaginário: a partir de um ponto zero localizável por um equívoco n'alíngua, o ser falante puxa o fio de seu sintoma, injeta nele elementos novos, como o h injetado no centro de sinthoma já referido. Não interessa se o escritor James Joyce era louco ou

---

3 Conforme Lacan (1975-1976/2007, p. 121): "A pulsão de morte é o real na medida em que ele só pode ser pensado como impossível. Quer dizer que, sempre que ele mostra a ponta do nariz, ele é impossível. Abordar esse impossível não poderia constituir uma esperança, posto que é impensável, é a morte – e o fato de a morte não poder ser pensada é o fundamental do real", aos moldes de uma *Verwerfung* como centro da estrutura topológica, não apenas primitiva, como na gênese da estrutura simbólica.

não, mas trata-se de seu nome, Joyce como sinthoma, frente a não nomeação do pai: é o sujeito escrevendo-se, cifrando-se mesmo carente do Nome-do-pai. Os sintomas de uma psicose do escritor foram reescritos no enfrentamento da língua, ali onde ele se viu carente de um significante ordenador e passou a vida inventando outros, na estrutura da língua inglesa. O importante é que Joyce não se rendeu a essa não nomeação e fez uma outra versão de seu mito singular, tornando-se, então, o pai–vertido de seu nome. Ali, onde havia um mal-entendido sobre quem é o pai, ele faz uma troca de significante, e verte essa não saber em um nome.

Lacan (1975-1976/2007, p. 20) supõe um nó de quatro elos chamando a atenção para o fato de que o símbolo – nó borromeano – já existia sem ninguém tirar proveito dele, como o Real: "a partir de três anéis, fizéssemos uma cadeia tal qual o rompimento de apenas um, o do meio, se posso dizer de modo abreviado, tornasse os outros dois, quaisquer que sejam eles, livres um do outro". Essa relação de três funções para fazer um "homem" não define uma estrutura nem tampouco seu rompimento o faz. O que define a estrutura borromeana é a distinção entre os elementos Real, Simbólico e Imaginário e a suposição de um quarto nó, o sinthoma, que vai articular esses registros distintos, não à toa é a letra h que é alocada no significante sintoma – fazer um homem, o ser falante, esse enigma gerado pelo laço enigmático de RSI implicando o sintoma. Esse sinthoma impede que o nó se dissolva quando um dos elos se solta (em um nó de três, soltando um elo, os outros dois se soltam). Esse quarto elemento é estruturante e não é um substituto parcial para o objeto perdido, já que esse quarto elemento não se altera. Destaque que mesmo nessa lógica estrutural, prevalece a diferença, o que se vê desde os tempos da língua como sistema de pura diferença. Ou seja, supor sujeito do inconsciente e ser falante é apostar na diferença, de que não há o mesmo. Há um universal validado pela diferença, fundamental para se rechaçar a força das categorias psicopatológicas e confirma o que interessa à psicanálise que se trata de "estrutura" subjetiva.

O nó de quatro elementos permite um trajeto formado pelas possibilidades de encontro entre as letras RSI articuladas pelo sinthoma, em que a posição dos elementos se alterna: RSI, SIR, IRS, num esquema do 3 +1 (Lacan,1975-1976/2007). São os cálculos com a linguagem.

A relação consistente entre RSI ao fazer círculo (aros do nó) supõe furo, mas entre o sintoma simbólico (aquele produzido entre imaginário/símbolo e simbólico), o que se tem é um falso furo, o limite infinito da reta (ponto ao infinito), lugar da possibilidade de cifrar o nó. Assim, é possível obter um nó a partir de três retas paralelas e infinitas (basta, ao se desfazer o nó, tornar os três elos paralelos-esticados) definindo o ponto infinito de cada reta de modo que tenham o mesmo centro: uma reta é parente do furo. A partir desse traço ao infinito de retas paralelas com pontos que vão retroagir sobre si (o ponto do gozo retorna sobre o ponto zero de cada paralela), é possível se escrever o nó borromeano atando a ele o quarto elemento: é a substancialização possível à realidade psíquica que comporta o furo do Real e não o (falso) furo do Simbólico, por isso a conversão em círculos das retas, porque comportam furos. O significante "falso" merece *status* de ficção. Nessa escrita como lógica, a função do sinthoma é fazer com que as "três rodinhas" se enganchem uma na outra e não importa como se enganchem, mas importa é em que ponto elas se enganchem, sinalizando a posição estrutural do ser falante.

A articulação nesse nó de quatro é uma superposição e uma subposição entre os elementos e seus pontos são planificados, unidos e contínuos em uma organização que, plana e como plano, supõe um começo, um meio e um fim; é um plano que se tem sobre uma possibilidade do ser falante. Sobre essa articulação como círculos, os três são equivalentes e algo se repete neles:

> *Do fato de que dois estejam livres um do outro – trata-se da própria definição do nó borromeano –, que sustento a ex-sistência do terceiro e, especialmente, daquela do real em relação à liberdade do imaginário e do simbólico. Ao sistir (sistir) fora do imaginário e do simbólico, o real colide, movendo-se especialmente em algo da ordem da limitação. A partir do momento em que ele está borromeanamente enodado aos outros dois, estes lhe resistem. Isso quer dizer que o real só tem ex-sistência ao encontrar, pelo simbólico e pelo imaginário, a retenção. (Lacan, 1975-1976/2007, p. 49)*

Desse modo, uma cadeia borromeana, planeada e contínua, faz a estrutura do inconsciente por meio de um nó de quatro elementos. Esse quarto elemento do nó, que se apoia nos outros três elementos, é o sinthoma. O nó de quatro comporta a diferença e, por isso, é suporte do sujeito suposto. Em contraponto, sem o sinthoma, esse nó de três não comporta a diferença, é homogêneo. Desse jeito, pela lógica homogênea do nó de três, todos os paranoicos seriam os mesmos sujeitos (teriam a mesma personalidade), pois haveria apenas uma espécie de paranoico. Assim sendo, o sinthoma vem para especificar o que se vincula entre sujeito e inconsciente: "há um laço do sinthoma com alguma coisa de particular" (Lacan, 1975-1976/2007, p. 53). Não é o sentido (imaginário) que está em jogo nesse nó borromeano de quatro. A ausência de sentido estabelecida pelo Real impõe que, nesse entrecruzamento, ocorra um desordenamento, o que faz Lacan (1975-1976/2007) observar que pode haver erro nesse nó e, havendo erro, há o sinthoma em sua função de cerzidor reparando a cadeia borromeana nos pontos do embaraço.

Saury (1984) propõe que se tome a topologia borromeana de RSI como uma fábrica de pequenas teorias, na qual Lacan associa a pequenas teorias, como a inibição, o sintoma e a angústia de Freud, a lógica borromeana como tentativa generalizante de uma grande teoria. Dizendo de outro modo, para o matemático argentino, a topologia RSI é uma grande teoria de pequenas teorias formalizadas, o *como* uma linguagem *nãotoda* da experiência psicanalítica, sempre com algo a mais por supor saber.

7. A estruturação borromeana

Com base na topologia borromeana, Vorcaro (2004, 2008) e Vorcaro e Capanema (2010) propõem que se compreenda o processo de constituição do sujeito como *tecendo um nó* a partir dos três registros como alternativa à metáfora paterna como determinante da estrutura psíquica. Proposição fundamental para o autismo como estrutura subjetiva, na medida em que nesta faz-se ex-cluído o simbólico como concatenação e cujo elemento ordenador seria o Nome-do-pai e a inscrição do falo. Diante disso, e tomando a proposição lacaniana de que um nó borromeano é feito com *seis gestos*, combinatória possível entre RSI, Vorcaro supõe uma trançagem com os cruzamentos de Real, Simbólico e Imaginário no tempo lógico de estruturação. De modo geral, esses movimentos de estruturação no campo da linguagem são os modos distintos da criança fazer-se sujeito com a linguagem, em dimensões distintas.

Para Vorcaro (2004), não se trata de privilegiar a lógica simbólica do sujeito efeito de significantes e alienado ao desejo do Outro, na experiência analítica, mas "sustentar os traços do impossível de dizer em que ele se efetua sem sentido" (p. 66). A constituição de uma estrutura subjetiva é a escrita lógica efeito da incidência do Real na linguagem.[1]

Conforme a autora:

> *Trata-se de seguir a trilha pela qual a unidade biológica de um ser (re)verte o lugar da coisa operada por uma alteridade estruturada, em posição de sujeito estruturado. Responder à questão da fixação de uma estrutura capaz de permitir a transmissão de uma herança simbólica passa pela consideração da inauguração de um lugar de relações que amarram um organismo irredutível, uma posição significante e uma consistência ideal; três heterogêneos que se deixam ler como uma coincidência que os sobrepõe num mesmo ponto. (Vorcaro, 2004, p. 67)*

A trançagem implica o retorno que fazem das retas paralelas infinitas círculos atados borromeanamente, pois são heterogêneos, articulam-se e sustentam-se. Isso qualifica o tempo de constituição como um trabalho imaginário e simbólico sobre o corte Real. Além disso, é importante que essa retroação implique o furo que cada dimensão comporta e a descontinuidade entre RSI, aspectos constitutivos até o arranjo de uma estrutura não decidida na infância que interroga a rigidez na sincronia da cadeia simbólica como a fixação de elementos significantes.

---

[1] São esclarecedoras as conceituações de Vorcaro (2004) para Real, Simbólico e Imaginário: o Real como sustentação do inconsciente e, desse modo inapreensível (*Há*), o que é diferente de dizer que o inconsciente é o Real; o Simbólico como o que torna possível situar o Real num lugar do espaço pelo funcionamento significante (*Há discernível*); e o Imaginário como o reflexo desse inapreensível (*Há semelhança*). Assim posto, não se perde de vista que o nó borromeano é efeito de linguagem, efeito da palavra que o enuncia e que permite diferenciar seus elementos.

Os gestos entre RSI nos movimentos de estruturação do ser falante, conforme Vorcaro (2004, 2008) e Vorcaro e Capanema (2010) são seis, partindo da planificação borromeana, a *posição zero*. Destaco a incidência de elementos de linguagem que têm efeito da escrita do autismo e como essa estrutura torna a investida insistente do Real sua marca diferencial, por se apartar das determinações do Simbólico, de modo específico, do encadeamento significante.

Na *posição zero*, o real do organismo, e não que o organismo é o Real, passa a ser investido de forma imaginária pelo falante disponível por seu desejo em cuidar do pequeno ser, posto que é um lugar construído pelas antecipações imaginárias sobre o ser que está por vir, o que leva a considerar que há nesse "corpo" uma imaginarização cuja potência barra a entrada da linguagem como furo. Inaugura-se, então, uma condição de subjetividade, uma *matriz simbólica* como o lugar de possibilidade de haver sujeito. Nasce-se antes como objeto imaginarizado a ser o suporte do desejo do semelhante, o símbolo faz as vezes do significante.[2]

A linguagem que antecede todo sujeito comporta um furo e sob esse efeito inscrevem-se as primeiras relações fundamentais para a estrutura psíquica com o semelhante: a tensão (esforço motor/ *Drang*) se inscreve na alteração entre prazer e desprazer, alívio e tensão exigindo uma interpretação deste para isto que é a *Drang* do bebê, composto de signos que representam algo que se supõe que lhe acontece, que ele quer. Importante considerar que o primeiro representante do *infans* (aquele que não fala), na linguagem, é essa antecipação ainda como signo, algo representado para alguém, marcado pela significação da coisa: "Esta posição de sujeito antecipado pelo agente materno aloca este ser ao nome próprio introduzido

---

2 "Sujeito" é termo que concerne à estrutura simbólica e que a autora usa em suas elaborações, considerando que topologia borromeana escreve um falasser, ser falante.

pela atividade linguageira que o fisga à estrutura da linguagem que antecede sua existência real" (Vorcaro, 2004, p. 72). Essa antecipação apaziguadora de tensão oferecida pelo agente cuidador resulta em uma satisfação de significação arbitrária, pois o signo que representa esse sujeito é arbitrário, não há nada no choro do bebê que diga que é por fome: é o outro que faz essas primeiras interpretações ensaiando a lógica do desejo. Para o autismo, interessa como o peso desse imaginário prevalece, na medida em que a hipótese é de um congelamento no movimento de furo dessa lógica do signo para o significante: o que implica que o sujeito nasce alienado à linguagem, nesse jogo constitutivo em que o apelo vira demanda. A questão do nome para os autistas em sua tenra idade ilustra esse ponto: essa primeira nomeação determinada pelo outro é, por vezes, ignorada por esses sujeitos em acontecimentos rememorados como "a gente chama ele pelo nome e ele não responde", primeiras recusas.

O semelhante, ao interpretar que o pequeno ser "quer isto ou aquilo", reconhece que ele deseja, vindo dessas primeiras inscrições uma das marcas estruturais simbólicas do sujeito do inconsciente: o desejo do sujeito como desejo (a ser reconhecido) pelo Outro, ainda semelhante, mas que se tornará marca estrutural como falta a ser nunca preenchida pela alteridade, pelo grande Outro, de onde advém a solução de um significante primordial dessa articulação Simbólico e Imaginário e o *desejo do sujeito passa a ser o desejo de possuir o desejo do Outro.*

A satisfação plena e imaginária dessa posição zero sofrerá um corte da linguagem, função do significante: diante da permanente presença do objeto oferecido pelo semelhante para satisfação de dois, começa-se a inscrever uma ausência de sentido nessa apreciação imaginária do que o pequeno quer, onde uma estrutura ganha os primeiros traços do ausente: a operação de presença-ausência como marca do psiquismo e que será reeditada sempre pelo sujeito e ratificada pela inscrição do objeto *a*. A alteridade simbólica é consequência tanto da repetição do grito como de outra escuta desse grito como apelo, como o que invoca o Outro: ser capaz, mesmo que sem falar, de invocar o outro, fazer-se escutar aponta para uma anterioridade lógica antes das primeiras palavras como no simples gesto de apontar o que ser quer como pedido ao outro. Nessa alternância, algo inapreensível começa a se inscrever (*das Ding*). Em termos topológicos, é no *entre* da presença-ausência que se instaura a cadeia significante destacada dos signos das primeiras representações imaginárias, a falta como uma incidência do Real na linguagem. O semelhante é sobreposto pelo grande Outro que reconhece o desejo, ainda como todo, como o garantidor do que se deseja na continuidade da cadeia simbólica.

Essa incidência do Real sobre a *matriz simbólica* inscreve a presença-ausência, na ordem simbólica, como um traço apagado no significante primordial e, diante da privação, a satisfação se inscreve como falta radical. A essa falta radical, negativa estrutural, o sujeito virá como resposta em uma cadeia significante de S1 articulado a S2: S1 – S2 que existe enquanto apelo ao que é respondido.[3] Ou seja, o S1 carrega o traço unário e S2 como resposta a essa falta permanente, respostas pelos equívocos que a língua do dito comporta, respostas enfatizadas no mal-entendido da fala, nas mensagens sempre invertidas. O Real instaura a concatenação significante pelo furo, pela hiância causativa entre S1-S2, mas também fazendo um buraco em S1. Diante disso, para recobrir essa hiância no simbólico e contornar esse buraco do Real, o sujeito ascende ao segundo movimento: incidência do Imaginário sobre a hiância no Simbólico. Contudo, vale frisar que Vorcaro (2004) diz: "*O Imaginário recobre a hiância real no Simbólico*" (grifo da autora, p. 91). Assim, o ponto de articulação entre Imaginário e Simbólico é o vazio, o ponto da falta deixado pela sobreposição do Real à

---

3 Vorcaro (2004) faz referência a Jean Balbo que enfatiza que o grito só é apelo se for respondido, pois é a resposta ao que saiu do silêncio que lhe dá sentido.

matriz simbólica. Deduzo que não é possível continuar o percurso de constituição estrutural se, na articulação Real e Simbólico, não ocorreu a inscrição do furo no Simbólico. Considerando a recusa do autista em responder ao Real pelas vias da cadeia simbólica, em sua recusa à primazia imaginária da fala e ao grande Outro, doravante cabe ao autista inventar uma suplência borromeana, a imutabilidade. Acompanhando os próximos movimentos estruturais descritos por Vorcaro (2004, 2008), as sobreposições e subposições entre RSI instauram um nó inscrevendo os elementos constitutivos com a força do grande Outro.

O segundo movimento, "*O Imaginário recobre a hiância real no Simbólico*", torna o ser assujeitado à demanda e à significação que vem do Outro, pois este é o provedor, onipotência que somente pode ser mantida pelas vias do Imaginário que pesa sobre essa hiância: a falta deixada pelo corte significante estabelece uma relação de substituição entre esse Outro e o objeto *a* perdido nesse corte, entrando em cena os objetos pulsionais substituíveis ainda imaginarizados e empíricos. Nessa segunda posição, as relações imaginárias entre objeto, corpo, gozo, sujeito e outro mantém o circuito pulsional funcionando e não se deixam perder de vista a *insaciedade fundamental da relação simbólica* e de sua potência alienante.

Essa imaginarização instaura o que se pode chamar de um primeiro esboço de sujeito como tentativa de tamponar a falta, *o real que não responde*. Trata-se da primeira identificação à imagem revelada pelo outro semelhante, nessa articulação, de uma totalidade de seu corpo depreendida na relação simbólica. Desse momento mítico, é o limite dado ao investimento narcísico da criança à totalidade de sua imagem que tem função significante fazendo corte e barrando o gozo jubilatório. Ao constatar sua totalidade especular, a criança vira-se e olha para o outro que está à margem dessa totalidade, assim, demandando desse outro a autenticação dessa imagem pela assunção da palavra: é reconhecer-se como imago, *Gestalt* (versão enodada para o estádio do espelho) do "eu sou isto que minha mãe me diz que sou". Valiosa é a intervenção do grande Outro nesse gozo especular.

Nesse momento, o olhar – função escópica – assume estatuto de objeto pulsional, conduzindo o circuito pulsional nesse ponto do percurso do sujeito, um *ponto cego que falta à imagem*, que faz a criança ver que algo lhe pode faltar. Trata-se do recobrimento do *Simbólico sobre esse Imaginário*, terceiro movimento, agora da separação, em que o sujeito vai, diante da constatação da inconsistência do Outro em suprir essa falta, colocar à prova a sobrevivência do Outro sem ele (e também a dele sem o Outro): *pode ele me perder?* Diante dessa questão, o sujeito aliena-se sobre si mesmo, sobre sua própria falta impossível de ser saciada, pois o Outro é barrado. Dessa separação, que se segue à suspensão de sentidos, fica inscrito um resto que a função do imaginário de recobrir, pela fantasia do outro e do próprio sujeito a falta real, não consegue preencher. A inscrição dessa falta instaura o Simbólico como ordenação da realidade psíquica e a função da criança é sustentar/ser o objeto de desejo da mãe, objeto esse ainda substituto do amor do pai e de seu desejo de falo (versão enodada para o Complexo de Édipo).[4]

Porém, essa tomada de posição submete a criança à lei do significante do desejo da mãe: não há desejo sem uma restrição simbólica que o instaure como divisão e estabeleça a impossibilidade da criança tomar-se nessa posição como todo, é castração, o *mas isso não*, a negativa simbólica. Contudo, na mãe, também há um resto inapreensível que escapará à criança como objeto de desejo, por isso nenhum dos dois pode responder completamente ao desejo do outro. Nesse *topos*, segundo, Vorcaro (2004), a criança começa a oferecer ao outro seus objetos parciais, substitutos do objeto *a*, instaurando

---

4 "Mãe" no sentido de função materna, de primeira articulação dos significantes para a criança.

uma relação valorativa, de alternâncias e erogeneizada com o corpo, ocorrendo a subjetivização do tempo na alternância entre guardar e prender que traduz o ritmo do circuito pulsional que contorna a parte do corpo perdida, o *objeto a excremencial*, no que se refere às fezes como objeto pulsional parcial (anal). Nesse jogo, o sujeito manifesta-se como sujeito ao Outro oferecendo-lhe o que ele tem e que é justamente esse resto de seu corpo como substituto para o Outro que não tem o falo e que o sujeito só pode suprir essa falta desse modo.[5]

Sob essa circunstância, recobrimentos imaginários da falta do Outro materno, daquele detentor do tesouro dos significantes da dita língua materna, esgotam-se e o sujeito fica sem saída, alienado ao desejo que tenta recobrir. Portanto, como objeto fálico, a criança constata que a mãe deseja tambémoutra coisa, seu assujeitamento ao desejo da mãe consiste: ambos estão submetidos às fissuras do Simbólico, aos impasses nesse desejo. É a instância da lei sustentada pelo Outro incidindo, nesse ponto do percurso estrutural do sujeito, sobre o Imaginário que recobre a hiância causativa. Finalmente, o falo imaginário é encoberto pela metáfora paterna e o significante tem função aí de castrar, de fazer borda à alienação e ao desejo desse outro materno, de anunciar que o pequeno pode tudo, mas há de haver algo que não, que lhe é interdito: algo na linguagem é por ser não dita nas palavras Nesse ponto de seu percurso, o ser falante terá que lidar com as duas faltas que foram sendo inscritas em sua estrutura e que, ao serem cobertas e (re)cobertas por RSI, IRS e SIR, alojam-no no campo da linguagem como sujeito do desejo e permitem que se solte dele sua causa, como sujeito de gozo (versão enodada para as operações de alienação, afânise e separação). Doravante, o movimento é de retorno sobre si mesmo. Contudo, é preciso

---

5 A dificuldade com o desfralde de algumas crianças nas vias do autismo, ou, ainda, a recusa em oferecer ao outro o *objeto a excremencial* pela retenção obsessiva das fezes, mostra essa defesa em não entrar no circuito pulsional.

esclarecer que não há uma relação biunívoca entre os movimentos, mas de uma articulação em que um entra no outro sem uma relação direta: é a construção de um emaranhado em torno do que é falta, ainda um caos e uma confusão para o pequeno a vir a ser falante. O acesso às modalidades de linguagem, e à língua falada pelo Outro, vai organizar esse caos.

No instante do quarto movimento, estando a ordem simbólica sobrepondo-se ao Imaginário para recobrir a hiância, esse recobrimento será posto à prova com o retorno do Real sobre o Simbólico opondo-se à ordenação simbólica instaurada na trançagem: é *A fissura real da equivalência simbólica criança/falo*. Como falo (imaginário e simbólico), a criança tem o valor do desejo do outro materno e o Real vai incidir, agora, justamente nessa equivalência inscrevendo nela um vazio que possibilite uma não equivalência criança/falo. No entanto, esse retorno é uma possibilidade sexual, e é a castração simbólica que barra as fantasias enganosas de contemplar o desejo do Outro. Na angústia de castração, um imperativo, *um desejo de castração*: o Real mantém a hiância causativa essencial à constituição estrutural do sujeito, restando a simbolização – o falo. A essa interdição pelo Real, o quinto movimento é o *recobrimento imaginário da interdição real* que vem na personagem de um pai imaginário como legislador que vai operar sobre *a relação da mãe com o objeto de seu desejo*, e sua função é interditar tanto a mãe como a criança da posição de objeto e, assim, dizer à criança que o desejo da mãe é o *desejo de um outro*: "Movimento giratório do significante, onde, numa combinatória, os elementos capturados imaginariamente se articulam, remanejando o campo, agora repolarizado, reconstituído, para completar as hiâncias de uma significação perdida, na função de criar a verdade que está em causa" (Vorcaro, 2004, p. 117).

No entanto, é preciso que essa personagem imaginária ganhe estatuto estruturante e seja localizado pela criança na cadeia simbólica que a comporta por meio de uma nomeação feita por esse gesto recobridor. Nesse ponto, efetiva-se o sexto movimento de estruturação em que o *Simbólico incide no Imaginário* inscrevendo a metáfora paterna, o Nome-do-pai como significante que opera na castração tornando a criança desejante pela retirada desta de sua alienação ao desejo do outro materno.

Essa sobreposição do Simbólico ao Imaginário é a articulação que antecede uma possibilidade de fechamento do nó borromeano, tal como Lacan (1975-1976/2007) mostrou: nos pontos infinitos das retas paralelas, estas se retroagem sobre si formando, cada elemento, o elo que comporta seu furo com o lugar do objeto fundamental no ponto de junção dos três elos. Em termos estruturais, a nomeação paterna faz limite ao gozo infinito nesse percurso de estruturação, proferindo ao sujeito que se constitui um nome que marcará o seu lugar no campo da linguagem, no Simbólico que lhe antecede.

Assim, posso concluir que a repetição incessante e indestrutível das três dimensões da trançagem estabelecem a realidade psíquica como uma versão paterna, o pai-vertido: a nomeação feita pelo pai simbólico ganhará uma versão do próprio sujeito, o sinthoma como imposição da ex-sistência do Real que não foi, em nenhum ponto da trançagem, afetado pelo saber, pelo Simbólico. Enfim, o sinthoma – como o saber do sujeito – tem função, como *nó de significantes*, de fazer barra à oposição do Real a essa estrutura que acaba de se estabelecer, barra que escreve as condições de gozo do sujeito.

Na sequência, estão as imagens da trança proposta por Vorcaro (2004 e 2008) e, também, seu fechamento fazendo nó, respectivamente, a Figura 1 e a Figura 2. Na Figura 1, a partir de três linhas/retas planificadas, a trança do percurso de estruturação e os pontos de articulação entre RSI, os movimentos anteriormente apresentados: posição zero, da incidência da matriz simbólica; movimento 1, da incidência do Real sobre o Simbólico; movimento 2, da incidência do Imaginário sobre a hiância Real; movimento 3, da incidência do

Simbólico sobre o Imaginário; movimento 4, da incidência novamente do Real sobre o Simbólico; movimento 5, da incidência novamente do Imaginário sobre Real; e o movimento 6, da incidência do Simbólico sobre o Imaginário. Na Figura 2, tem-se o fechamento do nó borromeano no encontro das retas paralelas em seus pontos.[6]

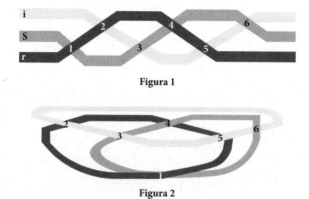

Figura 1

Figura 2

A trança permite ver a consistência serial da estruturação borromeana. Essa ordenação, comporta a cadeia simbólica e todo o peso de sua ambiguidade para o ser falante. No que concerne à estrutura autística, a determinação se inscreveria no ponto zero de inscrição da matriz simbólica e primeiro movimento, da sobreposição do Real sobre o Simbólico.[7]

Na topologia borromeana, cifra-se o que lhe mantém atado e a letra é a própria representação em si, e não restrita ao significante em cadeia de sentidos. Na trançagem (ideal) mostrada anteriormente, há o imperativo do grande Outro sobre o pequeno ser e da significação como efeito do encontro entre criança e seu semelhante, desde a

---

6   Figuras retiradas de: http://educacaosemhomofobia.files.wordpress.com/2009/03/desenvolvimento-psicossocial-da-identidade-nuh-ufmg-angela-vorcaro.pdf.
7   Essa hipótese será retomada, considerando as relações do autismo com o Imaginário, nas operações do estádio do espelho e com o Simbólico, para a inscrição da metáfora-paterna, falo, negativas e demanda e desejo.

entrada da matriz simbólica. Nessa versão da trança, a leitura do autismo como estrutura impõe uma versão que não caminhe para a ordem fálica, como se dá a partir do terceiro movimento. A hipótese estrutural deve considerar a inscrição significante na posição zero e uma espécie de embate no primeiro movimento, entre Real e o Simbólico, este fechado para não alocar o furo na série topológica, como recusa à alienação: a fissura e o absoluto dão a dimensão desse ser falante. Se, para as outras estruturas, a alternância presença-ausência é a gênese da subjetivação tendo nas operações de alienação e separação sua formalização inconsciente, ocorre que essa presença-ausência e sua alternância não se estabelecem, pois desde o início o autista entra no modo de evitar a invocação ao Outro, inscrevendo um tempo não todo intervalar. Seria na ausência da alternância, como operação estrutural, a falha da inscrição da cadeia significante: S1 não alterna, o que não significa que não esteja em uma cadeia de signos (como mostra o recurso à ecolalia de alguns autistas).

Essa falha – não alternância na planificação – é justamente o ponto da força constante do sujeito, pois a repetição não seria em cadeia, mas congelada, em que o primeiro significante não seria decantado do primeiro signo: entrando em cena o problema da facilitação, da representação e das negativas, no autismo.[8]

Nas considerações sobre a topologia, seja em qualquer posição do ser falante, está sempre em jogo a articulação possível entre Real, Simbólico e Imaginário vista nos movimentos descritos na trança. Assim, na posição zero, em cena o RSI, e é nessa posição a inscrição do que concerne ao autismo como estrutura: o Simbólico se congela como matriz simbólica, defesa contra o advento maciço do grande Outro e que, ao mesmo tempo, inscreve o significante primordial alocando o ser na linguagem pela via dos signos imaginários que compõem essa posição. Importante não perder de vista que há

---

8 Ponto desenvolvido adiante.

uma inscrição na linguagem, portanto, o autista como habitante da linguagem. Dessa posição zero, o Real incide sobre o simbólico, primeiro movimento. Para o autista, incide sobre essa matriz simbólica: o ser falante se mantém, assim, na lógica das lalações para não entrar na cadeia de fala com o Outro, mantém-se sempre nos ecos de lalíngua a não ser compartilhada, em que a demanda será permanentemente a elocubração de equívocos em relação ao que "ele quer". Disso decorre um outro jeito de caminhar pela linguagem, pelas palavras, de usar ou não o recurso da fala e quando fazê-lo, fazer a seu modo.

A questão da primazia da fala para a psicanálise e o estatuto dialógico da linguagem, nos quais toda fala chama resposta de quem escuta, não prevalece para o autista, a estrutura simbólica é preterida pela estrutura real, borromeana, em que a escrita do percurso do sujeito prescinde de sua enunciação. A distância do autista da função da fala constitui o peso do signo para o autista. Desse modo, o autista verte modos codificados de dizer tirando proveito da lógica dos não ditos, estruturando um não saber inconsciente sem toda língua do Outro e sem todo o sentido do semelhante, pois ele quer que a realidade fique imutável, sendo esse seu espaço topológico, sua realidade psíquica, o seu domínio. Ao excluir o Outro excluído, o que implica a distinção e a articulação de significantes, sua recusa (negativa) seria em ser representado na cadeia significante abrindo mão do reconhecimento do Outro, mas não prescindiria do significante primordial, pois a repetição desse *Um* responde pela imutabilidade como marca estrutural que faz seu movimento do mundo congelar-se como defesa psíquica. Muitas vezes, o não reconhecimento dessa posição pelo outro na partilha do cotidiano gera, nesses sujeitos, uma significativa inibição nos termos freudianos: uma paralização seguida das agitações motoras vistas nas estereotipias.

Ao insistir em uma língua *nãotoda* compartilhada, ao recusar a entrar na lógica da lei da demanda do Outro, o autista também pode estar antecipando e testemunhando o que nas outras estruturas concerne ao seu desdobramento diante de seu desejo, a não totalidade do outro, sua inconsistência, denunciando o impasse do Simbólico em lidar com o impossível do Real que se configura. Ademais, caberia também indagar que, considerando o impasse do Outro diante da questão do desejo, o autista não evidenciaria algo a mais advindo do Real que a estrutura Simbólica não consegue ler, verter em significantes e sentidos. Com isso, a recusa à primazia imaginária da fala e da cadeia significante, operada pelo autismo, corresponderia a algo a mais, sob um risco de dilaceração permanente do corpo. O corpo como um acontecimento, no autista, está em permanente ameaça de dilaceração frente a um Imaginário inócuo das primeiras inscrições psíquicas, sem primeira imagem a ser fragmentada, como se dá na psicose.

A imutabilidade não faz do autista nem excluído do mundo nem aquele que exclui o mundo; apenas é um dizer a ser cifrado de que é dele o imperativo de alternâncias nesse mundo, por isso essa operação no autismo merece *status* constitutivo, pois ao recusar movimentos da linguagem, na cadeia significante, sua recusa é por um saber como centro, como ordenador.

A distinção fundamental entre uma estrutura topológica e uma estrutura simbólica, esta inclusa naquela, mostra o autista, é que nesta se impõem movimentos de linguagem em torno de um centro, do falo, do Nome-do-pai e sua inscrição como metáfora ou sua foraclusão e, naquela, que diz do enlaçamento RSI, não há centro preenchido, não há um significante ordenador, porque no centro de nó está o objeto *a*, furando toda consistência. O Outro está apartado como garantidor dessa ordenação, pois o autista ordena sua realidade às voltas com seu significante primordial carregado pelos signos maciços.

A estrutura topológica borromeana é o que se escreve, sob leis combinatórias da matemática que dizem sobre formação e transformação de diferentes dimensões da realidade, portanto, sem significação prévia ao dizer. Do Real que nos provoca em nosso desejo só podemos saber pelos buracos do Simbólico, estabilizados imaginariamente com o que, nas palavras de Vorcaro (2019b), se chupa, se caga, se doma o olhar e com a voz. São objetos parciais que localizam:

> *a escrita como borda que franqueia o possível* (o que cessa de se escrever) *da face do que o real tem de necessário* (não cessa de não se escrever)*: em seu lugar de borda, a função da escrita é a matéria que suporta o real. O alcance do escrito é assim constituído da escansão entre o possível* (isso cessa de se escrever) *e o necessário* (não cessa de não se escrever)*.* (Vorcaro, 2019b, p. 135, grifos da autora)

Se a função da fala é carregar significantes em cadeia que têm efeitos de sentido tamponando o buraco do Simbólico, atuando ali entre Simbólico e Real, ao carregar a letra, esta atua justamente no reconhecimento do limite da borda de linguagem ao que é do Real. Assim, o ser falante inventa outros modos de dizer, que não um único jeito de falar para dar conta da estrutura e do Real que esta implica, pois um nó nunca é feito a dois, *não há relação sexual*. O sussurrar de alguns autistas é um tratado de linguagem sobre isso: não poucas vezes crianças pequenas brincam durante sessões, na escola, realizando esse brincar em sua funcionalidade, em termos exploratórios e em termos de invenção quando é possível vê-los e ouvi-los cantarolando, fazendo onomatopeias, mas aos modos de sussurros, pois sabem (sem saber que sabem) o risco de compartilhar a fala com o Outro e, mais ainda, sabem o quanto em corpo, em tom e em afeto conseguem invocar e receber do Outro. Algo como "fale mais alto" destrói esse recurso extraordinário desses sujeitos.

Nesse ponto, o dizer, como essa escrita por letra, não basta por si, impondo outras modalidades de atribuições de significados ao que o sujeito não possui; não é o símbolo falo posto no lugar da falta, mas diferentes articulações nos diferentes discursos na cena dos seres falantes: a combinatória significante é ampliada para outras modalidades na linguagem, por isso o nó, nos cruzamentos de RSI, contorna o objeto *a*, o falo, o gozo, a vida, a morte, o sintoma, a angústia, a inibição, o sentido fazendo o corpo do ser falante.

No que concerne às estruturas ditas clínicas, em torno do Real como impossível lógico, seria uma espécie de limite ao infinito das possibilidades topológicas nodais, o que vimos na proposição de Jacques Lacan para o *sinthome*, de James Joyce, afastando a possibilidade de que se tome o nó como um modelo a ser aplicado ao sujeito, pois modelo é uma "estrutura" imaginária, enquanto o nó é o Real como estrutura.

8. Das primeiras elaborações sobre o autismo como estrutura (não)borromeana

O autismo é uma estrutura topológica (não)borromeana com duas operações de linguagem singulares. A primeira operação é a recusa à primazia imaginária da fala e as derivações disso para a estruturação e para uma clínica de cuidados. A segunda, efeito da primeira, é a imutabilidade como marca estrutural a ser escrita na lógica combinatória das formalizações em torno do Real como impossível a dizer. Supor que o autismo é uma estrutura topológica (não)borromeana implica considerar o não fechamento do nó borromeano, no qual se mantém precisamente uma marca negativada. A teoria das nominações e a possibilidade de uma existência em outras versões contribui para essa estrutura tomando-a como uma contingência na teoria psicanalítica, pois é da linguagem sempre haver a possibilidade de uma existência diferente, inédita. No autismo, o (*não*) faz função de uma partícula negativa estruturante que se realiza no tempo do dito, marca de uma topologia que se sustenta nas bordas do objeto *a*, fora da significação. O Real faz as vezes de furar muitas das tentativas de enlaçar o ser falante no entreditos, nas dimensões RSI, advindo desse acontecimento a tendência à dilaceração subjetiva do autista não suportada pelo Simbólico. Isso pressiona esses sujeitos a outras soluções, por vezes, não compartilháveis em um jogo simbólico de amarra e solta, perto e longe, ali onde, para as outras estruturas, acontece pelas vias da presença e ausência.

Mesmo libertando a fala de ter como única função a comunicação na linguagem, a psicanálise coloca a singularidade do sujeito à mercê do desencadeamento da linguagem entre falantes: esse mecanismo de facilitação é recusado pelo autista. Ao recusar a fala, o autista não recusa o signo que ela carrega nem o significante primordial. Sua recusa incide sobre a cadeia, a seriação que pode mantê-lo permanentemente ligado ao grande Outro e, desse Outro, o que retorna é mensagem invertida, significações, mal-entendidos. Tudo isso é o que pode tornar mutável a realidade psíquica do autista, esse ser falante imerso no Real, cujas elocubrações sobre o saber se fazem via lalíngua, ou seja, uma estrutura não totalmente compartilhável com o grande Outro. Essa modalidade borromeana de laço social, para o autista, confunde aquele que, na lógica simbólica, o toma como um ser isolado: nessa escrita, o que há são modalidades outras de ditos carregados em um dizer que se recusa a servir ao Outro e servir-se do Outro, no que tange ao seu desejo. O (não) tem seu lugar nos arranjos do desejo reescrevendo nosso grafo universal.

Como estrutura (não)borromeana, o autista é corpo falante, em que o sujeito, como o que um significante representa para outro significante, enlaça-se à substância gozante e inclui o corpo no lugar deixado pelo Outro apartado da estrutura. Laurent (2012) admite que essa escrita se realiza na estrutura de borda. O objeto autístico, aquele fora do circuito pulsional, como a voz que sai da boca do sujeito, passa pelo buraco de seu ouvido, retornando ao mesmo. Tem-se uma seriação heterogênea, composta "de coisas descontínuas (letras, pedaços de corpo, objetos recolhidos do mundo...), organizada como um circuito, munida de uma topologia de borda e articulada ao corpo" (Laurent, 2012, p. 69). Esse limite entre o sujeito e o Outro é garantindo pela versão do autista para o objeto *a*, sem parcialidades e variações simbólicas e funcionais.

A leitura borromeana da estrutura comporta uma nova abordagem do dizer e o comparecimento do sujeito. A estrutura borromeana apresenta, segundo Vorcaro e Capanema (2019, pp. 321-322), a dissolução da hegemonia do Simbólico, pois cada círculo corresponde a uma dimensão (*dit-mansions*) que o ser falante habita: Real, Simbólico e Imaginário numa cardinalidade, e não em qualquer ordenação. Sem a primazia das funções, nas quais a alteridade de cada um enoda os outros dois como consistência, mas como buraco e como "ex-sistência". A estrutura borromeana, cerzida por atamento e desatamento dessas dimensões subjetivas, vai além dos "supostos efeitos de significação para diferenciar, na imaginarização da consistência das rodelas do nó, a triplicidade do Real que as perfura e a cifragem que a letra bordeja, posto que o inconsciente não calcula, não pensa nem julga, apenas cifra".

Nesse sentido, o que diferenciaria uma modalidade estrutural de outra seria o modo como os registros heterogêneos se enodam em *pontos específicos da estrutura*: o buraco do Simbólico que situa o Real como impossível, o Simbólico como o equívoco na estrutura do inconsciente e o Imaginário como o sentido. Nessas operações, a função do quarto elo é de amarrar os três anéis soltos e, assim, resgatar a articulação que falta ao retraimento destes, o que talvez se dará na adolescência, diante de um inédito encontro com o Real do sexo, o impossível da relação sexual: "Desta forma, parece-nos que a topologia borromeana interroga a sincronia da estrutura do sujeito tomada, por princípio e desde o princípio, sincrônica" (Vorcaro e Capanema, 2019, p. 322), sem detrimento da diacronia. Essa possibilidade teórico-clínica permite vislumbrar a todo ser falante essa reiteração permanente de uma ordenação subjetiva em risco de desordenação na linguagem.

O quarto elo é o que define a estrutura clínica, a invenção do sujeito orientada pela nominação sinthomática, algo do ser que apenas ele pode dizer e supor saber a respeito, sempre distinto do sentido que vem do Outro como instância simbólica e como consistência imaginária. Para o autismo, vale considerar que sua invenção faz as vezes da não nominação paterna ao ponto de não haver nem o que verter. A partir do fato estrutural de que o pai como significante da ordenação do desejo pode estar numa posição não centralizada dessa estruturação, a nominação tal como articulada na transmissão simbólica sofre o efeito da mudança do enodamento da cadeia de três anéis para quatro anéis. O destino do ser falante não se restringe a essa transmissibilidade:

> *A principal particularidade do nó borromeano de quatro elos é que seus anéis formam pares não intercambiáveis em sua configuração. Desse modo, quando o quarto elo faz par com o Imaginário, temos a nominação imaginária (Ni) da qual participa a inibição; quando faz par com o Real, temos uma nominação real (Nr) da qual participa a angústia e, por último, quando faz par com o Simbólico, temos uma nominação simbólica (Ns) da qual participa o sintoma. Os componentes do trio freudiano – a inibição, o sintoma e a angústia – são elevados à categoria de quarto anel: Nomes-do-Pai que, redobrando cada um dos registros, podem enlaçar-se de modo borromeano.*
>
> *Podemos tomar as dimensões (casas do dizer) da realidade do sujeito, considerando que o real pode articular uma nominação pela angústia; o simbólico pode articular uma nominação pelo sintoma e o imaginário pode articular a nominação que é a inibição. Essas articulações ficam juntas e funcionam. (Vorcaro & Capanema, 2019, p. 329)*

Esse quarto elo é invenção do próprio sujeito, um nomear-se (diferente da prevalência do Eu na autonomeação) que permite uma nova amarração de sua realidade psíquica, não sendo passível de classificação. Isso permite que o sujeito seja tomado na especificidade de sua estrutura, naquilo que inventa na diacronia dos acontecimentos estruturais, considerando o avanço para a clínica além da rigidez marcada na sincronia da estrutura da linguagem. Isso aponta para outra diferença entre a estrutura simbólica e a estrutura topológica borromeana: a primeira remete ao sujeito na sincronia da cadeia significante; a segunda amplia as dimensões da linguagem para a diacronia dos acontecimentos do sujeito, acontecimentos no corpo, diria. E parece ser evidente que a clínica não deveria se enquadrar nessa ou naquela lógica, pois é justamente a ampliação das possibilidades de leituras que se pretende, e não o apagamento de uma pela outra reduzindo o ser falante a esse ou aquele modo de existência, o que o autista vem para se contrapor.

Retomo a sentença que Jacques Lacan inseriu no discurso da psicanálise: *O inconsciente é estruturado como uma linguagem*. O termo "como" diz, entre outras significações, de uma comparação proporcional e, ainda, diz sobre uma causa: como uma linguagem *nãotoda* é a causa, em psicanálise. As experiências de análise mostram como é angustiante se dar conta de que as línguas não dão conta de tudo, que não se consegue dizer tudo, pois algo não encaixa nas palavras (isso é o que se chama de castração, afinal). Situar uma escrita que contemple o impasse, o equívoco, a impossibilidade como o traço da linguagem do ser falante e seu gozo é tarefa de fazer nós:

> *O que corta uma linha é o ponto. Como o ponto tem zero de dimensão, a linha será definida como tendo uma. Como o que a linha corta é uma superfície, a superfície será definida como tendo duas. Como o que a*

superfície corta é o espaço, o espaço terá três. (Lacan, 1972-1973/1985b, p. 165)

Para a psicanálise lacaniana, o discurso é o encadeamento de possibilidades e arranjos fundados em cortes que estabelecem diferentes torções, transformações, retornos e contornos no dizer do ser falante, ser fazedor com todas as dimensões da linguagem seja qual for o modo como fala. Fazer "nós" serve como troca com fazer "nós" como pronome que inclui e enlaça pessoas num enunciado. Porém, no primeiro, não se perde de vista que esse enodamento discursivo, esse laço, tem diferentes contornos e enlaçamentos.

Considerar o autismo como estrutura topológica (não)borromeana é levar em conta algumas interrogações que as teorizações de Jacques Lacan sobre a estrutura e a constituição do sujeito impõem sobre a clínica com os autistas e vice-versa, na medida em que o autista interroga e nos ensina sobre a teoria. O autista recusa a primazia da fala e, por conseguinte, da cadeia significante colocando em xeque o lugar do Outro como absoluto constitutivo, e isso não é um trilhamento para o autista, é desse ponto que ele parte. O autista se dedica à primazia do discurso frente à sua relação com a linguagem e suas dimensões: na insistência em uma estrutura (não)borromeana, ou mesmo a de estrutura de borda, entre ele e o Outro, e nesse lugar vazio, o gozo autístico é o absoluto, daí sua perigosa proximidade com o Real. Na medida em que a estrutura borromeana é discurso, caberia enfatizar que (não)borromeana incide sobre esse laço e que, no autismo, é marca do Real, seu impossível no encontro com o Outro.

Parte II
Autismo: estrutura subjetiva em psicanálise

A tematização psicanalítica acerca da condição subjetiva do autista exige esclarecer a própria noção de estrutura para nela situar e distinguir o autismo como tipo clínico específico, como já iniciei. Empreendimento a ser feito com base nos delineamentos sobre a estrutura simbólica e a estrutura que vai da lógica da borda dos objetos topológicos ao nó borromeano como a estrutura do Real, na primazia do discurso.

A estrutura subjetiva, em psicanálise, concerne ao sujeito como modo de habitar a linguagem e é tomada sempre na transferência para além de um diagnóstico, do estabelecimento de uma condição psicopatológica. Falar em estrutura é colocar em pauta a direção do tratamento que a experiência psicanalítica estabelece em transferência a partir dos sintomas, da angústia e do mal-estar do sujeito nas dimensões do Simbólico, do Imaginário e do Real.

Essas delimitações serão desenvolvidas, na sequência, considerando, em específico, a clínica com crianças cujo trilhamento constitutivo não é o mesmo que o do adulto, pois implica passagens marcadas pela incidência no pequeno da ordem sincrônica e, também, dos movimentos desse sujeito nessa estrutura que, na infância (criança e adolescência), é uma estrutura não decidida (Bernardino, 2006). A clínica psicanalítica com a criança é um espaço discursivo e transferencial privilegiado que permite ler a assunção do sujeito à posição de ser falante e suas soluções frente ao Real, pois a posição em que a criança se inscreve na estrutura da linguagem tem a ver com a sua relação com o grande Outro, num encontro entre aquele que ainda não fala e aquele que fala. Essas soluções vão escrevendo o lugar do sujeito na linguagem decidindo-se o que fazer com a centralidade fálica ou, avançando, com a constatação de um objeto perdido como causa do desejo. A estruturação subjetiva é compreendida como a incidência do Real da linguagem sobre o *infans* alienado à estrutura simbólica e a constituição do sujeito como a resposta do ser frente a essa incidência.[1] Atendendo às especulações teórico-clínicas realizadas até aqui, recorto dois aspectos mencionados para sustentar a hipótese do autismo como estrutura subjetiva: a dimensão fálica na centralidade da lógica simbólica e a perda de seu poder de determinação e a dimensão do objeto *a* na centralidade da lógica topológica.

Levando em consideração as três dimensões da linguagem chamadas de moradas do ser, nas quais o objeto *a* vem para se acomodar, qual articulação entre essas dimensões se realizaria no autista como ser falante? Essa questão direciona o autismo como uma estrutura subjetiva, em que a hipótese é a de que a recusa à primazia da fala, implicando recusa à cadeia simbólica, é a negativa que escreve o

---

[1] Jacques Lacan articula estrutura às noções fundamentais da psicanálise, mas vem da tradição da psicanálise o uso de "estruturas clínicas" para tratar dos casos clínicos e sua pertinência, conforme argumento de Eidelzstein (2008/2017). A expressão "vias de um autismo" (Souza, 2014) é usada para representar o autista em estruturação, considerando que nenhuma estrutura é uma anterioridade pronta, mas é localizado como sincronia, dentro do funcionamento estrutural dos elementos da língua e como diacronia dentro das articulações entre Real, Simbólico e Imaginário.

traço imutável na estrutura autística, negativa que se diferencia da foraclusão inscrita nessa cadeia: não basta não haver inscrição do Nome-do-pai para supor o autismo como estrutura subjetiva, há algo de (não) a mais nessa negativa.

Com base nesses apontamentos, discorro sobre o autismo como estrutura subjetiva, dentro da tradição psicanalítica a partir de Sigmund Freud e Jacques Lacan e que passam por:

1. Pela estrutura simbólica lida pelo estruturalismo linguístico e a estrutura topológica lida em duas lógicas matemáticas, como estrutura de borda a partir dos objetos topológicos e a estrutura borromeana, a partir da teoria do nós, justificando uma teoria da constituição do sujeito convergente com a condição do autista de recusar a primazia da fala e da cadeia simbólica.

2. Pelos elementos de linguagem e suas relações que compõem as diferentes estruturas simbólicas (neurose, psicose, perversão e autismo), considerando, à guisa de atualizações, para o autismo, os trabalhos fundadores de Rosine Lefort e Robert Lefort (1980/1984; 2003/2017) e Bergès e Balbo (2003).

3. Pela proposição do autismo como estrutura topológica, a partir das investigações de Jean-Claude Maleval (2009a, 2009b, 2015, 2017, 2018, 2019) sobre a estrutura de borda e das investigações de Ângela Vorcaro (2016, 2019) sustentando o autismo como estrutura topológica (não)borromeana.

4. Dessas investigações, passo à hipótese de que o autista recusa os desdobramentos significantes e renuncia ao saber suposto saber pelo grande Outro, diante da incidência do Real na linguagem considerando a negativa a partir da torção topológica feita por Jacques Lacan, a partir de 1962. Nessa torção, o sujeito se constitui pelo não dito, pelo traço unário que marca o significante na relação do sujeito com o Outro que não responde a não ser *nada pode ser*. Outro esse que

também se origina do traço unário, gênese do objeto do desejo, rompendo com a dialética do significante que se fixa na não resposta do Outro, abrindo para a negativa topológica. Essas incursões teóricas se revelam no impossível de ser encoberto nas relações discursivas com o autista que evita ser invadido pelos sentidos, pelas formas sonoras e pelas ambiguidades.

9. Elementos simbólicos e suas relações que compõem as estruturas

Ao retomar as articulações simbólicas na constituição do sujeito, mostro que, nas primeiras marcas estruturais referentes ao autismo, o Real como impossível seria ordenador, frente à regulação do Simbólico. O argumento de que todo sujeito é resposta na linguagem ao Real prevalece, mas os autismos testemunham que nem o Imaginário como consistência nem o Simbólico como lugar dos significantes e saber absoluto permitem a inscrição de uma ordem linear que contornaria um centro de saber. Como tipo clínico, o autismo negativa essa ordem, *não correspondendo ao discurso* patologizante de que o autista seria uma espécie de fracasso do Simbólico e que algo se inscreveria como um erro. O autista escreve não uma borda de significantes, em torna da falta, mas uma borda topológica em torno do buraco impreenchível simbolicamente. O autista sempre vai nos apresentar esse insuportável da linguagem.

As difíceis respostas hipersensoriais de alguns autistas revelam um corpo na busca permanente de uma protoforma psíquica ordenando o interno e o externo, que localize a angústia espalhada e situe os sintomas no dizer. A inibição motora se dá a ver como agitação e excitação desreguladora e, *não por acaso*, essas respostas são sempre mais intensas e prevalentes naqueles que não falam, no discurso social e patológico, referidos como não verbais, mesmo que se saiba que essas categorizações encobrem a relação desses sujeitos com a língua falada. Há uma ignorância prática sobre isso e, não são poucas as vezes, que alguém refere desconforto e até certa vergonha por ter tido uma crise com manifestações externas intensas nas quais tudo parece invadir a pessoa, *não sendo possível esse escoamento interno. Diante da particular relação do autista com a palavra*, e que nesses momentos deve se asseverar, é inútil o conforto com palavras sugestivas. De fato, a borda pode se escrever como contorno mediado por objetos, como cobrir alguém com um cobertor, o uso de palavras de modo pontual, o estar por perto mantendo a distância. Ou seja, respostas invasivas para angústia mediante a invasão do Real é a fórmula para o mais ainda do gozo.

Os elementos que organizam as estruturas subjetivas são orientados pelo falo, a nominação paterna. Na dianteira da teoria, Jacques Lacan apresenta as nominações decorrentes da lógica borromeana em que todo significante Nome-do-pai é foracluído. Dessa centralidade, tem-se a inscrição da falta, primeiro corte simbólico, na qual o apagamento de sentidos coloca o sujeito na torção topológica. O segundo corte alocando o objeto causa do desejo e colocando o buraco do inconsciente na cena analítica. O ser falante busca outras nominações, outras palavras para dizer de si, considerando que esse falo não totaliza as significações, mantendo um furo impreenchível, o menos um impronunciável como enigma permanente. O falo existe para, desde sempre, tamponar o segundo corte, a segunda falta no Simbólico, sendo isso a alienação recusada pelo autista.

O autista reinventa esse ponto para o ser falante? De fato, com a criança nas vias do autismo, a fala é sempre esse sintoma que, por falhar, na lógica patológica do desenvolvimento, levam essas crianças aos consultórios: ou porque, por volta dos 2 anos não falam ainda, ou porque começaram a falar e pararam, ou são verborrágicos ou em ecos, repetindo palavras sobre palavras. Esse fato, mais social que estrutural, entre outras consequências, coloca o autista como aquele que não fala, não se comunica no idealismo dos padrões de comunicação: eles falam, nós é que não escutamos o que dizem, lembra Lacan (1975/1998l). Somos nós que não escutamos o que seus sintomas dizem, já que o psicanalista está acostumado com o que diz o sintoma da neurose e da psicose, pois esse fala sempre alto e chega organizado em uma ficção. Toda estrutura sonora, desde o choro e o grito, só toma forma pela escuta do Outro. O não falar não corresponde ao sintoma (como traço estrutural) no autismo. Não é disso que se trata a recusa à primazia da fala aqui discutida, mas do que essa fala comporta: a cadeia significante, considerando que, para os autistas ditos verbais, o signo está presente, mas evitando a cadeia e os jogos de significações. Nesses termos, a topologia possibilita uma linguagem como lógica de ordenação, de contagem, diferente da concatenação simbólica.

10. Um centro de saber e o corte que o faz esvaziado

O mito que permitiu, nas hordas primitivas, a passagem da natureza à cultura foi o *totem*, símbolo de um saber que organizava a *primeva* regulando o funcionamento dos indivíduos que ali habitavam (Freud, 1913/1974). Como povos sem habitação fixa, esses nômades tinham um lugar irrevogável que lhes garantia ordem e direção, identificando-os como unidade, como tribo. Jacques Lacan (re)escreve esse símbolo na lógica do falo como centro (de saber) que inaugura o sujeito, como um significante que nomeia o pai, inclusão do Nome-do-pai, representante da lei que humaniza, primordial da constituição na constituição do sujeito: no centro de supor saber de cada pequeno sujeito, o significante que o representa para outro significante se inscreve. O falo é esse elemento que permite à criança a regulação entre demanda e desejo:

> *o acesso a um sistema de representações, no qual as palavras nomeiam objetos, as pessoas, os fenômenos, distanciando-o de sua pura realidade. Através das combinações das palavras, que obedecem às leis estruturais da*

> *linguagem, tendo como referência este elemento central –
> o falo – o homem será capaz de encontrar significação
> para si mesmo, para os outros e para o mundo pleno
> de objetos que o rodeia, mesmo que não seja possível
> simbolizar tudo. (Bernardino, 2006, p. 24)*

O significante falo "destinado a designar, em seu conjunto, os efeitos de significado, na medida em que o significante os condiciona por sua presença de significante" (Lacan, 1958/1998g, p. 69) condensa a lógica do Simbólico articulando Real e Imaginário.[1] A cadeia, a lei como ordenação central da estrutura e a significação avançam sobre o pequeno ser nas antecipações imaginárias (o que se fala sobre o desejo) e pelas articulações da língua estrutural em que o Outro começa a se apresentar como aquele que vai articular os significantes para a criança. Não apenas é o discurso que antecipa esses significantes, mas inscreve uma proposição de relação entre esses significantes, decorrendo, então, um sujeito do inconsciente suposto por esse saber articulado pelo Outro.

Vale ressaltar que a centralidade do falo, na organização infantil, coloca as outras possibilidades de subjetivação no engodo de ter ou não ter a inscrição desse centro de saber, ressaltando que, nas teorizações, é o corte do Real que funda o sujeito. O que dá ao Simbólico esse estatuto de articulação entre Real e Imaginário é justamente o que do Real insiste no Simbólico, o furo da linguagem, os cortes. Com isso, haverá quantas possibilidades de escrita da mesma estrutura, partindo do traço unário como o que localiza o sujeito na linguagem, quantos cortes forem possíveis, sejam nas estruturas de superfícies,

---

1 Como significante, na língua portuguesa brasileira, "falo" traz na homofonia uma impressionante contingência: ressoa como um nome e um verbo. No Simbólico, é um nome masculino central fixando o sujeito numa posição na linguagem, enquanto na topologia do Real, no centro está o verbo, não mais o começo, mas a palavra que faz girar no que ela falta, ao ser dita: Eu falo.

seja na cadeia significante e, mais ainda, na topologia dos nós, pois a lógica topológica foraclui o Nome-do-pai da centralização subjetiva.

O corte, lembra Porge (2014a), é legitimado na estrutura não apenas pela suspensão da ordenação fixada na repetição, mas por se tratar de um laço com o Real, o que faz surgir do nada uma superfície limite, a borda. Assim, o falo como o representante da lei, ao ser tocado pelo Real, impõe outro encadeamento de saber sobre as nominações do sujeito, restando ao falo ser um pedaço a mais do Real, o que significaria ser foracluído na linguagem, uma espécie de autoridade destituída. A borda estabelece que na universalidade da foraclusão o sujeito se identifique com esse apagamento significante na medida em que se diferencia do outro, supondo saber sobre si. A essa subversão dá-se o nome de desejo.

Questionar a prevalência central do falo na organização infantil é possibilitar que, nessa organização, operem relações que engendrem outras articulações entre desejo e demanda, entre sujeito e Outro, entre *das Ding* e objeto *a*: o que é o desejo diante do Outro inconsistente? A expressão Outro inconsistente, depurada do ensino topológico de Jacques Lacan, não corresponde ao Outro incompleto, não mais absoluto. O objeto *a* – potência negativa – é o que localiza um lugar de investimento do sujeito nele mesmo, para além do narcisismo primário: o gozo. Questionar essa centralidade e o absoluto de *das Ding* não é preterir do Simbólico, mas subverter esse saber. Na organização infantil, símbolos, palavras, nomeações, privações, frustrações e castração se localizam como fomento do inconsciente, e não como seu fim.

Seguem-se duas abordagens fundadoras sobre a questão estrutural na criança para o autismo, estabelecidas nas teorizações sobre a constituição do sujeito a partir da ênfase no Simbólico: as elaborações de Rosine Lefort e Robert Lefort e Jean Bergès e Gabriel Balbo em torno da demanda, desejo, sujeito e Outro, o falo/significante Nome-do-pai. Antes, um parêntese.

A proposição do autismo como estrutura subjetiva distinta da psicose, da neurose e da perversão está na pauta das investigações psicanalíticas imposta pela clínica com esses sujeitos, principalmente na diferenciação da psicose, haja vista a insistência de psicanalistas em incluir o autismo como uma espécie de tipologia da psicose. Vários autores iniciaram essa investigação clínico-teórica, a saber: Melanie Klein, Frances Tustin, Maud Mannoni e Françoise Dolto.

No campo psicanalítico brasileiro, houve prevalência da lógica do Simbólico como o fundamento da constituição do sujeito buscando a distinção estrutural entre psicose e autismo. A foraclusão como mecanismo na primeira, com sua inscrição na cadeia significante, e uma espécie de privação do significante Nome-do-pai no segundo, sem essa inscrição, numa ordem do Real. No autismo, não haveria um sujeito propriamente dito, pois não haveria deslocamento na cadeia significante, mas uma posição de exclusão em relação ao significante, e o apagamento de suas possibilidades de significação, ao contrário da psicose em que um significante carrega um saber inabalável. Chama a atenção a força do Simbólico tomada como gênese do sujeito e que, fora de sua cadeia, não haveria sujeito do inconsciente, como se o autismo fosse, sempre, uma protoforma subjetiva. Ademais, o Real aparece como fora da linguagem ("ausência de inscrição"), contraponto ao Real como o impossível da (e na) linguagem *nãotoda* e como ex-sistência. A expressão "fora da linguagem" é um contrassenso em psicanálise, pois não há existência que não seja na linguagem, portanto, trata-se de "furo na linguagem" e como cada sujeito é resposta a essa marca (do) Real da linguagem. O autismo, nesse ponto de exclusão da linguagem, mostra essa possibilidade de outra lógica simbólica fora do encadeamento significante: essa é sua exclusão, a recusa, distinta da "foraclusão". A exclusão da lógica encadeante do significante (e não do significante) não determina exclusão da linguagem, como discutirei considerando a própria teoria dos conjuntos como um particular excluso dentro do próprio universal que o comporta. O autismo seria um particular excluso dentro do próprio universal que o comporta.

Como uma das pioneiras brasileiras na clínica com o autista, a psicanalista Maria Cristina Machado Kupfer (1999, 2000) fez suas elaborações em torno da distinção do diagnóstico estrutural entre autismo e psicose, como norteador do tratamento clínico. Essa autora sustenta a ordem simbólica por meio de um Outro como lugar primordial de sentido ascendendo sobre o biológico da criança. Em seus termos, o autismo teria como gênese uma *falha na relação com o outro*, este encarnado na função materna, função de linguagem. À maneira da questão situada no Outro, conforme o autismo vai questionar e a topologia permite acompanhar esses questionamentos, o uso do termo "falha" dentro da relação demanda e desejo, sujeito e outro, remete a uma crítica necessária quando, em qualquer época, considera-se a primazia do Simbólico: uma falha, um erro nas articulações na cadeia simbólica promoveria o autismo e a psicose, sendo este o peso da lei tomada como normativa, determinante de subjetividades. Nas palavras da autora, o autista está fora do campo da linguagem, enquanto o psicótico está na linguagem, mas fora do discurso, cabendo ao analista reintroduzir, a partir dos restos de marcas significantes negativas *que não se "significantizaram"*, a operação significante estrutural, em cadeia, fazendo função materna, supondo um sujeito. Também, essa abordagem partia da hipótese de ser possível passar da estrutura autista para outra. Essa hipótese não se sustenta até mesmo nos estudos avançados da autora, e o autismo não é algo a ser curado, corrigido como falha estrutural. Contudo, interessa a lógica de que o Outro supõe o sujeito como marca da primazia simbólica, contraponto ao que iniciei como primazia do Real saber supor um sujeito, haja vista o Outro como inconsistente, e nunca como falha. Sustentar o autista como o "fora na linguagem" permite a aproximação com o Real, porém aproximação é o que o torna excluso-incluso no campo da linguagem – um furo no saber contemporâneo. Não há nada fora da linguagem. Essa potência de impasses provocados pelo autismo na ciência e em diferentes campos de saber é defendida na alienação maciça sobre as causas biológicas e ambientais e, principalmente, na força de dominação desses sujeitos por terapias e práticas de tratamento que controlam seus corpos, modulam suas mentes e desconhecem seus desejos. A clínica do autismo atualiza em muitos aspectos a lógica da velha ortofrenia, tratamentos sustentados por argumentos disciplinares, corpos a serem corrigidos e enrijecidos e cuja fundamentação são sempre argumentos morais escondidos por trás de grandes pesquisas científicas e, por vezes, a sensação é de que estão sempre submetendo autistas a experimentos, na tradição de Asperger.

11. A proposição de Rosine Lefort e Robert Lefort

Rosine Lefort e Robert Lefort (1980/1984, 2003/2017) propuseram uma inédita clínica centrada no tratamento de sujeitos no qual *não há outro* como diferença: há um Outro em excesso e sem furo, Outro maciço, e esses sujeitos são os autistas. De modo geral, os psicanalistas abordam o autismo com base na formulação *não há outro* mostrando a existência de um Outro no seu funcionamento real, buscando *uma aproximação topológica e uma aproximação das estruturas do significante*, metáfora e metonímia. Contudo, consideraram que, mediante as transformações acompanhadas nos casos, aproximaram-se dos elementos propriamente topológicos pelo fato de não haver Outro, na estrutura dita autista. Aqui, já vale retomar, como colocado na primeira parte, que o Simbólico é uma das dimensões inclusas na topologia, portanto, há Outro na topologia, mas submetido à articulação com Imaginário e Simbólico, cuja centralidade dessa articulação é o objeto *a*.

 Segundo os autores, para o sujeito autista tudo é real, pois o Simbólico não operaria nesses sujeitos, onde não se constata a operação de ausência/presença – o *Fort-Da* freudiano: não haveria inscrição simbólica pelas vias da repetição, portanto, sem a cadeia significante. Essa hipótese de que o *Fort-Da* não compõe a estrutura do autista é útil para compreender a distinção do autismo como estrutura subjetiva, sendo uma proposição radical, considerando que, para Freud, essa operação funda o psiquismo e, para Lacan, estrutura o inconsciente como uma linguagem, como abordei anteriormente. Contudo, é preciso questionar: qual nada do Simbólico operaria sobre o autista e qual tudo é do Real? É possível que tudo seja Real para todos nós imersos na linguagem (Real como absoluto), mesmo à nossa revelia, coisa aliás que o próprio funcionamento da língua, do qual a psicanálise sempre se fartou, nos antecede, é autônoma, já está aí quando se nasce um corpo vivo. Os autores estabelecem o que faltaria de elementos estruturais nessa linguagem deixando o autista à mercê do avanço do Real.

A partir do tratamento da pequena Marie-Françoise realizado por Rosine Lefort (Lefort & Lefort, 1980/1984) os autores sustentam que, no autismo, o Outro barrado não se inscreve. Mantendo-se S(A), esse Outro ganharia dimensão de outro real, não barrado, sem equivalência com um significante da falta (Nome-do-pai), não se inscrevendo como falta. Assim, a operação de inscrição da alternância simbólica não se realiza, o Nome-do-pai é foracluído. Em seu circuito autista, o sujeito se fecha na direção ao Outro, sendo preterido por um objeto que faz limite entre sujeito e Outro, um objeto real (objeto autístico de Francis Tustin) inscrevendo a recusa radical ao outro operada pela pequena Marie. O objeto ao qual lança mão não está ligado à imagem do outro para o autista, mas é um duplo que o autista "cola" ao corpo como refúgio diante desse Outro maciço. Em termos de circuito, enquanto em *Fort-Da* temos os significantes inscrevendo o Outro como uma ausência, mantendo, via alternância na repetição, esse sujeito e outro enlaçados, presença na linguagem, no autismo, esse circuito opera fora da cadeia significante, onde essa exclusão impõe ao autista inventar um duplo por meio do objeto autístico, um circuito sem deslocamento da libido.

O circuito da pequena Marie-Françoise mostra isso: "é um refúgio real contra mim, isto é, um 'duplo' que ela encontra ao nível oral, como ela tinha feito ao nível escópico" (Lefort & Lefort, 1980/1984, p. 256). Trata-se da exclusão do Outro, em que o duplo concerne à *ausência de inscrição do objeto no outro* e à *redução do outro ao objeto real*. O Outro não porta o desejo/demanda, é o próprio objeto, Real, sem que se trate de metáfora, sem que se opere no Imaginário o enlaçamento entre sujeito e outro. O autismo é defesa contra esse Outro maciço, a recusa desse saber sem furo? Os autores apresentam uma escrita da imutabilidade no autista e sua função constitutiva: deambulação. O autista é aquele que caminha entre um e outro significante da cadeia, se esquivando em ser invadidos por esses significantes: "O interesse de Marie-Françoise é pela deambulação de cômodo em cômodo. Eu disse, porque senti assim na época, que seu interesse pelo mundo exterior era um refúgio contra mim" (Leforf & Lefort (1980/1984, p. 262). Recurso paradoxalmente compatível com a imutabilidade, na medida que é defesa contra a invasão do Outro, é uma evitação não linear.

Esse funcionamento leva os autores a propor o Outro de síntese no tratamento do autista, uma invenção diante da não inscrição simbólica, avançando nas elaborações sobre o duplo. O Outro de síntese é um elemento estrutural no autismo ali onde se opera o *Fort-Da* nas outras estruturas, pois não há alternância, não há diferenciação entre a presença e a ausência de um objeto (Lefort & Lefort, 2003/2017). Essa diferenciação, como compreendo, não corresponde à alienação na psicose, em que há presença marcada e maciça do grande outro S(A), faltando a ausência: o psicótico, sem a inscrição da metáfora paterna, aliena-se no ponto em que o autista recua ante esse Outro maciço. Assim, é necessário tomar o autismo como uma outra modalidade de recusa ao Outro, que não da ordem da psicose. Na psicose, o sujeito não inventa um objeto entre ele e o Outro como duplo, não há divisão do sujeito: a presença do Outro inscreve o significante que faz função de objeto (assim como na neurose), mas para tamponar o furo; já no autismo, não há significante da falta, ele lança mão do objeto autístico:

> *Vemos bem, com efeito, o que acontece com Marie--Françoise, para quem o Outro não está, e, por conseguinte, a falência da estrutura. Ela não pode em nenhum momento, como Nadia [criança na direção da psicose], explorar o furo de minha boca; ela não pode obturar o furo de seu próprio corpo com objetos significantes tomados do Outro; não podendo obturar este furo, ela nega até a existência dele. (Lefort & Lefort, 1980/1984, p. 270)*

Sem o Outro, não haveria estrutura, daí a proposição do Outro de síntese no tratamento do autista.[1]

---

[1] Ainda na referida obra de 1980 (1980/1984), os autores pensam um circuito autista dentro da psicose de Marie-Françoise. No avanço de seus trabalhos, os autores se orientaram pelo Real no ensino de Jacques Lacan, sustentando o autismo como o Real da psicose, em que nada falta, abrindo um leque de possibilidades para leitura do autismo desde sua manifestação precoce até em adultos, nos quais, sem o Outro, o jogo simbólico de equívocos, metáforas, metonímias, mensagens invertidas não se realiza. Gueller (2017) mostra que, desde *Nascimento do outro: duas psicanálises* (1980/1984) até *A distinção do autismo* (2003/2017), Rosine e Robert centraram sua obra no tratamento de sujeitos para os quais "não há outro", sendo seus paradigmas Nádia, Marie-Françoise e Robert. Nádia foi quem fez de Rosine uma analista e serviu para pensar que são as crianças que ensinam tudo ao analista (pedagogia invertida). Robert – que, segundo Lacan, era um desses "casos graves de difícil diagnóstico e ambiguidade nosográfica" – foi para os Lefort o caso exemplar para conceituar a psicose. E Marie-Françoise serviu para pensar o autismo. Em 1980, em *Nascimento do outro: duas psicanálises*, os Lefort o concebiam como uma a-estrutura. Em 1992,

Lefort & Lefort (2003/2017, p. 27), retomando o caso de Marie-Françoise, mostram que pulsão e objetos parciais não se operam no corpo do autista, pois seus orifícios não entram em questão para seu próprio corpo. O *autista não faz questão*, dizem os autores e, ao não fazer questão ao Outro (demanda/desejo), o autista impede que se reconheça a falta de um e de outro. Isso tem consequências para a estrutura desses sujeitos para quem o Outro não existe, pois não é barrado, não tem equivalência com o significante da falta (nada falta ao Outro):

> *Esse Outro real absoluto, a quem nada falta, é bem diferente do Outro da psicose paranoica . . . O Outro da psicose corre o risco de realmente não ter o objeto, e*

---

começaram a propor separá-lo das demais psicoses e, em 2003, em *A distinção do autismo*, postularam a existência de uma quarta estrutura, além da neurose, da psicose e da perversão – a estrutura autista, o que mostra a importância que tinha no pensamento deles o diagnóstico diferencial, como hipótese, mesmo em casos de crianças muito novas. Vale a pena traçar, brevemente, também a mudança que se operou no pensamento dos Lefort nesse percurso, que parece acompanhar o pensamento de Lacan. A ideia fundamental de *Nascimento do outro: duas psicanálises* é mostrar como a criança entra na linguagem, o que implica produzir para o pequeno o nascimento do Outro. Isso supõe um agente materno que produza significações e objetos capazes de acalmar o bebê ao mesmo tempo que constrói bordas para seu corpo, fazendo nele inscrições. Desse modo, o adulto insere a criança na linguagem, possibilitando-lhe que se faça representar pelos significantes que lhe são oferecidos. Vinte anos mais tarde, o mesmo "não há outro" é lido pelos Lefort como um excesso, e não como uma falta. Ou seja, em 1980, eles entendem que, no início, faltava um Outro para esses sujeitos, sendo fundamental pensar a entrada no Simbólico. Em 2003, diferenciando o autismo das outras estruturas e já centrados na chamada clínica do Real, destacam a presença de um Outro excessivo, sem furo e ameaçador que descrevem do seguinte modo cujas consequências no autismo são: nem especularidade, nem divisão do sujeito. Isso impõe um duplo imaginário de gozo mortífero sem borda de linguagem, colocando o autista num circuito entre destruição e autodestruição, fazendo valer a pulsão de morte.

> *também, o pequeno sujeito psicótico precisa fazer de tudo para salvaguardá-lo, em uma dívida sem fim. (Lefort & Lefort, 2003/2017, p. 27)*

No autismo, a ausência de significante do Outro exclui a identificação:

> *Essa ausência de buraco no Outro, e, portanto, de alienação no significante do Outro que não existe, faz do duplo outro componente fundamental da estrutura do autismo. . . . Na falta do objeto causa do desejo que não está implicado no encontro e, sobretudo, que não é alucinável na ausência do Outro. A montagem da pulsão não pode ter lugar: o real toma-lhe o lugar – seja o do Outro ou do Objeto, ou mesmo do próprio sujeito. (Lefort & Lefort, 2003/2017, p. 27)*

O traço estrutural do autismo é a exclusão do grande Outro. Ora, excluir o grande Outro é excluir todos os elementos que essa noção opera na constituição do sujeito: o lugar da linguagem, o tesouro dos significantes, o desejo como desejo do Outro, o falo, a lei, o funcionamento significante. Essa exclusão, realizada pelo autista como defesa diante do Outro maciço, coloca-o como aquele fora da linguagem, de difícil contagem na estrutura simbólica.

12. A demanda e o desejo no autismo

Bergès e Balbo (2003) especulam sobre a biunivocidade do imaginário no infantil da psicose, a indistinção entre sujeito e Outro concernente à contundente alienação. Como distinção a essa abordagem, minha hipótese é a de que, no autismo, trata-se de uma anterioridade a essa biunivocidade que corresponde ao segundo tempo do Imaginário, no qual se reconhece uma imagem: no autista corresponderia ao primeiro tempo, em que o pequeno sujeito ainda não reconhece haver ali – diante dele – uma imagem (de si). A biunivocidade entra como solução para o autista.

Na estruturação do psiquismo, a operação de transitivismo mostra o lugar das funções parentais no autismo e na psicose, na qual "no respectivo jogo de posições da mãe e da criança, desde antes do nascimento, esse jogo não se joga a dois, mas implica um terceiro" (Bergès & Balbo, 2003, p. 37). Esse ponto é importante na continuidade de testar o falo como centro da organização infantil. De todo modo, é a mãe que reconhece que o apelo da criança é demanda e concerne ao desejo, implicando que a criança se identifique com o que ela diz.[1] Nesse jogo de linguagem da demanda e do desejo constitui-se o saber e fazer, o dizer e fazer:

> *Com poucos dias de vida a mãe lhe diz: "Você tem frio? Eu vou cobrir você." Ao mesmo tempo em que a mãe supõe que a criança sabe o que quer dizer "frio", supõe também que ela pede para ser aquecida. É por meio desse golpe de força... que a mãe demanda à criança identificar-se com o que ela lhe diz. (Bergès & Balbo, 2003, p. 37)*

Nessa articulação, quem é o terceiro foracluído na estruturação do autismo, na medida em que o pequeno vai recusando a essa identificação com o que o Outro lhe diz? Os autores propõem a dupla foraclusão do Nome-do-pai, do terceiro como distintivo da foraclusão da psicose, pois o pai pode-se excluir e existir excluído na linguagem. No lugar desse significante que não se conta na cadeia simbólica, nada se cria do vazio. Manter-se-ia nadificado e essa não demanda tem efeito de um "objeto inexplicável", como um enigma permanente que não será decifrado por nenhum Édipo. No que tange ao autismo, a criança não retorna no Real, ela é desconhecível ao Outro que, ao lhe dirigir a fala, esta é barrada por esse inominável: o X que permanece sem resposta, pois o autista não faz questão.

---

1 "Mãe" como grande Outro absoluto, articulador de significantes, referência insistente nas teorias sobre a constituição e estruturação do sujeito e que é efeito da centralidade da figura materna nas sociedades ocidentais. Daí, decorre a severidade em pensar no autismo como "falha no simbólico", considerando quem encarna essa função. Ademais, o simbólico não falha. Temos impasses, limites talvez. De todo modo, é preciso elevar a coragem de alguém que se coloca na posição de oferecer significantes e palavras a um outro e, mais ainda, quem se candidata a escutar um choro e tentar decifrar nessa estrutura algum traço distintivo, uma significação qualquer que mantenha o pequeno ser vivo e em direção a alguma coisa que está por vir, depois desse desejo.

O autista fabrica seu próprio transitivismo da precariedade de significantes que a linguagem lhe toma. O autista relança algo insistentemente sobre o saber do Outro, que é recusado quando dito. Essa recusa pode ser lida como se a criança não fosse capaz de fazer hipótese sobre o que quer. Isso tem algumas consequências. Uma que reverbera em história como a mencionada e que é construída em torno do "não tem senso moral". Outra é que o autista é sempre levado diante daqueles que prometem saber dele: o grande Outro não faz a hipótese de que a criança autista possa ser filha de um pai simbólico, possa desejar e fazer questão sobre si. Dizendo na língua da psicanálise: ascender à posição daquele que fala. No discurso contemporâneo, todos sabem sobre o autismo, mas nada demonstram sobre o que querem. Nesse ponto, a clínica psicanalítica estabelece sua diferença diante de outras intervenções apostando que esse sujeito pode vir a fazer hipóteses sobre o que quer aos ouvidos de um outro, mesmo em uma linguagem que recusa a lógica comum, mesmo na ausência da palavra falada.

Essa hipótese dos autores citados coaduna com a proposição do Outro maciço e não barrado dos Lefort. Todavia, na continuidade das elaborações lacanianas, mesmo esse Outro maciço é inconsistente, na medida em que a foraclusão do saber é universal na lógica: todo sujeito precisa negar o nome.

Na fórmula feita por Bergès e Balbo (2003), a "mãe não teria feito a hipótese de que esta criança pudesse ser qualquer outra que não o filho da avó" (p. 46), tem-se uma dupla negação, o desconhecimento do autista. Esse ponto tem forte relação com a proposição do autismo como estrutura e, por conseguinte, a negativa que lhe singulariza. Em nota de rodapé, Catherine Ferron esclarece:

> *da* Verneinung *na forma como Freud nos ensina, mas refere-se sobretudo ao parágrafo precedente, pois nos*

mostra que ponto esse seminário é um lugar de pesquisa. Com efeito, se lermos bem esse parágrafo poderemos nos dar conta de que são propostas 4 negações, quer dizer, duas formas de denegação que aqui são foraclusões: a do Nome-do-pai da mãe, por rejeição da castração de sua própria mãe (avó materna) e a do Nome-do-pai da criança. (Bergès & Balbo, 2003, nota 10, p. 53)

De início, concordo que se tratam de duas negativas primordiais no autismo, porém não concerniriam às junções do desmentido e do recalcamento (*Verdrängung* como recalque e *Verneinung* como desmentido da lei), nem duas foraclusões (*Verwerfung*). Referem-se a *Verleugnung* como recusa e a *Versagung* como renúncia: a recusa à entrada na cadeia simbólica (S1 + S2) mostrada no fenômeno da recusa a falar ou, quando fala, não articula o discurso, e a renúncia à alienação ao Outro como centro de saber, renúncia a ser o falo do Outro. Porém, será preciso considerar no jogo da estruturação psíquica como essas duas negativas responderiam à afirmação da realidade que lhes precede, no avanço dessa investigação.

Volto à citada sentença *A mãe não teria feito a hipótese de que esta criança pudesse ser qualquer outra que não o filho da avó*: renúncia do Outro como suposto saber e recusa ao desejo diante desse Outro não desejante. No autista, a dupla negação, conforme os autores, é negar o desconhecimento que funda a demanda: o que ele quer? "Quanto ao autista, vê-se bem no que ele é apenas real. Não apenas ele não tem grande outro, nada que diga respeito ao simbólico, mas ele também não tem acesso ao imaginário" (Bergès & Balbo, 2003, p. 158). Novamente, o discurso psicanalítico equivocadamente reitera a ideia de que algo é possível como Real puro, sem Simbólico que o localize. A sentença referida serve de exemplo como enunciado linguístico que forja as duas negativas que proponho para o autismo. Porém, em uma espécie de licença mais justa, essa sentença merece ser reescrita em algo como *A criança não teria (e)feito a esta mãe a questão de que pudesse ser qualquer outra que não a si mesma*: recusa ao encadeamento do desejo e a alienação ser isso que o Outro diz que sou.

Há a não demanda, frustração diante de um objeto que não é explicável, portanto, não é redutível ao sentidomaginário. As consequências estruturais são, por um lado, o real da criança não imaginarizada e não falada. Esse não falada diz respeito ao escutar o que o Outro lhe diz e dizer de tal modo que ressoe no Outro, sendo escutada. Por outro lado, a criança como objeto do desejo do Outro. O brincar de crianças autistas mostra a rigidez dessa impotência do Imaginário frente ao Real, tornando complexa a inscrição de possibilidades de explorar objetos, significá-los e recriá-los para além de sua funcionalidade. Com isso, o brincar torna-se espaço de tratamento para essas crianças como lugar de transformação desses objetos rígidos. Muitas terapêuticas acabam por cronificar essa condição nos autistas quando tornam esses eventos métodos de técnicas duras de encaixes, repetições e imposições ao uso que uma criança pode fazer de um objeto, além do esperado enlaçamento com Outro. Não à toa, essas crianças treinadas e controladas começam a responder pela angústia, pela agressividade e pela agitação a esse não reconhecimento do Outro de suas impotências imaginárias.

No que se refere à estrutura, em relação ao autismo e à psicose, a criança "não sabe onde começa o que quer que seja" (Bergès & Balbo, 2003, p. 57). Na psicose, não situa o pai morto/simbólico, ficando à deriva, uma foraclusão. No autismo, estaria em jogo as duas negações: a do Nome-do-pai da mãe (não castração da mãe) e a do Nome-do-pai da criança.

Na psicose, é o autoengendramento (alienação cortante do corpo) que permite acesso ao pai foracluído e idealizado (a paranoia mostra bem isso): a criança toma o lugar do pai que está foracluído do desejo do Outro, o que não corresponde ao autismo. Neste, não é uma substituição de um pelo outro, mas no lugar de um e de outro, apagando-se a geração dos pais, liquidando a sexualidade, sem o intervalo correspondente ao que Lacan chama de Nome-do-pai: o significante intermediário entre as gerações e que, na cadeia de linguagem, aloca-se no furo para que o outro se inscreva como causa do desejo do sujeito, a invocação de supor saber sobre o que o Outro quer de mim. A não concatenação, o congelamento no autista seria efeito da não ligação entre o significante de um e o significante do outro, sem equivalência que o represente como sujeito do desejo. O Outro, campo da linguagem para o autista, é lido como um *outro vazio de todo significante, que não tem então por outro senão um signo real*. Na psicanálise, essa equivalência de um significante que represente um sujeito para outro significante terá saída borromeana, não se limitando ao autismo.

No autismo, a criança se machuca, não diz nada, mas o outro também não supõe saber dessa batida. "Quanto ao autista, vê-se bem no que ele é apenas real. Não apenas ele não tem grande Outro, nada que diga respeito ao simbólico, mas ele também não tem acesso ao imaginário" (Bergès & Balbo, 2003, p. 158). Nesses termos, parece que o autista não existe. Contudo, aposto que o autista pede que o Simbólico e o Imaginário sejam lidos do ponto de vista do Real, brincando com a consistência da estrutura: na falha do Nome-do--pai como excluído, recusado e renunciado, e não foracluído, o que amarra esse sujeito bordeando no corpo o buraco do objeto causa do desejo? A imutabilidade como primeira afirmação.

A foraclusão é uma hipótese constitutiva para a etiologia de uma psicose ou de um autismo, a foraclusão do grande Outro, localizado do lado de fora do centro da linguagem: "o sujeito não tem, não terá jamais, um grande outro que seja o seu. Nos psicóticos e nos autistas, não está em questão que esse grande outro tome posse" (Bergès & Balbo, 2003, p. 158). Apesar disso, o mecanismo de negativa que responderia sobre a não demanda seria de exclusão do Outro, e não de foraclusão do pai, e dizer não demanda corresponde a ler o nada do desejo do Outro sobre o sujeito, matéria defensiva para o autista. Exclusão da lógica dos conjuntos para o Real.

Sobre a *Verneinung*, os autores lançam mão da palavra recusa para dar a ideia da "importância que tem para a criança aquilo que é rejeitado para fora do eu (*moi*) como sendo um não-eu (*moi*), outro" (Bergès & Balbo, 2003, p. 67). Isso é o contrário da identificação primária, pois foracluir é rejeitar no Simbólico, e recusar é da ordem inversa à da incorporação, porque não há objeto *a* para cair, porque na psicose nada pode sair do grande Outro. Na psicose, a foraclusão impõe o não saber para o sujeito, em que este incorpora via alienação o saber do Outro que tem o significante que o representa, que o designa. Recusa-se esse saber do Outro, o que tem como consequência que o sujeito saiba algo ante o Real. O significante Nome-do-pai é da denegação intermediária entre as gerações, informa os autores, o que faz furo no outro como causa do desejo do sujeito. Assim, o sujeito supõe saber o que o outro quer dele, como na lógica neurótica, defrontando-se com o desconhecido, inscrevendo a metáfora paterna (neurose) e atestando a foraclusão do Nome-do-pai (psicose). No autista, o significante que no outro o identifica está excluso, restando o signo enquanto peso de significado sem a barra que distinga o significante. Sem isso, o deslocamento e a condensação simbólica ficam retidas (esse ponto é sobre a dupla foraclusão).

No autismo, o grande Outro está duplamente foracluído, implicando o vazio no qual se inscreveria um suposto saber sobre o sujeito. Sem a amarração do Simbólico, como se estrutura um sujeito? De fato, não é produtivo, no que tange à clínica psicanalítica, reduzir o inconsciente e seu efeito ao simbólico à primazia da cadeia significante e, menos ainda, à primazia da fala no que se compreende como ser falante: a fala não opera como falação imaginária. As dimensões da palavra (do discurso), Real, Simbólico e Imaginário estabelecem um deslocamento do grande Outro como suposto saber sobre o sujeito para um sujeito que supõe saber (de si) a partir da linguagem como *nãotoda*. O autista nos interroga nesse ponto, ao prescindir da borda de significantes para uma borda topológica que não tampona – via fala e significações – os buracos pulsionais, mas elabora bordas que contornam os buracos, como autorregulação do gozo.

13. Distinção estrutural

Partindo da foraclusão da metáfora paterna e a exclusão do outro na estrutura autística, qual a distinção estrutural do autismo com a psicose, considerando que ambas as estruturas são respostas ao Real como o que fura a língua, ao trauma da incompletude da linguagem? Entre aquelas crianças do fechamento em unidade com o Outro e aquelas da solidão que as separa? Falar em distinção é partir de um valor opositivo, ainda que binário, na cadeia simbólica – ou seja, o autista estaria na posição em que não estaria nem o psicótico, nem o neurótico nem o perverso. Estou na lógica estrutural da cadeia significante, por isso, ainda esse tom de rigidez entre essas posições em relação ao funcionamento que permite reconhecer diferenças entre sujeitos. Como distinção, uma estrutura é a exceção da outra: o que fica de fora em uma é o traço fixo estrutural na outra.

Em psicanálise, não se descreve uma estrutura demarcando-a ontologicamente como uma substância apreensível nas predicações da língua ou, menos ainda, nas imagens computadorizadas. A evidência é sempre a fala e trata-se de ler as articulações dos elementos em jogo nas diferentes dimensões da subjetividade escritas na transferência, daí sua função na direção do tratamento. Dizendo de outro modo, os traços estruturais distintivos carregam uma negativa, considerando a lógica unária como na identificação do sujeito, relação com o significante primordial que porta o traço esvaziado de sentido onde uma nominação pode ascender.

Articulações é o que compõem o tempo de estruturação do sujeito. No tempo lógico do instante de ver, de compreender, e o momento de concluir, no estádio do espelho, a identificação imaginária inscreve a posição do sujeito diante do semelhante, a unidade do corpo, a fantasia infantil da fragmentação, e a inscrição da matriz simbólica opera sobre a formação do eu. O tempo da afirmação (*Bejahung*) psíquica da realidade é estabelecido via negações. O tempo da alternância e do juízo da realidade é a posição do sujeito de alternância, presença/ausência, castração, inscrição da metáfora paterna. Os tempos do Édipo, no que concerne à frustração (Imaginário), privação (Real) e castração (Simbólico) como modos de inscrição da falta e do objeto causa dessa falta. Esses são tempos da identificação simbólica. Nas teorizações acerca da constituição do sujeito, esses elementos lógicos destacados são condensados no grafo do desejo e deslocados a partir das operações de alienação, separação e afânise, nas quais o estático da estrutura é submetido ao devir do inconsciente topológico: sujeito, objeto, realidade psíquica, modalidades de gozo, sintoma e discurso são respostas ao Real.[1]

---

1 Olhar a posição dos elementos, as relações e não um sentido de um sentido – o sentido na cadeia associativa é sempre uma promessa, lemos o que fica de fora, pois é o Real impossível de ser simbolizado e imaginarizado – como no cinema, o Real é o que fica de fora, o que fica em falta no filme, mas está como ausência em presença. Esses elementos diferenciados nas variadas linguagens da criança são a alternativa associativa (e inconsciente) a sua ainda não posição de sujeito falante. Várias podem ser as possibilidades de tempo e articulação da criança, como vemos na gramática do brincar, no simbolismo e em outras linguagens

14. Traços das distinções estruturais e as ficções que estruturam a realidade psíquica

Ter isso ou aquilo como fenômenos sintomáticos não define uma estrutura simbólica. Cada estrutura vai, a seu modo, negar o que se realiza em outra: no que se refere à lógica universal da "metáfora paterna", na neurose, há a inscrição de uma centralidade do saber; na psicose, nega-se essa inscrição de uma lei que instaura a diferença.

O autista é aquele que não se oferece ao Outro, mas se precipita a esse Outro de onde se inscrevem as antecipações imaginárias e as alternâncias temporais entre sujeito e ocuidador: fixa-se nos sons imutáveis dos objetos e, como defesa, não é de todo capturado pelo som da voz do Outro. O interesse de algumas crianças autistas em ventiladores alimenta essa ideia: ficam fascinadas por esse objeto que

---

nesse brincar, como a biomecânica do corpo da criança quando brinca alternando entre o equilíbrio, o balanceio, o pular e o embalar, movimentos de ir e vir que buscam um eixo. Nas crianças nas vias do autismo, esse ir e vir é reduzido ao ir-se, descartando o Outro e, muitas vezes, as intensas respostas sensoriais apontam para um desequilíbrio nessas articulações; nas vias da psicose não haveria esse entre onde se realizaria algo como ir e vir; na neurose, as crianças se deleitam porque sabem (sem saber) que a cada ir se segue um vir; já nas vias da perversão, o ir geralmente atravessa a posição do vir, do Outro.

está, ao mesmo tempo, parado e em movimento, girando em torno de um si mesmo estático. Essa mecânica corpórea com organização equilibrada, inalterável e em ritmo constante é quase um duplo para o autista, numa espécie de eu ideal.

Nascemos no campo de linguagem que nos precede. O bebê humano chega antes do parto: nasce no desejo do Outro ao qual já pertence por antecipação. Essas antecipações imaginárias consistem nos cálculos e inscrições que se fazem sobre o bebê: com quem se parecem, o nome, a preparação para a chegada, o que ele vai ser, a cultura que o acolhe, o estado afetivo e os tensionamentos entre aqueles que se atrevem a fazer e responder questões sobre esse ser que avança sobre o que já existe. Essas antecipações mostram o desejo em cena de quem "espera" o bebê, esse objeto que se quer: assim se funda o narcisismo primário, desse Outro que me quer tanto e me coloca no centro do mundo. Essa antecipação imaginária é fadada aos primeiros enganos: esse organismo, quando se encontra com a linguagem, instaura um conflito (não há psiquismo sem conflito). O Imaginário corre para tamponar o trauma do nascimento. Essas antecipações encobrem o bebê de uma lógica: antecipar-se ao engano, ao perigo, à tensão causada pelos excessos de satisfação e insatisfação, antecipar-se à sua imatura estrutura. Entra em cena, entre outras operações da constituição do sujeito, a construção do narcisismo primário e as alternâncias: tudo se alterna em torno do bebê preparando o terreno para a formação de um idealizado eu, reconhecido no semelhante. Nessas alternâncias, tem-se a fome e a saciação, o xixi e o cocô, os joguinhos constituintes da erotização do corpinho do bebê e, em nenhuma dessas experiências, o bebê é passivo: é uma sincronia, o aqui e agora se destacando do que preexiste, atualizando a gramática familiar. Esse encontro com o Outro é inquietante, gera prazer e desprazer. Antes de pensar em "equilíbrio" entre organismo e linguagem, há uma alternância, um tempo de reciprocidade entre bebê e cuidador nessa função imaginária e simbólica (função materna).[1] Entre a tensão e o apaziguamento, é importante inscrever uma ausência, uma espécie de espera: tempo do vazio da primeira alucinação. Desse primeiro trilhamento estruturante, a palavra começa a fazer mediação, a regular isso que antes era Imaginário e Real. O Simbólico faz barra entre um e outro, ao mesmo tempo em que inscreve a lógica do desamparo. O desamparo não é o Ral, pois o pequeno sujeito está sempre imerso no campo da linguagem e isso faz, nele, marcas de um corpo que começa a se constituir, a ser falado: "Ele está com fome? Vou fazer mamadeira.". Um enunciado como esse pode ser seguido de uma distância feita no ritmo pulsional do Outro, ou como se vê, por vezes, os cuidadores se atrapalhando em tentar fazer a mamadeira rápido, pois o choro parece infinito, isso quando a mamadeira não está pronta. A agitação e a insônia em bebês e crianças cada vez menores são sintomas desse impasse estruturante, no qual, no pequeno, já se inscreve uma espécie de mortificação diante da incompletude, do furo, diante do começar a saber sobre seu desejo: tudo parece privação, naquilo que o Outro não volta.[2]

---

1 Reciprocidade não como intersubjetividade no encontro entre dois, mas na relação com o tempo lógico.
2 O sono como exemplo da alternância: "Antes, porém, é preciso introduzir o fato do sono em nossa teoria. A *precondição essencial* do sono é facilmente reconhecida na criança. As crianças dormem enquanto não são atormentadas por nenhuma necessidade [física] ou estímulo externo (pela fome ou pela sensação de frio causada pela urina). Elas adormecem depois de serem satisfeitas (no seio). Os adultos também adormecem com facilidade *post coenam et coitum* [depois da refeição e da cópula]. Por conseguinte, a precondição do sono é uma *queda da carga endógena no núcleo de* y, que torna supérflua a função secundária. No sono, o indivíduo se encontra no estado ideal de inércia, livre de sua reserva de Q [Ver em [1]]. A *descarga do ego* que determina e caracteriza o sono. A *precondição dos processos psíquicos primários*" (Freud, 1895/1995). Descarga do ego [Eu] parece ser algo improvável nestes tempos de um Eu como hiperpotência em estado permanente de hipervigilância de uma instância que parece não ceder de suas exigências com o Isso, com o Supereu, com a realidade, de autoconservação e organização do que é exterior – não cede mais. Além de uma insatisfação sem fim.

Dentro dessas especulações, na experiência do *Fort-da*, experiência da concatenação significante S1+S2, descrita por Freud (1920/2004), vários elementos mostram não uma criança simbolizando a mãe, na brincadeira, para que ela não lhe falte, não o inscreva em um desamparo, mas de inscrever o significante da ausência. A linguagem, como estrutura, mata a coisa, pois só assim o que concerne ao sujeito do inconsciente se constitui: são os primeiros significantes que a criança usa para se alocar no campo do discurso, para alocar a falta que lhe causa. Esse fazer precoce com isso que perdeu (objeto amoroso) mostra a entrada da língua como reguladora da relação Imaginário e Real: são significantes que preenchem nosso desamparo Interessante é a queixa de algumas mães, quando deixam seus bebês em creches ou sob cuidados de outros, de que eles não choram quando elas os deixam ou que ficam "felizes" em suas ausências. Muitas leem isso como falta de laço, como sintoma de um transtorno qualquer, mas, é o contrário: é a marca deixada pelo Outro que lhes acolhe no desamparo, como se, nesses casos, o bebê já soubesse que o Outro vai voltar. Torção desse evento: bebês que choram muito em separações talvez por saber que aquele Outro ameaçador vai voltar.

No que se refere à formação do eu (Lacan, 1949/1998a), pertence a um tempo lógico de inscrições do transitivismo, do duplo, corpo e matriz simbólica em que a mediação se dá pela imagem, é o reconhecimento do pequeno ser no olho do semelhante onde o engano começa a fazer parte desse reconhecimento, pois o enunciado "Tu és isto" carrega o equívoco. Experiência das mais originais, esse encontro com o semelhante constitui o "eu sou isto que minha mãe me diz que sou!" que forma uma unidade corporal ali onde o pequeno ainda não compreende o corpo que está constituindo nem mesmo entende suas funções. Também, diante da mediação da fala do semelhante, o sentido (imaginário) entre criança e a imagem é defesa diante da ameaça da fragmentação: os símbolos vêm amarrar esse sujeito. Todavia, ver-se como essa imagem completa no espelho é o primeiro jubilo (gozo imaginário) e inscreve uma das primeiras fantasias infantis a ser retomada na constituição do sujeito: o medo da fragmentação do corpo! Esse reconhecimento como um duplo de si mesmo (visto no olho do outro) é um elemento estruturante que inscreve a divisão do sujeito. A matriz simbólica é a linguagem do Outro que faz a escansão, grafa um estranhamento familiar entre esse eu e o isso (aquilo que está em outro lugar e que sou/mas esse outro lugar sou eu mesmo).

Os primeiros significantes carregam em si o corte. Quando a mãe diz, diante do espelho com seu bebê "Olha lá o Pedrinho!", a palavra que vem da boca do Outro vai regular esse gozo imaginário e totalizador, o Simbólico ascende sobre o Imaginário, corta essa unidade imaginária. Aqui, os bebês já realizaram um trilhamento dos mais complexos: seu olhar, fixo no olho do outro durante a mamada, durante os cuidados, desloca-se para a boca da mãe, de onde vem a voz do outro carregando a língua que o causa como sujeito do desejo (a primeira falta). Há, desde sempre, nessas cenas, um fazer e dizer indissociáveis (instauração da demanda): isto é, responder a um apelo do pequeno sujeito é não apenas decidir (pelo saber suposto) que o choro é de fome, mas é tornar isso demanda amamentando-o e falando sobre esse corpo que está sendo saciado como tentativas de cerzir o Real com significantes. O Outro não é uma função social, mas somente ele pode oferecer significantes. O que o pequeno ser fará com eles, não há como antecipar.

No momento em que o semelhante enuncia "Olha lá o Pedrinho!", a criança, que já se reconheceu no olho do semelhante e se deu conta de que ele não é aquela imagem (eu estou aqui e estou lá), escuta a si mesma na boca do Outro: aquele é ele representado na linguagem, o significante "Pedrinho" para representá-lo ao significante "mãe". Inscreve-se o transitivismo como uma alternância não mais no Imaginário e Real, mas regulada pela linguagem. Neste lugar da estruturação, o pequeno sujeito habita não mais o olho do outro semelhante, é alocado na linguagem como um significante em seriação, na relação com outros elementos desse campo do discurso, posiciona-se diante da fala do Outro, na articulação dos significantes, e entra na lógica dos mal-entendidos. Desse ponto, o trilhamento é feito na linguagem que estrutura o inconsciente, constitui o sujeito, entrando em cena seus elementos constitutivos.

Na lógica imaginária, a ascensão da matriz simbólica tem como resposta a inauguração da cadeia significante. Para o autista, é possível que a instauração do primeiro significante imponha como resposta à alienação nesse encadeamento a imutabilidade, sintoma descrito por Léo Kanner em 1943 (1943/1968), a ser retomado a partir dos trabalhos de Jean-Claude Maleval e Ângela Vorcaro. Ao autista, cabe essa recusa à regulação pela palavra, mas cabe-lhe, doravante, uma autorregulação mediante o Real, renunciando à totalidade da lei. Esse "encontro" com o Real, como trauma na linguagem, não é reduzido a esta ou aquela estrutura: todo sujeito é resposta a esse trauma. Apesar disso, no autista, o traumático é fundador dessa experiência subjetiva, na medida em que ele "recusa" a formular pelo Simbólico a questão ao Outro e a representar, pelo imaginário, a esse Real uma resposta.

No Simbólico, uma das soluções ao Real são as modalidades de organizar e ordenar a relação do sujeito com a falta fundamental, desde que se tire dele o peso da normatividade fazendo da cadeia significante não a escrita de leis, mas a própria Lei, o que regula a subjetividade. A língua que permite ao discurso psicanalítico dizer sobre o inconsciente e de seu sujeito do desejo não tem regras, mas sim um funcionamento, relações, trocas, articulações: regras são criadas pelos falantes e têm mais a ver com o uso, com comunidades, com sociedades e suas políticas. Pensar na lógica da lei simbólica como estrutura do inconsciente é elocubrar sobre como cada sujeito vai se posicionar diante do desejo, como na não centralidade da psicose e da debilidade, sem a metáfora paterna; como na centralidade da neurose, no ir e vir dessa castração; e como isso se dá no autismo, recusando a regulação da linguagem que ascende do Outro – recusando o falo como elemento central e como norte de toda significação na palavra. Posição diante da qual respondemos de modo duro com toda a imposição de conhecimento sobre o que é o autismo, o que causa o autismo, como curar o autismo, como treinar o autista, e assim por diante. Em nenhuma delas a palavra do autista se faz valer.

Ao propor os três tempos do Édipo, Lacan (1957-1958/1999) toma a relação do sujeito com a estrutura a partir de três posições, de onde destaco a relação do sujeito com o Outro. Esse é um dos pontos, no ensino de Lacan, às voltas com "O que é um pai?". No primeiro tempo do Édipo, a mãe está como função simbólica e imaginária. Por meio da alternância nessas funções (presença/imaginário *versus* ausência/simbólico), a criança se vê diante de seu primeiro impasse como ser de linguagem: o Outro essencial pode se ausentar, pode faltar. Esse Outro deseja outras coisas além da criança, instaurando um impasse no narcisismo primário. Nessa falta, no desamparo, a criança é convocada a simbolizar o que lhe falta, o primeiro objeto amoroso, nesse complexo laço em que o desejo da criança é (ser) o desejo do Outro, em que ela é o falo da mãe: esse objeto é, portanto, afirmado como presença e inscrito como ausência, como negativa. Esse falo tem sua primazia como símbolo da lei e do discurso. No Imaginário, o impasse é de "ser ou não ser" o falo, ser signo da potência do Outro. O pai (como significante da lei) está coberto por esse véu da alienação imaginária, mas o falo aponta para a mãe como sujeito do desejo e essa lei aparece nessa posição. Essa matriz simbólica inscreve as primeiras interdições entre mãe e criança enquanto objeto fálico, colocando a criança diante da privação, impondo uma resposta ao Real. Essa resposta pode ser lida como encobrimento pelas vias do Simbólico sobre essa ausência: permanecer como falo da mãe, identificando-se como esse ideal fálico (perversão), reconhecer-se na imagem e o engano contido nela, em um ideal de eu (neurose), ser o que vê no olho do outro em permanente risco de fragmentação (psicose). Ainda, como proponho, recusar esse cálculo fálico, recusar esse gozo imaginário pela via da imagem como símbolo, como significação e manter-se aquém dessa alienação, recusando ver-se no olho do outro e, por essa via, renunciando à imagem que no outro lhe cabe (autismo).

A formação narcísica do eu, a partir do olhar ideal do outro (na ordem do espelho), estabelece-se no encontro do olhar do semelhante e a matriz simbólica que a palavra desse semelhante carrega. Essa primeira alienação, retomando a negação como recusa do autista em entrar em qualquer alienação, ocorre porque "é no outro que o sujeito se identifica e até se experimenta a princípio", conforme Lacan (1949/1998a, p. 182).

O que era a matriz simbólica, uma organização de significantes carregada pela palavra do semelhante que ascende sobre o pequeno ser, no segundo tempo do Édipo, escreve a função paterna. Esse encadeamento sobre o Imaginário instaura a simbolização do falo. Lacan (1957-1958/1999) retoma o jogo do *Fort-Da*, descrito por Freud, para ilustrar a primeira escrita do inconsciente: entre o lançamento e o reaparecimento do objeto, as palavras *Fort-Da* bordeiam, pelos significantes que são, esse corpo imaginário e em risco de privação, localizando a falta como centro impreenchível pelo objeto fálico. Esse centro vazio só poderá ser atravessado por um significante que o represente como ordenamento: o significante Nome-do-pai, significante puro, efeito da ascensão do Real sobre o Simbólico, destituído de significações e que marca o sujeito não mais pelo eu ideal, mas pelo ideal de eu – inalcançável. O outro semelhante – torção importante – é alçado à função do desejo, de grande Outro marcado pela castração. Da matriz simbólica, desencadeia-se a seriação significante como ordenadora desse grande

Outro (A) com o significante do desejo (falo). Dessa articulação, o significante Nome-do-pai regula o gozo imaginário introduzindo a significação fálica no lugar do outro, enlaçando sujeito e outro com a lei: o desejo da mãe é o pai, ele porta esse significante da privação.

A leitura que Lacan faz do caso do pequeno Hans mostra sua demanda por esse pai como significante da privação que interditasse a criança como objeto do desejo de sua mãe insaciável e que, em uma só operação, privasse a mãe do acesso à criança como objeto fálico. Da falação entre Hans e seu pai, a espera por algum significante dessa lei. Ao se confrontar com a castração (ordem simbólica, e não mais a privação Real), o sujeito reconhece o grande Outro (A) como faltoso, como aquele que não pode tudo. O Outro é barrado e não pode, portanto, responder por seu desejo, instaurando um complexo lógico do valor fálico e de qual função ocupa o sujeito para o Outro, conforme Lacadée (1996): essa operação lógica é permanente e mantém o enigma do objeto do desejo tanto para um como para o outro. Destaco que, nessa operação, esse valor corresponde ao valor de alteridade, tal como se caracteriza a estrutura simbólica, na lógica da teoria do valor de Ferdinand de Saussure, segundo a qual é a diferença entre os elementos que determina o valor de um e de outro, instaurando uma não correspondência entre o desejo do sujeito e o desejo do Outro, o objeto de um e o objeto do outro, ordenamento do gozo simbólico. O Outro permanece maciço no autismo, pois a seriação simbólica não se inscreve, não havendo a recorrência de intervalo vazio para inscrição do significante Nome-do-pai. O autista contradiz essa lógica ao não reconhecer o Outro como desejante.

No terceiro tempo, Lacan (1957-1958/1999) trata da queda do Édipo, em que o pequeno cede de sua posição de ser o falo do Outro e passa a buscar a ter o falo. O significante puro da lei coloca o sujeito no trabalho das nominações de seu desejo, das versões para o Nome-do-pai, onde – na escolha do sexo – o menino quer ter o falo, tal como a promessa e sua crença de que o pai o tem. Esse é um jogo de semblante do pai para a identificação do filho, uma referência de *como ele goza enquanto homem, de como ele lida com a mulher que lhe causa o desejo*. Toda a articulação de Imaginário, Simbólico e Real é para a transmissão da castração, estabelecendo o favoritismo do Simbólico na estrutura subjetiva de uma centralidade fálica a ser desmentida, pois o pai não tem o falo, assim como a mãe não tem o objeto do desejo do sujeito, é incompleta. O perverso testemunha a primeira condição e o autistaa segunda.

Nas articulações simbólicas, as negativas (Freud, 1925/2016c; Lacan, 1955-1956/2002a; 1954[1998c]; 1954[1998d]) entram como o que, nas estruturas, definem o modo de relação com o Outro. O sujeito tem toda uma gramática para falar disso. Na neurose, com o mecanismo nomeado de negação (*Verdrängung*), o sujeito nega simbolicamente o desejo pela via do recalcamento, como resposta de seu reconhecimento. A repetição permite o retorno no Simbólico do elemento recalcado, mantendo o enigma sobre esse elemento impossível de ser decifrado, mas que ele reconhece como seu (sintoma, sonho); na psicose, algo não se inscreve no Simbólico, instalando-se uma negativa radical, a foraclusão (*Verwerfung*) do Nome-do-pai em que esse foracluído retorna no Real via de delírios, alucinação, dissociação, o que coloca o sujeito paralisado eincapaz de se reconhecer nesses sintomas; na perversão, trata-se do desmentido da lei (*Verneinung*), não ser o falo da mãe, manter-se no gozo imaginário como o autor da lei que induz esse gozo em ser o falo instaurando a angústia no Outro. Enquanto o neurótico fica se perguntando o que falta no seu gozo e o que o Outro pode dele dizer, o psicótico tem certeza de que o Outro sabe e o perverso não tem dúvida, mas desmente: são combinatórias que nos caracterizam no mundo para estar com o Outro e lidar com a falta do objeto afirmado, e que precisa ser negado no simbólico.

Lacan (1954[1998c]; 1954[1998d]) busca o traço de negatividade (recusa do mesmo na repetição, portanto, na gramática do sujeito) nos conceitos freudianos: *Verdrängung* (recalque), *Verleugnung* (recusa), *Verwerfung* (foraclusão), *Verneinung* (denegação), *Versagung* (renúncia). Diante dessas negativas, por ora, lembro como os autores até aqui mencionados sustentam a foraclusão para o autismo, portanto, fundamentados no Outro maciço, não barrado, no qual, tratando-se do retorno do Real sem que o sujeito ali se reconheça, processo de alucinação original e distante do delírio como tentativa de nomear o que foi recusado da realidade.

O psicótico não reconhece seus delírios e suas alucinações como delírios e como alucinações. A questão passa a incidir sobre esse ponto: os trabalhos dos autistas de autodesempenho lidos por autores como Jean-Claude Maleval não nos mostrariam justamente que o autista reconhece, pela via do signo, seus sintomas e dele se apropria mais do que em qualquer outra estrutura, como na construção do objeto autístico e da borda? Assim, venho propondo que se pense a negativa para o autismo pelas vias da *Verleugnung* (recusa) e da *Versagung* (renúncia) na lógica simbólica. O significante "recusa" é instaurador da lógica do autismo como estrutura subjetiva: recusa à primazia da fala. Se no discurso teórico-clínico da psicanálise, parte-se da distinção autismo e psicose, então a negativa no autismo não corresponde à mesma negativa na psicose.

As operações lógicas na estruturação psíquica permitiram a Jacques Lacan (1964/2008b) anunciar o conjunto como uma espécie de abstração do psiquismo como unidade que comporta um vazio: a alienação diz que o sujeito nasce enlaçado pela linguagem, não cindido, afirmando a presença do Outro; a afânise é sobre o encobrimento do sujeito, seu desaparecimento e suspensão de sentidos; e a separação cortando a unidade. São o conjunto das duas faltas constitutivas do sujeito e sua posição de objeto de desejo (do outro) a sujeito do desejo: a falta simbólica que encobre a falta real. Esse sujeito que é falado, que recebe sua própria mensagem de forma invertida do Outro, fará uma torção que resultará em uma perda fundamental: o objeto *a* (fazendo-se perdido para o Outro).

Na retórica da demanda, quando o Outro pergunta "O que queres tu?", instaura outra lógica: não é mais a demanda do sujeito que está no Outro, por ser por este escutada, é o próprio sujeito que é convocado a dizer o que quer, a dizer sobre seu desejo. É uma questão que, também, permite ao sujeito reconhecer seu desejo e reconhecer que o Outro não tem todas as respostas, o Outro é também castrado, sujeito de A barrado. Essa questão não tem resposta que não seja por via dos objetos parciais, pois não há totalidade. Nesse ponto, o sujeito cede de si um objeto deprimido – perdido – ao Outro, objeto irredutível aos nomes, às classificações. A mãe como *das Ding* é destituída, precisa ser para sempre perdida: o objeto *a* passa à função constitutiva e o vazio, que é nodal da linguagem, é o centro da estrutura, e não mais o falo como símbolo.

Essas operações constitutivas são lidas por Lacan (1964/2008b) no dito da criança que, na contagem de seus irmãos, conta-se primeiro como irmão e depois como sujeito: "Tenho três irmãos, Paulo, Ernesto e eu" (p. 26). O sujeito se localiza na linguagem como efeito desse encadeamento lógico a partir do "eu tenho" até o "eu". O autista não se inclui nessa lógica sincrônica, não se inclui entre dois, por isso a exclusão da cadeia simbólica merece ser revista não como exclusão da linguagem, não como fora da linguagem, mas como aquele que diz: "*Eu vejo o outro falando e posso até falar, mas ficando de fora, de onde estou olhando*", dito que matiza o autista como uma estrutura de conjunto, do qual ele pertence, mas como excluído, como um dentro da unidade que não faz contagem. Na primeira sentença, temos um sujeito entre isto e aquilo, em conflito entre aquele que fala e aquele que é dito, entre manter-se na alienação ou separar-se. Na segunda sentença, não há dúvida em manter-se apartado do Outro, mesmo às custas do desejo, recusando depender desse Outro enlaçar-se pela palavra. As operações de alienação e separação são fundamentais na constituição subjetiva, pois "classificam o sujeito em sua dependência significante ao lugar do Outro" (Vorcaro, 2005, p. 23), dependência que o autista recusa, ficando de fora mesmo quando fala.

A partir das considerações anteriores, abordo esses elementos recortados como distintivos nas estruturas, enfatizando o falo como regulador da subjetividade a ser destituído e a relação do sujeito com outro.

Na neurose, a posição do sujeito na linguagem é em torno da inclusão do significante do Nome-do-pai, da centralidade fálica. A operação de separação se inscreve, ficando esse significante. Uma interessante distinção pode ser considerada a partir do traço obsessivo na neurose infantil, como Freud (1909/2013b) leu no caso do "Homem dos Ratos". A partir de suas manifestações fóbicas em sua infância, a fobia (na função de afânise) suspendeu o significante Nome-do-pai como o elo associativo entre as ideias obsessivas, reforçando a lei como central na neurose e sua modalidade obsessiva. A suspensão desse ordenador – apagamento do Outro – colocou o sujeito em um encadeamento discursivo em torno de uma repetição do mesmo, até que esse significante se destacasse nessa cadeia (para o Homem dos Ratos, o significante *Raten* que o nomeia na cadeia *Rate-Raten-Verheuhaten-Rat-Spielrathe*). Assim, na criança realiza-se a deambulação de rituais como sintomas precipitados pela castração: rituais como tocar objetos, posicioná-los têm função de fazer essa cadeia de repetição-angústia na qual aparecem manifestações histéricas (desfalecimentos) e desobediências – recurso para enfrentar a presença maciça do Outro e transgredir a lei; também a agressividade é um elemento estrutural importante na neurose obsessiva, pois tem a ver com a transgressão da castração e geralmente é direcionada à mãe, ao mesmo tempo que é defesa narcísica e reação ao desamparo (infantil) na primeira infância. Nesse circuito, instala-se a ambivalência dos afetos e narrativas de ideias onipotentes trazidas sob, por exemplo, a obsessão por super-heróis (ser super-herói). A potência narrativa dessas crianças em situações de brincar e de contar histórias apontam para a valoração extremada da fala e da linguagem. E, ainda, a premente presença de manifestações de sexualidade infantil muitas vezes vivenciadas nas brincadeiras. Essas crianças são inteligentes e enfrentam sempre o mal-entendido da língua como como erros de gramática, do tipo, "quando eu falava errado" e, por isso mesmo, muitas vezes são muito adaptadas ao cotidiano escolar.[3] Esse traço obsessivo na neurose que reforça a lei do Outro como centro do saber não corresponde às obsessões dos autistas que tendem justamente a afastar o Outro.

Na neurose, a agressividade é dirigida para manter o vínculo incestuoso e não para a destruição do objeto, como ocorre no modo de estruturação psicótica. Na neurose, os sintomas são organizadores, diferente da psicose, na qual os delírios são reguladores, e do autismo, em que são soluções diante do Real.

---

3 Enquanto Freud tratou da neurose infantil do Homem dos Ratos, a psicanalista inglesa, Melanie Klein (1932/1997) trouxe o caso "Erna", em que descreveu a produção de sintomas obsessivos em uma menina de 6 anos. Segundo Klein (1932/1997, p. 55), a menina tinha muitos rituais que, entre outros, "consistiam em deitar com o rosto para baixo e bater a cabeça no travesseiro, em fazer um movimento de balançar-se, durante o qual se sentava ou se deitava de costas, em chupar o dedo compulsivamente e em uma masturbação excessiva e compulsiva." Esses rituais causavam insônia e, segundo interpretação da psicanalista, estariam relacionados com a angústia paranoide causada por medo de ladrões e invasores. Erna tinha um vínculo afetivo ambivalente com a mãe que caracterizava a rivalidade na relação mãe-filha, mostrada nas brincadeiras entre analista e paciente que, entre várias elaborações, apontava para o que a psicanalista descreveu como amor e ódio nessa relação com seu objeto-mãe. Entre o sadismo e a instauração do supereu, Klein (1932/1997) destaca a dúvida da pequena obsessiva em não saber se destruiu ou não o corpo da mãe, advindo dessa dúvida seus sintomas fóbicos, dúvida no centro do saber. Além desse aspecto em relação ao saber (do Outro), o caso Erna permite ver como os movimentos descritos anteriormente podem, de modo equivocado, ser aproximados de movimentos como estereotipias e balanceios nos autistas. Todavia, na menina, trata-se da alternância regida pela ambivalência acompanhada de forte investimento libidinal entre ela e o Outro e, ademais, de forte erotização do corpo, aspectos não simples no autista.

Nas neuroses, prevalece a potência do Simbólico, como na célebre neurose fóbica do pequeno Hans (Freud, 1909/2015), já mencionada: o interesse de Freud, ao escutar, ler e intervir no relato do pai foi pelo sintoma do menino, sintoma que falava. Aspecto interessante na medida em que, nos autismos, os sintomas escapam às interpretações definitivas: uma estereotipia pode tanto estar relacionada a uma ordenação do prazer como do desprazer, não há palavras que acompanhem uma estereotipia, estando mais em cena o par angústia e inibições do que propriamente um sintoma aos moldes neuróticos. De modo não obsessivo, o pequeno Hans padecia de angústia fóbica, esse par angústia e sintoma geravam a inibição de não sair de casa, assim ficar com a mãe. Importante destacar que, desde as teorias sexuais, os medos compõem o perverso polimorfo da sexualidade infantil. Hans mostrou, a partir de sua fobia e dos significantes gerados para lidar com ela, sua estruturação na neurose por se tratar, segundo Freud (Freud, 1909/2015), do conflito mediante sua resolução edípica e de suas teorias sexuais acerca da procriação (nascimento da irmã). O menino que colocou uma questão chave na psicanálise freudiana – para que serve um pai se nasci de minha mãe –, deslocou o medo do pai para o medo dos cavalos (fobia), numa espécie de remanejamento de sua angústia de castração, diante da constatação de si como sujeito do desejo. O cavalo (e o medo de) ganha estatuto de significante para lidar com a castração, com o pai que lhe é falho na teoria sobre o nascimento da irmã (e dele) – esse significante, portanto, comporta uma falta, não é todo. O "fazedor pipi" é palavra inventada diante do bombeiro (medo da castração/inveja do pênis) e, desse modo, seu desejo é proibido, continua enigma – a criança permanece num certo não saber, ao mesmo tempo que inventa um pênis para si. Esse medo tem como consequência a inibição do pequeno que não sai de casa. Há uma tríade bem realizada na neurose de Hans: inibição, angústia e sintoma. Freud (1909/2015) lembra que as fobias são comuns nas neuroses infantis, mas que só sabemos delas na análise dos adultos, o que nos remete a uma, entre tantas contribuições fundamentais desse texto: nem todo sintoma, na infância, é da ordem do patológico, mas são soluções diante do insuportável nessa estrutura psíquica ainda não definida.

Na análise da fobia do pequeno Hans, o objeto fóbico não é tanto uma defesa contra a ameaça da castração paterna, mas um substituto do pai falho. Esse ponto é importante para as distinções estruturais: o simbólico inscreve a suplência da castração e do Outro barrado, não-todo.[4] Para Lacan (1956-1957/1995), o medo é o medo de ser devorado pela mãe (Hans ficava por conta da mãe durante muito tempo, até que o pai fosse ao encontro dos dois). É o primeiro tempo do Édipo: ao frustrar a criança com suas teorias, a mãe evidencia seu *Penisneid* (inveja do pênis). A fobia do pequeno Hans é resposta ao Real da castração da mãe não toda. Assim, Hans tem medo de ser o objeto a ser devorado pela demanda de amor da mãe fazendo função de falo ao preencher o vazio de sua mãe, *uma mãe insaciada* que mantinha o menino presente em todos os momentos de sua vida.

Na saída neurótica, ao ser confrontado com o desejo da mãe, a criança precisa se situar. Hans o faz pela fobia ali no lugar de ser o falo imaginário, o objeto imaginário do outro, diante da falha intervenção do pai – que ainda não é a lei regulando o gozo imaginário de mãe e filho. É no segundo tempo do Édipo que esse pai priva a mãe desse objeto, inscrição do significante Nome-do-pai a ser fundado pela mãe e localizado na angústia de castração de Hans (papel exercido por meio das intervenções de Freud). Agora, o pai precisa cumprir a promessa de dar ou recusar o falo que tem. No terceiro tempo, o pai pode dar à mãe o que ela deseja porque o possui. Nesses três tempos, Hans se constituiu em sua neurose,

---

[4] Na topologia, essa carência de pai será descentralizada no nó borromeano e a suplência dará lugar a outra nomeação para o ser falante, seja qual for sua posição na linguagem.

encontrando-se com a castração do grande outro. Castração não realizada no Outro, no autismo.

Hans e a neurose infantil do Homem dos Ratos mostram como recebem a mensagem, no que tange ao seu desejo (e demanda) do Outro, sob uma forma invertida (ter e ser o falo). No tempo lógico de estruturação, os enigmas retornam ao sujeito na sincronia da estrutura e a neurose infantil concerne à constituição de um infantil cujo centro é supor saber no Outro algo sobre o sujeito, algo referente aos problemas impostos ao sujeito pela lei simbólica, pela castração, em que a criança busca criar uma solução frente ao risco de manter-se como objeto do outro fálico. Conforme Vorcaro (2019c), o neurótico aposta em saber como lidar com o outro, se desaparecer, encontrando estabilidade no ponto central de significações, de onde gerencia sua relação com o mundo.

Sobre a psicose, Lacan (1955-1956/2002a, p. 135) adverte: "A psicose não é estrutural, de jeito nenhum, da mesma maneira, na criança e no adulto".[5] Há, antes, indefinição estrutural e os fenômenos

---

5 Calligaris (1989), cujo trabalho teve o mérito de colocar em cena a questão da estrutura diferencial das psicoses, buscou saber como se estrutura um sujeito na psicose (clínica e transferência, estrutura como o lugar em que o paciente coloca o analista). A partir de casos clínicos, o autor sustenta que a errância do sujeito psicótico está no núcleo de sua organização subjetiva, o ir e vir sem um centro e sem se afetar pela falta do Outro como elemento distintivo, tal como padece o neurótico: "um sujeito cujo horizonte de significações não estaria organizado ao redor de uma unidade de medida possível. Um sujeito que estaria num mundo no qual existe significação. Mas, no final das contas, todas as significações são significações em si mesmas, não se medem a uma significação que distribui as significações do mundo" (p. 12). Sem esse centro na linguagem, o sujeito fica à deriva. O autor, retomando Freud e a estruturação de defesa, sustenta que "existir como sujeito (barrado pela castração, como na neurose, ou não, como na psicose), obter algum estatuto simbólico, alguma significação é necessário para que o sujeito seja algo distinto do Real do seu corpo, algo Outro e mais do que alguns quilos de carne. Por isso o sujeito se estrutura em uma operação de defesa" (p. 13). Sujeito do inconsciente é resposta

ao Real como aquilo que é irredutível a qualquer significação, resposta ao vazio no centro da linguagem. O autor supõe ser o falo (Nome-do-pai/castração) o centro dessa estruturação, uma marca da linguagem que fura a completude do sujeito. Para o neurótico, ao menos um que saiba lidar com a demanda do Outro: é o desejo barrado pela suposição de saber; para o psicótico, coloca o autor, "não passa pela referência a um sujeito suposto ao saber" (p. 14), não havendo um ponto de costura das significações. Para o psicótico, a questão incide na falha da suposição de saber e na certeza de uma única significação, na qual a seriação de significantes produz, sempre, um único efeito: o de ser resposta à demanda do Outro, por isso, à deriva fora dessa lógica significante, em errância em relação aos outros discursos. A cadeia significante se instaura quando o saber é suposto à função paterna: não há sujeito fora da cadeia de significante. Ainda, a errância do psicótico e o ir e vir do neurótico se contrastam com o centro imutável do autista, a imutabilidade como destacada por Kanner (1943/1968) e investigada por autores como Jean-Claude Maleval como o distintivo do autismo. Essa imutabilidade é efeito do congelamento, do que se congela no autista, nas portas da linguagem: porta, entrada já é da linguagem, vale ressaltar. Essa imutabilidade, no autismo, não deve ser lida como algo apenas motor que, ao ser atingido pelo externo, pelo mundo entrando no descontrole, na hipersensorialidade em que tudo é invasivo: essa imutabilidade é psíquica, é o ponto de referência da estrutura, do sujeito autista, que se mantém no centro vazio da linguagem. Calligaris (1989) discorre sobre a foraclusão como conceito negativo na psicose, a partir da questão preliminar de Lacan que fundamenta todo tratamento possível da psicose, na clínica psicanalítica: "o próprio da psicose seria a foraclusão do Nome-do-pai" (p. 19). O psicótico não interpela o analista como sujeito suposto saber, tal como no neurótico, é interpelado "como uma rede lateral do saber" (Calligaris, 1989, p. 20). Para Calligaris, a metáfora paterna, no psicótico, concerne ao Real e essa é uma significação realizada no delírio e não no simbólico, como concerne ao neurótico: o delírio de autonomia do neurótico, onde ele seria seu próprio pai, seria um delírio de não filiação. O neurótico responde por suas escolhas a partir dessa hipertrofia egoica, desse delírio egoico para dar conta de sua dívida fálica em relação ao pai, dívida que não sabe como pagar e se, de fato, fora desse delírio, quer pagá--la – somente no delírio tem certeza desse pagamento. Todo delírio comporta a verdade do sujeito. Outro aspecto da foraclusão do Nome-do-pai é que não se trata da exclusão dos significantes do pai da historicidade edípica do sujeito, mas a exclusão é da função organizadora, reguladora da metáfora, da linguagem, não fazer uma amarragem central em torno do buraco, borromeanamente falando. Entretanto, essa amarragem é em torno do centro de saber. O autor lembra que "as entidades estruturais são descontínuas, radicalmente" (p. 51), o que remete à estrutura autista e ao fato, dentro do campo psicanalítico, de que o autista poderia ascender à psicose, ou mesmo, em termos de continuidade, o autismo seria um tipo de psicose. A questão da alucinação no autista mostra não haver demanda de uma significação. Sobre a foraclusão, o autor reitera que o que está foracluído é a função paterna de significação e não os significantes, daí a errância sem uma significação central. Sobre haver psicose infantil, o autor repete a advertência de Jacques Lacan sobre a diferença entre uma psicose infantil e a psicose do adulto, apesar de que a psicose do adulto seria uma continuação de uma psicose infantil. Entretanto, a psicose adulta não supõe uma psicose infantil, mas "a constituição de uma estruturação psicótica na infância, a qual não chega, necessariamente a fazer com que se possa falar dessa criança como psicótica.". Sobre esse ponto, pode-se pensar nos adultos autistas que não foram reconhecidos como autistas na infância, considerando-se então a não eclosão disruptiva dos sintomas. Todavia, como lógica, isso não elimina a hipótese de que a estrutura autística é estabelecida nos primórdios do psiquismo, nos termos freudianos. A clínica com esses adultos pode responder a essa não eclosão disruptiva de sintomas. Algo "fracassaria", na constituição de qualquer estrutura, pensando na crise na infância. Assim como algo não fracassaria. A estrutura psicótica não é um fracasso, lembra o autor, destacando, com Lacan que não dá para pensar a psicose infantil com os mesmos instrumentos que a psicose de adulto, em termos estruturais: há construção própria de uma estruturação psicótica que pode ser problemática em face à ordenação social fálica; crises nesta construção, injunções que instauram um estado crepuscular permanente; e crises na construção de uma estruturação neurótica. Essas crises, de fenomenologia psicótica, estão ligadas a uma dificuldade específica de simbolizar algum significante relativo à constelação paterna, de responder à demanda o Outro. Calligaris (1989) aponta para o autismo: "Nesta bateria mínima de três casos, não incluo o autismo que me parece se situar de uma certa forma aquém da problemática psicótica e, na verdade, de qualquer problemática de defesa. A psicose como a neurose procuram responder à Demanda do Outro sustentando o sujeito na sua referência a um saber que o defenda, constituindo-o como distinto do objeto. A escolha do autismo me parece diferente: uma tentativa de apagar a Demanda do Outro, se anulando, segundo a ideia que, se não houvesse criatura, não haveria falha na perfeição do criador e por consequência o criador não queria nada. O autista me parece ser um teólogo. 'As crises silenciosas', às quais fazia a alusão Abrão, e que podem ser tanto crises das quais à criança volta, como entradas num crepúsculo contínuo são, mesmo neste segundo caso, observados no adulto não se presentificam na infância. Nesta, trata-se da justa estruturação da foraclusão do Nome-do-pai.

Bergès e Balbo (2003) interrogam o infantil do conceito de psicose na criança a partir da noção do grande Outro, considerando os jogos constitutivos nessa estruturação. Nessa proposição, além da neurose infantil, os autores trazem o autismo como parte da discussão, pois o mecanismo estrutural gira na relação grande Outro e negativas do significante do pai, como referido anteriormente. Supor existir uma psicose na criança é supor a constituição do sujeito psicótico, considerando a não resolução estrutural na infância.

Partindo da leitura freudiana das psicoses – tomar as palavras pelas coisas – os autores se perguntam "por que a sucessão de representações que fazem com que entre a palavra e a coisa um percurso se complique e que isso não se dê imediatamente" e ocorra logo após a infância, isto é, na adolescência onde as séries de representações cairiam, levando consigo o interesse pelos objetos do mundo, deixando a relação imediata da palavra com a coisa (Bergès & Balbo, 2003, p. 19). Esse é um aspecto diferencial importante para o autismo – o autoengendramento, a imutabilidade, a recusa à primazia da fala que consiste na recusa ao que a fala arrasta de alienação e se dá na primeiríssima infância, conforme se constata no cotidiano da clínica. Acerca do autismo, a pergunta é inversa: por que ocorre na infância, considerando que não haveria um adulto autista que não tivesse manifestado esses traços estruturais na infância? Mas, é possível, mesmo sob o apagamento da psicose infantil, ler esses traços que localizam o pequeno sujeito no abismo semântico. A questão tem mais a ver com o fato de que, em muitas situações, o autista não se submete ao engano e não adentra nesse

---

bem distintas do destino autista. O autismo não seria uma problemática de defesa" (p. 66). Não uma defesa contra a Demanda do grande Outro, porque justamente ele recusa entrar nesse circuito.

abismo. Em contraponto, no entanto, sabe-se das queixas de muitas mulheres autistas de que seu comportamento do tipo "quietinha, boa menina e que não dá trabalho" encobria sua posição na linguagem, como autista. Tem-se, nisso, os pré-conceitos sociais encobrindo a singularidade de sujeitos.

Diferente da leitura psiquiátrica, a psicologia do desenvolvimento, de seu ponto de vista evolutivo, aponta para uma desarmonia entre os diferentes aspectos do desenvolvimento global da criança intelectual, instrumental (funcional), afetivo, psicomotor etc., abrindo caminho para que se reconhecesse a possibilidade de haver crianças ditas psicóticas. As possibilidades de abordar a questão da psicose na criança são duas: uma supõe que a psicose só eclodirá após a infância e a outra, se trataria de um processo transgeracional no qual são necessários, mais ou menos, três gerações para que esse processo resulte em uma psicose, não se tratando, portanto, da criança, mas de algo anterior a ela. Ao discutirem esses aspectos, Balbo destaca a dificuldade, para eles, de uma distinção da psicose na criança que fala, que tem comportamentos e que, apesar das dificuldades, estabelece certos laços sociais, diferente da psicanálise na Inglaterra, onde localizam a psicose na criança que tem certo afastamento e ruptura com relação à realidade. Significativo aspecto na distinção com o autismo, considerando que, no autista, não se tem a ruptura com a realidade, mas a recusa do laço pela fala, ao mesmo tempo que ordena uma exterioridade imutável.

Bergès e Balbo (2003) esclarecem que o "Nome-do-pai é uma metáfora pela qual se põe e se articula para um sujeito a questão da sexuação" (p. 92), na qual estão em jogo o imaginário do corpo e o desconhecimento (do desejo). O Nome-do-pai é uma operação lógica definitiva na constituição do sujeito do inconsciente, pois a criança, pela inserção do significante pai, entra na ordenação simbólica, até então imersa no engodo imaginário da relação com a mãe, assumindo o falo como significante:

> A criança ilude sua mãe. Através de seus meios, exibe frente à mãe toda uma atividade sedutora. Essa sedução leva a criança ao encontro de um rival. A primeira função do significante pai é introduzir para a criança esse obstáculo rival, portanto, introduzi-la em um mito, o de Édipo. Esse mito tem a função de tomar a própria criança no seu engodo, porém de tal forma que ela se encontre, de bom ou de mau grado, introduzida na ordem existente, em uma lei. Depois do Édipo, a criança terá de se situar corretamente em relação à função do pai, contra toda a problemática edipiana, numa aposta fálica, se houver. (Bergès & Balbo, 2003, p. 94)

Desse jogo constitutivo, o significante passa a barrar esse saber fálico – castração: falta simbólica do objeto imaginário (falo da mãe), enunciado pelo pai real, significante da falta no grande Outro. Propõe-se, então, uma distinção mais aparente entre psicose e autismo, na qual, neste, os significantes da mãe não são escutados pela criança, sendo o vazio preenchido por signos sem uma metaforização surpreendente e, na possibilidade de psicose infantil, o sobrepeso de uma significação impossibilita a ascensão de outras, impossibilita metáforas, mas de outro jeito. Jeitos diferentes de usar a linguagem: sem significante foracluído, em que o Outro é o lugar do desejo, como na psicose a palavra só faz laço com um lugar. No autista, não há o significante, haveria é a exclusão significante (da cadeia) e o laço nem seria com esse lugar central. Na psicose, a *Bejahung* (afirmação) faltou. "Em que casos podemos encontrar essa não-demanda?", perguntam (Berges & Balbo, 2003, p. 107), questão fundamental que mostra a inscrição da primeira negativa e que a não demanda é a que não diz nada:

> Quando a ausência de demanda por parte da criança frustra a mãe, visto que essa não-demanda vai enfraquecer

sua hipótese de que a criança fazia demanda, é aí que se pode ver que a Verneinung *precede a* Bejahung. *A* Bejahung *materna consiste em dizer: "ela faz uma demanda!" justamente, é com a não-demanda da criança que a mãe se choca em sua hipótese. É esse negativo, ou seja, essa denegação que está em primeiro lugar, e não a* Bejahung *da mãe que consistiria em dizer: "mas sim, ela tem uma demanda". Em sua própria hipótese, essa mãe faz uma* Bejahung *à qual a criança sem demanda responde antecipando, pela* Verneinung, *a* Bejahung *da mãe: é uma frustração no sentido de que a hipótese da mãe é arruinada pelo fato de que não há demanda, quando ela fazia a hipótese de que ali havia uma. (Bergès & Balbo, 2003, p. 107)*

Os autores distinguem a foraclusão do Nome-do-pai como lógica na psicose, mas é preciso ver o que essa foraclusão faz no autismo. Assim, eles sustentam, antes, haver foraclusão do Nome-do-pai no autismo, anterior à afirmativa, via demanda, seguida de outra negativa. Como já apontei, essa dupla negativa consistiria na negativa, recusa da demanda (direcionada pela fala do Outro), à seriação significante que se instaura após esse significante primeiro congelado, e renúncia à alienação naquilo que comporta de saber sobre o desejo.

O autista é aquele que não se volta para o Outro, sua imagem é biunívoca, do um a um, relacionada a apenas um significado. Só isso já impõe questionar uma adequação da lógica fálica para o autismo: sendo o pai, a castração uma metáfora, a substituição e transformação de sentidos é um ponto da linguagem de tensões para o autista. O sujeito não quer que a imagem seja simbólica, quer manter o enodamento Real e Imaginário, sem a representação do Outro. Na psicose, essa imagem biunívoca é uma imagem que não é simbólica, é um terceiro entre o sujeito e o Outro e não faz diferença entre o discurso e o mundo. No autismo, o sujeito não cria nada entre ele e essa imagem, o Outro não estaria incluso entre o Real e a coisa e, diante do impasse no Simbólico, uma imagem é puro Real e mostra apenas o *negativo do qual ela é feita*, conforme Lacan citado pelos autores (Bergès & Balbo, 2003, p. 139).

Sobre o autista, em relação à imagem simbólica, existe a impossibilidade de contornar o Real pelo simbólico da imagem, enquanto, na psicose, o que se quer é que a imagem se interponha entre a coisa e o discurso. Vale ressaltar que a noção de discurso, atrelada à lógica simbólica, considera o encadeamento simbólico, as alternâncias nas mudanças significantes. Contudo, na lógica topológica, considera-se a articulação entre todas as dimensões da linguagem, não apenas de significantes.

No autista não há imagem constituída aos moldes de deslocamento e condensação, não havendo, portanto, imaginário para que a negação como mecanismo de defesa se inscreva. Essa negação é efeito da incidência da matriz simbólica entre o sujeito e o semelhante. O discurso do Outro não costura essa imagem, na psicose. No autismo, não haveria primeiros pedaços de um corpo real a serem costurados: descreve o que se tem e não o que se quer com o que se tem. A funcionalidade domina essa forma de subjetividade ali onde haveria o Simbólico, o que se quer. E sem imagem e sem imaginário, o autista é aquilo que primeiro é sem corpo, sem consistência.

Na psicose, trata-se de uma defesa, no que concerne ao estatuto da imagem, tanto pelo lado do sujeito como do Outro, de interpor um terceiro na alienação (a matriz simbólica); no autismo, entretanto, trata-se da "ausência de toda imagem", pois ela é imagem por existir no discurso. Em relação ao negativo, "sem imagem que garanta, é pelo menos uma imagem que poderá sustentar. No autista não existe essa não-imagem: não há nada, nenhuma falta que possa tomar corpo"

(Bergès & Balbo, 2003, p. 142). Na psicose, não haveria uma teoria sexual infantil supondo uma imagem como resposta às origens. No autismo, haveria uma preferência pelo fazer em detrimento do dizer, como espectador de cinema mudo. Esse ponto mostra que a ausência da palavra como mediadora do autista com a realidade é traço definidor da direção estrutural. Mas palavra e significante são coisas diferentes e o sujeito do inconsciente tem a ver com o funcionamento do segundo.

O corpo é (um) outro dizer. O Outro é o corpo. No autismo, não haveria a biunivocidade da imagem. No psicótico, o corpo falha pelo imaginário, não havendo inserção de uma imagem entre o corpo e o desconhecido. No autista, dá-se o congelamento no primeiro tempo do imaginário, na imagem antes do júbilo, antes da criança se ver nela, dita pelo Outro e vista pelo semelhante, é duplo de si mesmo, e não duplo do outro/Outro, sua biunivocidade: "vê-se bem no que ele é apenas real. Não apenas ele não tem grande Outro, nada que diga respeito ao simbólico, mas ele também não tem acesso ao imaginário" (Bergès & Balbo, 2003, p. 158). Essa assertiva dos autores sobre o autismo merece ser relida, assim como a proposição dos Lefort sobre o Outro excluído no autismo, considerando que falar em Real só pode ser possível no Simbólico, não há sujeito fora da linguagem e o autista, assim, não pode ser tomado fora da linguagem, mas na relação direta com esse centro vazio da linguagem e, desse modo, o autista tem acesso ao discurso pela via imaginária e real.

Assim como fiz com a neurose, retomo dois momentos célebres da teoria psicanalítica para mostrar a relação da criança com a linguagem que aponte para sua condição subjetiva.

Na neurose, o encadeamento discursivo da criança permite vislumbrar seu trilhamento em torno da falta como marca de sua condição desejante. Na psicose, ali onde a fobia faz as vezes da afânise, esta não se opera como atravessamento, mas como um abismo no qual o pequeno ser, sem a separação do Outro, cai, retornando com o objeto colado à alienação. Seu trilhamento é à deriva, sem centro. Não à toa a agitação, como sintoma que fala na criança, aponta para a angústia nos sujeitos, para algo de insuportável que não se consegue dizer. Tentativas de nomeações e classificações confundem de modo prematuro a agitação na neurose em seu vai e vem nas dimensões do corpo imaginário (como no dito transtorno de déficit de atenção/hiperatividade [TDAH] e nas associações e ritos significantes dos pequenos obsessivos); confundem a agitação na psicose dando voltas sem sair do lugar; e confundem a excitação sem borda e a hipersensorialiade no autismo, ou suas ditas estereotipias. As três posições são os modos como, ao mesmo tempo, a linguagem regula os efeitos do Real como esse real reordena permanentemente a regulação simbólica. Assim, a resposta do autista é para esse Real desregulador, diante de um Simbólico inconsistente.

O método psicanalítico é vertido em uma experiência que tem na palavra sua centralidade, mas uma palavra não na lógica do uno da intersubjetividade, entre dois, mas o diálogo analítico que se opera com três, mediado pela palavra que nos liga ao outro, não reveladora, mas distorcida, deformada, palavra que conta naquilo que nela não se compreende (Lacan, 1953-1954/1983). A questão do ego (eu) e sua relação com o outro de funcionamento imaginário aparece na análise para mostrar como a função simbólica vem inscrever a lógica inconsciente no discurso analítico, a partir dessa estrutura fundamental na constituição do sujeito – na humanização do ser e o que se dá entre a formação do símbolo e o eu.[6]

---

6 No *Seminário, Livro 1: Os escritos técnicos de Freud,* Lacan (1953-1954/1983) retoma a oposição da fala vazia e da fala plena, esta que realiza a verdade do sujeito e aquela em que o sujeito se perde nas maquinações do sistema da linguagem, durante a análise. Entre esses dois extremos, desdobra-se uma gama de realizações da fala. Ainda, Jacques Lacan lê o Caso Dick, da psicanalista inglesa Melanie Klein, buscando mostrar o que se dá entre o Eu e a formação

A experiência freudiana só pode ser compreendida pela articulação dos três registros psíquicos: Real, Simbólico e Imaginário, mesmo considerando a limitação dessas noções, nesse momento da teoria psicanalítica lacaniana. Ao tomar a tópica do imaginário, a partir das elaborações sobre o estádio do espelho, das relações do sujeito com sua imagem como *Urbild* – protótipo do eu, uma articulação entre Imaginário e Real, Lacan (1953-1954/1983) mostra que há uma cisão dessa unidade imaginária pela diferenciação desse *Urbild* com o mundo exterior. O que está incluído dentro distingue-se do que é rejeitado pelos processos de expulsão, *Ausstossung*, e de projeção. O olho, como pulsão escópica, realiza, até então, todo o simbolismo do sujeito. Contudo, nessa divisão mediada pelo símbolo, o ser prematuro se vê, reflete e concebe como outro que não ele mesmo (unidade como estrutura da fundamental fantasia infantil de não fragmentação do corpo). Por ora, interessa ler o que, nessa mediação entre *Urbild* e o protótipo do eu, realiza-se como matriz simbólica (expressão usada por Lacan referindo-se ao trabalho sobre o estádio do espelho): o que há no símbolo que avança cindindo Imaginário e Real?

Se, no menino Dick tratado por Melanie Klein, Lacan conclui que o eu falha na relação com mundo exterior, pois devido a uma *má posição do olho* o eu não aparece, o psicanalista irá tomar outra criança para mostrar a palavra falada como sistema simbólico já estabelecido, típico e significativo que estrutura o sujeito. Esse ponto interessa por se tratar de um caso clínico que permite acompanhar os elementos em cena na hipótese de uma psicose na criança:

---

do símbolo como fundamental na estruturação do sujeito, na fundação do inconsciente. Para isso, parte da discussão que vem empreendendo sobre a negativa em psicanálise, a partir de Freud. Retomarei essa discussão no ponto onde a realidade está fixada para o menino Dick, como negativa.

o Caso Robert, o Menino Lobo, apresentado a Lacan pela psicanalista Rosine Lefort.[7]

O caso clínico é apresentado mediante a distinção que Lacan (1953-1954/1983), partindo de texto freudiano sobre o narcisismo, faz entre neurose e psicose e os esclarecimentos que essa distinção opera no registro do Imaginário. Tanto na psicose como na neurose, o sujeito abandona a relação com a realidade. Contudo, na neurose, mantêm-se as relações libidinais com objetos e pessoas substituídos na fantasia e na psicose retira-se a libido das coisas e do mundo, sem a substituição imaginária.

Rosine Lefort tratou de Robert por um ano, tratamento que faz ver a função da linguagem na estruturação do inconsciente. De modo geral, seguem elementos do caso para matizar a análise posterior de Lacan: Robert é filho da errância, de pai desconhecido e mãe paranoica que colocou o bebê até seus 5 meses em deriva, de casa em casa. Não foi alimentado por ela. Entre idas e vindas (das quais a história não contada – não se sabe), Robert chega ao abrigamento aos 3 anos e nove meses de idade. Não fala frases articuladas, mas

---

[7] Desde *Nascimento do outro* (1980/1984) até *A distinção do autismo* (2003/2017), Rosine e Robert Lefort centraram sua obra no tratamento de sujeitos para os quais "não há Outro", sendo seus paradigmas Nádia, Marie-Françoise e Robert. Nádia foi quem fez de Rosine uma analista e serviu para pensar que são as crianças que ensinam tudo ao analista (pedagogia invertida). Robert – que, segundo Lacan, era um desses "casos graves de difícil diagnóstico e ambiguidade nosográfica" – foi para os Lefort o caso exemplar para conceituar a psicose. Marie-Françoise serviu para pensar o autismo. Em 1980, em *Nascimento do outro*, os Lefort o concebiam como uma a-estrutura. Em 1992, começaram a propor separá-lo das demais psicoses e, em 2003, em *A distinção do autismo*, postularam a existência de uma quarta estrutura, além da neurose, da psicose e da perversão – a estrutura autista, o que mostra a importância que tinha no pensamento deles o diagnóstico diferencial, mesmo em casos de crianças muito novas.

emite muitos gritos, risos guturais e discordantes das situações.[8] Ao gritar, duas palavras podiam ser escutadas pela analista: "Dona!" e "O lobo!". Nesse ponto, a psicanalista o nomeia de Menino Lobo por acreditar que havia, ali, uma identificação imaginária – Robert, que não se angustiava, acreditava ser o lobo. Rosine Lefort, que fez hipótese sobre o não sabido do menino não nomeado, discorre sobre as "fases" do tratamento, narrativa que permite acompanhar a relação do pequeno com a linguagem, com os objetos, com o outro e com o próprio corpo.

Errante, Robert sempre corria, abrindo e fechando portas. Rejeitava objetos oferecidos, ou tomava-os para si, ou, ainda, empilhava-os sobre a analista. Crises se desencadeavam diante de uma bacia de água. Em uma sessão, empilhando objetos sobre Lefort e desvencilhando-se da cena, Lefort o ouviu de cima de uma escada dizer que não sabia descer sozinho. Como toda criança, faz demanda onde não sabe. Porém, Robert, ao contrário de Hans, nada inventa. A certa noite, quando deveria estar dormindo, Robert tentou cortar o pênis com uma tesoura de plástico na frente de outras crianças. Na psicose, o corpo precisa ser pedaços do Real, diria aqui. Depois de algum tempo de tratamento, Robert gritava "O lobo!" incessantemente, ao que Rosine interpreta como estar a dizer de si. Mudanças de lugar, como de quartos, eram tomadas pelo menino como destruição, referindo-se às constantes mudanças de casas e referentes adultos que lhe deixaram marcas primordiais sem seu psiquismo na alternância entre ingestão e excreção, no uso da mamadeira e do penico: seu cocô era o que oferecia à analista, nas sessões. Marcado por uma indistinção, fazia, nas sessões, misturas com diferentes objetos (leite, xixi, boneca, fragmentos da mamadeira

---

8 O grito, em sua força constitutiva para o autista, não existiria como identificação de demanda, sem ascender ao choro e, quando ascende, é sem modulações passíveis de suposição de saber pelo Outro. Primeira imutabilidade.

quebrada, areia no penico). Ao perder de si um desses objetos (deixar cair), era como se tivesse lhe caído um pedaço, conta Rosine. Gritar "O lobo! O lobo!" era sempre resposta a algum evento frustrante. Ou, quando via sua imagem no espelho. O que levou Lefort a supor que Robert se via assim como o lobo, como todos os elementos misturados, indistintos que colocava no penico que não podia ser deixado. Lefort diz a Lacan que, em virtude da presença da analista e da permanência ao tratamento (lugar do grande Outro), foi possível que o menino pudesse exorcizar – com o leite – o que lhe causava pavor. Certa vez, mediante as interpretações e na presença da psicanalista, Robert volta a ela com o penico vazio nos braços. Segundo Rosine, ele tinha adquirido a ideia de permanência do seu corpo, da unidade do corpo, mortificando-se diante do horror da fragmentação ao tomar o despir-se como mortífero (destaco o avanço permanente do Real sobre o Imaginário do menino – fragmentação como Real).

O trilhamento de Robert inscreve uma alternância entre ele e a analista: é Lefort que se torna "O lobo!". Joga na analista o mal que tinha bebido e reencontra a memória, e, nesse reencontro com o desamparo, com a privação real (não era nutrido pela mãe), torna-se agressivo com ela em um circuito pulsional: trancou-a no banheiro, depois chorou e estendeu os braços para ela em busca de consolo e amparo. "O lobo!" não mais se presentificava nos gritos nesse tempo de tentar construir uma imagem do corpo (eu). Nas cenas seguintes do tratamento, narradas pela psicanalista, o simbolismo está presente nas tentativas dessa construção imaginária ao se enodar por uma corda amarrada a um balde que coloca entre as pernas (corda que, para Rosine, faz as vezes do cordão umbilical entre ela e ele). O menino joga água sob seu ombro e (se) diz Robert; quando joga leite no corpo e bebe, Rosine compreende essas duas cenas como batismo, um rito de iniciação na cadeia simbólica, posso inferir. Doravante, para Rosine Lefort, Robert vai fazendo o percurso da oralidade, mantendo-se simbiótico a ela: nesse momento, o menino entra no jogo da diferenciação alternando "Robert – Não Robert". O que se consolida com os próprios caminhos do tratamento e dos caminhos da criança e da analista, entre idas e vindas – agora em outra posição. Robert precisa lidar, via fantasias, com as saídas de Lefort, com sua gravidez, com a barriga sem bebê que permitiu a Robert atestar a verdade de suas fantasias de destruição da criança, sem distinção com a realidade em que matar a criança implica ser morto, destruído, pois a separação ainda é a morte. Diante das resoluções agressivas do menino, Rosine o confronta com a realidade e leva seu bebê a Robert, ato que toma como um corte entre Imaginário e Real. Rosine Lefort concluiu sua exposição dizendo acreditar que o pequeno tivesse sido engolido pelo Real, pois, no início, não havia nenhuma função simbólica nem imaginária. Contudo, havia duas palavras: "Dona!" e "O lobo!", ponto em que Jacques Lacan se apropria do caso para dizer dessa relação transferencial no Imaginário e no jogo entre o supereu, função simbólica, e o ideal de eu, função imaginária, na transferência.

O supereu, esse perseguidor para a criança, diz Lacan (1953-1954/1983, p. 124), é a lei naquilo que tem de destrutiva, *figura feroz* arraigada nos traumatismos que a criança sofreu. Para o pequeno Robert, paciente de Rosine, trata-se dessa função na medida que é carregada pelo signo proferido aos gritos: "O lobo!". Robert "não é uma criança lobo que teria vivido na simples selvageria, é uma criança que fala, e é por esse O lobo! que você teve desde o início a possibilidade de instaurar o diálogo." Basta uma palavra, novamente, parece ser a lei para Lacan. Essa palavra faz a mediação simbólica da transferência por condensar a lei para a criança e, não à toa, que é diante de seu desaparecimento nas sessões que as alternâncias se inscrevem e a criança, no autobatismo, nomeia-se Robert pela primeira vez. Faria esse significante função da metáfora paterna, ali onde a foraclusão foi sua negativa estrutural? Ao discutir a impossibilidade de se tomar a nosografia da psicose/esquizofrenia da criança pela do adulto, não é possível tomar esse evento de Robert como algo de um delírio alucinatório e menos ainda dissociativo. Ademais, ele já havia advertido da diferença entre a psicose do adulto e a da criança, havendo psicose na criança.

À guisa dos sintomas nosográficos, a ênfase deve ser dada sobre o que Rosine leu como o fato da criança *só viver no real*, a alucinação como o que o sujeito vive como real. Se na psicose do adulto trata-se da síntese Imaginário e Real, na criança, a partir do caso, é algo da ordem de uma elaboração imaginária secundária, que Rosine leu como *a não inexistência no estado nascente*, no pequeno sujeito, ao qual Lacan (1953-1954/1983) articula ao esquema do espelho, em que as flores são imaginárias, conteúdo, e o vaso o vazio, continente. O menino faz o seguinte trajeto estrutural: Robert se conduz pelo imaginário que suporta o continente para, na diacronia, tomá-lo como vazio – suportar o vazio como centro da constituição psíquica, de onde ressoa o próprio nome, sua solução para a carência do pai – do centro do saber. Solução possível a Robert pelo uso que faz dos objetos (universais), como mostram os relatos de Rosine, uso que se alterna na distância que vai tomando desses objetos. É nessa relação com os objetos (de serem apreendidos como todo, inicialmente) que o psicanalista lê a falha nas funções de síntese do eu, em fundir uma primeira imagem de si com os elementos imaginários que tinha diante de si – esse eu fragmentado como consequências do avanço do Real sobre as flores, de movimentos agitados, à deriva, vistas nas perturbações motoras do pequeno, sem fundamento orgânico e em sua recusa ao sono, pois era insone.

Nesse ponto, Lacan (1953-1954/1983) destaca o que parece ser o traço distintivo na estruturação da criança que aponta para uma possibilidade de psicose: "se situa precisamente no plano do imaginário, no plano do eu enquanto função imaginária.... É a relação entre a maturação estritamente sensório-motora e as funções do controle imaginário do sujeito" (p. 127).[9]

No que tange à linguagem, retomo a passagem de Lacan (1953-1954/1983) sobre Robert: "não é uma criança lobo que teria vivido na simples selvageria, é uma criança que fala, e é por esse O lobo! que você teve desde o início a possibilidade de instaurar o diálogo." (p. 124). Retomando as elaborações em torno do estádio do espelho, tem-se a inscrição de um significante que liga o pequeno ao outro – *O Lobo!*: as indistinções de Robert com seus objetos, relação de mortificação como saída da alienação, direcionadas também à analista na posição imaginária, manifestam essa inscrição primordial aos moldes de uma matriz simbólica carregada na fala do menino, e não um sentido para o que falou.

Esse menino que fala direciona ao outro um apelo a tornar-se humano – a analista escuta o grito tornado apelo, tornado demanda no comovente batismo em que o pequeno ser fez da morte o nada que gera um saber sobre si, ali de onde foi filho de pai desconhecido e colado à mãe em deriva – desabonado do saber do Outro sobre ele (foraclusão do Nome-do-pai). Robert verteu borromeanamente um nome em torno desse nada como centro, os objetos lançados,

---

9 Não posso situar a criança nesse ou naquele quadro clínico, como estrutura definida, e Lacan (1953-1954/1983) é claro sobre isso: "É certo que não é uma esquizofrenia no sentido de um estado, na medida em que você nos mostrou a significação e a movência dela. Mas há aí uma estrutura esquizofrênica da relação ao mundo e toda uma série de fenômenos que podemos aproximar... Mas certas deficiências, certas faltas de adaptação humana, abrem para algo que, mais tarde, analogamente, se apresentará como uma esquizofrenia.... Como dizia Peguy, os pequenos parafusos entram sempre nos pequenos buracos, mas há situações anormais em que pequenos parafusos não correspondem mais a pequenos buracos. Que se trate de fenômenos de ordem psicótica, mais exatamente de fenômenos que podem terminar em psicose, isso não me parece duvidoso. O que não quer dizer que toda psicose apresente começos análogos" (p. 127).

amarrados, derramados, misturados impunham à analista que o olhasse, ser visto por um terceiro nesse jogo entre a vida ou a bolsa onde escrevia um corpo. Robert, ao oferecer ao outro seus objetos, não os retém junto de si e fala ao outro a palavra que carrega o traço da distinção e a cadeia simbólica: basta um significante a ser escutado.[10]

Robert é dessas crianças de associações frágeis, não conseguindo manter-se enlaçado ao outro que não pela alienação – a fragmentação é sempre uma ameaça, e a agressividade o laço possível – sintoma, angústia e inibição saltando em variações simbólicas. Mensurar a foraclusão e a presença do Outro como alienante é possível a partir da lógica na cadeia de linguagem: não consegue formar unidade entre palavras, associar signo e significado. "O lobo!" não é signo de selvagem, é significante que salta na cadeia metonímica do menino instaurando a alternância necessária para a falta simbólica. Ao se nomear imaginariamente como "O lobo!" tem-se a inscrição da lógica do nome: foi o que ouviu da boca do outro nas cenas do orfanato – ameaçado pelos lobos. Reteve da narrativa esse primeiro signo de identificação de saber paranoico que o antecedeu e sem outro nome que fizesse barra. Todo o trilhamento do menino foi para se nomear "Robert", nome que ouviu da boca da analista quando esta se decantou desse lobo perseguidor.

Na estruturação da psicose, na infância, a agitação como errância desse inconsciente que se escreve sem centro e sem a perda de um objeto pode ser lida como inadequações de comportamentos muitas vezes localizados como opositivos e, estruturalmente, seria um equívoco, pois esses pequenos justamente não se opõem, não há inscrição da alteridade. Entre isso e aquilo, parece-lhe impossível sustentar escolhas, fazer escolhas, são aqueles sujeitos que não terminam os estudos, não param em um trabalho, começam

---

10 O autista é mestre em se fazer não escutado. Haveria, portanto, a hipótese de um significante, mas que o autista vai reter desde os primórdios.

coisas e não terminam, pois terminar impõe começar, desencadear algo novo.[11] Na potência de viver no Real, as saídas imaginárias se alocam entre a imaginação fragmentada e o que poderia ser uma elaboração delirante (como ocorre no adulto). A fantasia, tal como para a neurose, não se apresenta, pois não houve a inscrição da castração, a lei não ordena o sujeito na direção do objeto causa do desejo. Não entra no simbolismo do brincar e não entra no discurso que circula, mas não está fora do campo da linguagem.

As crianças, na clínica, nessa posição à deriva na cadeia de linguagem, testemunham enodamentos como resposta à fragmentação. A ecolalia vem como indiferenciação do Outro não barrado, tomando dele as palavras. Em jogos como quebra-cabeças, o duplo fragmentado e indistinto desencadeia excitações motoras, crises e pavor, pois as peças a serem encadeadas precisam ser desembaraçadas, reposicionadas e refletem o próprio caos como efeito do impasse no simbólico. O desenho como outro se compõe de traços e formas dissociados, mas que vão cerzindo, na folha, formas que remetem aos perigos, partindo do Outro como centro marcado com uma cruz, tentativa de fazer corte. Esse corte passa pelo menino, contorna um crocodilo como forma vazia, um dinossauro, a cobra que saltam da criança que sempre fala significantes como "devora", "mamãe", "menino" e "xixi" – traço nas dimensões imaginária e simbólica do caos subjetivo efeito do Real, traço contraditório que faz bordas em torno de buracos, faz retornos, fecha círculos, atravessa espaços e abre outros na geometria plana da folha. Esses traços cortes na palavra absoluta que o determina, palavra de sentido único, sem metáforas que o torna prisioneiro do desejo do Outro, enquanto se alterna entre fazer o traço do desenho usando, de modo desarticulado, a mão que não sustenta o lápis com que desenha e o corroer as pontas dos

---

11 Desses sujeitos, vê-se como passarão a vida entre isso e aquilo, sem se decidir por escolher. Nesse contexto, é importante a "função de secretariado" do psicótico.

dedos, fragmentar-se, mutilar-se. Os significantes que saltam dessa indistinção entre imaginação e realidade apontam para elementos estruturais fixados impondo um retorno ao mesmo, ao Real sobre o Imaginário, sem ascensão do Simbólico. Tentativas de regulação de um eu fragmentado, sem assumir a posição enunciativa – é sempre o "menino", ou "O Lobo!", um outro do qual não se apropria.

Na infância, essa "psicotização" leva a pensar numa espécie de privação do ser dele mesmo, de seu desejo, não à toa a ideia de desamparo se confunde com negligências de toda ordem. A estrutura psicótica é, pela foraclusão, embaraçosa: essas crianças vão instaurando embaraços no avanço no campo da linguagem, sem transitividade, negam a realidade como outro e tudo parece ser tentativas de impedir a falta: não se afastar daquele que incorpora a função de Outro como lugar de articulação significante (essa unidade articula cadeia não linear, mas de ritornelos, de embaraços) e, nesses giros, os gestos e as palavras estão dissociados do que vê. O tom e o ritmo das repetições na fala não são compartilháveis como o que está de fora de duplo indistinto: não promovem brincadeiras de se esconder do outro, porque são sempre encontrados, não existe como objeto da falta. A desconcertante agitação psíquica entra em choque com um corpo que cresce solto, hipoativo – sem reações ao mundo. Não vão adiante quando são chamados a posicionar-se no campo da linguagem, a operar com a língua, como nos mostram aqueles que não se alfabetizam mediante a dissociação forma e sentido. Na regra de fazer girar a cadeia de linguagem, essas crianças são aquelas que não conseguem dar sua mãozinha à língua, quando submetidas às normatividades dessa língua – mas, ao mesmo tempo, são aquelas que transformam significantes, podem brincar com eles, lançá-los de um a um.

Françoise Dolto (1980) as nomeava "crianças coisas". A preocupação exclusiva com a saúde orgânica das crianças pequenas, desconsiderando os processos patogênicos de angústia decorrentes de perturbações da relação simbólica pai-mãe-filho, bem como de contingências ambientais, podem desencadear mais tarde neuroses traumáticas. Para a autora, era frequente receber pais que obtiveram dos médicos não mais do que medicamentos, diagnósticos definitivos de incurabilidade, conselhos de tolerância e paciência ou conselhos de colocação dessas crianças em classes para excepcionais ou internatos especializados, segregando-as do seu meio e reduzindo-as a "crianças coisas", cujos sintomas traduzem "uma desordem estrutural de um desejo precluso". Essa "criança coisa" não é suposta como a criança que sabe (supõe) sobre o que quer – pois lhe é vedado pela foraclusão, pela negação, saber-se como aquele que quer. Na atualidade, é necessário não desconsiderar que as crianças autistas, mesmo dentro de um discurso de tratamento e inclusão, podem ser alojadas nesse signo "criança coisa".

Vorcaro (2019c) diz que, numa deriva infinita, a criança psicótica busca a referência, *mas sem se utilizar de um eixo para abordar o campo da linguagem*. Como saída, fixa-se em uma lógica imaginária não compartilhável em que as relações, *ligações, separações e significações dos elementos da linguagem são decididos* a partir dessa lógica. A relação do signo com a coisa não comporta falta nem mesmo reconhecimento no semelhante da psicose, aquele não capaz de amarrar a *Gestalt* do corpo fragmentado na psicose. Nesta, essas significações estão presentes, mas não são distribuídas no mundo, mantêm atadas à alienação semântica, em "um infinito não idealizado como infinito de uma procura" (Calligaris, 1989, p. 13).[12]

Na estrutura psicótica, o sujeito se ordena alienado à linguagem, aos sentidos que vêm do Outro, Imaginário e Real se enodam para fixar forma e conteúdo, sem espaço vazio para o desejo. A "criança coisa" pode não se distinguir do Real, manter-se carne sem forma

---

12 Se o psicótico é aquele sem centro, o autista é aquele autocentrado, fixado no ponto vazio da linguagem: imutável.

significada, sem significação que responda ao centro vazio deixado pela foraclusão. Todavia, o mecanismo da foraclusão, como negativa, impõe algo afirmado e ajuizado no sujeito, no qual foracluir o pai como significante implica ter reconhecido esse pai mesmo que como aquele significante desconhecido de Robert, ou a cruz feita na imagem da "mamãe" desenhada, traçada no centro deslocado da folha. Essas amarrações são soluções dos pequenos ante o risco permanente de ser o objeto do gozo imaginário do Outro, ali onde o sentido deveria substituir o organismo na demanda imaginária de saber sobre esse organismo: tem-se aí as antecipações imaginárias sobre o pequeno ser que o coloca como resposta à demanda do semelhante.

A linguagem incide como primeira fragmentação que perturba essa unidade, o pavor de ser resposta à demanda do Outro, coisa que a neurose de Hans e sua fobia denunciaram, mas a qual Robert sucumbiu. Se a cadeia significante se instaura quando o saber é suposto pela função paterna, a foraclusão dessa função não exclui a cadeia significante, já que não há sujeito fora da cadeia de significante, mas foraclui outras possibilidades de saber, outras possibilidades de efeitos de sentido, insistindo na primazia do Simbólico. Essa descentralização do pai como significante a nomear o filho não instaura o deslocamento e a condensação na estrutura, na oposição da neurose, que se organiza em torno desse centro de saber.

Nesses termos, o psicótico é aquele que fala, está na linguagem, na estrutura, mas não circula como discurso, não entra no discurso: desloca-se pela errância em razão da falta do ponto de estofo, pela falta do suposto saber sobre a demanda do Outro. O psicótico foraclui o pai, em uma metáfora sem o pai (metáfora psicotizante), o simbólico entra na lógica metonímica de amarragem (Calligaris, 1989). E, complementando o autor, essa repetição metonímica de um significante que escapa da alienação e instaura uma seriação é o significante da identificação do sujeito, o primeiro significante que carrega o traço apagado, lugar da retroação, do contorno sobre si mesmo, lugar que funda a borda em torno do vazio: a lógica topológica de contagem e não de seriação. O pequeno ser vai, aos moldes de Robert a partir do significante "O Lobo!", fazer invenções e escritas nas quais Real, Simbólico e Imaginário se atravessam e embaraçam, tal como Robert fez com seus objetos reais, pulsionais, com a analista e com as duas palavras que tinha como herança simbólica.

Desde o caso Robert, há um destaque a ser feito: a criança nas vias da psicose fala, e o autista como aquele que não fala, entre aspas. Fala e alienação ao Outro são indissociáveis.

Sobre o autismo, o que estaria implicado nas relações com o Outro? A não mediação pela fala estabelece, na clínica, uma não centralização das hipóteses acerca dessa estrutura. Ficam alguns pontos fundamentais, nessas elaborações distintivas: a fala – a palavra dita, como campo da linguagem de articulação dos significantes não opera como regulador. Isso leva a outro ponto, que se trata da relação entre as negativas, a afirmação e o juízo, constatando-se uma anterioridade lógica no centro dessa estrutura que não concerne à presença ou à foraclusão do significante mestre. Ao recusar a primazia da fala, está implicada a recusa ao saber do Outro, à cadeia significante. Todavia, essa recusa concerne a uma não foraclusão, naquilo que a afirmação a antecede, lógica que justifica a hipótese de sujeito do inconsciente para o autismo, pois a psicanálise sustenta não haver sujeito que não seja efeito do tempo intervalar da cadeia significante.

Recusa e foraclusão são duas negativas diferentes, discussão que avançarei na terceira parte deste texto. Assim, na psicose, o sujeito nega o falocentrismo – foraclusão. O autista recusa não o falocentrismo, ele recusa a alienação e renuncia, desse modo, ao Outro como todo, e não como lugar da linguagem, mas ao Outro como aquele que sabe de seu desejo. Essa recusa não implicaria uma errância descentralizada como na psicose, mas, uma imutabilidade como modo de amarração das três dimensões do dizer. Se na cadeia simbólica, a repetição é o tom do encadeamento, na topologia do autista, a imutabilidade é o que faz o nó, como borda. Todavia, o Outro não barrado é presença potente nessa lógica, o que ascende do Simbólico, outro incompleto: na topologia, esse Outro é inconsistente.

O autismo não é um fracasso da linguagem ou da função materna, e nem o desaparecimento da função paterna. Como paradoxo de nosso tempo, é o sucesso de uma figura que, ao negativar-se ante o semelhante e ante a alteridade, impõe-nos criar para além dos limites binários de nossos universais.[13]

Desde o DSM-IV, há o desaparecimento do termo *autismo*, tal como aconteceu com a psicose infantil: no DSM-V, há a prevalência do transtorno do espectro autista (TEA) que inclui o que antes vinha como psicose infantil, ou seja, o discurso psiquiátrico e biológico sobre o autismo submete a psicose à sua lógica, fazendo uma torção drástica na história e resolvendo, a golpe político e de mercado, que autismo não é psicose.[14] De fato, ao tornar a condição de um sujeito um espectro, corrobora-se para seu desaparecimento no discurso, ou seja, ratificamos o autismo como uma evocação fantasmagórica, incorpórea como significante. Discordo, como sugere Maleval (2018), que o termo *espectro* coaduna com a lógica e a extensão do termo *estrutura* para a psicanálise. A nosografia psiquiátrica limita o autista a sua sintomatologia na lógica do prejuízo, da severidade e da invasividade, como uma deficiência orgânica. Limita os autistas

---

13 A mãe de uma pequena, sobre o calor, foi ler o que outro autista escreveu sobre o mal-estar do calor imaginando que com sua filha se daria o mesmo, pois não sabia o que acontecia com ela. Tem-se a questão de não fazer demanda, não supor saber. É uma alienação diferente da alienação na psicose, pois é uma não alienação: o outro também não sabe, duas negativas. Não há culpados, não há erros. Há estrutura do inconsciente e tentativas de significações, mesmo que esse exercício de significar ocorra mediado por um saber terceiro.
14 *Diagnostic and Statistical Manual of Mental Disorders – American Psychiatric Association* (Manual diagnóstico e estatístico de transtornos mentais).

a seres de poucas habilidades sociais e reciprocidade, incapazes de se comunicar, com interesses restritos e estereotipados, que não significam nada e não têm senso moral, isso quando não são apenas um cérebro, confundindo o ser com qualquer que seja sua causa, ainda não sabida. Não acolhe o que nos é mais caro em uma estrutura: o espaço do desejo, o tempo entre um e outro significante, e quando falamos de limite, é sobre o encontro dessa estrutura com os impasses e os impossíveis que ela mesma realiza. A essas alterações, o transtorno de linguagem quase substitui o TEA – são transtornos na fala, entendida como fonoarticulação cuja função é unicamente a comunicação.

Freud (1914/2010a) revela o fundamento do investimento libidinal do ideal de eu, vendo ali o autoerotismo, na introdução ao narcisismo. Desse autoerotismo, E. Bleuler lê qual a direção dos afetos na esquizofrenia desinvestindo no mundo do qual se dissocia, ruptura do eu e o mundo, retirando o Eros do autoerotismo.[15] O autismo como esse sem investimento libidinal no mundo, no eu, caso fosse disposto nas psicoses. A predominância da esfera psíquica sobre o eu e a percepção da realidade tal como se dá na esquizofrenia, em que a alucinação é resposta ao Real, diz do autista na relação do eu e a realidade?

Léo Kanner (1943/1968) identifica uma síndrome diferenciada da esquizofrenia e do retardo mental, estabelecendo os aspectos comuns às crianças portadoras dessa síndrome denominada por ele

---

15 Em 1906, o psiquiatra Plouller introduziu o adjetivo autista na literatura psiquiátrica. Na época, ele estudava o processo do pensamento de pacientes que faziam referências a tudo no mundo e à sua volta, consigo mesmo, num processo considerado psicótico. Esses pacientes tinham o diagnóstico de demência precoce, que ele mudou para esquizofrenia, também introduzindo este termo. Bleuler, em 1911, difundiu o termo autismo como condição da esquizofrenia, em que os pacientes tinham como sintoma uma fuga da realidade, uma espécie de encapsulamento em si mesmos, sendo um dos sintomas negativos da esquizofrenia, de acordo com a fenomenologia psiquiátrica.

de autismo.[16] O termo usado por ele foi "portadora", o que não se sustenta, considerando que não se tem autismo, não se porta autismo como se porta uma mala ou um cérebro, mas se é autista como condição subjetiva, neuroatípica, em outros termos da diversidade social. Das onze crianças com suas *fascinantes particularidades*, o psiquiatra depreendeu que poucas afecções psíquicas têm tanta "precisão" nas descrições como o autismo, contraponto à psicose infantil: "não se trata, como nas crianças e adultos esquizofrênicos, de uma ruptura de relações previamente estabelecidas; não se trata de um 'retraimento' sucedendo uma participação". As crianças entre 2 e 8 anos "incapazes" de se relacionar com outras pessoas não usavam a linguagem para se comunicar. Também, outro termo que gerou uma compreensão equivocada, como se autistas não estabelecessem relações com outras pessoas – a questão sempre foi o modo de relações, como se dá a ver na própria diferenciação feita com a psicose. Desde o início, o autista vai existindo no discurso tendo como referentes de si signos como "incapaz": outro modo de se relacionar e usar a linguagem não é uma inaptidão. Se assim fosse, seria necessário perguntar quem de fato, nessas relações, é incapaz de reconhecer o outro e se o autismo sempre não nos mostrou a força de regras e formas de comunicação e uso da linguagem submetidas a uma rigidez social e cultural, o que não tem a ver com o rigor do funcionamento da língua e das linguagens com suas ordenações.

---

16 Por sua vez, o médico austríaco Hans Asperger, em 1944, identificava uma outra condição autística, denominada síndrome de Asperger, na qual a cognição e a linguagem verbal estavam presentes em altos níveis de desempenho. Todavia, no que se refere à fala, mantém a premissa de recusa à fala como laço com o Outro. No que se refere ao texto originário de Kanner, este é preterido por descrever a síndrome como um distúrbio afetivo, tal como a psiquiatria rejeita a psicodinâmica para a psicose – no autismo, está em jogo um distúrbio neurológico e/ou genético, ou, outrossim, uma condição neuroatípica que rejeita o reconhecimento do autismo como uma patologia. A questão é: por que essa condição biológica nega a condição de sujeito do desejo?

Dessas onze crianças, oito adquiriram a fala na idade esperada ou depois de algum atraso, três eram ditas mudas por não falarem em nenhuma circunstância. Segundo Kanner (1943/1968), mesmo as oito crianças que falavam não conseguiam se comunicar com outras crianças e não conseguiam estabelecer significação ao que diziam. Elas produziam sons da língua, portanto, falavam; não tinham dificuldades para nomear os objetos empíricos e aprendiam palavras novas. A linguagem servia para nomear de modo direto os objetos e os adjetivos, antes de qualificar: apenas identificavam e não significavam.

Para as crianças de 2 a 3 anos de idade, todas as palavras, números e poemas (*perguntas e respostas de catecismo presbiteriano, concerto de violino de Mendelssohn, o Salmo 23, a canção de ninar francesa, a página de índice de uma enciclopédia*) não tinham função de significação dificultando a comunicação, e incitar isso era prejudicial ao desenvolvimento da linguagem nessas crianças (Kanner, 1943/1968). É digno de nota como o uso que essas crianças faziam das palavras apontavam para uma espécie de ordenação própria da cadeia simbólica, do binarismo significante/significado e significante/significante, como uma obsessão com o modo de falar. Nessas onze crianças, a fala não cumpria a função comunicativa. Quando falavam, falavam como *papagaios, repetindo as combinações de palavras ouvidas* que são palavras ecoadas por eles imediatamente ou retomadas mais tarde (ecolalia tardia). As frases afirmativas consistiam na repetição de uma pergunta. Essa gramática do sujeito é relevante e possivelmente tem a ver com a problemática da afirmação para o autista. As funções sintáticas da fala eram tomadas na sua literalidade, sem permitir as nuances de sentido, o que mostra no caso o menino Alfred, quando lhe perguntaram: *Sobre o que é essa gravura?*, ao que ele respondeu: *Pessoas movendo sobre*, um deslocamento dos termos que se paralisa no complemento nominal, mas mantém o núcleo verbal, estrutura que prevalece para todos os falantes das línguas de origem latina.

Nessas construções sintáticas, não existia dificuldade com plurais e tempos verbais, desse modo, a conjugação da língua não era um problema – brincar com essa língua, sim, sem o jogo temporal que crianças fazem durante brincadeiras nas quais futuro e presente se confundem na sincronia da língua. A ecolalia das sentenças estava ligada, nessas crianças, a um peculiar fenômeno gramatical: os pronomes pessoais eram repetidos exatamente como eram ouvidos, sem as mudanças que uma situação entre locutor e interlocutor exigiria; as crianças não assumiam uma posição no enunciado ao retomar a fala do outro de modo ecolálico. Portanto, falavam de si própria como *você* e da pessoa a quem se dirigiam como *eu*, recusando escutar-se na boca do outro e a transitar entre as posições no discurso. Olhando para o *eu* e o *tu* de uma enunciação, as posições não se alternam, não inclui na contagem com o outro nem se localiza como sujeito. Esse tipo de enunciação evita instaurar o tu.

Kanner (1943/1968) também observou que a entonação da fala estava *conservada na memória* e que as crianças faziam eco de coisas ouvidas, o que não significava que elas estavam escutando quando outras pessoas lhes falavam, por isso sete das onze crianças acompanhadas foram consideradas surdas. Esse recorte é interessante, pois surge dele a tradição sintomática de que o autista não escuta. O eco da entonação pela repetição mostra ter ocorrido uma escuta do que foi dito, porém o autista não devolve essas palavras, retendo-as: um jeito de recusar o encadeamento significante e o efeito de sentido, e ligar-se à entonação, o que mostra que escutavam. Impressionante como essas conclusões (são surdas, mudas, não se comunicam e não compreendem) ainda prevalecem para os autistas.

Em 1944, em outro trabalho, Kanner nomeia essa síndrome de *autismo infantil precoce*, com uma determinação biológica, caracterizando a síndrome como autismo extremo, obsessividade, estereotipias e ecolalia, em que as crianças estavam alheias ao mundo exterior desde os primeiros meses de vida, sem responder aos estímulos externos e que mantinham relações inteligentes com os objetos.[17] Nas descrições contidas no relato dos onze casos, no primeiro texto de 1943, um traço insiste nas descrições das características mencionadas: a rigidez, a inalterabilidade que ele define, nos trabalhos seguintes, como imutabilidade, a perseverança em todos os aspectos descritos. Aqui, faço um parêntese para lembrar que o autista é reduzido a esses critérios, sendo necessário que sejam revistos sempre, questionados em suas reduções e acrescidos da experiência de cada autista. Deixar de considerar as especificidades influi diretamente no tratamento das severidades, no sentido de uma modalidade de tratamento para todos os autistas.

Passo a alguns desses traços fixados nos autistas de Kanner (1943/1968) dentro de sua importância para o autismo como estrutura subjetiva (há outros fundamentais, como aqueles que alertam para a questão sensorial do autista, mas escapa ao recorte):

- limitação marcante da atividade espontânea, rituais verbais, palavras com um significado especificamente literal e inflexível, incapaz de transferir uma expressão para um objeto ou situação similar, substituição;
- fixa-se em uma determinada coisa, objetos facilmente absorvem seu foco (hiperfoco) e mostra atenção e perseverança ao brincar com eles;

---

17 Mesmo diferenciando o autismo como uma condição psicopatológica distinta da esquizofrenia, o psiquiatra manteve o autismo dentro do quadro da esquizofrenia. No texto de 1944, *Autismo infantil precoce (Early Infantile Autism)*, Léo Kanner destaca que o autismo aparece nos primeiríssimos anos de vida, mantendo os aspectos que o define, como a extrema dificuldade de relações sociais, de fazer contato com as pessoas inicialmente presente na recusa ao olhar e à fala, desejo obsessivo de preservar as coisas e as pessoas, ligação a objetos, e as alterações de linguagem. Em 1968/1973, no trabalho *Early Infantile Autism revisited*, Kanner publicou um acompanhamento dos casos estudados em 1943, observando as diferentes evoluções entre as crianças. Nesse trabalho, ainda mantinha o autismo dentro do quadro das psicoses.

- preocupação obsessiva com pormenores, palavras entoadas sempre com a mesma inflexão;
- capacidade de continuar fazendo as mesmas coisas por muito tempo e mostra grande irritação quando interrompido; tais coisas não são somente repetições, mas se sucediam dia após dia com uma mesmice quase fotográfica, repetitiva quando bebê, agora também obsessiva;
- timidez excessiva, medo de várias coisas mutantes, como vento, além de animais grandes;
- não faz nenhum movimento para pegar um objeto quando autorizada a pegá-lo;
- encolhe-se dentro de si mesma, segregando-se dos outros, parecendo estar num mundo próprio, esquecida de tudo;
- imediatamente ocupa-se, colocando as figuras em seus devidos espaços e tirando-as outra vez deles, hábil e rapidamente; diante de alguma interferência, choraminga impaciente; quando uma figura é furtivamente removida, nota sua falta de imediato, fica perturbado, mas esquece-se completamente do fato quando a figura é reposta no lugar;
- perguntas obsessivas, obsessão por fezes;
- caminha somente até onde estão os objetos, perambula pela sala constante e incertamente;
- uma vez estabelecido tal relacionamento, deve-se prosseguir sempre nos mesmos moldes; a rotina diária deve ser seguida rigidamente, pois a mais leve mudança no preestabelecido provoca explosão e pânico;
- a repetição de sentenças não tem fim (ecolalia);
- capacidade de entreter-se satisfatoriamente por horas a fio, mas qualquer barulho, qualquer interrupção, confundia;
- a linguagem tem sempre a mesma qualidade, um extremo isolamento autista;

- nunca manifestava antecipadamente uma postura preparatória para ser carregada, não olha para o rosto de ninguém; comportamento dominado por uma profunda solidão;
- tem melhor afinidade com gravuras de pessoas do que com pessoas reais, afinal, gravuras não podem interferir;
- reprodução de sentenças sem alterar os pronomes segundo a ocasião; a repetição assume a forma de preocupações obsessivas.

Esses recortes mostram a obsessão ansiosa pela permanência vista nas repetições monótonas, na disposição de objetos na mesma ordem, limitação da variedade de atividade espontânea. A fala, com toda a alternância, demanda, desejo e cadeia significante que coloca em funcionamento é, pelo autista, recusada, pois, quando fala, fala de tal modo que essa recusa negativiza os riscos da desordem causada pelas intromissões do outro no espaço subjetivo do autista: alternâncias, ambiguidades, alteridade, sentidos, mensagens invertidas, alienação. Assim, a boa relação com os objetos escreve, de acordo com a função espacial e localizável destes, a extremidade da superfície que o significante não contornou no autista, protetiva mediante o risco de intromissão do outro, superfície imutável para o autista.

O brincar de outras crianças autistas, que não mais as de Kanner, com peças de encaixe mostra como essa obsessão pela imutabilidade busca na ordenação topológica uma prevalência, considerando que a seriação simbólica acarretaria o risco de entrada do Outro. Os encaixes perfeitos de peças, em silenciosa solidão, é trabalho que serve para ordenar o gozo demonstrado pelo balanceio estereotipado de mãos quando a criança se coloca de frente para o que fez, auspícios de uma identificação imaginária com uma imagem de si. Na entrada da alternância, a reciprocidade do tempo do Outro se dá via essa ordenação e não via intromissão de significantes e apenas quando ressoam da criança sons de língua discerníveis que marcam seu tempo lógico e sua posição nessa enunciação. Essa alternância impede que esse rigor estrutural se torne uma rigidez, limitando a transformação e mudança nessa estrutura. Terapias que fazem prevalecer essa rigidez de encaixes, repetições e controle atuam fortemente com isso, e pode-se pensar como prejudicam algo básico como a extensão da neuroplasticidade humana, pois impedem um ir além nas superfícies do mundo. Trabalhos em grupos, com essas crianças, possibilitam vislumbrar uma arquitetura de um círculo, um centro vazio e três ou quatro crianças brincando de costas umas para as outras, formando esse círculo: de costas, é possível entrar no laço com outro e não como se lê, não como afastamento do outro. Interessante escutar como o ruído de alguma dessas crianças inscreve um risco nesse circuito, impondo ao outro que responda, tendo, então, um enodamento maleável em torno desse vazio circundado. Virar-se para o outro é trabalho de demora, na medida de reconhecimento que, como autista, não traz o risco da invasividade, o que avança quando uma criança pega o brinquedo que está com a outra, segundo tempo de uma identificação via transitividade entre sua posição e a da outra criança.

Em relação à distinção com a psicose, Maleval (2015) lembra que, no autismo, não há delírio e alucinações verbais; persiste a vontade de imutabilidade nos autismos e é ausente nas psicoses (o que parece um traço fundamental, considerando a agitação como efeito da deriva nas psicoses); há o não "desencadeamento dos autismos"; a evolução do autismo se dá em direção ao autismo; e prevalece a retenção da voz e o primado do signo. Aspectos a serem enlaçados na continuidade deste estudo.

15. A proposição do autismo como estrutura topológica: estrutura de borda e estrutura topológica (não)borromeana

Passo, agora, às elaborações de dois autores que sustentam, em seus trabalhos, o autismo como estrutura subjetiva: o psicanalista francês Jean-Claude Maleval e a psicanalista brasileira Ângela Vorcaro, avançando na teoria a partir do ensino de Jacques Lacan.

Maleval (2015) inscreve seu trabalho com a clínica do autismo como prolongamento do trabalho dos Lefort já mencionado, ampliando as investigações sobre a pregnância do duplo, a não assunção do especular, a ausência do significante mestre e o objeto *a*. Ao sustentar o autismo como uma estrutura subjetiva diferente da psicose, o autor lembra que o autista liga ao Outro o risco de que sua estrutura inanimada se quebre, assim como não diz de nenhuma ação exterior sobre seu corpo, como acontece na alucinação e nos delírios na psicose. Para Maleval (2018), o autista tem uma retenção inicial dos objetos pulsionais, sobretudo a voz, fazendo obstáculo ao enganchamento ao outro, uma entrada solitária na linguagem a partir de signos isolados e não diferenciados (primazia do signo e não do significante), e essa ordem maciça do signo não produziria a queda do objeto causa do desejo. E isso tem como efeito o fato de que o gozo do autista está localizado em um objeto colado a si mesmo, nem como perdido na neurose nem como invasor como para a psicose; esse objeto, assim como o duplo, tem função de borda (topologia – objeto + borda) para proteger o autista da invasão do outro. Para ele, o traço estrutural fundamental do autismo como estrutura subjetiva, traço descrito por Léo Kanner, é a imutabilidade.[1]

A imutabilidade é um desejo de solidão e de constância, em que o primeiro perde força ao vermos o autista em aproximação, a seu modo, às pessoas, sendo que esse traço designa "o fato de que o autista quer viver num mundo estático no qual ele não tolera mudanças" (Maleval, 2015, p. 7). O autista cria superfícies permanentes que se movimentam na mesma posição. Essa arquitetura própria de seu espaço subjetivo, como ordenar brinquedos e objetos, não é o mesmo que rotina. Uma rotina é, geralmente, um roteiro, um ritmo e um espaço determinado pela exterioridade e, o mais agravante, não leva em consideração os rizomas do sujeito, seus contornos, seus projetos mentais, o modo como organiza a vida em blocos mentais, como lembra um jovem autista. A proposta de inclusão de autistas, seja em escolas ou outros espaços sociais, busca adequar esses sujeitos a espaços já estabelecidos de modo que as adequações seriam feitas para que eles assumam suas posições no círculo social que lhes cabe. Salvo experiências muito civilizatórias, como a de uma escola que leu a angústia de uma criança autista toda vez que o sinal do recreio era tocado, colocando-o em extrema desorganização sensorial. O trabalho consistiu em se antecipar a esse sinal social que existe para

---

[1] "Las conductas de inmutabilidad son una consecuencia de la estructuración del sujeto en el signo. Están dotados de mantener una regla que organiza su sucesión de elementos aislados, una regla que el autista se ha inventado para sí por vía de una regularidad observada. Otra consecuencia, el inagotable apetito por los pictogramas, la propensión al pensamiento en imágenes y el alto funcionamiento perceptivo, característico de la inteligencia de los autistas, lo que es una indicación muy pertinente." Recuperado de https://psicoanalisislacaniano.com/jean-claude-maleval-foro-autismo-barcelona-2018/.

organizar o tempo de todas as crianças ali: a criança saía da sala antes, junto com as outras crianças que formavam uma espécie de contorno ao redor dela em movimentos espontâneos, comuns ao brincar infantil.

Maleval (2015) cita:

> A totalidade da experiência exterior que chega à criança deve ser reiterada, escreve Kanner em 1951, seguindo detalhadamente todos os seus elementos constitutivos numa total identidade fotográfica e fonográfica. Nenhuma parte dessa identidade pode ser alterada em termos de forma, de sequência ou de espaço, a menor alteração no enquadre, mesmo por alguns minutos, dificilmente perceptível por outras pessoas, o faz entrar numa violenta crise de raiva.[2] (p. 8)

Desde o texto de 1943, marco discursivo da estrutura, é apresentada uma condição de imutável nos traços dos casos, dando ensejo para um elemento universal a ser singularizado. A imutabilidade nos mostra que o sujeito autista está a trabalho de manter-se ordenado em um mundo caótico e inquietante, no qual imutabilidade e solidão são proteções, defesas psíquicas contra a angústia. Dizendo de outro modo, não são os sintomas que se repetem. Existe uma condição de não mutabilidade que é da estrutura autista e que pode ser lida em qualquer sintoma, comportamento ou relações. Minha delimitação é sobre a experiência com a linguagem e com a palavra, mas esse traço está diretamente ligado a eventos sob a categoria da

---

2 Kanner, L. (1951). The conception of wholes and parts in early infantil autism. *American Journal of Psychiatry, 108*, 23-26. Citado por Berquez, G. *L'autisme infantile*. Maleval, 2015, p. 8.

hipersensorialidade, por exemplo. Aqui, vale destacar que a fala que arrasta a língua não garante essa organização.

Tomando esse traço pela lógica topológica, tanto a dos objetos, na qual o objeto autístico faria as vezes de objeto topológico imutável, na escrita da borda, como pela topologia borromeana, em que o corpo imutável do autista recusa a borda significante, a imutabilidade faz função de amarração, resultando em uma permanente constrição do nó borromeano. O que é contraponto a sua plasticidade, esta como consequência do avanço do Simbólico, o que, no autista estaria congelado. Nessa imutabilidade, o autista escreve para si um contorno não significante, mas de traços do Real (por isso, a impossibilidade de aderência do Outro e do semelhante), escreve letras que viabilizem seu percurso nesse mundo de linguagem desordenada, pois sua ordenação é outra, pela letra à espera por ser lida, e não pelo encadeamento significante que produz efeitos de sentidos. Na clínica, essa escrita imutável pode ser lida para além dos comportamentos repetitivos e da rotina deliberada pelos cuidadores, em percursos feitos em torno de objetos colados ao corpo (objetos autísticos). Mais de uma vez, a ausência desses recursos de aderência compactando uma imagem de corpo é vivenciada nas crises e nas automutilações. Sobre essas automutilações, diferenciam-se tanto do despedaçamento da esquizofrenia como dos cortes neuróticos que o eu endereça ao Outro. Essas mutilações remetem a escoriações nessas partes rígidas que estão ali desde sempre, e o retalhar-se é, possivelmente, uma denúncia da falta desse objeto de aderência.

Muitas vezes, a interrupção de algo que a criança esteja fazendo desencadeia um jogar-se no chão, bater-se, compreendidos como respostas opositivas a frustrações, ou seja, reduzido ao imaginário de uma necessidade frustrada. Porém, é preciso considerar como um estado de privação do recurso psíquico da imutabilidade desencadearia as manifestações severas de angústia. Ora, primeiro, faz-se importante considerar a frustração na sua relação com o Imaginário para o autista e, segundo, considerar uma condição de privação, tomando a relação do autista com o Real. Desse modo, essas crises, de fato, corresponderiam a essa condição de privação instaurada por esse rompimento de uma ordem própria, para o autista, rompimento de sua autorregulação. Assim, o que o autista busca no Outro presentificado no campo da linguagem não seria a interpretação de seu desejo, mas a garantia dessa ordenação, uma síntese por meio de um funcionamento que garantisse que esse mundo não é caótico (Outro de síntese), sendo esse o juízo de existência do autista sobre a realidade, antecipando a proposição de Vorcaro (2019b) sobre a relação do autista com a realidade psíquica.

Maleval (2015) lembra que os distúrbios da linguagem, de identidade e de gozo concernentes à clínica da *foraclusão do Nome-do-pai* autorizam alocar o autismo como psicose, contudo, no que se refere ao autismo, é preciso estender a relação foraclusão do Nome-do-pai da psicose, a tal ponto de perguntar: "Haveria uma maneira de compor com a hiância do Outro sem passar pela fantasia neurótica, o fetiche perverso ou o delírio psicótico?" (p. 16). O mecanismo de negação do autismo, o vazio entre sujeito e Outro seria preenchido como, no autismo? Levando em conta que esse mecanismo trata de outra modalidade de foraclusão, tal como na psicose, como tomá-lo sem as saídas delirantes e/ou alucinatórias da psicose, que impõem uma resposta simbólica? Assim, se a imutabilidade é esse mecanismo visto nos distúrbios de linguagem do autismo, na identidade e nos modos de gozo (autístico), ela impõe considerar outra negativa que não uma ausência de centro, pois falar em imutabilidade é falar do autista escrevendo sua ordenação, e não da ordem de um outro centralizado como saber que, na falta, deixa o sujeito à deriva. Considero, então, a imutabilidade como uma escrita do sujeito que supõe saber (de si) e que diz de suas mazelas que concernem, sempre, ao laço com o Outro, desde os primórdios do psiquismo. O mundo para o autismo é caótico, o Simbólico não o regula sem um traço que o organize vindo do Outro, o que o coloca a trabalho de sua autorregulação: para o autista, não é tão simples dizer que a língua chega para organizar o caos inicial do falante.

Maleval (2015) responde sua questão pela relação do autista com a voz na qual ele goza em circuito fechado e com os chamados objetos autísticos, em que *a colagem da criança a um objeto que suscita seu agir se torna o suporte do seu gozo*: "Dois elementos principais da estrutura autística estão diante de nossos olhos: a retenção da voz e o retorno do gozo sobre uma borda" (p. 16). Maleval (2015) lembra que tanto no autista como no psicótico, trata-se da *retenção do objeto a* [ambos o levam em seu bolso, ele diz]. Mas que para o autista, trata-se de estabelecer o domínio sobre esse objeto via a retenção pela borda, desde que o mantenha junto a si, sem a alteridade alienada, pois, com o psicótico, o objeto se impõe do Outro, avança sobre o sujeito. Nessa direção, posso supor, no que tange ao objeto *a*, que na psicose tem-se o conjunto uno, unidade indissociável sujeito e Outro e, no autista, trata-se do conjunto um, do sujeito preterindo o Outro.

Sobre a distinção entre as estruturas, para o psicótico, o objeto *pulsional é significantizado, mas sua falicização fracassa*, ou seja, não tem efeitos de significação no circuito alienante sujeito e outro;[3] e, para o autista, esse objeto (quando deslocado), é capturado seja numa imagem, num objeto dito autístico ou numa rede de signos maciços, tal como nas ecolalias, servindo de proteção da angústia e um circuito de borda, não pulsional, sem apelo e demanda. Ao não entrar na troca e no laço social tal como promovido pelo emaranhado das outras estruturas, o autismo imutável produz outra modalidade de laço de atamento ao Outro, presumo a partir do

---

3 Certa feita, escuta-se que "somos como um navio, onde a âncora nos mantém no mesmo lugar, juntos, sem saída de nenhum dos dois." O que me remete à função do objeto pulsional, na psicose, nas vezes da foraclusão – função de amarração.

autor mencionado. O fenômeno de ecolalia, em muitos autistas, funciona como fenômeno de borda, o que merece destaque haja vista que a língua falada seria, justamente, para enlaçar via cadeia significante sujeito e Outro. Não pouco é possível ver autistas que, além da ecolalia, durante esse dizer, tapam a boca com a mão, primeiro como retenção da voz em uma borda e, segundo, em uma duplicidade de defesa que aponta para o risco de desorganização que ele está imerso em situações de intromissão do Outro (sinal importante para o clínico saber até onde vai).

A retenção da voz como modalidade de gozo autístico traz consequências ao sujeito, pois é obstáculo à inscrição do ser do sujeito no campo do *outro*, considerando a voz como objeto pulsional de invocação do outro que instaura a relação apelo e demanda (Maleval, 2015). Quando esse fenômeno de linguagem se realiza em crianças muito pequenas, merece atenção como ausência de demanda que pode colocá-la em riscos. Contudo, é bastante enriquecedor ver como os pequenos, saindo da severidade dessa retenção da voz, sussurram aos nossos ouvidos, sussurros esses que marcam o tempo constitutivo da criança e não devem ser invadidos, corrigidos com algo como "fale mais alto", pois é um exercício do dom da fala, de dar, receber e retribuir ao e com o Outro na língua que a fala carrega.

Nessa peculiar não relação com o Outro como campo de alteridade, o autista não estaria *exilado da linguagem*, não seria um despatriado do campo da linguagem. Retomando as onze crianças descritas por Léo Kanner em 1943, Maleval (2015) lembra que oito aprenderam a falar e que todos compreendiam a linguagem, mas que tanto essa fala como essa compreensão não serviam para se comunicarem. Isso foi articulado ao que Jacques Lacan ressaltou sobre o fato de que se o autista tapa seus ouvidos com a mão, fazendo borda (no corpo como toda borda), a qualquer coisa que está prestes a se falar, é porque ele já está no pós-verbal, pois faz isso para se proteger do verbo. Não há existência subjetiva pré-verbal, pré-discursiva.

Ao que acrescento, possivelmente para se proteger da presença maciça do Outro nesse verbo como signo de alienação, conforme os engajamentos da voz do autista na enunciação, resistindo a essa alienação de seu ser na linguagem pela retenção do objeto vocal.

Não raro, vemos autistas tapando a boca quando falam, para se protegerem dessa alienação, fazendo essa borda tal como tapam os ouvidos e, no que concerne à voz, trata-se do risco sempre presente nesse objeto de não apenas ser invadido pelo Outro, protegendo-se dessa intromissão, mas uma anterioridade lógica de invocar o Outro, que instaura o circuito de demanda e desejo. Sobre essa fala que não invoca o Outro, Maleval (2015) recorda do mecanismo de linguagem chamado holófrase, caracterizado por capturar em massa o S1 e o S2 impedindo a cadeia significante, mas que atesta os efeitos do significante nessa estrutura, o Outro maciço, sem intervalo. Para o psicanalista, o autista não está na borda da alienação do significante, da linguagem; ele estaria na alienação, mas recusando pela retenção do objeto e da voz. Sem a afânise do sujeito, o retorno da linguagem é um eco no corpo e, para o autista, o corpo não é outro, pois não há o corte do significante.[4] Por essas condições, o autor vai propor pensar o autismo como uma estrutura de borda.

Maleval (2018), ao tecer elaborações mais recentes sobre a estrutura autística como estrutura de borda, propõe avançar da noção de sujeito dividido e seu duplo, não caracterizando a estrutura pela ausência dos elementos concernentes à lógica do Simbólico como ausência de alienação significante, de lalíngua, de S1 e de objeto *a*, tal como nos estudos iniciais dentro da tradição psicanalítica inaugurada por Rosine Lefort e Robert Lefort. Toma o autismo como

---

4 Maleval (2015) lembra que, por isso, Jacques-Alan Miller sugere utilizar o termo *parlêtre* (falasser) para designar o autista. Apenas o autista é ser falante, nos termos da topologia? Em uma ressonância entre o francês *parlêtre* e o português brasileiro *pelaletra*, sim.

uma estrutura de borda caracterizada por elementos como a retenção dos objetos pulsionais, a alienação retida (negada?) fora da cadeia significante sem a *dobradiça do significante-mestre* e a aparelhagem do gozo por esses elementos de borda, aproximando-se do autismo como uma estrutura topológica e não mais reduzida à lógica simbólica significante, principalmente a partir da noção de borda.

As especificidades da estrutura autística de borda são três e trazem marcadas o traço da imutabilidade e da recusa ao Outro subsumidos e indissociáveis. A primeira é a retenção precoce dos objetos por parte dos autistas (Maleval, 2018, p. 5). Desde a mais tenra idade, é possível observar "o primeiro, a fuga do olhar em torno dos três meses e o segundo, a falta de atenção compartilhada, em torno dos nove meses". A criança não usa o olhar para compartilhar seus objetos de interesse com os outros e acompanham sons de objetos, mas não a voz humana, ratificando a retenção (em si, em seu eixo central que exclui o outro da linguagem) inicial aos objetos pulsionais como fezes, olhar e voz. Também, a recusa do alimento, a recusa ao apelo ao Outro e recusa à fala são respostas à angústia diante do laço com o Outro:

> *Na fonte do autismo se encontra uma retenção dos objetos pulsionais, que suscita uma perturbação da comunicação, pois sua cessão está no fundamento da entrada na relação com o Outro. Os primeiros gritos do autista são monocórdicos, sem modulações, em bebês surpreendentemente calmos, ou então são frequentes gritarias que nada consegue parar. Nos dois casos, os pais não são colocados na posição de interpretá-los como demandas (Maleval, 2018, p. 7).*[5]

---

5 Maleval (2018) cita o autista Sellin: "Acho simplesmente que deve ser uma prova de que a faculdade de falar existe, resta encontrar um meio de sair do mutismo"

Dessa não alternância, acerca da segunda característica da estrutura autista, *uma alienação sem o entroncamento do significante mestre*, Maleval (2018) conta que o autista tapa os ouvidos e cala-se diante do outro (mutismo) como modo evitar o uso da voz. Ponto fundamental na compreensão da recusa à primazia da fala, no autismo, e que impôs mudanças na clínica e na teoria do autismo, com consequências para a psicanálise. O autista troca, assim, a interação e a significação em jogo na fala por jogos de linguagens, como os balbucios pobres e a ecolalia e, ainda, pela escrita que exclui o gozo vocal, mostrado nos escritos dos autistas de autodesempenho.

O balbucio é uma protolinguagem de entrada na ordem simbólica que antecipa a língua materna e dele ecoam as primeiras palavras do bebê ancoradas no discurso do Outro.[6] Sobre isso, Maleval (2018, p. 8) considera que os balbucios e vocalizações do bebê com sinais de autismo são poucos e sem trocas interativas, mas solitários. Certa vez, uma avó me contou que, quando bebê, seu neto "ficava sozinho, no berço, fazendo sons estranhos." A partir dos seis meses,

---

(Sellin, 1998, p. 25 citado por Maleval, 2018, p. 6). Talvez seja interessante para compreender essa colocação de Sellin que a hipótese é da linguagem como faculdade comum a toda a espécie humana, mas que falar uma língua não é correlato apenas a isso, e o autista sabe o quão difícil é essa língua em uso.

6 Sobre o balbucio quando sozinho ou o silêncio diante dos outros, é comum escutarmos o depoimento de familiares que se referem ao fato de que seus bebês ficam sozinhos, nos berços, fazendo "sons estranhos", sem a musicalidade sonora que pudesse invocar alguma significação advinda do Outro. O grito persistente em alguns bebês como resposta à intromissão do Outro é um ponto de escuta interessante, na clínica: não se escuta a alternância da entonação ali onde o grito passa aochoro, apelo, em que o outro começa a fazer apostas do tipo "ele quer isso ou aquilo, o choro é por isso ou aquilo". Essa evitação da intromissão do Outro é vista nos autistas adultos nos momentos em que direcionam uma conversa a partir de seus interesses: podem falar deles de modo desinibido, mas sem permitir que o outro aí entre. Quando a conversa muda de lado, o autista mostra-se desconfortável e isso, muitas vezes, é visto como antissocial, e não como efeito dessa defesa.

persistem tentativas de trocas com os bebês pelas vias de gestos, pois muitos não avançam nas trocas linguísticas. O autor lembra que são os elementos do balbucio que vão permitir o avanço da resposta do Outro sobre o bebê, vão permitir que se converse com o bebê:

> *A entrada na linguagem, ressalta Lacan, se opera a favor da transformação do grito em apelo. Para que o sujeito se torne invocante, uma cessão do objeto voz é necessária, é preciso que o sujeito aceite fazer "ressoar seu grito" no vazio do Outro, o que torna possível "encontrar as marcas de respostas que foram aptas a transformar seu grito em apelo". Quando Lacan escreve estas linhas em 1960, ele ainda não havia cunhado a noção de S1, mas ele já designa como "insígnias as marcas onde se inscrevem o todo-poder da resposta" (Lacan, 1966, p. 679). Indica assim, que a entrada na linguagem se faz para o infante, por meio da escolha dentre os significantes propostos como resposta a seu grito, daquele que vai se tornar um S1 próprio a converter o grito em chamado. Se é bem assim, e o significante da resposta do Outro deve ser previamente ouvido para que o grito desapareça diante do S1 de apelo, então a alienação no discurso do Outro deveria ser discernível desde o balbucio.*

O balbucio pobre opera sobre uma "lalíngua pobre", que nele se enraíza. E, por sua vez, é de lalíngua que se dá a incorporação do significante, animando o gozo do corpo e regulando esse gozo, via marcas residuais dessa língua. A consistência dessas marcas é o sintoma reduzido a um evento de corpo, "algo que aconteceu ao corpo pela ação da lalíngua" (Miller, 2005, p. 152 citado por Maleval, 2018, p. 9). A presença de lalíngua, por outro lado, resulta num saber que o ser falante articula por não suportar (gozo). Assim, quando o grito não se transforma em apelo, "o autista recebe os significantes sem capacidade de articulação a outros significantes" e, desse modo, a "especificidade da lalíngua autista é que dela não emergem significantes-mestres. Ela não se presta às articulações que produzem a animação do gozo do corpo".

Lalíngua não é compartilhável; no autista, não é compartilhável duas vezes, é constituída de vários S1 sozinhos, justapostos, como ressalta o autor, sem concatenação e, assim, não se tornam significantes-mestres. Em termos topológicos, não marcam o corpo pela letra que poderia inscrever um sinthoma, no qual toda invenção do autista se aloca como sintoma, o que já confere uma estrutura não borromeana, nãotoda pela falta do sinthoma. O mesmo se dá com o fenômeno da ecolalia, conforme Maleval (2018), efeito de uma língua verborrágica que se nutre dos ecos do duplo autístico, e não das respostas do Outro. A fala ecolálica não serve à interação e às trocas dialógicas, são recorrências maciças de músicas, palavras, sermões ou do outro que encobre a criança de ecos persecutórios, sem mensagens a serem enviadas, mantendo esse outro à distância, fugindo dos mal-entendidos da linguagem.

Acompanhando o autor supracitado, os significantes solitários introduzem, nos autistas, o recurso de se interessar por coisas específicas – interesses somente dele que estarão fora do interesse do outro, do desejo do Outro sobre ele. É possível considerar como esse interesse específico, efeito da imutabilidade dos significantes solitários. Verborrágicos, na língua factual ou particular, os autistas "não se baseiam numa cessão da voz, não incluem a função do significante-mestre" (Maleval, 2018, p. 16), ficando estes "paralisados por muito tempo em signos que não podem ser relacionados nem a um referente concreto, nem a uma imagem".

A apropriação dos signos se faz inicialmente elemento por elemento – o autista vai montando os signos da língua como um quebra-cabeça, pois tudo lhe parece fora de uma cadeia, e usa a coerência entre os elementos para realizar essa tarefa. Certa feita, uma autista contou que, em questões que lhe exigiam interpretação de texto, ela não interpretava (fazer sentido), pois não lhe cabe as diferentes possibilidades de sentido. Seu recurso é ir estabelecendo relações de semelhanças entre os signos, palavras que aparecem tanto na questão como nas respostas, justapostas em um jogo de cálculo, evitando as ambiguidades e as associações por dessemelhanças. Essa mesma jovem contou, também, que se deu conta disso quando escutou pela primeira vez a palavra "devaneio" como referência ao seu suposto distanciamento em situações específicas. Ela sabia que o exterior estava lá e que esse signo remetia à excessiva produção de pensamento que a deixava ensimesmada, longe do que as pessoas lhe diziam. Porém, para ela, estava lá com o outro, mas qualquer coisa que escapasse desse processo mental, rigoroso, a desordenava: linha tênue entre obsessão e devaneio e é só o sujeito que sabe em qual posição se encontra.

Acompanhando Maleval (2018) acerca do signo, da língua e da organização obsessiva dos autistas ditos de autodesempenho, ocorre perguntar sobre o que o signo carrega de simbólico que permite a organização, a regulação pela linguagem – esse signo faz uma mediação com o significante imutável? Essa pergunta se faz mediante a angústia e os sintomas avassaladores nos autistas tomados pela ecolalia, pelo mutismo, pela impossibilidade de criar formas escritas – de ascender à fala não encadeada. Nestes, é impossível reter imagens, fazer cálculos? Ele é capaz de descrever com grande fineza as diferenças maiores no funcionamento, distinguindo-o do sujeito "típico", cujo pensamento é comandado pelo significante-mestre, e o do sujeito autista, que pena para articular signos justapostos.

O signo dá acesso fragmentado à língua, sem se enlaçar ao Outro, sem o encadeamento sincrônico retendo, numa cápsula, significante e significado, sem a barra. O que ratifica que no estabelecimento do

Imaginário a unidade do corpo seja recusada no olhar do Outro, porém sem a experiência de fragmentação na psicose que se dá pela perda do ideal de unidade: "O que ele denomina 'percepção literal' [Maleval sobre Ouellette], nós ressaltamos, é sobretudo uma percepção visual, até mesmo táctil. Todos os autistas constatam que as palavras que não podem ser relacionadas a uma imagem lhes são difíceis de compreender", atestando a força imaginária da palavra como signo. Continua Maleval (2018):

> O ordenamento mnemônico dos signos é organizado no autista segundo uma lógica espacial: os modelos evocados são o mapa geográfico, o quebra-cabeças, a arrumação de CDroms e um balizamento por meio de etiquetas. A estruturação da memória resulta de um esforço voluntário, ela se organiza a partir do visual e ela não é comandada por elementos inconscientes. O sujeito afirma estar na presença imediata da arrumação de informações memorizadas. Os elementos de sua memória permanecem ancorados na percepção. Em compensação, a memorização que se apoia no significante não é visualizável: ela é regida por uma gramática pré-consciente, assim como por um gozo ligado no inconsciente aos significantes-mestres.

Sobre o objeto autístico, delimitado pela psicanalista inglesa Francis Tustin, este é o efeito do interesse específico do autista pelas imagens maciças como um elemento da dinâmica que aparelha seu gozo, tendo, portanto, além de sua especificidade como objeto para o autista, a função de borda nessa aparelhagem do gozo, que é uma construção defensiva para o autista diante de sua solidão. Essa retenção dos objetos pulsionais e a alienação sem a ligação ao significante-mestre é a estrutura autística (Maleval, 2018).[7] A borda caracteriza a estrutura autística para esse psicanalista via aparelhagem do gozo por meio de objetos autísticos.

Acerca da alienação sem significante-mestre, sem fazer par com o Outro, insisto considerar que esse funcionamento solitário não corresponderia à alienação tal como se sustenta nas operações de constituição do sujeito, considerando não haver essa alienação fora da cadeia simbólica. A lógica do significante solitário como consequência das operações negativas pode ser lida no autoengendramento não libidinal do autista, não narcísico. Se o psicótico é um alienado de si e alienado ao Outro, o autista é um alienado em si e desalienado do Outro. O caminho do psicótico é desabonar esse Outro, na versão de suas nomeações. Para o autista, é fazer valer esse Outro como um saber inconsistente, incapaz de mantê-lo atado por meio da invenção de um saber de si, a partir desse significante primeiro.

Sobre o nascimento da borda, foi a insistência de Francis Tustin sobre o objeto autístico, sobre um processo de encapsulamento por meio da construção de objetos produzidos pela criança autista, que incitou Éric Laurent, desde 1992, a considerar que o retorno do gozo sobre uma borda constituía um elemento maior do funcionamento autístico (Laurent, 1992, p. 156 citado por Maleval, 2018).

Essa borda é uma invenção do autista com materiais externos, em que, na cessão de um objeto corporal, para tratar desse buraco angustiante, tem-se uma perda de um objeto "repulsivo" e, no retorno desse objeto do Outro, a borda que não é de significante.

---

[7] A retenção dos objetos parciais da pulsão é o funcionamento de borda dessa estrutura: retenção da voz para não invocar o Outro, desvio do olhar que se defende de ser retido na imagem no olho do semelhante, retenção das fezes (não são poucas as queixas sobre as dificuldades com desfralde e funcionamento do intestino sempre preso) e a barra ao Outro recusando ser alimentado pelo outro, mais do que recusa ao alimento.

Maleval (2018) mostra que esse acontecimento do *corpo inicial, a cessão angustiante, se desloca em uma situação que permite dominar um buraco inquietante pela produção de um objeto protetor.* Desse buraco, origina-se a fronteira protetora.[8] A borda, como estrutura tem como primeira função a de *proteger o buraco, mas sem tapá-lo,* o objetivo é circunscrevê-lo. Ao fazer essa delimitação do buraco real, a borda torna essa falta não angustiante, permite transmutá-la em uma falta menos inquietante com a qual o sujeito chegaria a uma espécie de acordo, ao acomodá-lo em si, sem ceder ao grande Outro. A borda permite ao autista localizar seu gozo em um objeto externo e, como todo ser falante, o autista precisa inventar uma ordenação ao gozo real, para além da ordenação fálica. Maleval (2018) nos permite vislumbrar a escrita do autista localizada em torno do buraco do Real, e não da falta do Simbólico, consequências de sua recusa ao grande Outro, recusa seguida da renúncia ao Simbólico. Contudo, o preço que o autista paga concerne a seu desejo, pois ele – não dispondo da cadeia S1 e S2, não vai *codificar em um índice do objeto perdido,* preferindo um objeto concreto, no lugar da cadeia. Esse trauma constitutivo não é lido nem marcado pela letra no corpo e a invenção de um objeto autístico, objeto de gozo, não faz função de sinthoma, *a borda não é um sinthoma,* ele diz.

Nesse ponto, a topologia dos objetos concerne à estrutura autística, e não à estrutura borromeana, pois borda faz corte no gozo ligando o sujeito ao objeto. Como operação constitutiva, a borda captura e dá tratamento ao gozo ao encarná-lo em um objeto concreto, em uma imagem, em uma pessoa ou em um conjunto de signos, como um saber protetor diante do trauma da língua, como se vê nos interesses restritos e imutáveis dos autistas (Maleval, 2018).

---

8 Maleval (2018) está discorrendo sobre a menina acompanhada por Francis Tustin que produz uma fronteira protetora diretamente originada do buraco por onde sai as fezes e sobre o menino que confecciona uma armadura para se proteger do "monstro no buraco".

O psicótico leva o objeto no seu bolso, enquanto o autista parece conservá-lo separado da mão, alocado em um objeto concreto. A lógica topológica do autista inverte a lógica simbólica, na qual o saber não é suposto pelo Outro, mas é suposto pelo sujeito, de sua identificação maciça em um nada que gera um conceito sobre si.

De modo específico, na estrutura de borda estão entrelaçados três elementos: o objeto autístico, o duplo e o interesse específico. Nos três, persiste a não separação, sem mediação pela cadeia significante e uma insistência. Certa jovem autista conta que o desenho a "acalma", que ela pode ficar horas e horas fazendo traços, desenhando formas, mas que acabam por não significar nada. Esses desenhos, ela diz, "são apenas para serem feitos e que ninguém precisa vê-los". O que me remete a um outro aspecto dos três elementos da borda, de que não são compartilháveis implicando um autoinvestimento libidinal, fora do circuito pulsional. Sobre a borda, Maleval (2018) é prudente em lembrar que sua função não é, portanto, de um *processo de encapsulamento*, agindo na problemática da interação social, para o autista: "Os testemunhos das crianças autistas convergem no sentido de podermos afirmar que eles sofrem por sua solidão e que estão se esforçando para tentar retornar ao mundo." (p. 29). Assim, a borda, esse centro do gozo autístico, e, topologicamente, retorno do gozo sobre a borda, é um modo de regular esse gozo, de colocar o sujeito em movimento, uma resposta à imutabilidade estrutural do autista.

Na transferência, o terapeuta é colocado como esse centro do gozo autístico, em uma relação de fusão, na qual a função do analista não é de grande Outro, mas de duplo, um outro de síntese da função da borda. O autor considera que, no esvaziamento da borda, está a possibilidade que se opere alguma perda para o autista; ao abrir mão, ceder do gozo (e seu objeto), o autista arrisca-se nas trocas sociais, equivalente a um investimento parcial na borda e *nãotodo*: ele cede de sua defesa protetiva, sendo possível a introdução de escansões decisivas que colocaria em cena uma dimensão da falta em sua relação com o Outro: "Alguma coisa agora pode faltar ao sujeito, assim como falta ao Outro e, entretanto, não está perdida, mas captada por um veículo que permanece acessível" (Maleval, 2018, p. 18). Inesperadamente, a jovem autista mencionada leva à analista alguns de seus desenhos, deixando-os sobre a mesa quando vai embora sem desencadear um diálogo sobre isso, pois não pode, na transferência, colocar em risco seu ponto de apoio na borda que regula seu gozo, no qual, desse seu interesse restrito – o desenho – pode até ceder algo ao Outro, mas não de todo compartilhável, talvez compartido.[9]

Certas crianças que antes não respondiam ao nome próprio, mantendo-se na borda protetiva, começam a responder a esse apelo do Outro, a escutar seu nome. Esse trilhamento significante é inaugurado pela resposta ao nome próprio e ganha outra articulação topológica quando temos duas crianças autistas com o mesmo nome: ora nenhuma responde, ora as duas respondem e ora responde a criança invocada pelo Outro, rompendo com a biunivocidade do

---

9 Em recente entrevista, Maleval (2019) sugere que se apaguem do campo epistemológico as palavras de efeito negativo, que carregam semanticamente e historicamente o peso das patologias, propondo que se substitua neurose, psicose e autismo: "Creo que habría que introducir términos nuevos. Por ejemplo, en lugar de hablar de estructura neurótica podríamos hablar de 'estructura reprimiente'; en vez de estructura perversa, 'estructura fetichista'; en vez de estructura psicótica, 'estructura suplente', es decir, que intenta construir una suplencia; e y para el autismo, 'estructura de borde'. No se si llegaremos a eso, pero realmente habría que romper más radicalmente con el discurso psiquiátrico. Freud estuvo primero obligado a situarse en él, pero hoy las cosas son muy distintas". Notemos que cada uma das proposições do autor carrega um traço distintivo entre estruturas: recalque, fetiche, suplência e borda. Nesse sentido, pode-se dizer estrutura de borda em vez de estrutura autística. A proposição é interessante considerando como é fundamental atualizar os significantes dentro de um campo discursivo, haja vista a dificuldade com significantes como "mãe" e "falo" dentro da psicanálise. Todavia, não há um consenso sobre essa nomeação, nem mesmo se haveria de haver. O discurso na psicanálise está atrelado à clínica e à transferência.

signo, onde dois nomes iguais ascendem à posição de significantes distintos no discurso que circula, ascensão na linguagem das mais extraordinárias para os pequenos autistas.

Assim como Jean-Claude Maleval, a psicanalista Ângela Vorcaro faz uma torção no que se refere à estrutura subjetiva para o autismo propondo o autismo como uma estrutura topológica *nãotoda* borromeana, em virtude da problemática do Simbólico. A noção de estrutura autística não está atrelada às especificidades orgânicas do quadro clínico, pois todo ser humano se constitui como sujeito de modos distintos, e o autismo é um desses modos de habitar a linguagem. Na articulação já feita com a expressão (não)borromeana, passo às especificidades da autora, apontando para a distinção do que proponho sobre essa negação estrutural.

Dentro da complexa distinção entre autismo e psicose na infância, a estrutura é modo de defesa frente ao trauma da língua sobre o ser. Essas defesas se apresentam como as negativas: recalque, foraclusão e desmentido, respectivamente, neurose, psicose e perversão, dentro da lógica simbólica. Nesta, os significantes são os reguladores do encontro do organismo vivo com a linguagem. O autismo subverte essa lógica e impõe o trabalho pelas vias da articulação entre as dimensões Real, Simbólico e Imaginário, elaboradas por Jacques Lacan. A foraclusão é delimitada como uma modalidade universal de negativa, não apenas específica da psicose, pois é de onde a exclusão primitiva instaura o traço unário antes do primeiro significante (Vorcaro, 2019c).

Lido nesses termos, o sujeito nasce como alteridade. Como distinção estrutural, na psicose, estaria em jogo o juízo da afirmação e, no autismo, o juízo da existência sem contar com o traço unário distintivo, cujas consequências é a imutabilidade e a escrita sígnica de sua existência.[10] Por ora, seguindo a orientação de Lacan sobre

---

10 A foraclusão (duas negativas: exclusão de fora; estar, mas estar de fora) coloca em xeque a tese de que o sujeito nasce alienado a esse ponto da linguagem.

a foraclusão como a exclusão fundadora do sujeito do inconsciente, sem considerar as especificidades dessa resposta ao Real, é preciso insistir porque esse mecanismo é universal para a psicose e para o autismo, e se seria válido para a neurose e a perversão.

A autora refuta a tese da exclusão do grande Outro e do encadeamento significante, sustentando que, na repetição do autismo, em seu ir e vir em uma circularidade (bi)unívoca contínua, seria possível, pela asserção lógica, um deslocamento para outro lugar na linguagem sem, contudo, preterir da imutabilidade como seu modo de defesa, como cálculo para o julgamento de existência.

Os autistas por pouco falarem poderiam ser tomados como seres fora da linguagem, colocando a teoria e a prática da psicanálise em questão.[11] O que está em jogo a partir das dimensões Real, Simbólico e Imaginário são as "casas do dito" (diz-mansão, Lacan, 1971/2009, p. 25 *apud* Vorcaro, 2016), que constituem a realidade subjetiva presentes de modo não articulado desde o nascimento do ser. Estão em jogo as variedades incontáveis que o sujeito faz corpo defendendo-se desses registros e definindo sua condição subjetiva. De modo particular, pensar a constituição do sujeito a partir do nó borromeano é ler como Real, Simbólico e Imaginário são atados tendo a barra entre significante e significado (a mesma do signo linguístico) vertida em uma reta incessante e sua transformação na cadeia, em que cada um dos registros se sustenta nos dois outros:

A linguagem avança sobre essa alteridade tornando-a semelhante, primeira alienação: é a esse ponto mítico originário que o ser falante retorna.

11 Como regra em todos os seus trabalhos, Vorcaro (2016) valida sempre a hipótese do *não decidido na estrutura do sujeito* como a que sustenta o trabalho na clínica com crianças, pois trata-se, nessa prática, de localizar o insabido e a contingência da clínica: "Isso porque a demarcação diagnóstica prévia de uma estrutura clínica é capaz de produzir resistência suficiente para impedir a escuta do inconsciente que resvala às classificações que o pré-concebem" (p. 736). E, novamente, a expressão "fora da linguagem" insiste no discurso psicanalítico.

> *O nó borromeano de três elos permite então mostrar a maneira de operar espaço e tempo habitados pelo sujeito, implicando uma geometria tridimensional cujos pontos se determinam pela cunhagem de três círculos vazados, enganchados e inseparáveis, que destacam a combinatória das relações que presidem a realidade psíquica. (Vorcaro, 2016, p. 737)*

Nessa lógica, leva-se em conta não apenas a consistência da criança que se apresenta, muitas vezes, por queixas escolares, pelo discurso parental ou por uma listagem de sintomas e maus comportamentos.[12] A dimensão simbólica não diz da estrutura autística, pois a estrutura do nó coloca o autismo em circulação biunívoca, (não)borromeana em uma ordenação lógica e não apenas da seriação significante. No caso dessa hipótese, o (não) corresponde ao impasse do Simbólico nos autismos. Ao retomar os tempos do trançamento entre RSI, aqui já exposto, a autora mostra que esse estreitamento na trança, entre RSI, é a ordenação circular da estrutura borromeana do sujeito localizando a centralidade fálica como ordenadora, ponto que parece coadunar com a foraclusão como o mecanismo em cena no autismo e na psicose:

> *Do investimento fálico da alteridade no* infans, *traça--se a incidência da ordem significante que se instaura a partir da função imaginária do falo, promotora da operação metafórica do Nome-do-pai que evoca o falo*

---

12 As dimensões articuladas de Real, Imaginário e Simbólico, os pontos que se tocam e recobrem, permitem diferenciar outras dit-mensões para além da consistência imaginária, localizando o desconhecido do Real e transmissível nos impasses dos ditos e não ditos sobre essa consistência: sempre deixar a escuta atenta ao que se deixou de dizer sobre uma criança, nessas situações.

> *como referente, essa atribuição fálica e sua significação determina o tempo da trança e as condições de gozo de um sujeito, determinado dos restos do encontro com o Outro, o objeto a, localizado como centro vazio da estrutura.* (Vorcaro, 2016, pp. 738-739)

Esse recalque original consiste em uma fissura real fundante do inconsciente que incide no ponto simbólico localizando o ser na linguagem como uma marca original no corpo. Todo ser é situado na linguagem ao ser falado desde as antecipações imaginárias e, assim, o traço unário marca esse ser com o impossível da linguagem que toma consistência na fala:

> *na medida em que divide o ser entre a positividade fálica atribuída a ele e sua negatividade (-φ), em que não é nada sem o Outro. A mãe, sujeito da onipotência imaginária, é a imagem invertida da impotência do* infans, *conceito vazio sem objeto, puro conceito da possibilidade, real negativado de um possível que não é real. "Dizer que o sujeito constitui-se primeiramente como menos um (-1) é dizer que é como* Verwerfung *que nós o vamos encontrar" (Lacan, 1961-1962, inédito). Por isso, a privação concerne ao ponto central da estrutura da identificação do sujeito. As voltas da repetição visam a fazer ressurgir o unário primitivo, coextensivo à estrutura do sujeito.* (Vorcaro, 2016, pp. 741-742)

É a partir do traço unário que se dá a relação ao significante no Outro, desse Um Um (e não do Um) que é deformado na lalíngua que não é nem fonema, nem palavra, nem pensamento, portanto, saber impossível, aquilo do qual o inconsciente é feito. O inconsciente é estruturado como os ajuntamentos de coisas heteróclitas, formas sem significados, elementos muito distintos, como sendo letras que não designam conjuntos, mas que são possibilidade de significação redutível sobre o inconsciente. Esse ponto sugere que o saber no autismo não é da ordem da significação, evitação no cerne da estrutura autística ao escapar da alienação ao Outro, por isso a codificação como lógica de linguagem para o autismo por meio de letras que são e não que representam algo para alguém.

Essa questão implica questionar a ênfase que Jean-Claude Maleval dá ao peso do signo no autismo que é a representação de algo para alguém, um significante enlaçado a um significado, ponto da alienação. Entra em cena o signo de percepção freudiano, que *não é signo de alguma coisa, mas de um efeito do funcionamento significante*, efeito que é o sujeito do inconsciente que nasce alienado ao Outro como o lugar dessa cadeia significante. Da dupla de significantes fica um resto que escapa da cadeia significante, o sujeito autista. A primeira dupla de significantes pode se solidificar, impedindo a abertura dialética, havendo a solidificação do significante um. Em termos borromeanos, é o não enlaçamento do Imaginário nos autismos, consequência da ausência de S2, na qual não se opera a extração do objeto *a* e não se inscreveria uma relação com a alteridade, impossibilitando o enodamento do Real com o Imaginário que representaria esse traço apagado no corpo do *infans*. Sem esse traço no corpo, as ditas estereotipias vistas em muitos autistas possibilitam situar o ato como tentativas do autista localizar o gozo em algo a ser decifrado pelo Outro, o que nem sempre é bem-sucedido. Além disso, a indagação sobre a formação do eu que tem sua força nas primeiras inscrições imaginárias sofre impasses severos nos autismos: ver-se, ser visto, ver, ler, ser lido, ler-se no olho do outro é algo do que o autista também se defende e não se reduz a "não olhar no olho do outro". Os esquizofrênicos também não fazem isso e, neles, refletem a intensa fragmentação do corpo, o que vêm são pedaços de corpo sempre a serem cerzidos como uma tarefa eterna: juntar esses pedaços, tentar fazer corpo. Essa correspondência de autopreservação sem risco de mal-entendido no autista, por sua vez, é vista como uma potência maciça sem furo, sem que se consiga localizar qualquer furo, qualquer vazio possível, mesmo estando lá. Ao se oferecer soluções terapêuticas aos autistas, essa consistência imaginária deveria considerar a possibilidade de uma imagem no outro e não apenas como imagem reproduzida, fria, que estabeleça como uma fixação no sujeito cujo objetivo, muitas vezes, é a intensificação dos severos pontos de angústia como a forçagem de aprendizagens e o apagamento de comportamentos que compõem as repetições defensivas dos autistas para ali impor outras repetições adaptadas ao que se espera de respostas e comportamentos adequados às diferentes situações sociais, o que os tornaria seres sociáveis. O estático e paralisado é confundido deliberadamente com o imutável, com a rigidez nos autismos, e são usados como modo de ensinar funcionalidades, robotizar as expressões enunciativas desses sujeitos, em que o brincar, muitas vezes, é reduzido a encaixar peças e usar um brinquedo tal como ele foi elaborado. Essas soluções modulam os corpos dos autistas e, não por acaso, vê-se que muitas dessas terapêuticas resultam em depressões, comportamentos agressivos, agitações e inquietações generalizadas e maior isolamento desses sujeitos, como possibilidades de intensificação da angústia: além de lidarem com o Real, enfrentam o social incapaz de reconhecer suas posições na linguagem. Como estratégia de cuidados diante dessa angústia, o Imaginário ganha força desde que se leve em conta que sua antecipação carrega junto a possibilidade de acolher o que esses sujeitos vêm supondo sobre os impasses em suas vidas, desde sempre.

Considerando a proposição de Rosine e Robert Lefort para o autismo como uma estrutura subjetiva destituída do Outro, Vorcaro e Lucero (2010) exploram a questão a partir da articulação desnodada de Real, Simbólico e Imaginário: "Afinal, o autista está no Real ou ele habita o campo da linguagem, mesmo sem a função da fala?" (p. 148). Partindo da recusa do autista à fala que vem do outro (tapa os ouvidos, verboso, mas não escutado pelo outro), as autoras mostram que, para o autista, as operações constitutivas permitem "supor que a recusa do autismo tem estatuto de resposta ao modo pelo qual o *infans* foi conduzido pelo Outro a situar-se numa posição, essa resposta implica solidificação da linguagem" (Vorcaro & Lucero, 2010, pp. 149-150). Na solidificação entre S1 e S2, a marca da linguagem fica ilegível, pois o traço (unário) não instaura a seriação e o "sujeito não aparece como falta, mas como monolito cuja significação se iguala à mensagem enunciada", sendo essa a posição de congelamento no Simbólico. O que conta sobre a dificuldade de alguns autistas com a polissemia, com os mal-entendidos, com as ironias. O equívoco na fala entra como uma interessante possibilidade de escuta, na medida em que é uma deformação entre forma e som que não está atrelada a nenhum sentido.

A casa do Imaginário é o lugar da inscrição da falta na imagem que o ser faz (em si) do exterior como efeito da contagem e ordenação numérica do Simbólico. No autista, a solidificação dessa contagem o coloca diante do Real e, dessa posição, como tratar o impacto do Real?

O Simbólico já não se refere apenas à lei (grande Outro e seus derivados), mas a uma acumulação numerada, na qual toda falta é efeito de uma contagem feita pelo sujeito, localizada no corpo. Tal é, então, o funcionamento estrutural do autismo, ao se solidificar, congelar o Real:

> *podemos conceber que o autista sofre os efeitos do campo da linguagem, ao ceder ao imperativo da lei da linguagem sem falecer (e sem falasser), porque subsiste estabelecendo com os elementos que ele discretiza do real, uma relação privilegiadamente imaginária. Alguns elementos do meio,*

> *do* Umwelt, *são absorvíveis por ele, fazendo do* Umwelt *uma espécie de seu duplo, algo adequado a ele, na correspondência biunívoca em que o* Umwelt *lhe confere seu peso, seu sentido, seu alto e seu baixo, sua direita e sua esquerda. Assim, a ordenação mínima que ele estabelece (servindo-se da lei da linguagem) é unívoca (entre ele mesmo e o elemento que ele retira do real) ou binária (entre dois elementos do real), mas não ultrapassa essa contagem, resistindo à ordenação, à concatenação das imagens que assim se complexificariam pela contagem que lhe faria supor o Zero como eixo da escala. (Vorcaro & Lucero, 2010, p. 150)*

Sem essa contagem por seriação do Simbólico, o autista não poderia se servir do Imaginário, ficando restrito a essas operações que se limitam ao um a um e dificultando a apreensão perceptiva das propriedades e "das consequências da articulação gramatical" (Vorcaro & Lucero, 2010, p. 150). A ecolalia, a inversão pronominal e o paralelismo na fala de alguns autistas mostram essa restrição discursiva como defesa que dificulta a falta original que funda o inconsciente. O desejo estaria interditado ao autista como fora da contagem significante que oferece ao sujeito um substituto simbólico, sendo vedado à criança o saber (do Outro). No autista, vemos como se tapam, se vedam a esse saber inscrevendo outra lógica de desejo que nasce do saber do Real que ele testemunha por causa de sua posição na linguagem.

O enodamento RSI escreve a realidade psíquica pelas vias da aparelhagem do gozo diante do congelamento da cadeia significante. Como a linguagem fornece, então, a esse sujeito, recursos subjetivos diante da incidência imaginária do Real, o que o colocaria em estado permanente de angústia? O autista se antecipa como defesa, por meio da recusa à posição de alienação a S1 e S2, recusa ao funcionamento da cadeia significante, à articulação sintagmática:

> *Diferentemente da fobia, sua recusa seria, portanto, a sentinela avançada contra a angústia. Mas essa perspectiva implica considerar não apenas o Real no autismo, mas, como vimos, alguma incidência da linguagem e, mais ainda, a presença do imaginário, em seu caráter de antecipação, de precaução e de duplicação, pela qual ele inventa um atamento das três dimensões, mesmo que aquele escape à condição borromeana da estrutura.* (Vorcaro & Lucero, 2010, p. 152)

A suposição é a de que, no autista, ocorreria uma mobilização na seriação significante se recusando a ser agente do gozo do Outro:

> *A recusa radical do autista é à posição de alvo do gozo de uma potência imaginarizada como Real. Ao retrair-se, declinando seu corpo da posse dessa potência, intercepta o laço pulsional que o ligaria ao Outro, neutraliza a procura de satisfação no Outro, obstaculizando a erogeneidade pulsional com a qual faria laço, mas, mantendo-se à margem, livra-se de ser aniquilado, como objeto do gozo do Outro. Por isso, a organização defensiva do autista seria um trabalho para fazer frente ao Outro.* (Vorcaro & Lucero, 2010, p. 152)

O bebê nas vias de um autismo é aquele que não se oferecerá aos jogos constituintes com o Outro ou irá, a seu modo, seja pelo silêncio ou inibição, barrá-lo pelo não escoamento libidinal. Trata-se aqui muito mais da paralização dos agentes cuidadores diante dessa recusa e um não saber o que dizer diante desse inesperado modo de existir que não foi antecipado: o saber do Real é de difícil antecipação, cabendo muito mais uma leitura sensoperceptiva do que pelo jogo das significações.[13] O funcionamento psíquico da imutabilidade é marca da inclusão da negativa como uma recusa radical a essa posição de ser alvo do gozo do Outro.

Na psicose, o sujeito não escaparia desse gozo, pela via da foraclusão do Nome-do-pai. O autista manobra sua aparelhagem do gozo via objetos autísticos que não lhe servem para brincar ou via uma fala que, em eco, retorna sobre si mesmo, de modo imaginário, maciço, sem o corte do Simbólico, anulando a presença do Outro e renunciando ao saber do Outro. Ao anular a presença do Outro, o autista recorre à imutabilidade como modalidade de existência na linguagem, em que todos os seus atos e dizeres concernem à permanência desse Outro apartado, em um gozo solitário.

Na clínica, causa estranhamento quando uma criança começa, nas primeiras marcas imaginárias, a tomar como espelho um animal de estimação como o cachorro, o que gera angústia nos familiares ("ele está se lambendo como o cachorro, fica imitando o cachorro"). Ora, tal fenômeno isolado não diz da estrutura do autista, mas nos possibilita ver como este se constitui – desde os primeiros indícios de eu – contornando o encontro com o Outro. Geralmente, esses fenômenos vêm seguidos de alguma elucidação onomatopeica da criança mostrando sua posição avançada na linguagem e uma limitada organização de gozo. Longe da alternância binária do Simbólico, a rigidez premente nos atos dos autistas destoam dos efeitos de

---

13 Surge uma questão importante, desde os trabalhos dos Lefort, sobre a demanda e o desejo e o risco para o autista em permanecer em estado de privação: um outro qualquer ascende à posição de grande Outro desde que faça suposições sobre o pequeno ser e, principalmente, que suponha algum dito na ausência de demanda. A pequena Marie-Françoise, em seu silêncio, não gritou, mas, o apelo chegou aos ouvidos da analista justamente como vazio mortificado, ausência real.

sentido. Porém, caberia ao clínico não perder de vista que o que o autista recusa de modo radical é o Outro como lugar do desejo de saber. Sem esse saber no Outro, não há jogo de demanda e desejo. O autista até reconhece a falta no Outro, mas nega ser o gozo do Outro pelas vias da suposição de saber, por isso, miticamente, ele se antecipa ao saber do Outro, negando-o.

Se uma criança está ensimesmada em um fazer que lhe interessa, a aproximação de alguém pode ser invasiva na medida em que interrompe sua contagem mental ordenadora da situação. Mesmo se aproximando de viés, a criança pode esticar o braço mantendo o outro a uma distância tolerável e não ameaçadora: é o tempo lógico e a reciprocidade em cena.

Diante das elaborações sobre o trançamento borromeano, a partir da posição 0, o que se seguiria na amarração é a maleabilidade entre RSI até à costura em torno do vazio central. Se o autista se congela nessa posição diante da fissura do Real e da possibilidade do avanço do Simbólico para encobrir essa fissura, tratar-se-á de um trancamento visando a manutenção desse apaziguamento. Estereotipias, objetos, modalidades não intercambiáveis de fala, interesses específicos e restritos, obsessões compõem linhas de costurar sem o saber do Outro essa fissura do Real. O autista não lança mão do Imaginário como amarração dessa fissura como se dá na psicose. O Simbólico sem seriação instaura um Imaginário com força para atuar na permanente evitação da falta, desde que seja lugar possível para faltar algo.

A fala carrega a falha no Simbólico, carrega a demanda e é a isso que o autista recusa em sua primazia: a cadeia significante que escreverá toda a lógica Simbólica do desejo. Sem responder pelo Simbólico, fazendo a cadeia, essa falha Real da linguagem é imaginarizada diante do risco de ser absorvido no lugar dessa falta no Outro. Por isso, o autista escolhe um Outro maciço, fixado, sem furo com o qual será complexo intercambiar a fala em sentidos e deslocar significantes substitutos do objeto *a*, pela metonímia. A fala é carregada de concreto, as palavras podem ser pequenos tijolos a serem montados, construindo uma casa de dizeres que barram à alienação de sentidos. O autista não dá uma "mãozinha ao código" (Vorcaro & Lucero, 2010), pois é vigilante nas frestas do Simbólico, ao contrário do psicótico, que incansavelmente inventa e reinventa a língua buscando responder a essas frestas preenchidas pelo Outro. Os buracos do autista, que deveriam fazer borda simbólica ao objeto *a*, não são parcializados no circuito pulsional, compondo um corpo topológico sem olhos do semelhante, sem significantes do Outro: esse corpo outro irá escrever o inconsciente do autista fixado e imutável, sem risco de desaparecimento.

Vorcaro e Lucero (2010) intensificam a pergunta sobre o Outro no autismo na relação direta com o Real, o que não cessa de não se escrever, destacando que o Outro supõe sujeito quando coloca a cadeia significante em funcionamento, representando-o no campo da linguagem. Todavia, no autismo, não se inscreve um circuito de linguagem que se opera pela fala como testemunho dessa estrutura, o que leva as autoras a advertir sobre o uso que fazemos de nossos operadores teóricos. Essa recusa à fala implica um lugar outro para o autista na linguagem, pois ele já está nela justamente pelas recusas que faz ao grande Outro como lugar da dialética da linguagem (tapar os ouvidos, verborragia, desvio do olhar). Ao retomarem a proposição dos psicanalistas Robert Lefort e Rosine Lefort de que, no autista, o Outro está ausente, as autoras vão sustentar que, mediante essa ausência da lógica simbólica, haveria, no autismo, outras modalidades de ser afetado pela linguagem, que não o Outro como alteridade.[14]

---

14 Vorcaro e Lucero (2010) retomam dois autores que, por esse trato do autista com a linguagem, ainda o alocam na estrutura das psicoses: Collete Soler, que não crê na existência de um autismo puro por conta dessa alienação, e Eric Laurent (1997), que toma o autismo considerando "a bússola lacaniana do S1,

O grande Outro do autista leva em conta a deriva insistente que supõe faltar um elemento regulador dessa estrutura, provocando uma especularização do outro com o autista, o que não significa que o autista está imerso no Real, sem qualquer articulação simbólica e imaginária, pois, na transferência na clínica psicanalítica, a angústia atesta o autista como ser de linguagem: as experiências de silêncio com autistas nas sessões são o avesso do silêncio do analista, este destituído da posição de supor saber, e o afeto que circula é a angústia, sem nome.

Vorcaro e Lucero (2010) depuram a relação do autista com a linguagem, para considerar quais marcas simbólicas atravessam essa estrutura sem que seja reduzida ao Real puro, como um ser nem falante nem sujeito, mas como ser falante a ser lido pela lógica borromeana, como na proposição do outro real que se duplicaria ao ser articulada pelas dimensões de Real, Simbólico e Imaginário, outro real duplicado, relido como Simbólico, Real e Imaginário.[15]

Muitas dessas marcas simbólicas apontam para a relação do autista com o objeto *a*, na função exercida pelos ditos objetos autísticos. Esses objetos podem ou não ser portadores de significantes que regulem o gozo do sujeito, usados para ordenar esse mundo que lhes é caótico, mantendo, assim, a imutabilidade e defendendo o sujeito de (ser) o desejo do Outro. Primeira demonstração do

---

S2, *a* e $, considera-o como uma esquizofrenia tomando a linguagem como órgão que ex-siste, do Real e que o sujeito cola ao corpo, conforme as orientações lacanianas. O autista, como o esquizofrênico, trabalha por manter esse órgão de linguagem que não lhes bordeia um corpo. Assim, o encontro sem mediação de S1 e Real demonstra um sujeito sem direção, sem a metrificação espacial na linguagem, pois, sem a significação fálica, não se conta o mundo, fazendo o outro um intruso permanente do gozo autístico. Ora, talvez a função do autista seja a de colocar em xeque esta autoridade fálica no discurso e sua centralidade, tal como as questões de gênero já impõem, na atualidade.

15 A expressão "real puro" será sempre uma hipótese que diz respeito aos impasses na linguagem, no mesmo equívoco discursivo da expressão "fora da linguagem".

autista como aquele que supõe saber é a criação desses objetos que portam, de modo fixado, significante. Esse objeto permite ao autista considerar a função do Outro de síntese, instaurando uma borda entre sujeito e o Outro do desejo.[16] Esses objetos que o autista traz colados ao corpo constroem uma borda protetora entre o mundo e o mais íntimo do autista, objeto não partilhável como sua linguagem e que é oposto de outros objetos culturais oferecidos que carregam as marcas do Outro. São objetos protetivos do corpo como sapatos, luvas, casacos ou armaduras e que não estão fora-do-corpo, mas permitem uma montagem desse corpo (Vorcaro & Lucero, 2010). A borda faz o corpo do autista sem consistência imaginária e sem banho de significante, corpo topológico montado a partir do objeto concreto para o autista e do corpo significante, nas outras estruturas. Preciso considerar o grau de angústia de alguns autistas que têm seus objetos retirados por não serem funcionais ou até mesmo transacionais, no sentido de os ligarem afetivamente a alguém: suas tentativas de montar um corpo, uma unidade psíquica, fracassa e disso decorrem muitos episódios de fragmentação, alucinações corporais e automutilações.

A proposição da estrutura autística como *nãotoda* borromeana é possível a partir da inversão feita por Jacques Lacan do saber como inconsciente e da posição do analista que supõe o sujeito nesse saber do Real, destituído de sentidos.[17] Essa estrutura que possibilita supor sujeito fora da função da fala e fora dos discursos estabelecidos permite que o autista não seja *localizado na exterioridade da linguagem* (Vorcaro, 2019b).

---

16 Vorcaro e Lucero (2010) esclarecem que é de P. Bruno a noção de "Outro de síntese" que Jean-Claude Maleval lança mão.
17 A relação feita pela referida autora entre a letra do Real e a imutabilidade no autismo, como traço estrutural, partindo da inversão de Jacques Lacan da estrutura simbólica (*sujeito suposto saber*) para a estrutura real (*saber suposto sujeito*), em que se destaca a inconsistência do grande Outro na gênese do sujeito do inconsciente.

Na transferência, o analista supõe saber um sujeito – do Real ao Simbólico, lugar do Outro. Com o autista, esse "saber no real, em que um sujeito seria depurado é o que orienta a clínica com crianças ex-sistentes a função da fala, como os autistas," (Vorcaro, 2019b, p. 129). Estes que habitam o campo da linguagem para além da fala e de seus efeitos de sentido e cuja direção é retornar sempre ao mesmo lugar: retorno do mesmo/no mesmo que dispensa a fala na assunção de uma outra linguagem, pois há saber no Real, de onde se depura um sujeito do inconsciente. Vorcaro (2019b, p. 130) mostra como esse saber do Real inscreve, no autismo, o traço singular de sua estrutura subjetiva, já descrito por Léo Kanner e retomado por outros autores, como Jean-Claude Maleval, a imutabilidade:

> *As experiências do autista são orientadas por uma pré-ocupação com a imutabilidade do mundo, o que o conduz a ocupações que reiteram seu trajeto de retorno ao mesmo lugar. As representações do mundo exterior, imagéticas e são destituídas de palavras que regulem essas experiências, portanto não são interpretáveis, e, qualquer alteração nessas representações instauram uma desorganização na criança, que buscará, em seu trabalho psíquico, enlaces que fixam representações aos elementos concretos destacados da fluidez do mundo.* (Vorcaro, 2019b, p. 133)

Tem-se o laço social na amarração Imaginário e Real, onde o Simbólico se escreveria como ausência, o que falta na representação a ser buscada.[18] Assim, a despeito de estar *fora de um discurso*

---

18 Vemos a dificuldade de "ler" o que querem essas crianças, ou, até mesmo, a origem de seu mal-estar, o que concerne ao fato de que, para crianças em outra possibilidade de estruturação, trata-se de que ela supõe saber sobre o Outro, e

estabelecido e ainda *fora da função da fala*, lembra a autora, o autista não pode ser localizado na exterioridade da linguagem, ponto que destaco por considerar a grande contribuição da psicanálise para os autistas: localizá-los na linguagem, reconhecendo-os como seres falantes.

> *Afinal, o autismo não é uma lua porque estrutura um modo de defesa que prevalece sobre uma deriva: sua dedicada atenção com a manutenção da imobilidade do mundo implicará o exercício trabalhoso de uma recusa ativa do outro, seu semelhante. Nesse modo de defesa, ele substitui a condição primária de ser presa de um outro pelo funcionamento em que algo prevalece sobre o querer do outro. Podemos aí reconhecer que o autista detém algum saber relativo a este querer do outro. Afinal, ao imobilizar o movimento da demanda do outro, elidindo-a, o autista sabe que o outro avança em sua direção. (Vorcaro, 2019b, p. 130)*

Vorcaro (2019b) não sustenta a exclusão do Outro para o autista como uma espécie de inexistência do grande Outro, mas que a (auto) exclusão do autista se realiza no campo da linguagem. Assim, o autista é parte do campo da linguagem e se defende psiquicamente de elementos que coloquem em risco sua imutabilidade, esse traço definidor de sua estrutura psíquica.[19] Um desses elementos é a marca

---

nessa relação simbólica, é possível depreender sentidos, tal como Hans supunha que o pai sabia. Com o autista, não há essa suposição, e trata-se de, como refere-se Vorcaro (2019b), sulcar no Real, sulcar algo do dizer sobre essa criança.
19 Falar de ex-clusão não é remeter à exclusão, ao expulsar para fora da linguagem, mas a outro discurso fora do estabelecido por determinada autoridade e centralidade discursiva.

da alteridade, do grande Outro. Entretanto, excluir o grande Outro desse trajeto de representações imutáveis da realidade não apaga a "existência" do Outro, a linguagem continua aí para todos. Ele está ali como um risco de caos permanente para o autista. Interessante que para o neurótico, o psicótico e o perverso, o Simbólico é regulador das pulsões, das representações, das identificações, mas, para o autista ele o desorganiza, na medida em que carrega a ambiguidade e a alienação, elementos de risco para sua imutabilidade:

> é, mesmo assim, a própria linguagem, na busca de reduções sígnicas capazes de referenciá-lo. Apurando, do campo da linguagem, elementos em operação recíproca e contínua, o autista recruta-os para com eles fazer um código de signos fixos, alheios à enunciação. Sem mensagem e sem equívocos, devido à cuidadosa exclusão das semelhanças e dessemelhanças, o Imaginário não se coloca a serviço de sustentar e amortecer a relação do Simbólico ao Real, pois toda representação que ultrapasse a biunivocidade é reduzida ao Real, inassimilável, e, portanto, fadada à experiência avassaladora da angústia. (Vorcaro, 2019b, p. 135)

Anteriormente, fiz referência à distinção da autora entre autismo e psicose, a partir da lógica da foraclusão. Na terceira parte, retomarei essa proposição e as elaborações sobre ao autismo como estrutura subjetiva com o objetivo de delinear os aspectos topológicos dessa estrutura e sua relação com a negatividade. Ao preterir o Simbólico como organizador subjetivo, como de saber que o supõe como desejo, o autista impõe que se leia essa negativa não em sua gramática, dada sua recusa à primazia da fala que é a própria realização da negativa do Simbólico, mas pelo viés topológico, desdobramento da incidência das negativas sobre o objeto causa do desejo em sua versão autística.

As negativas, em psicanálise, dizem da relação do sujeito com o Outro, campo da linguagem, lugar dos significantes que o antecedem e sua lógica de ordenação e encadeamento em torno de um saber, lugar de emergência dos resíduos de lalíngua alocado em um centro, o falo escrito pelo significante Nome-do-pai. Dizem, ainda, da posição do sujeito nessa trama, que lança mão de elementos dessa estrutura para nela se posicionar no que tange ao seu desejo. Nesse campo, o sujeito se desdobra a cada vazio que se presentifica na linguagem, vazio cuja origem é o centro do inconsciente inqualificável, somente falado pelo sujeito em sua gramática. Desse campo de linguagem, a falta tem nesse vazio sua causa, um objeto inominável e não qualificável, um objeto que é por ser negado não em sua função, mas em sua definição. A estrutura subjetiva tem nesse objeto *a* função de causa, ali onde jaz a função da fala. O campo, todavia, continua o mesmo, da linguagem. Porém, a gramática do sujeito não alcança essa lógica na medida em que ela é feita de traços a serem significantizados, e não apenas significados. Nesses termos, o autista e sua recusa à soberania da fala possibilita compreender um modo particular de se relacionar com o Outro e, sem intermediação, com a lógica de objeto, algo que o autista retém e não cede tão facilmente.

Jacques Lacan (1956-1957/1995), no seminário sobre a relação de objeto, vai reler o Caso Dick escrito pela psicanalista inglesa Melanie Klein e escutar a apresentação de Rosine Lefort, que retomamos para tratar da psicose na criança. Lembro que é o seminário da virada para o Simbólico, a partir das relações de objeto, pois estes não completam nem sujeito e nem Outro.

Lucero e Vorcaro (2017) destacam, da leitura que Jacques Lacan fez desse caso, o modo como os mecanismos de *Ausstossung* (expulsão), *Verneinung* (negação) e *Bejahung* (afirmação), apresentados por Freud em 1925, são determinantes na constituição do sujeito, distanciando essa constituição da fantasia, como mecanismo proposto pela psicanalista inglesa. As autoras esclarecem que "Lacan retoma o caso Dick logo após reler, com o auxílio do filósofo hegeliano Jean Hyppolite (1907-1968), o texto freudiano 'A Negação' [*Die Verneinung*] (1925)", para problematizar, a partir do caso Dick, a função da linguagem na constituição do psiquismo, por meio de operadores clínicos e as determinações estruturais, ao que as autoras desenvolvem considerando a relação Real, Simbólico e Imaginário:

> *A problematização do diagnóstico comparece, aqui, ligada à questão das estruturas clínicas de modo pungente quando tratamos da infância. Afinal, em que medida um diagnóstico pode selar o destino de uma criança, fazendo de seu comportamento algo que, simplesmente, corresponde univocamente a uma sintomatologia prevista? Considerando que o diagnóstico de autismo vem sendo definido cada vez mais cedo a partir de catálogos de sinais, os comentários de Klein e de Lacan sobre o diagnóstico na infância podem ser bastante esclarecedores, por focalizarem um tempo da constituição subjetiva que antecede a possibilidade de fixação, por especialistas, de um quadro clínico definitivo. Ao situarem, na criança, a abertura a mudanças e intervenções, os autores nos conduzem a interrogar a precocidade de diagnósticos que, longe de tratar o sofrimento da criança, podem operar como profecias autorrealizáveis. (Lucero & Vorcaro, 2017, p. 1)*

Em concordância com as autoras, tiro proveito dessa leitura para compreender o lugar das negativas na estruturação subjetiva e, no que tange ao autismo, a possibilidade de considerar uma negativa que o destaque, definitivamente, da relação viciosa com a psicose, considerando, como visto, como os autores alocam essa negativa em termos de foraclusão. De antemão, parece que a foraclusão, como concernente ao fundamento de toda estrutura simbólica, não resolve por si só a questão do autista na sua relação com a linguagem. Retomarei as elaborações freudianas e lacanianas sobre a questão das negativas, o caso referido e o trabalho de Vorcaro (2019b) como tentativa de avançar na negativa para o autismo, esse como uma estrutura (não)borromeana: o Simbólico não amarra o nó, o que impõe essa negativa duplamente radical, em que o exercício da imutabilidade pelo autista, no que tange aos objetos, à fala, aos outros, tem função de afirmar o congelamento do encadeamento simbólico, manter S1 imutável e não cedê-lo ao gozo do (saber) do grande Outro.

Parte III
Recusa aos desdobramentos significantes e renúncia ao saber suposto pelo Outro: a trajetória da negação no autismo

Antes de chorar, o bebê alucina a experiência de satisfação. Como nenhuma alucinação satisfaz, ele grita e o grito vira choro, de onde ecoa um apelo. Do grito, vazio de significantes, o nada invoca o Outro. A resposta do Outro faz o apelo virar demanda supondo saber o que ele (o bebê) quer. Do real no organismo, o Imaginário oferece o gozo da unidade. Desse gozo imaginado e que se perpetua na fantasia infantil como acesso ao corpo, algo escapa: o resto desse grito primeiro, o ponto não significável na imagem, o furo na cadeia de significantes nomeado como objeto *a* causa do desejo, sem imagem e sem nome.[1]

---

[1] Real no organismo é usado para referenciar o organismo mudo, tomado pelo Real como o impossível de nomear, esvaziado de palavras, signos e significantes, o "negativo da palavra", que, assim como a linguagem que o comporta, ex-siste ao sujeito, de onde advém o traço unário que o determina fazendo furo nesse organismo para, neste ponto, inscrever o significante primeiro. A expressão "real do organismo" é recorrente, porém produz o equívoco de que o organismo é o real, ou, ainda, que o real é efeito desse organismo, caindo no risco do organicismo e da naturalização do sujeito da psicanálise.

A gênese do sujeito é uma posição mítica não localizável em genes nem em algoritmos. Ainda, não é rememorável, mas sempre encoberto por uma ficção. Só pode ser a hipótese que o sujeito fará de si, de sua posição na relação com o semelhante e com a alteridade. O que imagina ser e o que deseja (não) ser: a posição na linguagem, na estrutura que o antecede na horda civilizatória. Nascido nesses termos não sabidos pela consciência nem pela memória, o sujeito é enigma para si mesmo que rompe na superfície da linguagem, da cadeia de significantes em que se anuncia pelo grito como primeiro enigma. A pergunta acerca do sujeito é feita por Jacques Lacan:

> *De fato, como é possível que essa experiência fundamental, que é de alguma forma o negativo da palavra, venha a se simbolizar, e o que é que se passa, pois, para que desse buraco central jorre algo que tenhamos de compreender? (Lacan, 1961-1962/2003a, p. 295)*

O que se passa para que, do negativo da palavra, o *não um* diferente do *zero*, portanto, uma negativa radical para além da negativa presentificada nas modalidades discursivas e opositivas da língua, o sujeito advenha como resposta a isso que não se escreve a não ser pelas vias do traço unário: "E toda a história da negação *é* a história desta consumação por alguma coisa que está onde? É justamente o que tentamos cercar: a função do sujeito como tal" (Lacan (1961-1962/2003a, p. 152). Como nasce um sujeito autista? Essa questão tem a ver com relação da constituição do sujeito com a negativa, essa ausência na palavra.

Desse nada, o sujeito nele se detém recusando o ato de invocação do Outro, do simbolizar-se em cadeia e renunciando, assim, à posição de sujeito como ser alienado à linguagem. Isso é um modo de existir como ser de linguagem e esse é o movimento do autista, sua contagem: a cada simbolização, uma recusa, a cada risco de alienação, uma renúncia. Não se tratando, portanto, de um congelamento aos moldes de uma não existência ou de uma não estrutura.

O autista se define pelo enigma de recusar sua posição no Simbólico. A psicose, a neurose e a perversão se definem pelo enigma de sua posição na relação com o Outro, lugar e posição na linguagem. O autista, sem a imagem total do corpo e sem a borda dos significantes é o eixo de si mesmo, em que a pulsão continua essencialmente muda (Freud, 1915/2013c), como pulsão de morte.[2] A imutabilidade obsessiva, na função de escrita do traço unário, é uma espécie de fixação nesse eixo que lhe assegura a vida subjetiva, marca de sua estrutura. O autista não abre mão do inominável do primeiro grito e, na escrita de si, insiste em não deixar resto para o Outro: risco permanente de dissolver-se nesse nada, o que lhe impõe um trabalho de autorregulação permanente, alocado naquilo que Safatle (2006) abre espaço para a investigação sobre as "figuras do negativo na clínica" (p. 320), a partir da proposição de Jacques Lacan para a tomada da pulsão como ontologia negativa. Pensar no autismo como "figura do negativo" é considerar que esse sujeito, diante do corpo que tem, realiza não algo da ordem de uma dessubjetivação destituindo-se da predicação do semelhante e do Outro, mas institui uma lógica própria de subjetivação que não pode ser lida por esta ou por aquela dimensão da palavra, mas pelo enodamento e desenodamento de Real, Simbólico e Imaginário.

Retomo as elaborações iniciais sobre o autismo como estrutura subjetiva (não)borromeana para avançar na relação entre a negativa como marca estrutural que insiste na recusa e na renúncia aos

---

[2] Jacques Lacan (1964/2008b) toma a pulsão como circuito entre sujeito e Outro – na linguagem. A morte como significante afasta a pulsão de morte do peso naturalista e evolucionista (retorno ao inanimado) que pode encobrir o conceito freudiano. Ainda, nos anos 1970 de seu ensino, ele toma a pulsão como o que ressoa no corpo como fato de que há um dizer.

elementos simbólicos que regulam a subjetividade.[3] Essa especificidade da estrutura do autismo é investigada, inicialmente, a partir da problemática da negativa (e negação) em psicanálise articulada à estruturação subjetiva e constituição do sujeito nos trabalhos de Sigmund Freud e Jacques Lacan. Na sequência, discorro sobre a relação do autismo com a negativa, finalizando com o Caso Dick da psicanalista Melanie Klein (1930/1996). A leitura desse caso espetacular dentro da clínica psicanalítica permite ligar a negativa estrutural no autismo, a voz como pulsão invocante e a imutabilidade. A reescrita desse caso seguirá a lógica imaginária da psicanalista inglesa, o comentário de Jacques Lacan (1953-1954/1983) sobre o caso dando ensejo à ordem simbólica, lugares de onde faço uma leitura borromeana, buscando formalizar sobre o impossível para o menino Dick.[4]

---

3 Mantenho o termo "negativa" para as proposições que se articulam com a lógica do simbólico da gramática do sujeito e "negação" para uma articulação da direção da negação na topologia. Alerto que, na literatura, prevalece a alternância entre um e outro quando se trata do texto de Freud de 1925 gerando, ainda, quase uma indiferenciação entre esses termos.

4 No momento oportuno, discuto a hipótese diagnóstica para o caso.

16. Princípios das negativas em psicanálise: do Simbólico ao Real como presença vazia[1]

As negativas, tal como a pulsão que as ordena em circuito entre sujeito e Outro, têm destinos diferentes e exigem modos distintos de elaboração. Das negativas escritas na gramática do sujeito, os objetos pulsionais são parciais, pois o objeto causa do desejo é por ser negativado: daquele que diz "não, não é minha mãe", da fala que aloca em cadeia a negação, ocorre a torção sobre um objeto inominável, não falado. Como já dito, não tem imagem e não tem nome. Desse ponto, início o trilhamento de uma presença que se inscreve como ausência dos primórdios da psicanálise, em que Freud (1895/1995), ao tecer elaborações sobre o psiquismo, parte do estado de repouso [Q] no qual os neurônios respondem à excitação que vem do exterior buscando "fugir" dos estímulos, para manter essa inércia inicial.[2]

---

1 Real como presença vazia, conforme Safatle (2006).
2 Não interessa apresentar o funcionamento neurológico do organismo, mas delimitar como, na psicanálise, algo do não representável vai se inscrevendo no psiquismo e que diz respeito ao inconsciente. O que por si só já instaura um conflito entre o discurso psicanalítico e outros campos de conhecimento que privilegiam exatamente o contrário: tudo que se passa com o ser falante pode ser representado em neuroimagens e em genes.

Projeto de psiquismo freudiano negativado

A excitação interna somente se regula com elementos do exterior, pois as *exigências da vida* obrigam o organismo a deixar o estado de inércia inicial. Freud (1895/1995), ao discorrer sobre a hipótese das "*barreiras de contacto*", entre os neurônios e o mundo exterior – equilibrando as exigências exteriores –, coloca em cena o imperativo da "memória", uma característica do tecido nervoso. Após a excitação, os neurônios influenciados se modificam em relação ao estado anterior. Porém, haveria aquele grupo de neurônios imutáveis, não influenciados pela quantidade de excitação exterior e que são livres para excitações inéditas. Existiriam, ainda, aqueles cujas barreiras de contato se fazem sentir, de modo que só permitem a passagem do estado de repouso com dificuldade ou parcialmente. Os neurônios dessa última classe podem, depois de cada excitação, ficar num estado diferente do anterior, fornecendo assim *uma possibilidade de representar a memória*. Freud (1895/1995) se dedica à memória, à representação das excitações advindas no exterior: para que o indivíduo associe a percepção de uma necessidade com a percepção do objeto e com a percepção da satisfação, será necessário que experiências anteriores tenham deixado traços mnêmicos ("vias facilitadas" [*Bahnungen*] entre essas percepções).

Na obra "Projeto para uma psicologia científica" (Freud, 1895/1995), significantes fundamentais para a estruturação do psiquismo se inscrevem pela primeira vez naquilo que começa a tomar forma como psicanálise: facilitação (*Bahnung*), ligação (*Bindung*) e representação/ideia (*Vorstellung*), assim como o inesperado *das Ding* (a Coisa). Para o autismo, de que se trataria facilitação, ligação e representação/ideia na medida em que a recusa à primazia da fala faz barra entre ele e a linguagem que faz as vezes desses significantes e do traço mnêmico, fundamental para o psiquismo freudiano?

Por quais vias se estrutura e se regula o autista, considerando sua relação marcada pela recusa à exterioridade?

As primeiras excitações advindas do organismo como fonte pulsional pura busca a descarga que se dá por meio de associações entre esse organismo e o mundo.[3] Nessa espécie de facilitação do escoamento pulsional, os primeiros "estímulos" se dão por vias como fome, o toque do outro, o som da voz, o choro, as torções do corpinho do bebê, os gestos trocados, o alimento, o olhar, a dor. O pequeno ser se abre para o mundo ocorrendo a ligação entre esse organismo e a linguagem, uma representação psíquica do que se passa entre ele e o outro: facilitação, ligação e representação.

A facilitação (*Bahnung*) é um deslizamento de energia ao longo de vias de interligação neuronal ou, no sentido funcional, algo que percorre sistemas interrelacionados (malhas de representações, zonas erógenas ao longo do corpo etc.) permitindo o trânsito entre as representações (Hans, 1996). Essa facilitação possibilitaria as primeiras trocas entre o ser e o mundo e pode se estabelecer como uma ligação (*Bindung*) transitável entre um e outro, irrompendo nas primeiras trocas e fundando a memória pela via das representações. O sinal sobre o inconsciente que começa a se estruturar é claro: o psiquismo não pode ser confirmado pela consciência que não fornece conhecimentos completos sobre os "processos neuronais", pois a facilitação não deixa rastro e não pode ser reproduzida pela consciência que será sempre incompleta. Além das qualidades sensoriais, a facilitação exibe sucessivas sensações de *prazer* e *desprazer*

---

3 O que seria "fonte pulsional pura"? Em termos freudianos, aquele organismo recém-nascido ainda sem um psiquismo estabelecido pelos processos de facilitação, ligação e representação/ideia. Essa expressão merece ser atualizada, considerando a distância já estabelecida entre pulsão e organismo (fisiologia) e pelo fato de que qualquer organismo está imerso em um universo de linguagem e que a fonte da pulsão é dizer no corpo, mesmo antes de nascer, colocando em desuso o termo "pura".

que reivindicam uma interpretação. O prazer corresponde à descarga de excitação, pois o excesso gera desprazer: não se trata de evitar o desprazer, mas de descarga da excitação. Essa espécie de homeostase só é possível pela via da interpretação, pelo sentido dado ao que acomete o pequeno ser: o choro é fome ou dor? A facilitação está no primórdio da demanda. É o sentido que gerencia as sensações do organismo ali na zona de indiferença entre prazer e desprazer: o primeiro *O que é isto que ele quer*? Esse "jogo" prazer e desprazer mantém a energia psíquica em circulação; a falha nele extinguiria a capacidade do pequeno ser fazer circular essa "energia psíquica", nos termos freudianos.

No autista, essa regulação da facilitação pela trajetória das representações é falha no sentido de não promover nem descarga nem excitação. Diante da excitação em que a palavra falada não promoveu essa regulação, fica um rastro que colocaria o autista em permanente atenção e evitação do que vem do exterior: sua imutabilidade no *lugar* da ligação (*Bindung*), o que afeta a qualidade de seu diálogo sensorial com o mundo, pois a lacuna na facilitação equivoca a interpretação das sensações de *prazer* e *desprazer* e as respostas possíveis são hipersensoriais ou hiposensoriais, sem escoar a excitação e que dá indício de acumulação no corpo ao evitar essa troca. Contudo, o que se passaria nessa facilitação que não regula e, nesse ponto de reprodução das primeiras experiências, algo se congela? Dos resíduos dessas primeiras experiências de satisfação, instaura-se a formação do Eu como efeito do sentido que se formou na inscrição mnêmica, como primeira leitura do mundo, como o que influencia e regula a repetição das experiências de dor e dos afetos.

A experiência com o próximo se decompõe em dois elementos: "num componente não assimilável (a Coisa) e num componente conhecido do ego através de sua própria experiência (atributos, atividades) – o que chamamos de compreensão" (Freud,1895/1995,

p. 280).⁴ *Das Ding*, a coisa freudiana, apresenta-se como aquilo que escaparia das facilitações e ligações, o excluído da compreensão. Freud (1895/1995) mostra a inscrição do juízo entre a coisa e seu predicado, sendo que julgar é uma escrita do ego inibido diante do desencontro entre *a catexia de desejo de uma lembrança e a catexia perceptual que lhe seja semelhante*: um desencontro entre a imagem que a criança deseja e sua percepção dela. Isso é visto cotidianamente nas experiências comuns de amamentação, nas quais a boca do bebê encontra frontalmente o seio, mas a cabeça e o olhar ainda tendem para o lado, ou para trás: esse desajuste comum é a primeira percepção de um outro ser humano para o bebê que é, ao mesmo tempo, o primeiro objeto hostil, mas o único que vem em seu auxílio. Essa relação coloca o pequeno ser no processo de conhecer o mundo que o cerca e reconhecer de onde provém a regulação entre prazer e desprazer. Freud continua:

> *Os complexos perceptivos emanados desse ser semelhante serão então, em parte novos e incomparáveis – como, por exemplo, seus traços, na esfera visual; mas outras percepções visuais – as do movimento das mãos, por exemplo – coincidirão no sujeito com a lembrança de impressões visuais muito semelhantes, emanadas de seu próprio corpo, [lembranças] que estão associadas a lembranças de movimentos experimentados por ele mesmo. Outras percepções do objeto – se, por exemplo, ele der um grito – também despertarão a lembrança do próprio grito [do sujeito] e, ao mesmo tempo, de suas próprias experiências de dor. Desse modo, o complexo do*

---

4 Mantenho a tradução "Ego" na *Standard* brasileira, considerando ainda não haver outra tradução em língua portuguesa brasileira. Porém, é válido lembrar se tratar da formação do "Eu" como instância psíquica.

> ser humano semelhante se divide em dois componentes,
> dos quais um produz uma impressão por sua estrutura
> constante e permanece unido como uma coisa, enquanto
> o outro pode ser compreendido por meio da atividade de
> memória – isto é, pode ser rastreado até as informações
> sobre o próprio corpo [do sujeito]. Essa dissecação de um
> complexo perceptivo é descrita como o conhecimento dele;
> envolve um juízo e chega a seu término uma vez atingido
> este último objetivo... ao juízo, como um método para ir
> da situação perceptiva dada na realidade à situação que
> é desejada. Portanto, a fim de que a realidade não seja
> falseada, faz se necessária a existência de traços especiais,
> signos dos processos de pensamento, que constituam uma
> memória – [de] – pensamento, que ainda não é possível
> delinear. (Freud, 1895/1995, p. 252)

Na função de juízo, fundamental na construção da realidade psíquica, é a (*inervação da*) fala que compensa o desencontro entre psíquico e percepção (da realidade), em que a descarga verbal possibilitaria as inscrições mnêmicas regulando as oscilações da catexia, as representações e os afetos desajustados entre "a atenção da pessoa que auxilia (geralmente o próprio objeto de desejo) para o estado de anseio e aflição da criança" (Freud, 1895/1995, p. 280), passando a servir ao propósito da comunicação: "Essa finalidade é preenchida pelas *associações da fala*, que consistem na vinculação de neurônios y com neurônios utilizados nas representações sonoras, que, por sua vez, se encontram intimamente associadas com as imagens verbais motoras" (Freud, 1895/1995, p. 280), de onde a excitação da imagem-sonora torna-se imagem-verbal, seguida de investimento psíquico. Aqui, a fala concerne a uma função motora, a fonoarticulações que acompanham as sensopercepções compondo protosímbolos, sem ainda o simbolismo que será alcançado nesse trilhamento do psiquismo. Essas primeiras sonorizações tornam-se fundamentais na medida em que colocam o pequeno ser nos joguinhos primordiais da linguagem que antecedem, por exemplo, ao balbucio. Estas são, em si, jogos prazerosos que estabelecem toda a relação prazer e desprazer nos termos da oralidade que direcionam não somente a fala como também outras trocas orais, como a alimentação. A significação, nesse lugar de estruturação, é preterida pela forma em si que ressoa no corpo do bebê dentro dessa lógica sensações, facilitação, ligação e representação.

Essas associações, no autista, já trazem a marca da imutabilidade, na medida em que a fala não se encontraria de modo direto com as imagens verbais motoras como mostrado na ausência de balbucios e mutismo de alguns bebês, no seu silêncio: a não associação imagem-palavra é uma condição presente na estrutura autística, a associação de fala não recobriria a função de facilitação e de ligação, um primeiro impasse na formação do Eu.[5]

O juízo da pequena criança é justamente o que a conecta ao objeto desejado (semelhante e cuidador) pela via da compreensão, quer seja a assimilação entre a coisa não assimilável e seus atributos, via o enunciado da fala. Após as associações imagem-verbal, *das Ding* e atributos, Freud (1895/1995) mostra como do grito se inventa a fala. O circuito de invenção da fala seria o seguinte: os objetos percebidos nos fazem gritar, pois provocam dor; essa associação entre um som e uma imagem só faz ressaltar o aspecto hostil, direcionando o ser para a imagem; o juízo atributivo à dor bloqueia as qualidades do objeto; por fim, esse grito impõe a lembrança do desprazer, via *lembranças*

---

5 É pertinente lembrar a relação da sucção com esse aspecto motor da fala, pois a sonoridade dessa sucção (estalidos, por exemplo) são levados adiante nos primeiros balbucios e lalações.

conscientes.⁶ Além dessas lembranças, há *outros objetos que emitem constantemente certos sons*, prevalecendo a sonoridade da língua falada: pela via da imitação, associam-se movimentos e a imagem sonora. A partir das lembranças dessas associações imitativas, os sons intencionais são ligados às percepções, entrando na lógica da regulação (sonora) das catexias.

No psiquismo, a primeira função inscrita é a do juízo de associação de imagens do objeto de prazer e desprazer mesmo antes do advento da fala como um trabalho sensoperceptivo (Freud,1895/1995). No autista, esse juízo estaria em outra lógica: a não afirmação do que se associa via facilitação. Ou, dito no avesso: a afirmação do que se desajusta via facilitação. Nas duas posições, a palavra falada não seria o atalho bem-sucedido facilitador entre movimentos, imagens, afetos, representações e percepções, mesmo no primitivismo da motricidade. Freud (1895/1950) diz ocorrer um erro lógico entre fome (regra biológica), o grito e a satisfação advinda do outro que geraria desprazer e a representação do objeto como hostil. Cabe destacar que, ao falar em autismo, não considero um "erro lógico",

---

6 Sigmund Freud coloca, a seu modo, uma das máximas da linguística estrutural de Ferdinand de Saussure de que um signo da língua é a associação entre um som e uma imagem, um conteúdo e um imagem acústica, entre um significante e um significado. Aqui uma imagem a uma representação (hostil). Importante lembrar como Freud coloca o Ego como uma orelha indo com Saussure sobre o falante e a importância de se escutar a língua. Porém, essa sonoridade deve ser pensanda como imagem acústica que ressoa no corpo do falante, na medida em que, por exemplo, crianças surdas não escutam mas estão imersa nessa sonoridade – ecos do significante, vibrações que correspondem, de fato ao que se escuta de uma língua. O teste de orelhinha, feito em recém-nascidos constata essa capacidade por ser, justamente, um teste de vibração de ondas sonoras nesse ser ainda não falante. Por isso um autista não seria surdo naquilo que dizem: "Ele não escuta quando falo com ele". E por isso, também, pensar na cifra e não na decodificação para a fala. A música, nesse contexto, é um meio de linguagem dos mais produtivos para essas pessoas que recusam o peso da palavra falada.

mas outra lógica de existência na linguagem permeada por outros cálculos lógicos que possibilitam equívocos nesses movimentos.

O mecanismo psíquico se forma por um processo de estratificação, como camadas que vão se justapondo e dando forma ao aparelho subjetivo. Essa imagem prevalece no psiquismo freudiano, como se vê na chamada segunda tópica para Id, Eu e Supereu. No princípio dessa sedimentação, "o material presente sob a forma de traços mnêmicos fica sujeito, de tempos em tempos, a um *rearranjo*, de acordo com as novas circunstâncias – a uma *retranscrição*" (Freud, 1896/2016d), p. 208).

O psiquismo em cena é constituído por um lugar (hipotético) inicial e três modos de escrita, de registro: os neurônios e seu esquema de letras que compõem a via dos traços mnêmicos do corpo ao córtex; a facilitação como esquema de letras: as percepções, P (*W – Wahrnehmungen*); neurônios na gênese das *percepções* às quais a consciência se liga, mas sem reter qualquer sinal da experiência (Freud, 1896/2016d). O organismo se encontra com a linguagem que o antecede: *W é neurônio, sem traço de linguagem e não pode ser definido como psiquismo, mas como topos inicial* (aos moldes da posição zero no discurso) e aponta para o vazio; sP (*Wz – Wahrnehmungszeichen*), signo da percepção, é a primeira escrita das percepções fora da consciência organizada conforme as associações por simultaneidade – experiência e escrita se dão ao mesmo tempo, diz Freud (1896/2016d): sua organização se dá pela linguagem como resposta às percepções advindas do exterior que ecoa como sensações para o ser (protopercepções); essas primeiras escritas são a inconsciência, Ic (*Ub – Unbewusstsein*) – não ainda o Inconsciente/Ics – como segundo modo de escrita inacessível à consciência organizado a partir de outras relações, *talvez causais*. Os traços do *Ub* corresponderiam a lembranças conceituais; Pc (*Vb* é a pré-consciência – *Vorbewusstsein*), como o terceiro modo de escrita, relacionado à representação da palavra (*Wortvorstellung*) e corresponde ao Eu (*oficial*) investindo sua energia mental sobre esse encadeamento de linguagem no psiquismo – representação da palavra, e não mais representação da percepção.

A relação do autista com a linguagem permite supor não haver essa lógica diretamente correspondente de formação do psiquismo, considerando seu congelamento no referido *topos* das percepções que, advindas do exterior como sensações, ecoam de modo não regulado pela linguagem (protopercepções). As excitações, o desequilíbrio motor e psicomotor, a não representação da dor e a questão da sensorialidade mostram essa dificuldade em ler essas sensações externas. A questão é qual marca perceptiva se registra em *Wz* que permite a inscrição de uma espécie (significante) de traço psíquico que pode – nas soluções do autista – ascender para representações, pois o congelar-se corresponde a um modo de espera como tempo lógico de inventar suas autossoluções, considerando que esse psiquismo ganhará uma forma no Eu, vindo daí, também, os impasses dessa formação:

> *Os investimentos* (Besetzungen) *provenientes dessa Pc tornam-se conscientes de acordo com determinadas regras, e na verdade essa consciência secundária do pensamento é algo da ordem da posterioridade (*nachträgliches*), no que diz respeito ao tempo, provavelmente ligado à reanimação alucinatória de representações de palavra, de modo que os neurônios da consciência seriam novamente neurônios de percepção e em si, sem memória. (Freud, 1896/2016d, p. 36)*

A alucinação presentifica a ausência de palavras nas representações na medida em que não pode ser compartilhada pela fala, mantendo-se no estrato da percepção. Os próprios termos escolhidos mostram isso: os efeitos ou a impressão (*Eindruck*) do mundo exterior são dispostos como uma escrita (*Niederschrift*) e posterior reescrita (*Umschrift*) do signo (*Zeichen*) que se modifica em traço de memória (*Erinnerungsspur*). Esse material é literal e se diferencia das características da percepção. Se no "Projeto" *das Ding* é o objeto não representável, na escrita de registros do psiquismo algo desse não representável ganha forma na alucinação, mas não ganha palavras.

Essas escritas são conquistas psíquicas entre o organismo e a linguagem. O primeiro traço é uma *tradução do material psíquico* na fronteira dessas conquistas que se sucedem. Nas neuroses, haveria algo não traduzível originando as excitações, uma falha na tradução (*die Versagung der Ubersertzung*) nomeada de recalcamento – negativa liberada do desprazer (Freud, 1896/2016d). Desde os primeiros tempos da psicanálise, algo fica de fora da estrutura da fala. Alguma coisa não traduzível, de difícil acesso nessa estratificação que não passa à palavra. Ao mesmo tempo, isso não traduzível na associação de fala fica retido em algum ponto do extrato psíquico como presença vazia, não nomeável.

Freud (1896/2016d) antecipa que a patologia (sintomas) é resposta contra esses "traços mnêmicos" que não foram traduzidos pela estrutura simbólica e foram negados à gramática do sujeito como presença esvaziada de letras e de interpretação: prelúdio da definição de sintoma em psicanálise. Nas psiconeuroses, haveria um conflito diante dessa falha na tradução das primeiras percepções na consciência que corresponde à questão da negativa nas estruturas, o recalque. Não se trata de não ter ocorrido um registro de *W* – uma afirmativa de juízo no *topos* inicial do psiquismo – mas de negar esse registro.

A negação é um mecanismo universal na estruturação da subjetividade e suas manifestações singulares ocorrem nas formas negativas escutadas na gramática dos sujeitos. No autismo, o primeiro traço mnêmico ocorreria, mas sem *Ub* (*Unbewusstsein*), sem as relações causais que traduziriam para o inconsciente as representações do mundo, nos termos do recalque. Dessa maneira, no jogo entre *W* e *Wz*, entre a percepção e o vazio na linguagem, essa tradução se daria sem o jogo associativo das representações. Na neurose, essa falha na tradução é o que se nomeou de recalcamento. A lógica da negação (falha na tradução da percepção em palavras) aparece em todas as estruturas. Para o autista, nesse ponto, uma hipótese seria a de que retém o traço mnêmico e se paralisa na continuidade das representações e no trabalho de tradução nos termos da cadeia binária da língua, defendendo-se desse evento que inscreve o desprazer/prazer, sem retorno da alucinação primordial via representação da palavra.

A representação (*Vorstellung*) é o primeiro gesto índice da possibilidade de haver sujeito do inconsciente, é o gesto inaugural do inconsciente e suas modulações, amarrações, investimentos, vazios, significantes e buracos. Esse gesto é nomeado "representação" e, em psicanálise, os termos que dizem da experiência clínica são aqueles que por força contrariam elementos pré-determinados. A representação não seria apenas movimento do sujeito em evocar pelas imagens aquilo que já teve contato via percepção. Contudo, a via neurológica não responde por esse "colocar diante de si" essas representações, afinal, na memória – assim como nos sonhos – há elementos que só podem ser colocados diante de si via palavras faladas que ecoam dos traços mnêmicos. Essa imagem perceptiva torna-se subjetiva ao ser falada pelo indivíduo. Nesses primórdios, trazer algo de volta na trilha da representação, o "colocar diante de si", dá-se pelos mecanismos psíquicos como recalque, condensação, deslocamento, figurabilidade e outras formações do inconsciente, além de sintomas.[7]

---

7 Um dos aspectos de representação (*Vorstellung*) levantados por Hans (1996).

No autista, "colocar diante de si" estaria, ainda, associado a congelar-se diante da primeira representação – o que o coloca em permanente movimento de inventar gestos próprios para esse escoamento sobre si mesmo, reiterando a mão única do autista na relação com a imagem de si. Desse modo, a ideia central, até aqui, é de que, no autista, não haveria a ligação em termos de fixação, de recalque das representações por vias interligadas pelas palavras. A proposição do tipo o *autista como aquele que não se liga a nada* não tem validade, pois o autista vai contrariar os princípios do psiquismo. No avesso disso, tem-se o autista como aquele que se liga ao nada. Esse nada que escapa das primeiras representações, associações, conexões e objetos externos via palavra verbal, mantendo-se na escrita não mediada pela fala. Problema nuclear a ser considerado na aposta de quando um ser humano se torna autista em vez de neurótico, psicótico ou perverso.

Freud (1911/2014), desenvolvendo os dois princípios que regem o modo como o psiquismo funciona, portanto, sua estrutura, dedica-se ao que vai escapando das representações. Há uma célebre passagem sobre as exigências internas que perturbam o apaziguamento do bebê tendo o efeito da alucinação da satisfação. Diante da não satisfação inesperada, a frustração faz o pequeno abandonar o recurso da alucinação e o aparelho psíquico precisa representar a realidade agradável e desagradável, evitando estados de privação. Essa realidade é concebida como um processo inconsciente de representação (*Vorstellung*) e julgamento da realidade psíquica constituída de atributos da percepção que o sujeito buscará reencontrar como objeto de satisfação (*das Ding*).

As funções do juízo mantêm uma ligação (*Bindung*) entre a *Vorstellung* (representação) e a necessidade (*Bedürfnis*), estando a serviço da procura por um objeto desejado (Hans, 1996). No autista, essa ligação é o ponto negativado, como se, pelas vias do autoengendramento, a pulsão não alcançasse seus representantes psíquicos, não os incorporassem nessa realidade. Desde o princípio, subsiste uma não ligação entre o objeto desejado, sua representação – não havendo, assim, o buscar (pelas vias pulsionais) seu reencontro. O autista talvez não se convença de que esse objeto está lá (representado), o que impõe, nesse ponto teórico, supor que representar é representar o outro inventando uma ligação muito própria.[8]

No jogo de juízo, afirmação e negação, são os afetos o que se nega nas relações entre desejo, prazer e representações originárias: o autista recusa algo dessa representação originária e não sua foraclusão, o que implica que esse objeto seja representado de modo original. Recusa a entrada na representação mais abstrata, *Vorstellung*, uma representação na qual o objeto seria assimilado – como significante – naquilo que ele comporta de significações e interpretações que vêm do Outro. Essa recusa pela abstração é defesa contra a alienação na linguagem. Entre a necessidade e a *Vorstellung* primordial, as imagens sensorialmente concebíveis seriam preteridas, limitando a entrada em cena do que advém como demanda.

Freud (1911/2014) mostra as consequências psíquicas da adaptação ao princípio da realidade. Os neuróticos dão as costas à realidade representada por considerá-la insuportável, no todo ou em parte. O tipo mais extremo desse afastamento da realidade aparece em alguns casos de psicose alucinatória, nos quais se procura negar o acontecimento que provocou a loucura, suspendendo sua significação, sua metaforização (fundamento do que será compreendido como foraclusão do Nome-do-pai, na psicose). As negativas como mecanismos estruturantes do funcionamento psíquico levam em consideração a relação do indivíduo com a realidade representada, na qual as coisas são representadas justamente por ganharem uma gramática. No autista, essa representação não se realizaria nos termos

---

8 A lógica do objeto autístico demonstra esse evento psíquico e como a ligação não se inscreve via cadeia simbólica aos moldes neurótico ou psicótico ou perverso.

da neurose nem da psicose: as coisas permanecem coisas imaginadas e não faladas? Concretas na linguagem e não abstratas? No lugar da repressão, cujo objetivo é a exclusão das ideias que geram desprazer, é colocado o juízo imparcial para decidir se uma ideia era verdadeira ou falsa, concordando ou não com a realidade, portanto, a partir da comparação com os traços de memória que o indivíduo tem da realidade (Freud, 1911/2014).

O novo acontecimento psíquico se transforma em ação possibilitada pela *Bejahung*, ligação dos resíduos verbais: a língua entra para organizar e regular a relação conflituosa da realidade representada. Nesse ponto, o Eu coloca em cena seus instintos sexuais de modo autoerótico, encontrando a satisfação no próprio corpo e, desse modo, não chega à frustração estabelecida pelo princípio da realidade (Freud, 1911/2014). Examinando a questão do não erotismo no autismo, em que a libido não escoa sobre objetos parciais voltando ao próprio corpo, seu funcionamento psíquico comportaria uma espécie de congelamento nesse *topos*, no qual haveria a transformação da representação em ação, do dizer e fazer da demanda impondo uma relação avessa com a realidade como princípio de regulação do psiquismo pelos resíduos verbais: nem necessidade/satisfação nem frustração, pois a experiência original consistiria em privação.[9]

Freud (1914/2010a), em "Introdução sobre o narcisismo", destaca o abandono do interesse pelo mundo externo (pessoas e coisas) na esquizofrenia e a perda da relação erótica com o exterior, diferente do histérico e do neurótico obsessivo que abandonam a relação com a realidade, mas não perdem essa relação erótica com o exterior: "A libido retirada do mundo externo foi dirigida ao Eu, de modo a surgir uma conduta que podemos chamar de narcisismo" (p. 11).

---

9 A pequena Marie-Françoise tratada por Rosine Lefort remete a essa hipótese do princípio de funcionamento do psiquismo para o autista e a importância da presença do Outro (de síntese) ante a privação.

Diversamente do que acontece na esquizofrenia, no autismo não haveria essa ligação a um objeto para ser abandonada, e a própria formação do eu é complexa, na medida em que sofre as consequências das especificidades da facilitação-ligação-representação entre o indivíduo e o mundo externo. Se o autoerotismo funda o eu na distribuição da libido, faz-se necessário não perder de vista que ainda está por se escrever, no autista, o eu, e que na formação do eu fixa-se um Imaginário maciço articulado ao Real, fechado para a inscrição das ligações residuais da linguagem.

O inconsciente (*das Unbewusste*) é o que se escreve como *ausência de contradição*, *processo primário* (mobilidade dos investimentos), *atemporalidade* e *substituição da realidade externa pela psíquica*. As representações em *W* dos primórdios do psiquismo são, agora, inconscientes, um sistema de escrita inconsciente, de traços e formas e estilos próprios em cada psiquismo: o "inconsciente é apenas a representação da coisa" (Freud, 1915/2010b, p. 106), um processo mutável em torno dessa coisa não nomeada.

Seguindo na diferença da estrutura autista e da estrutura psicótica:

> *Quanto à esquizofrenia, que aqui abordamos apenas na medida em que nos parece indispensável para um conhecimento geral do Ics, temos de nos perguntar se o processo aqui denominado repressão ainda tem algo em comum com a repressão nas neuroses de transferência. A fórmula segundo a qual a repressão é um processo que ocorre entre o sistema Ics e o Pcs (ou Cs), que resulta em manter algo distante da consciência, de toda maneira requer uma mudança, para poder incluir também a dementia praecox e outras afecções narcísicas.* (Freud, 1915/2010b, p. 107)

O autismo não é uma "afecção narcísica", portanto, não é psicose, e seu autoengendramento não se depara com um eu como corpo imaginário para estabelecer trocas prazerosas sem intermediação do princípio da realidade.

Freud (1915/2010b) lembra que "pode-se tentar caracterizar o modo de pensar dos esquizofrênicos dizendo que eles tratam as coisas concretas como se fossem abstratas" (p. 108). Até aqui, em termos de representação, o autista trata as coisas concretas como coisas concretas, as imagens são imagens, não se constituindo como abstrações verbais, sem operações polissêmicas de linguagem. Na contramão de um inconsciente mutável na lógica simbólica, das associações verbais, o autista e sua imutabilidade da coisa impõem a leitura de um inconsciente imutável ordenado em torno da representação da negatividade do objeto perdido, e não do objeto em si. Pode-se brincar que o autista sabe da inviabilidade de representar esse objeto desde o início e escolhe lidar diretamente com isso em vez de mediar essa condição pelas formas alienantes e parciais da linguagem.

Ao tomar a experiência do *Fort-Da!*, Freud (1920/2004) mostra como a ausência é o fundamento da regulação do princípio do prazer, experiência que explorei, na medida em que, para o autismo, essa alternância e inscrição da falta simbólica não se operam, por causa de sua recusa ao encadeamento significante. Na brincadeira do *Fort-Da!*, a criança – diante do desprazer pelo desaparecimento do objeto amoroso – transforma em ação essa representação hostil ligando simbolicamente, por meio de um objeto cultural e dos elementos estruturais da língua, a sua presença. Esse mecanismo de ligação atua diante do desprazer (dor física, abandono) produzindo um sistema que acolhe e transforma esse desprazer em uma de linguagem. A *intermediação psíquica* em que o "ligamento" da energia que escoa para o aparelho psíquico é a *passagem do estado de livre fluência para o estado de imobilidade*. No autismo, haveria uma total ruptura da proteção contra estímulos, não é uma ruptura de proteção. Haveria algo anterior a essa proteção pela ligação em que a ausência permanece sem objeto, em uma espécie de anterioridade até mesmo da marca de sua perda, o que constrange o ser a uma função a mais do aparelho psíquico, para além e sem se opor ao princípio do prazer; uma função independente e mais primitiva que o trabalho para obter prazer (satisfação) e evitar desprazer (frustração).

A negatividade tem centralidade na estruturação do psiquismo como tentativas do indivíduo de representar, significar, ligar-se, afirmar e julgar o objeto perdido, mantendo-o como realidade psíquica, à guisa de sua presença na realidade. A linguagem – via associações simbólicas da fala – reedita essa perda e o desamparo a cada trabalho psíquico, pois comporta em sua estrutura uma falha, uma ausência entre um e outro elemento da cadeia de onde as ligações associativas produzem o efeito do sentido. O significante, sempre retroativo, determina a mutabilidade do inconsciente, a alternância e a presença dos elementos que o estruturam.

17. A função estrutural da negativa na psicanálise

A negatividade ganha estatuto conceitual na psicanálise levando em conta que dizer conceito em psicanálise não concerne a categorias de conhecimento fechadas em si, mas a um elemento num dado conjunto de elementos intercambiáveis que se delimita como *um* dentro da unidade a cada vez que é elaborado. E, sendo categoria, sempre uma categoria aberta. Desse modo, passo às considerações sobre a negativa, em Sigmund Freud, inicialmente e, na sequência, em Jacques Lacan, ponderando que as negativas dizem da relação do sujeito com o mundo da linguagem e de seu lugar nesse campo, advindo o efeito estrutural no inconsciente.[1]

---

1 Como sempre mostrou Freud, em todas as estruturas há a premissa do recalcamento. Para Lacan, a foraclusão será a premissa em todas as estruturas. Reitero como a facilitação e a ligação estão no cerne dessa primeira ideia, diante do que suponho que na psicose houve uma ligação na cadeia simbólica. Contudo, sem o nó pela nominação paterna (Nome-do-pai), o sujeito se desliga da "realidade", do discurso pela foraclusão. Na neurose, o sujeito se liga via metáfora ao Outro, porém recalca, aos moldes de um esquecimento. Na perversão, essa ligação se sustenta justamente no desmentido de sua prevalência. No autismo, a recusa à cadeia simbólica implicada considera que o autista não se liga ao Outro como linguagem, sendo importante pensar no resíduo verbal da ligação, e não resíduos.

As articulações que contribuem para formar psiquismos são diferentes: "a neurose é o resultado de um conflito entre o Eu e seu Isso, ao passo que a psicose é o resultado análogo de uma perturbação semelhante nas relações entre o Eu e o mundo exterior" (Freud, 1924/2016b, pp. 271-272). Tanto em uma como em outra, trata-se da resposta diante do embate das forças do eu em suas tentativas de fazer valer sua versão sobre a realidade: na neurose, reconhece-se esse conflito como determinante, negando os conteúdos em cena e, na psicose, nega-se a própria realidade representada. Os traços distintivos entre neurose e psicose resultam do fato de que:

> *na primeira, o Eu, dependente da realidade, reprime (unterdruckt) uma parte do Isso (da vida pulsional), enquanto o mesmo Eu, na psicose, a serviço do Isso, afasta-se de uma parte da realidade. Para a neurose, seria então decisivo o predomínio da influência real (des Realeinflusses), e para a psicose a do Isso. A perda da realidade estaria dada de início para a psicose;*

Segundo Hans (1996), a *Bindung* remete à palavra "laços" e não a "relação", conexão, mas se refere àquilo que enlaça via representação, podendo evocar imagem de "fixação", "aprisionamento", "imobilização", aludindo à fixação e à libertação nos processos de circulação nas diversas dimensões psíquicas. No "Projeto para uma psicologia científica" (Freud, 1895/1995), o termo *Bindung* é utilizado em sentido restrito, designando a ligação (fixação) da energia nos neurônios. A partir de *Além do princípio do prazer* (Freud, 1920/2004), a *Bindung* (ligação) e a *Entbindung* (liberação) voltam a ter destaque, na obra freudiana, como mecanismos fundamentais na regulação psíquica. De forma geral, o termo *Bindung* abarca as atividades ligadas a Eros, cuja finalidade é unir, ligar, reter formando uma unidade (Hans, 1996). O mecanismo de ligação também entra em ação quando se trata de anular ou reduzir a ação da silenciosa pulsão de morte. Acredito que ocorre a ausência da ligação pela não erotização no autismo, de onde essa fixação se daria em S1 persistindo na fixação e resistindo à ligação, no resíduo da negativa primordial como desenvolverei, pois o "ligar" inclui (en)laçar.

para a neurose, ao que parece, ela seria evitada. (Freud, 1924/2016b, p. 279)

Na psicose, a gênese consistiria na perda, no deixar de fora a realidade, enquanto, na neurose, o sujeito busca evitar a realidade, mas tomando-a para si via representação e fantasia. Para Freud (1924/2016b), a situação inicial da neurose pode ser assim descrita: "o Eu, a serviço da realidade, empreende o recalcamento de uma moção pulsional" (pp. 279-280), a neurose reage contra o recalcamento e, no fracasso deste (que causa desprazer), há um afrouxamento do vínculo com a realidade e não seu rompimento como se dá na psicose. O que se recalca são as exigências pulsionais: a neurose evita parte da realidade, cria substitutos dessa parte renegada, a fantasia, o brincar, o devaneio, o sonho. Na psicose, a realidade apartada é reestruturada nos delírios ou é de toda negada como nas alucinações: "não apenas conta a questão da *perda da realidade*, mas também a de uma *substituição da realidade*" (p. 284). No autismo, a força restrita em cena seria a imutabilidade, sua *ananké*, necessidade real diante da tensão que instaura o psiquismo, sendo importante destacar qual substituição faz o autista dessa realidade recusada, considerando que o termo "substituição" não caberia na lógica metafórica, como é possível para a neurose e para a psicose (metáfora delirante; Calligaris, 1989).[2]

---

2 Ao longo da obra de Freud, os diversos termos empregados no sentido de "negação" psíquica (*Verdrängung, Verleugnung, Verneinung* e *Verwerfung*) vão adquirindo certas preponderâncias de uso, sem que se possa afirmar que Freud lhes tenha conferido papéis rígidos e únicos nos processos psíquicos, conforme destaca Hans (1996). Entretanto, de forma geral, Freud define que o que é negado são as representações (*Vorstellungen*), e não os afetos. As *Vorstellungen* são "ideias" compostas de material representável (articulação ao nível interno de percepções, imagens acústicas, visuais, olfativas, palavras etc.), são a reprodução e a elaboração lógico-temática interna das percepções recolhidas. Nesse sentido, as *Vorstellungen* são a representação interna da realidade e, portanto, serão o

Para que aquilo que ocupa o psiquismo como representação ou pensamento recalcado possa chegar à consciência, é preciso que seja negado, pois para Freud (1925/2016c): "A negação é uma maneira de tomar conhecimento do recalcado; na verdade, é já uma suspensão do recalcamento (*Verdrängung*), mas evidentemente não é uma admissão do recalcado (*verdrangten*)" (p. 306). Há que haver representação para existir negação. A questão do autista é anterior e estaria atrelada ao elemento residual da primeira ligação e facilitação.

---

objeto da recusa e da distorção. A rigor, não se pode considerar a *Verleugnung*, em Freud, um mecanismo exclusivo da perversão. Hans (1996) ressalta que Freud o emprega no sentido genérico de negar uma evidência intolerável. Para ele, a diferenciação psicanalítica entre a psicose e a perversão reside no encaminhamento psíquico dos conflitos e contradições decorrentes da *Verleugnung*. De forma geral, o que diferencia o emprego do termo *Verleugnung* nos dois quadros é a forma de resolução do conflito. O conflito básico em jogo é a questão da castração: após a *Verleugnung* da castração, o psicótico tende a substituir a realidade, negando a castração, foracluindo; portanto, na psicose a negação da castração irá prevalecer. O perverso, por seu turno, unifica a negação da castração (recusa de reconhecer a castração) e seu reconhecimento por meio do fetiche ou de outros tipos de substituição. Hans (1996) especifica a *Verleugnung* como negação e recusa, a *Verwerfung* como rejeição, foraclusão, a *Verneinung* como denegação, e *Verdrängung* como repressão e recalque. O termo *Verwerfung*, em referência à psicose, remete a uma eliminação/liquidação (arremessar para longe); a palavra *Verleugnung* evoca um processo em que se nega a castração, o confronto com a realidade não cessa; a palavra *Verdrängung* se refere a um desalojar (colocar de lado), de forma que não se tenha de confrontar o material recalcado (mas este permanece próximo, pressionando pelo retorno); e o termo *Verneinung* abarca a negação no nível do julgamento, daquilo que é falado na dimensão lógico-formal; psicanaliticamente também se liga à projeção e à expulsão, lembra Hans (1996). Entretanto, além de servirem à função racional (intelectual) de atribuir e verbalizar juízos sobre a realidade, as atividades de *verneinen* (negação) e *bejahen* (afirmação) continuam ligadas a funções arcaicas do ego-prazer (a "expulsão" ou a "incorporação" de determinados conteúdos conforme características de prazer-desprazer). Por meio da *Verneinung*, o sujeito nega determinados conteúdos que lhe são potencialmente desagradáveis. No avanço deste trabalho, retomarei esses termos, suas traduções e delimitações no campo psicanalítico.

Nos mecanismos da negação, está posto o mecanismo do juízo: "Negar algo no juízo, significa, basicamente: isso (já afirmado) é alguma coisa que eu preferiria recalcar" (Freud (1925/2016c), p. 307). O "não", no discurso do paciente, é o certificado de origem do recalcamento, pois o juízo precisa tomar uma ou outra decisão: atribuir ou desatribuir uma qualidade a uma coisa representada que deve ser ou não aceita na realidade pisíquica.

Essas funções do juízo conversam com o que se estabeleceu, na psicanálise freudiana, de dualismo das pulsões, *isto deve estar em mim e isto eu quero tirar de mim*, acompanhado pelo binarismo de sua gramática. A primeira função concerne, então, à qualidade "sobre a qual se deve decidir, poderia ter sido originariamente boa ou má, útil ou nociva", e a segunda função, diz respeito a aceitar ou contestar a existência de uma representação na realidade, pois "não se trata mais de saber se algo percebido (uma coisa) deve ou não ser acolhido no Eu, mas se algo presente no Eu como representação pode também ser reencontrado na percepção (realidade)" (Freud, 1925/2016c, pp. 307-308). Importante destacar que a partir desse dualismo pulsional, a questão opositiva prevalece na lógica da realidade psíquica para Freud e a questão realidade e representação é tomada como uma questão do fora e do dentro. Com isso, a subjetividade, o que não é a realidade, é interno e o outro é o real, a realidade presente no exterior, prevalecendo uma oposição entre subjetivo e objetivo como origem do conflito psíquico: a topologia freudiana, havendo uma, concerne a princípios binários e às propriedades do psiquismo. Essa oposição resultará no binarismo estrutural da linguística e da cadeia simbólica e que não responde por tudo que não é nem fora nem dentro da linguagem. Nesse conflito, o julgar é uma ação objetiva regulada pelo princípio de prazer do que se inclui no Eu ou se expulsa para fora do Eu a partir de determinada representação. Tanto juízo como negação são efeitos da afirmação que substitui a união e pertence a Eros, pulsão de vida (Freud, 1925/2016c). A negação substitui a expulsão e pertenceria à pulsão de morte. Que tipo de afirmação (*Bejahung*) se estabeleceria no autismo se esta pertence a Eros, considerando que não há o Eros do autoerotismo do narcisismo primário, nessa estrutura? Possivelmente um resíduo mudo no sentido de não se fazer ouvir ao outro.

Freud (1925/2016c, p. 306) descreve várias formas de negação, desde a negação primordial (*Ausstossung*), uma expulsão relacionada ao princípio de prazer e ao movimento de introjetar o que é bom e expulsar o que é ruim, até à denegação (*Verneinung*). O que está em jogo, portanto, não é apenas uma oposição afirmação e negação, mas "uma série de negações e negações de negações que engendram um processo no qual o afirmado e o negado não são excluídos pela negação seguinte, mas superados (*aufgehoben*)". Nesses termos, a negação é o destino que o sujeito dá à representação primordial e negar é manter fora algo que o sujeito quer, superar uma perda.

Jacques Lacan, mesmo reconhecendo a importância das impregnações imaginárias para o inconsciente, lembra que o Simbólico é a lei que orienta a cadeia e não essas impregnações. São significantes que nos regulam e não imagens, já que estas não comportam negações:

> *Mas nós estabelecemos que é a lei própria a essa cadeia que rege os efeitos psicanalíticos determinantes para o sujeito, tais como a foraclusão (Verwerfung), o recalque (Verdrängung) e a própria denegacão (Verneinung), acentuando com a ênfase que convêm que esses efeitos seguem tão fielmente o deslocamento (Entstellung) do significante que os fatores imaginários, apesar de sua inércia, neles não figuram senão como sombras e reflexos.*
> *(Lacan, 1956/1998e, p. 13)*

Ao estruturar o inconsciente como linguagem, enfatizando a primazia da fala como o que rege a experiência psicanalítica, Jacques Lacan associa os mecanismos estruturais da negação ao Simbólico e como as modalidades de negação acompanham o deslocamento do significante na cadeia de fala (o que Freud mostrou na gramática do paciente com os jogos opositivos entre sim e não): a negativa segue o deslocamento, o encadeamento significante, aspecto que não se pode perder de vista para o autismo, haja vista que esse encadeamento simbólico está congelado pela recusa (*Verleugnung*), nele mesmo, trocando o encadeamento pelo autoengendramento simbólico.

Nesse ponto, coloco o paradoxo de minha questão de investigação em pauta. Aceitando que o autismo é uma condição subjetiva, um modo de habitar a linguagem na qual o inconsciente estruturado como uma linguagem é vinculado não apenas com o Simbólico de modo isolado, mas com o Real na linguagem, é válido supor que uma outra negativa justificaria o autismo como estrutura subjetiva. Nessa condição, busco reconhecer uma modalidade de negativa (e negação) que acompanhe outra lógica de deslocamento significante que não na linearidade binária da língua, pois o congelamento da cadeia – traço distinto da imutabilidade – impede esse deslocamento em termos tanto metonímicos como binários, assim como substituições metafóricas. A topologia lacaniana, primando pelas transformações contínuas e descontínuas entre as dimensões da realidade psíquica permite esse deslocamento não mais como seriação significante, mas como ordenação. Assim, valeria questionar se a negativa do autismo poderia ser alocada dentro das negativas freudianas estudadas por Lacan como uma quarta negativa reduzida ao radical *Ver-*, na medida em que os outros morfemas dos termos concernem à relação do sujeito com seu inconsciente: representações, ligações, afirmação e negação, funcionamento que coloca o sujeito em dialética com o Outro.

Lacan reforça o caráter meramente simbólico como um dos modos do sujeito do inconsciente falar ao elocubrar sobre causalidade psíquica em psicanálise, escondida sob as negativas:

> *Eis por que todas as considerações sobre a síntese do Eu não nos dispensam de considerar seu fenômeno no sujeito, isto é, tudo o que o sujeito compreende por esse termo e que, precisamente, não é sintético nem apenas isento de contradição, como sabemos desde Montaigne, porém, muito mais que isso, desde a experiência freudiana, designa aí o lugar mesmo da* Verneinung, *ou seja, do fenômeno pelo qual o sujeito revela um de seus movimentos pela própria denegação que faz deles, e no momento mesmo em que a faz. Ressalto que não se trata de um desmentido de pertencimento, mas de uma negação formal: em outras palavras, de um fenômeno típico de desconhecimento e sob a forma invertida em que insistimos, forma cuja expressão mais habitual "Não vá pensar que..." já nos fornece essa relação profunda com o outro como tal, que valorizaremos no Eu.*
>
> *Do mesmo modo, não nos demonstra a experiência, ao mais singelo olhar, que nada separa o Eu de suas formas ideais (*Ich Ideal, *onde Freud recupera seus direitos), e que tudo o limita pelo lado do ser que ele representa, uma vez que lhe escapa quase toda a vida do organismo, não só na medida em que ela é desconhecida com a maior normalidade, mas também por ele não ter que conhecê-la em sua maior parte.* (Lacan, 1946-1966/1998i, p. 180)

Lacan (1946-1966/1998i) lembra que a prematuridade do bebê impõe a maturação precoce da percepção e seu valor de antecipação funcional, resultando na prevalência de uma estrutura visual prematura, em que a imagem corresponde à primeira identificação, o primeiro reconhecimento pelo outro como semelhante. Entre essa motricidade e a percepção visual – o olhar – no autismo, a recusa a esse primeiro reconhecimento pode ser suposta na ausência de resposta do pequeno ao olhar do outro, assim como a não resposta à voz do outro, não instaurando a dialética demanda e desejo. Sobre essa "não resposta" um adendo.

O olhar é um evento mais complexo que o ver com o olho, não se tratando apenas de localizar seres e objetos no chamado campo de visão. Ao primar pelas partes, preferir ler em blocos ou construir blocos mentais conforme me foi dito, o autista recusa não a unidade do eu, considerando a distância com a fragmentação nas psicoses, mas justamente a associação entre as partes a ser estabelecida no olho do semelhante e a força da alienação imaginária contida nisso: eu sou isso que o outro diz que sou. Recusar o olhar do outro, recusar a olhar a boca do outro, recusar a olhar as partes do próprio corpo como bebês olham suas mãozinhas é um modo de negar-se a essa primeira alienação. Porém, os custos subjetivos são altos: como então se dá forma ao eu? Uma hipótese pode ser tirada do tempo de separação e aproximação de crianças nas vias do autismo em pequenos grupos: em círculo, mantém-se de costas. Não poucas vezes objetos com os quais brincam isoladamente passam a ser movidos nesse espaço, ser mudados, transferidos para outras posições até que chegue de frente para outra criança, ou caia na mão de outro semelhante, pois se encontra na mesma superfície, numa espécie de prototransitivismo. Seguindo esse objeto com o olhar, às vezes de modo silencioso, a criança encontra o outro aderido a esse pedaço de corpo, outro que pode reconhecer que esse objeto é o dele, nomear essa posição. Isso é apenas um acontecimento, pois a formação do eu no autismo não segue uma formulação, havendo aquele que numa mesma situação com outras crianças, agitado, num ir e vir e astuto com as palavras, mas sem dar sinais de que se importa com o outro ali, ao final oferece um desenho com traços definidos que representam todos que ele foi encontrando nesse deslocamento imutável, formando uma unidade em seu entorno feita de partes separadas, pois a palavra farta não enlaça essas formas pelos nomes que lhe seriam referentes. Esse espelhamento às avessas estrutura um psiquismo cujo eu não irá reter, pelo menos imediatamente, considerando nossa ânsia neurótica, o nome próprio que vem da boca do outro.

Lacan distingue as relações do sujeito com a estrutura, reafirmando a indissolúvel relação da negativa com o Simbólico, entendido como funcionamento da cadeia (de significantes). Sendo indissolúvel, o autismo reivindica outra relação na medida em que sua recusa à prevalência da fala como mecanismo defensivo – solução diante do Real – estruturalmente diz respeito a uma negação da cadeia simbólica, e não apenas na cadeia simbólica:

> *E, quando contestam a função que definimos, segundo Freud, como sendo a da* Verwerfung *(foraclusão), acaso creem refutar-nos ao observar que o verbo do qual esta é a forma nominal é aplicado por mais de um texto ao juízo? Somente o lugar estrutural em que se produz a exclusão de um significante varia entre os processos de uma judicatura unificada pela experiência analítica. Aqui, é na própria síntese do código com o lugar do Outro que jaz a falta de existência que nem a totalidade dos juízos de realidade em que se desenvolve a psicose conseguira preencher. (Lacan, 1960-1966/1998k, p. 667)*

As estruturas são inscrições na cadeia simbólica no embaraço com o Outro. Nesses assentamentos na linguagem, o lugar estrutural da negação é o da elisão do significante na cadeia em relação a outro significante. Assim, o que distinguiria uma estrutura da outra seria o lugar dessa negativa na cadeia, seria o significante ali afirmado a ser elido, excluído, suprimido, renegado, colocado para fora. A negação faz desaparecer completamente o significante afirmado localizando no vazio o sujeito:

> O modo original de elisão significante que aqui tentamos conceber como a matriz da Verneinung afirma o sujeito sob o aspecto do negativo, instalando o vazio em que ele encontra seu lugar. Propriamente, isso não passa da ampliação do corte em que se pode dizer que ele reside na cadeia significante, uma vez que é seu elemento mais radical em sua sequência descontínua e, como tal, o lugar de onde o sujeito garante sua subsistência de cadeia. (Lacan, 1960-1966/1998k, p. 672)

Nas psicoses, é o significante Nome-do-pai, o significante da castração que é colocado para fora; na neurose, esse significante da lei vai e volta em torno do centro vazio que ele mesmo instaura, pois, no lugar ocupado pelo falo, algo se desprega da cadeia, afasta o simbolismo fálico da centralidade e dá seu lugar ao objeto *a*; na perversão, esse significante é reconhecido como faltoso, a mãe é não toda fálica, todavia, o perverso cria – via fetiches, via discursos como o masoquista – substitutos que renegam essa lei, que renegam o falo negativizado colocando-se a trabalho de preencher a falta do Outro, torná-lo todo e dele se servir. O Outro, como aquele que carrega esse significante, em jogo na cena de reconhecimento dessa condição faltosa, é marca estrutural, compõe o Simbólico.

18. A negativa no inconsciente estruturado como uma linguagem: das negações na gramática à negatividade do objeto

Jacques Lacan, nos anos 1950, a partir da foraclusão do Nome-do-pai (do significante como lei), ampliou as elaborações do inconsciente estruturado como uma linguagem e retomou a negativa freudiana como uma série fechada: a *Verwerfung* (foraclusão), a *Verdrängung* (recalque) e a *Verneinung* (denegação). Iniciou com a "Introdução ao comentário de Jean Hyppolite sobre a '*Verneinung*' de Freud" (Lacan, 1954/1998c), apresentado nos *Escritos* como Apêndice 1, seguido pelo "Comentário falado sobre a '*Verneinung*' de Freud", feito pelo filósofo Jean Hyppolite (1954/1998) e, na sequência da Introdução, a "Resposta ao comentário de Jean Hyppolite sobre a '*Verneinung*' de Freud" (Lacan, 1954/1998d). Se remeto a essa sequência de textos é para destacar o arranjo do discurso estabelecido desse ponto negativado na cadeia significante, algo a mais do que a leitura linguística estrutural que o psicanalista francês vem fazendo a partir do funcionamento da língua e do inconsciente.

Lacan (1954/1998c), desde a *Verneinung* (denegação), mostra como a negação está atrelada à função da fala e do significante na experiência analítica, diante da transferência e da resistência, naquilo que esta diz do recalque.[1] Para ele, Freud nos revela um acontecimento estruturante no diálogo:

> Existe a dificuldade fundamental que o sujeito encontra naquilo que tem a dizer; a mais comum é a que Freud demonstrou no recalque, ou seja, essa espécie de discordância entre o significado e o significante que é determinada por toda censura de origem social. (Lacan, 1954/1998c, p. 373)

A negativa compõe a dificuldade no dizer e está submetida à função da fala de carregar a cadeia significante que, por sua vez, é onde se localiza essa negativa, esse ponto vazio do impasse no que o sujeito tem a contar. Se no autismo a marca estrutural incide sobre a recusa à primazia da fala – a essa cadeia, é possível considerar uma negativa dessa negativa no Simbólico, na anterioridade da cadeia simbólica, porque, nesse acontecimento estruturante, é essa dificuldade negativada que faz essa cadeia. Paradoxos do ser falante: está no próprio discurso o que lhe causa e o que lhe impacta como marcas do impossível de dizer. E, justamente como resposta a isso, a estrutura como topologia permite soluções e torções no dizer diante desses impasses, porque as palavras, mesmo comuns aos falantes, não se tornam uma prática de discurso comum a todos.

A resistência é um fenômeno do Eu que tem relações com as outras instâncias do sujeito e o recalque, por sua vez, é inconsciente. O fato é que a negativa está enlaçada ao Eu como organizadora dessa instância psíquica. Lacan (1954/1998c) mostra como essa resistência na análise é um fenômeno decorrente do recalque e da negativa entrelaçada ao Outro: "a análise deveria ficar subordinada

---

[1] Sobre a resistência, Lacan não deixa de lembrar que esta não concerne a um elemento estrutural, mas a um mecanismo restrito à transferência.

à condição primordial de o sujeito ter o sentimento do Outro como existente. É exatamente aqui que começa a questão: qual é o tipo de alteridade pela qual o sujeito se interessa nessa existência?" (p. 375). O sujeito do inconsciente se interessa por uma alteridade, uma vez que o inconsciente é esse outro assimétrico que o sujeito desconhece (de si), o Eu não sabe dele, é-lhe estranho. A questão é sobre o tipo de alteridade.

Evoco dois pontos: primeiro, o inconsciente estruturado como uma linguagem é a linguagem como lei, simbólico por esta comportar uma incompletude; segundo, a linguagem abrange elementos inerentes da linguagem e não apenas o binarismo saussuriano da estrutura da língua, como a poética e suas formações. O Outro, a alteridade que constitui o sujeito, seu estranho e inconsciente, prevalece como estrutura naquilo que o significante que carrega o traço unário esvaziado de sentido e, por conta disso, representa o sujeito para outro significante; prevalece como o laço social e as posições do sujeito na linguagem, sua estrutura subjetiva. O que é excluído na estrutura do inconsciente retorna na fala do paciente presentificando essa negatividade.[2] Essas considerações revelam, novamente, como a negativa está vinculada, até aqui, ao Simbólico e, mais ainda, ao Outro: "O inconsciente é o discurso do Outro", é a fórmula de Lacan (1954/1998c, p. 381) para essas relações entre recalque e inconsciente. Mas, ao partilhar sua "verdade" o sujeito partilha a mentira:

> *Mas, basta dizer isso? E poderia a fala aí retraída não se extinguir diante do ser-para-a-morte, depois de se haver*

---

2 Excluído como não sabido e, desde esse ponto, esse "*não*" não se limita à oposição saber e não saber, mas a um núcleo que fundaria o contraditório, numa espécie de blasfêmia contra o não contraditório do inconsciente freudiano sustentado pelos pares opositivos. Lugar do nada que gera a coisa.

dele aproximado num nível em que somente o chiste ainda é viável, sendo que as aparências de seriedade para responder a sua gravidade já não funcionavam senão como hipocrisia? Assim, a morte nos traz a questão daquilo que nega o discurso, bem como de saber se é ela que introduz neste a negação. Pois a negatividade do discurso, na medida em que faz existir o que não está ali, remete-nos à questão de saber o que o não-ser, que se manifesta na ordem simbólica, deve à realidade da morte. (Lacan, 1954/1998c, p. 381)

A negativa concerne não apenas à falha, ao recalcado claudificante no discurso, mas ao Real, ao impossível que existe como o que não está ali, como presença vazia, como o que está na linguagem como exclusão. Morte faz as vezes aqui do nada, do que *ex-siste* fora na linguagem e é nesses termos que a morte se encarna como significante. É da leitura dessa relação da negativa com o que é excluído na linguagem, para além das estruturas linguísticas, que Lacan (1954/1998c) convoca o filósofo francês Jean Hyppolite para comentar a *Verneinung* de Freud.

Hyppolite (1954/1998), concordando com Lacan, diz que seria melhor traduzir *Die Verneinung*, por "a denegação", pois não é a negação de alguma coisa no juízo, mas uma espécie de julgar ao contrário. Não à toa, Freud retoma o tema em um artigo dedicado ao fetiche, como a negativa que concerne à perversão, sempre contrária à lei. Julgar ao contrário tem o sentido de reconhecer algo, mas contestar por um desdizer – desfazer no discurso. Há uma diferença entre a negação interna ao juízo e a atitude da negação. Freud apresenta a denegação como um *modo de apresentar o que se é à maneira do não ser*. Hyppolite chama a atenção para a palavra que Freud emprega em suas considerações sobre essa denegativa, *Aufhebung*:

É a palavra dialética de Hegel, que ao mesmo tempo quer dizer negar, suprimir e conservar e, no fundo, suspender. Na realidade, pode ser a Aufhebung *de uma pedra, ou também a cessação de minha assinatura de um jornal. Freud nos diz nesse ponto: "A denegação é uma* Aufhebung *do recalque, mas nem por isso é uma aceitação do recalcado". (Hyppolite, 1954/1998, p. 895)*

Suspender o recalque como funcionamento indica que a negação (do desejo) foi negada numa espécie de dupla negação: negativa da negativa, uma *Verneinung* da *Verdrängung* reconhecendo o desejo e negando-o. Hyppolite (1954/1998) lembra que Freud disse que, nesse ponto, reconhece o desejo, mas nega o que se quer ser; o intelectual se separa do afetivo, pois, na *Aufhebung*, há *uma descoberta profunda do sujeito, saber inconsciente*, diga-se. O intelectual é a suspensão do conteúdo pela via da sublimação: trata-se de aprimorar esse conteúdo ao alcance de um significante que o valha.

A proximidade da negatividade com a morte (pulsão de) é lida por Hyppolite, retomando o filósofo alemão Friedrich Hegel, deste modo:

no fim de um capítulo de Hegel, trata-se de fazer a verdadeira negatividade substituir esse apetite de destruição que se apodera do desejo, e que é concebido ali de um modo profundamente mítico muito mais do que psicológico, substituir, dizia eu, esse apetite de destruição que se apodera do desejo, e que é tal que, no desfecho derradeiro da luta primordial em que os dois combatentes se enfrentam, não haveria mais ninguém para constatar a vitória ou a derrota de um ou do outro, uma negação ideal. A denegação de que Freud fala aqui, na medida em que é diferente da negação ideal em que se constitui

> *o que é intelectual, mostra-nos justamente essa espécie de gênese cujo vestígio, no momento de concluir, Freud aponta no negativismo que caracteriza alguns psicóticos.* (Hyppolite, 1954/1998, p. 896)

A negatividade consistiria, segundo o filósofo, na passagem para a afirmação (pela tendência unificadora do amor, Eros, pulsão de vida) e teria sua origem a partir dessa pulsão de morte, da tendência destrutiva (Tanathos) como a negativa radical – a foraclusão da psicose como destruição do desejo.[3] Na argumentação sobre a negativa freudiana, prevalece a negação da negação: ao aceitar o recalque, nem assim o recalcado é suprimido. Essa dialética da negativa freudiana é assim descrita por Hyppolite:

> *Primeira etapa: eis o que não sou. Disso se concluiu o que sou. O recalque continua a subsistir sob a forma da denegação. Segunda etapa: o psicanalista me obriga a aceitar em minha inteligência o que eu negava há pouco; e Freud acrescenta, depois de um travessão e sem dar outras explicações "–: O próprio processo do recalque ainda não foi suspenso* (aufgehoben) *por isso".* (Hyppolite, 1954/1998, p. 897)

Há uma negatividade inacessível ao Eu mesmo pelas formações simbólicas do inconsciente, mesmo quando reconheço algo do desejo. A negação da negação é fato simbólico: o sujeito continua negando/recalcando o que concerne ao seu desejo; quando faz isso, diz do desejo e, para manter esse modo de funcionamento do inconsciente,

---

3 *A paixão do negativo* (Safatle, 2006). Porém, a destruição do desejo vai, no avanço da dialética lacaniana, desaguar na negatividade do objeto *a*, onde essa destruição corresponderia à causa do desejo, por inscrever a falta da falta.

nega ter negado, o que só é possível depois de afirmá-lo. Ambas as negativas incidem sobre a primeira afirmativa. Segundo Hyppolite (1954/1998, p. 898), lembrando que afeto e intelecto não se dissociam, a "afirmação primordial não é outra coisa senão afirmar; mas negar é mais do que querer destruir", e Freud mostrou isso ao usar *Ausstossung* para falar da expulsão, enquanto a afirmação mantém-se como força (psíquica) de atração. Forças que fundam o juízo, em dois tipos, o juízo de atribuição e o juízo de existência: "A função do juízo... deve, de uma coisa, dizer ou desdizer uma propriedade, e deve, de uma representação, declarar ou contestar sua existência na realidade", cita Hyppolite (1954/1998, p. 898), do texto freudiano sobre a negação.

A contribuição do filósofo é fundamental para avançar na compreensão da negativa freudiana, deslocá-la, da fala e da gramática do sujeito, para outra dimensão do dizer onde se considera que a negação do juízo atributivo e a negação do juízo de existência estão posicionadas do lado de cá da negação no momento em que se manifesta no discurso. Vale ressaltar que o dualismo com que se lê o texto freudiano limita a compreensão das proposições das negativas caso seja mantida a ideia de um embate entre pulsão de vida e pulsão de morte.

Em termos de estrutura do inconsciente como uma linguagem, a colocação de Hyppolite (1954/1998, p. 899) ajuda a alcançar a função da negativa: "A distinção entre o estranho e ele mesmo é uma operação, uma expulsão... o ruim,... o que é estranho ao eu... o encontrado do lado de fora... é lhe inicialmente idêntico."[4] A operação que funda o juízo de atribuição é a expulsão: antes da introjeção, há a expulsão. Para o juízo de existência (representação), trata-se da relação entre representação e percepção, em que o

---

4 A experiência do "estranho familiar" ao ser falada em análise mostra do que se trata esse insuportável e inominável fora da linguagem, mas na linguagem.

importante, continua Hyppolite (1954/1998), em seu comentário, "é que, 'no começo', da na mesma, é indiferente saber se há ou se não há. Há. O sujeito reproduz sua representação das coisas a partir da percepção primitiva que teve delas" (pp. 899-900), uma existência despredicada, pois há uma existência sem qualidades, sem juízos. Interessante como, na língua portuguesa brasileira, esse verbo "Há" congrega diferentes temporalidades passadas e presentes: há, neste momento, uma reunião acontecendo; há poucos dias, ele foi embora; há tempos tive um sonho, entre outras possibilidades linguageiras. Entretanto, o importante é que localiza o ser como sincronia no discurso, onde na gramática toca a estrutura e seu singular. Nessa existência sem atributos, a prova da realidade está em reencontrar o objeto pela representação, em razão de que aquilo em questão no juízo de atribuição era expulsar ou introjetar esse objeto e, no juízo de existência, de atribuir ao eu (ao sujeito), "uma representação à qual seu objeto já não corresponde, mas correspondeu numa volta atrás." O juízo nasce a partir das pulsões primárias, ainda na lógica do dualismo externo e interno, onde a apropriação e a expulsão do Eu se dá pelas vias do princípio do prazer.

Hyppolite (1954/1998) realça que o negativismo e o instinto de destruição não correspondem à negação, pois esta é o lugar de fundação, da gênese do inconsciente via expulsão e atribuição, da qual advém o prazer em negar, na supressão (desaparecimento, recalcado) dos componentes libidinais na negação radical da psicose. O símbolo da negação (e não da afirmação) concerne à atitude do sujeito, e não à destruição: negar, no Simbólico, é uma atitude de criação, por isso sublimação. É o símbolo da negação, na fala, que liberta o sujeito do recalque e lhe possibilita enfrentar a coação do princípio do prazer, como ocorre nos chistes. A dissimetria entre afirmação e negação constitui o sujeito do inconscienteonde o "não" existe para tornar ao Eu o inconsciente como desconhecido, não sabido, pois as fórmulas negativas (na gramática do sujeito) detêm o avanço do inconsciente, ao mesmo tempo que o recusa, conforme encerra Hyppolite:

> *Que significa, portanto, essa dissimetria entre a afirmação e a negação? Significa que todo o recalcado pode ser novamente retomado e reutilizado numa espécie de suspensão, e que, de certo modo, em vez de ficar sob a dominação dos instintos de atração e de expulsão, pode produzir-se uma margem do pensamento, um aparecimento do ser sob a forma do não ser, que se produz com a denegação, isto é, onde o símbolo da negação fica ligado à atitude concreta da denegação. (Hyppolite, 1954/1998, p. 901)*

Haveria uma negação como símbolo estrutural seguida da denegação como atitude concreta, tal qual a recusa radical na psicose? Cada estrutura corresponderia a variações dessa atitude, ao "uso" do símbolo da negação? Abre-se a perspectiva da negação como lógica e não como fenômeno, o que quer dizer que a estruturação do sujeito se dá pela articulação de diferentes dimensões do discurso a partir das ligações e arranjos entre as negativas, a afirmação primordial e a negação, e não apenas como acontecimento gramatical, pois essas modulações do ser se dão na linguagem e nas dimensões da língua para além das dimensões imaginárias da fala e do sentido.

Em sua "Resposta", Lacan (1954/1998d) enfatiza a relação do sujeito e de seu momento mítico de "criação simbólica da negação em relação à *Bejahung*", *à facilitação*, acrescentando que "não podemos sequer relacioná-la com a constituição do objeto, uma vez que ela concerne a uma relação do sujeito com o ser, e não do sujeito com o mundo" (p. 384), de onde depreendo que não há objeto na negação.[5]

---

5 No seminário de 1961-1962 sobre a identificação, Lacan (2003a) faz uma importante torção, à medida que entra na topologia e define o objeto pequeno *a* como

Lacan (1954/1998d) lembra que, no texto freudiano sobre a negativa de 1925, o afetivo corresponde à simbolização primordial que conserva os afetos na estrutura discursiva e, essa estrutura, também intelectual, traduz pelo desconhecimento o que a simbolização primordial deve à morte. Nesse dito, Lacan enlaça ao Simbólico, via negação como estrutura discursiva de afeto e intelectual, a simbolização primordial e o desconhecimento, a gramática e o recalque, enlaça Simbólico e Real. A negativa como interseção "imediata na medida em que ela opera sem intermediário imaginário, mas que se mediatiza, ainda que precisamente sob uma forma que se renega, pelo que foi excluído no primeiro tempo da simbolização" (1954/1998d, p. 385): em cena, as categorias de Real, Simbólico e Imaginário articuladas em torno de um centro vazio. Novamente, ratifica-se o caráter simbólico da negativa enlaçada ao Real sem intermediação pelo Imaginário. Passo importante, na medida em que na estrutura do autista prevalece o enlace entre Imaginário e Real, havendo um congelamento na simbolização primordial retido na lógica da exclusão original, lugar de onde habitará a linguagem, autoexcluído da simbolização em cadeia. Diferente do psicótico, que se localiza na cadeia, mas não partilha sentidos e lógicas, portanto, fora do discurso, o autista partilha sentidos possíveis desde que invariáveis, participando dos discursos. E não são poucas as vezes em que o silêncio ou a verborragia são tomados como fora do discurso, como se não lessem e compreendessem as significações que circulam. Ao cabo de distinção com a estrutura perversa, o autista não atribui juízo sobre o desejo do Outro, portanto, não pode vir a dar cabo dele ou tomá-lo como todo, o que está longe de

---

objeto (ainda) do desejo, depois será alçado a objeto causa do desejo. Ele depõe a negativa da gramática do sujeito, do Simbólico e a incide sobre esse objeto, do Real – não há objeto da negação e isso é uma ordenação lógica, pois não se trata de negar o (objeto do) desejo. Retomarei esse seminário no andamento dessas elaborações.

considerar que o autista não atribui juízo atributivo e de existência em sua realidade psíquica. Retomarei esse argumento, haja vista que ele pode ser injustamente proferido em sentenças do tipo "o autista não tem senso moral". O embaraço em um ou outro juízo será solucionado pelo outro afiadíssimo, como mostrarei. Diante da neurose, fica mais tangível que o autista ignora que somos desejantes, o que causa no bom neurótico severa angústia pela não resposta dialetizada nesses encontros.

Como afirmar hipoteticamente isso em termos de estrutura topológica? Lacan (1954/1998d) faz considerações sobre as estruturas ditas psicopatológicas, levando em conta a premissa Real, Simbólico e Imaginário na negativa. Essas estruturas colaboram para se compreender a clínica, teoria e técnica, colocando no centro da questão a negação. "O Homem dos Lobos", notório caso clínico freudiano, tem na sua alucinação o vestígio de uma lembrança infantil – resíduo do Real da primeira ligação –, mostrando como uma outra negação é o mecanismo em cena, mesmo Freud refutando o recalque (*Verdrängung*), pois da castração o sujeito nada queria saber. No caso, o Homem dos Lobos gritava por todos os lados a ameaça da castração – ainda não castrado? Com esse sujeito, não se trata mesmo do recalcado da neurose, mas de outra negação, partindo da colocação freudiana de que *ele nada queria saber do recalque* (lembro que na *Verdrängung* o sujeito quer saber do recalque, mas mantém o recalcado): do recalque ele queria saber nada, nada saber ele queria do recalque, nada ele queria saber do recalque, saber nada do recalque ele queria, entre outras variações dessa gramática, em que se reconhece haver um nada, um não, um impossível de saber para Sergei Pankejeff, seja qual for a transformação na cadeia significante, um saber fica de fora. Lacan (1954/1998d, p. 388) nomeia esse "*ele nada queria saber do recalque*" com outro termo de Freud, a *Verwerfung*, que traduz como "supressão", corte, eliminação de parte de um todo, subtração (*retranchement*), entre outros, conforme a Nota do Editor em rodapé.

Lacan informa: "Sabe-se que, pesando melhor esse termo, traduzi-lo por 'foraclusão' (*foraclusion*) prevaleceu." Assim, tem-se a *Verwerfung* como foraclusão (do Nome-do-pai), uma negativa em que o sujeito nada quer saber do recalque (suprime esse mecanismo): é a recusa radical da psicose, aniquilando a castração, inscrevendo a "abolição simbólica", a extinção da lei fálica, libertando o ser (não à toa, a loucura sempre idealizada como libertária). Não se trata de excluir um juízo de existência, mas é como se ela não tivesse existido: argumento fundamental para a negativa no autismo, a partir da lógica da foraclusão como exclusão do significante Nome-do-pai. A ênfase é sobre o "como se não tivesse existido", denotando o sentido então de que, em algum "momento", algo do Simbólico se inscreveu como lei e a negação dessa inscrição a coloca para fora – houve uma primeira afirmação, portanto, após a negação primordial. Marca estrutural para qualquer sujeito, pois é ser como se não tivesse existido, em que as soluções são impostas pela invenção muito particular para isso cuja inscrição é "não existiu": inventar uma existência a partir do Real. No autismo, retido nessa negação primordial, se exclui algo que já existiu? Lacan (1954/1998d, p. 389) cita do próprio Freud sobre o Homem dos Lobos para confirmar a tese diferencial entre as estruturas e as negativas: "*Eine Verdrängung ist etwas anderes als eine Verwerfung*", ao que o psicanalista francês traduz como "Um recalque é diferente de um juízo que rejeita e escolhe." A *Verwerfung*, continua Lacan, retomando o comentário de Jean Hyppolite, é parte da dialética negativa, da *Verneinung*:

> trata-se exatamente do que se opõe a Bejahung *primária e constitui como tal aquilo que é expulso.... A* Verwerfung, *portanto, corta pela raiz qualquer manifestação da ordem simbólica, isto é, da* Bejahung *que Freud enuncia como processo primário em que o juízo atributivo se enraíza, e que não é outra coisa senão a condição primordial para*

que, do real, alguma coisa venha se oferecer à revelia do ser. (Lacan, 1954/1998d, p. 389)

Essa alguma coisa oferecida é a alucinação. Porém, é preciso demarcar que o psicanalista francês coloca a foraclusão como o corte mais radical na ordem simbólica, condição de que algo do Real se inscreve na estrutura, queira o sujeito ou não, independentemente de sua obstinação na linguagem. Essa negativa radical é traço de todas as estruturas: toda estrutura se inscreve a partir da expulsão da primeira representação. Esse traumático será respondido pelas vias da concatenação simbólica? O autismo possibilita vislumbrar transformações contínuas – topológicas – não seladas na cadeia linear e binária de significantes, haja vista que, nessa expulsão primeira, ele a afirma como existência, como juízo de uma modalidade de ser na linguagem: recusa a cadeia simbólica onde não existiu. Aqui, é importante considerar que, na psicose, essa foraclusão será respondida por tentativas simbólicas de respostas como nos delírios, mesmo tendo a alucinação sua marca: alienado à linguagem, por essa expulsão radical, o psicótico fará um trajeto de errâncias e derivas na reedição desse simbolismo submetido ao Outro, cujos delírios são alimentados por essa voz. O autista terá como trabalho subjetivo a manutenção dessa expulsão radical, na medida em que não haveria castração para ser negada. Porém, sem castração não há desejo. Que se passa com o autista?

Lacan (1954/1998d) mostra que, nas fórmulas da negação, entre Real, Simbólico e Imaginário, há a foraclusão como a exclusão da regulação simbólica e, ali onde havia no recalque a gramática do sujeito com seu simbolismo primário e negativo, há a alucinação esvaziada de signo, significante e sentido, esvaziada dessa gramática. Essa afirmação se aproxima da proposição da negativa do autismo, na medida do esvaziamento do signo de significantes e sentidos, portanto, sem cadeia associativa, mas se distancia, por exemplo, na prevalência de imagens biunívocas ou contrário das imagens surrealistas cuja lógica vale tanto para o simbolismo na psicose como na neurose. Trata-se de alocar o autismo nessa posição de exclusão alucinatória e mantê-lo distinto da psicose no que concerne ao fato de não se observar delírios no autismo, ou trata-se de mantê-lo como uma outra psicose, já que a recusa radical seria a mesma? A distinção incide sobre o que cada sujeito opera a partir dessa primeira negativa e que, no autismo, não será mostrado pelas *formas veladas da fala inconsciente* que revelam a afirmação primordial nem nos delírios metafóricos.

Na afirmação primordial (*Bejahung*), algo não foi deixado de ser: "O que então advém?" (Lacan, 1954/1998d, p. 390). O que o sujeito suprimiu de sua história não será reencontrado, sendo chamado esse nome (negativa) o lugar de onde o recalcado retorna, como escrito na fórmula freudiana "O sujeito *não quererá saber nada disso no sentido do recalque*". Eis o não saber do inconsciente que só pode ser suposto sabido pelas vias da simbolização primordial e, caso isso não se dê, instaura-se a dialética da negativa:

> *O que não veio à luz do simbólico aparece no real. Porque é assim que se deve compreender a* Einbeziehung ins Ich, *a introdução no sujeito, e a* Austossung aus dem Ich, *a expulsão para fora do sujeito. E esta última que constitui o real, na medida em que ele é o domínio do que subsiste fora da simbolização. E é por isso que a castração, aqui suprimida pelo sujeito dos próprios limites do possível, mas igualmente subtraída, por isso, das possibilidades da fala, vai aparecer no real, erraticamente, isto é, em relações de resistência sem transferência – diríamos, para retomar a metáfora de que nos servimos há pouco, como uma pontuação sem texto.*

Pois o real não espera e não espera nomeadamente o sujeito, já que nada espera da fala. Mas está ali, idêntico a sua existência, ruído onde tudo se pode ouvir, e prestes a submergir com seus estrondos o que o "princípio de realidade" constrói nele sob o nome de mundo externo. Isso porque, se o juízo de existência funciona mesmo como o entendemos no mito freudiano, e justamente às custas de um mundo do qual a astúcia da razão retirou duas vezes sua parte.

Não há outro valor a dar, com efeito, a reiteração da divisão entre o fora e o dentro articulada pela frase de Freud: Es ist, wie man sieht, wieder eine Frage des Aussen und Innen. Trata-se novamente, como se vê, de uma questão do fora e do dentro. Em que momento, de fato, surge essa frase? – Primeiro houve a expulsão primária, isto é, o real como externo ao sujeito [externo como não simbolizável, fica de fora da realidade psíquica], depois, no interior da representação (Vorstellung), constituída pela reprodução (imaginária) da percepção primária, a discriminação da realidade como aquilo que, do objeto dessa percepção primária, não apenas é instaurado como existente pelo sujeito, mas pode ser reencontrado (wiedergefunden) no lugar onde este pode apoderar-se dele. E somente nisso que a operação, por mais desencadeada que seja pelo princípio do prazer, escapa a seu domínio. Mas, nessa realidade que o sujeito tem que compor sendo a gama bem temperada de seus objetos, o real, como suprimido da simbolização primordial, já está presente. Poderíamos até dizer que fala sozinho. E o sujeito pode vê-lo emergir dela sob a forma de uma

> *coisa que está longe de ser um objeto que o satisfaça, e que só da maneira mais incongruente concerne à sua intencionalidade atual: e a alucinação, como algo que se diferencia radicalmente do fenômeno interpretativo. (Lacan, 1954/1998d, p. 390)*

A castração se dá no Real, quando não no Simbólico. O Real não espera nada da função da fala, não espera pela seriação significante para se fazer valer, pois ele a antecede como ordem lógica privada de objeto e representação. Lacan (1954/1998d, p. 392) se refere à cena real (a alucinação) que o Homem dos Lobos conta à Freud, enfiada em uma lembrança infantil: o menino Sergei não consegue contar à babá do corte do dedo, a alucinação fica de fora da fala, há uma dificuldade de falar, uma inibição diante do terror da castração real, diferente do esquecimento, do lapso e outras formações do inconsciente, "lá o sujeito deixou de dispor do significante: aqui, para diante da estranheza do familiar".[6] Deixou de falar paralisado com o excluído que é parte de si, pedaço expulso do corpo. Adiante, Lacan (1954/1998d, p. 394) lembra que o conteúdo da alucinação não existe para o sujeito como simbolização primordial (*Bejahung*) e, cortado, não entra nem mesmo no imaginário: "Ele (esse símbolo suprimido) constitui, diz-nos Freud, aquilo que não existe propriamente; e é como tal que ex-siste, pois nada existe senão sobre um suposto fundo de ausência. Nada existe senão na medida em que não

---

6 Cena real: "Quando eu tinha 5 anos de idade, brincava no jardim ao lado de minha babá e com meu canivete fazia um corte na casca de uma das nogueiras que também aparecem no meu sonho. De repente notei, com terror indizível, que havia cortado o dedo mínimo da mão (direita ou esquerda?), de forma que ele estava preso somente pela pele. Não sentia nenhuma dor, mas uma grande angústia. Não me atrevi a dizer nada à babá, que estava a poucos passos de distância; caí sobre o banco mais próximo e lá fiquei sentado, incapaz de olhar uma vez mais para o dedo. Finalmente me tranquilizei, dei uma olhada no dedo, e vi que estava ileso" (Freud, 1948-1918/2016a, p. 76).

existe." Na falta do significante, a imagem é também esvaziada de significação. Essa presença em ausência não correlata à presença em ausência inscrita na cadeia significante da experiência do *Fort-da!*, localizada no Simbólico como falta, é presença vazia do Real. No Simbólico, os vazios são tão significativos quanto os cheios, aquilo que preenche a cadeia e que é essa hiância que instaura a dialética do sujeito.

A negativa em suas formas de negação/exclusão da seriação simbólica estrutura o sujeito do inconsciente. Se no início das elaborações sobre essas formas, a ênfase é sobre o Simbólico, Jacques Lacan faz uma torção fundamental, entrelaçando a negativa ao Real. Essa supremacia do Real estabelece o que fica de fora[ex]cluído do Simbólico, o indizível resistente à significantização, conforme proponho. Esse [ex] provoca e se intromete no foracluído da psicose, sendo o incluído da castração que foi jogado fora, posto fora do Simbólico: fora[ex]cluído é o sempre deixar excluído e não definido o nome, dificultar a castração sendo precavido dela, nos termos do autista.[7]

Abordei, até aqui, o funcionamento da negativa na psicose e na neurose, pelas vias da exclusão radical, supressão do significante na primeira e pelo apagamento, reconhecimento desse esquecimento, na segunda, mantendo o significante inscrito, mas recalcado ou foracluído. Conforme frisa Lacan (1953-1954/1983) abordando a palavra em transferência, "recalque não é denegação" (p. 305). Trata-se, para Lacan (1961-1962/2003a), da inscrição do traço unário, isso que é suprimido da afirmação primordial.

---

7 No seminário sobre as psicoses, Lacan (1955-1956/2002a) diz: "Primeiro houve a expulsão primária, isto é, o real como externo ao sujeito. Depois, no interior da representação (*Vorstellung*), constituída pela reprodução (imaginária) da percepção primária, a discriminação da realidade como aquilo que, do objeto dessa percepção primária, não apenas é instaurado como existente pelo sujeito, mas pode ser reencontrado (*wiedergefunden*) no lugar onde este pode apoderar-se dele" (p. 391).

Alguma coisa se adere de modo muito primitivo ao significante, colocando a questão da negação que faz desse significante outra coisa: a negação está atrelada ao traço unário, naquilo que esse traço retém do objeto sua unicidade, na relação desse objeto com o signo e, deste, com o significante. A negação antecede o significante e a cadeia simbólica, fomenta a fonetização (tal como acontece no grito e no choro) como "alguma coisa está ali para ser lida, lida com a linguagem quando ainda não há escrita" (Lacan, 1961-1962/2003a, p. 100). Para o psicanalista, aquilo que identifica o sujeito é o traço unário que marca a negatividade do significante que representa esse sujeito, seu nome que não concerne à sonorização do verbo, mas à escuta dos sons da linguagem:

> *alguma coisa pela qual, enquanto o sujeito fala, ele só pode avançar sempre mais adiante na cadeia, no desenrolar dos enunciados, mas que, dirigindo-se aos enunciados, por esse fato mesmo, na enunciação ele elide algo que é, propriamente falando, o que ele não pode saber, isto é, o nome do que ele é enquanto sujeito da enunciação. No ato da enunciação há essa nominação latente que é concebível como sendo o primeiro núcleo, como significante, do que em seguida vai se o organizar como cadeia giratória.* (Lacan, 1961-1962/2003a, p. 101)

Esse traço unário que escreve o nome como apagado do sujeito é feito um bastão pelo Outro e se desenrola na cadeia – uma problemática a mais para a nominação no autismo, na medida que esse bastão se inscreve como um x e não em sucessão, como formulei no fora[ex]cluído, testemunho do que insiste em não se inscrever, o Real. A negação supõe a afirmação sobre a qual se apoia. Se o autista nega via recusa e renuncia ao Outro, seja como lugar ou posição na linguagem, sobre qual afirmação ele se apoia? O que faz essa marca na função de Outro? Lacan (1961-1962/2003a, p. 117) pergunta "Mas será que tal afirmação será, apenas, a afirmação de alguma coisa do real que estaria simplesmente suprimida?", questionando se a negação é apenas um mecanismo simbólico de suprimir, recalcar ou denegar algo do Real. Desse modo, sustenta a negação como uma espécie de princípio original da estruturação do sujeito e que informa sobre o um e sua relação com o desejo, sobre o Real e sua relação com o desejo. O Sujeito do desejo é -1, é um enigma sem solução:[8]

> *Só o sujeito pode ser esse real negativado por um possível que não é real. O -1, constitutivo do ens privativum, nós o vemos assim ligado à estrutura a mais primitiva de nossa experiência do inconsciente, na medida em que ela é aquela, não do interdito, nem do dito que não, mas do não-dito, do ponto onde o sujeito não está mais para dizer se ele não é mais mestre dessa identificação ao 1, ou dessa ausência repentina do 1, que poderia marcá-lo. Aqui se encontra sua força e sua raiz.* (Lacan, 1961-1962/2003a, p. 172)

As marcas do Real no Simbólico são negativadas, são o nada – o traço unário é apagado enquanto se desenrola na seriação significante, como do Real, ele é enquanto excluído, como aproximado para foraclusão e fora[ex]clusão, esta para o autismo. Essas marcas negativadas são deixadas na frustração, na castração e na privação deste modo:

---

8 Ponderando sobre a relação do Simbólico com o Édipo, o enigma e a castração, há um enigma Real não preenchível, não solucionado por nenhum significante, não simbolizado por nenhum falo, não metaforizado e, por isso, Jacques Lacan usa números e letras para escrever esse enigma.

O nada que tento, para vocês, fazer proceder desse momento inicial na instituição do sujeito, é outra coisa. O sujeito introduz o nada como tal e esse nada é distinto de qualquer ser de razão, que é aquele da negatividade clássica, de qualquer ser imaginário, que é aquele do ser impossível quanto à sua existência, o famoso Centauro que detém os lógicos, todos os lógicos, e mesmo os metafísicos, na entrada de seus caminhos em direção à ciência, que também não é o ens privativum *que é, propriamente falando, o que Kant, admiravelmente, na definição dos seus quatro nadas, da qual ele tira tão pouco partido, chama de* nihil negativum, *a saber, para empregar seus próprios termos:* leerer Gegenstand and ohne Begrif, *um objeto vazio, porém acrescentemos, sem conceito, sem ser possível agarrá-lo com a mão.* (Lacan, 1961-1962/2003a, p. 228)

Esse nada marca a relação do sujeito com outro que não responde a não ser *nada pode ser*, pois esse outro também se origina do traço unário, do nada como gênese do objeto do desejo que não pode ser agarrado pela mão, objeto não transcendental, não compreensível pela percepção. Isso obriga a uma virada topológica, pois o que pode ser é negativado permanentemente a despredicar o sujeito do inconsciente, porque sua causa é da não resposta do Outro, impasse nessa constituição.

Sobre a negatividade do objeto, na neurose, estaria em jogo um conflito entre ser o agente da castração e o sujeito que a sofre, marcando a alternância do neurótico em torno do desejo. Na perversão, nega-se o Outro como sujeito do desejo depois de afirmá-lo em função do objeto fonte de gozo, para um falo tão poderoso quanto fantasmático. Na psicose, a hipótese é de não haver delimitação entre Real e Simbólico sem acesso ao Imaginário, pois a demanda do sujeito nunca foi simbolizada pelo Outro. O psicótico é aquele que desde antes do nascimento é o objeto parcial da mãe, esse objeto *a* preenche no nível do corpo: cabe ao pai afirmar e negar a castração: "A criança, contrariamente ao que se tem dito amiúde, não é o falo da mãe, é o testemunho de que o seio é o falo", diz Lacan (1961-1962/2003a, p. 289), esse seio perfeito tem como consequência que o desejo do sujeito é negado, pois não se abre, na cadeia, a falta a ser encoberta pela demanda, nega a falta; assim, o psicótico está proibido de ser sujeito do desejo, onde Real e Simbólico se misturam. Nas estruturas, a negatividade incide sobre o objeto, doravante, no que concerne à topologia dos objetos. A retroação do significante sobre sua marca negativa coloca o sujeito em transformação contínua no espaço. Esse espaço corporal do sujeito, em termos de topologia borromeana, corresponde às dimensões do dizer onde habita esse sujeito se enlaçando, ou não, em torno desse objeto esvaziado não capturável na palavra falada, mas suposto nos ditos do dizer.

19. A negação como ordenação lógica *avant* a seriação significante

A topologia parte da constatação do Real como marca da impossibilidade da totalidade da linguagem – há esse lugar impreenchível e indizível na linguagem. Do conflito entre o princípio do prazer e o princípio da realidade, existe o princípio da linguagem *nãotoda*, da incompletude e inconsistência do Outro operando consequências na teoria e na clínica psicanalítica aos moldes moebianos: é necessário torcer a superfície plana das palavras. O Simbólico perde sua primazia estrutural no que tange à seriação significante linear como único recurso do ser falante diante desse conflito. A negativa não é apenas uma marca na gramática dos sujeitos como resposta aos conteúdos recalcados, negados, denegados ou foracluídos no inconsciente, é a gênese do psiquismo, o inominável que, desde o projeto freudiano, escapa às representações e sua escuta se dá pelo desmantelamento da ordem estrutural, pelas deformações na linguagem para além das formações possíveis. O enigma do sujeito se escreve na *Austossung* primordial, consequência do Real na linguagem.[1]

---

1 Esse avanço na teoria lacaniana aparece na primeira parte, da estrutura simbólica à estrutura topológica, em que a linguagem comporta a incidência traumática

Nesse cenário, abordo dois pontos que, ao abrirem para a lógica da topologia, estão relacionados com a negativa: o primeiro se refere à foraclusão do Nome-do-pai – a exclusão da simbolização como gênese, uma negativa radical concernente ao inconsciente e a qualquer estrutura; e o segundo ponto se refere à constatação do Outro para além de barrado e incompleto, mas como inconsistente naquilo que "oferece" como resposta ao sujeito na relação demanda e desejo. Ambos os pontos mostram a descentralização do significante Nome-do-pai, de seu símbolo (o falo) e, por conseguinte, da centralidade do Simbólico como ordenador da subjetividade, como a lei que regula pela concatenação significante a estrutura. Essa centralidade e esse significante primordial serão destituídos em nome das versões que cada sujeito escreve para seu significante primordial (nomes-do-pai) e de transformações permanentes na estrutura topológica, conforme nos mostra as transformações dos objetos topológicos e dos enlaçamentos borromeanos. Essa lógica, de modo contraditório, permite ler o autismo cuja marca negativa primordial se faz percorrer pela imutabilidade apartando-se da concatenação do Simbólico: cada giro do autista, cada objeto, cada borda são operações psíquicas e de lógica própria para manter apartado esse Outro inconsistente e essa centralidade simbólica, manter-se excluso da cadeia simbólica e não da linguagem.[2]

---

do Real pela letra ressoada de lalíngua e, para o ser falante, trata-se de distribuir o gozo nas dimensões do Real, Simbólico e Imaginário. Lalíngua é o desmantelamento inconsciente da ordem da língua, de sua sintaxe, de seu léxico e, como equívoco, instaura um drama permanente em torno da significação. Esse trilhamento é sobre a transformação da seriação significante como regulação do inconsciente a uma ordenação lógica que parte dos impasses próprios dessa seriação, da falha dos sentidos e de sua incompletude como campo da linguagem.

2 Guerra (2017) destaca a incidência da teoria dos nós borromeanos para a clínica psicanalítica e seu impacto sobre as estruturas simbólicas, pensando nas modalidades de suplência pelo nó e seu quarto elemento, o *sinthome*. Destaco as elaborações das autoras no que tange às negativas, considerando a questão da psicose e o que abordei como uma espécie de universalidade da

Não parece possível pensar a estrutura topológica que não seja como o que se estabelece e se funda do "nada" que gera, inclusive, o vazio da falta na cadeia simbólica. Se esse "nada" é gerido pela pulsão de morte, ou seja, toda pulsão, é para que se saiba do caráter não ilusório que ela impõe, levando em conta a sugestão de Jacques Lacan sobre o signo "morte", na contramão do desaparecimento do ser tal como propõe Freud. A pulsão é criação e, não à toa, Lacan (1975-1976/2007) a localiza como ecos no dizer no corpo do ser falante, ecos do Real, resíduos que escapam às representações e às formalizações, em que a língua mata a coisa por essa existir como linguagem.

Lacan (1961-1962/2003a, p. 235) ressalta que não basta colocar a função do sujeito no entre dois da cadeia significante e que essa função não pode ser confundida com a função da pulsão. Ao partir

---

foraclusão do Nome-do-pai na estrutura topológica. Guerra (2017) ressalta que a foraclusão é a medida comum a todas as estruturas que atam Real, Simbólico e Imaginário, ou seja, o nó não se ataria *a priori* dessa negativa e não pela centralidade fálica, salientando que a estrutura é para ser pensada fora da lógica do Outro, pois essa estrutura, no ensino lacaniano, funda-se em um furo original, preenchido pelo objeto *a*: a foraclusão é o Nome-do-pai. Portanto, não se trata de foraclusão do Nome-do-pai, é o nome excluído, a lei é a própria exclusão (da lei). No que se refere à clínica das psicoses, é proposto pensar uma clínica diferencial intrapsicoses, a partir das negativas simbólicas e diferenciais na clínica: a partir da *Bejahung*, a *Verleugnung* para perversão, a *Verneinung* para a neurose e a *Verwerfung* para a psicose, como mostrei anteriormente. Nessa versão das estruturas simbólicas, a suplência assentaria sobre o significante Nome-do-pai; lembro que Calligaris (1989) elabora a metáfora delirante como essa suplência. Na estrutura topológica, partindo da medida comum Real, Simbólico e Imaginário enodadas pela foraclusão primordial, a distinção entre as psicoses tem a ver com a modalidade de amarração entre esses elementos: "A falta estrutural para todos do significante-índice no campo do Outro traz como efeito a pluralização dos nomes do pai como estilos de suplência, de reparação, de solução. Busca-se aqui a solução que o sujeito constrói a essa falta estrutural, ou seja, a operação que a realiza" (Guerra, 2017, p. 47). Em relação à proposição da autora, não coaduno com a *Verleugnung*, a recusa, como a negativa para a perversão, valendo a proposição de *Verwerfung*, denegação, como mostrado anteriormente. Essa recusa é pensada para a estrutura autística.

do paradoxo concernente ao aparecimento do objeto como resto metonímico na lógica do significante saussuriano, fica o alerta para esse resto como resto do significante tal como operado pela lógica da teoria dos conjuntos, não como parcialidade, mas por comportar o próprio paradoxo de não ser [A não é A / A é não A]. A identificação se amplia para além de suas formas primárias onde o laço com o Outro se dá em nome do desamparo subjetivo e para além de suas formas simbólicas, nas quais o reconhecimento pelo Outro dará ensejo ao reconhecimento do próprio desejar. A pulsão se constitui do "vazio incluído no coração da demanda, quer dizer, do além do princípio do prazer, do que faz da demanda sua repetição eterna" (Lacan, 1961-1962/2003a, p. 235), o Real alocado no centro onde não há nada e de onde se originam todas as coisas. Contudo, a pulsão não é isso que dela se cria, seus objetos parciais, ou elementos sublimatórios, mas a primeira modificação do Real em sujeito, uma transformação em um corpo topológico onde o desejo do sujeito não está no Outro, mas no lugar do Outro – lugar vazio. Por isso, desde Freud, a negativa é para dizer do sujeito como estrutura clínica a ser lida na transferência, pois trata-se de ler, na negativa proferida por um paciente, o lugar do analista na relação com o desejo do analisante.

O objeto causa do desejo é o objeto da topologia lacaniana. A subjetividade como um espaço em contínua transformação formada por elementos simbólicos e imaginários que se enlaçam e desenlaçam, atravessam-se ou não, entrecortados e paralelos, com dentro e com fora, com avesso e com direito, para além da superfície linear. Essa transformação acontece em torno de um centro como marca do Real, marca irredutível a predicações e determinações, sem imagem, inominável e impossível como totalidade e apreensão: objeto causa do desejo, objeto *a*. De início, é um risco pensar nessa topologia para o autista levando em conta sua imutabilidade e as consequências disso para seus objetos e suas bordas. Risco a ser pago com o fato de que o Real é o que volta sempre ao mesmo lugar e a topologia, como lógica, pode mostrar isso que dá voltas num Imaginário não mais enganador, mas que comporta esse lugar do nada furando as representações e os sentidos, recurso ao insuportável.

Lacan (1962-1963/2005), no seminário sobre o *status* do objeto da psicanálise, perda que causa o desejo, lembra que Freud o toma, em referência ao luto, pela via das negativas, em que a identificação do sujeito com o objeto (de luto) perdido se dá pelas modalidades de negativas da perda desse objeto. Há, nessa perda de objeto, uma positividade que se pode ler como a perda capaz de colocar o sujeito a trabalho de seu desejo. Algo é negado ao sujeito e, desse ponto faltoso, o sujeito se coloca a trabalho de recuperar esse objeto negado.

Esse foi o trabalho do príncipe dinamarquês Hamlet sonâmbulo que tudo aceita, na cena dentro da cena, permitindo ler a estrutura do desejo e o que nela é ausência. Hamlet luta contra sua imagem especular Laerte, em favor do rei: primeiro morre, depois mata. Lacan (1958-1959/2002b) mostra que nessa dupla identificação imaginária, de Hamlet com Laerte, há outra, uma misteriosa que tange ao enigma do desejo do príncipe: é como objeto de desejo negligenciado que Hamlet desaparece para, na retroação significante *Ele não sabia*, reconhecer que o objeto do desejo esteve ali, por isso pôde ser perdido. O que se tem é a marca dessa perda. Nessa passagem está posto que o objeto causa do desejo só pode ser reconhecido em sua negatividade, como perdido, como algo que esteve ali, não se tratando de reencontrá-lo pela via simbólica ou imaginária, mas de reeditar essa negatividade radical de modo retroativo, destoando do significante como presença e ausência da experiência do *Fort-Da!* Contudo, mesmo nessa experiência simbólica reparadora, o significante toma lugar do objeto em si, concreto.[3]

---

3 Em que lugar da experiência com os objetos autísticos é possível escutar esse corte significante? Numa transferência que não incorra no trauma da imagem maciça nem no peso das palavras.

O problema de Hamlet, a personagem, saber e verdade, na ambiguidade escrita na obra de Shakespeare, é o problema crucial do "ser do sujeito" e sua cisão é um dos problemas que justificam a psicanálise. É essa cisão, fundada na certeza do ser, que impõe que o inconsciente só se traduza por nós de linguagem, nas torções, reviramentos, causação e negativas tratadas pela topologia. Esse sujeito se sustém por ser, ao mesmo tempo, efeito da marca e suporte de sua falta: o ser como sutura dessa falta. Lacan (1958-1959/2002b) destitui a primazia simbólica da experiência psicanalítica quando torce o aforismo sobre o significante como "aquilo que representa um sujeito [não para outro sujeito, mas] para outro significante" (p. 207). Esse significante que se origina no traço unário fecha um circuito – retroação do significante – não encerra seu percurso, pois, doravante "o sujeito é aquilo que responde a marca com aquilo que falta a ela". A lógica matemática não significada irá testemunhar o sujeito como falta que o significante engendra, tece na linguagem, lógica dessignificada onde mexer um elemento é mudar uma formulação.

20. A negativa como barra: o *nãotodo*

A função do *nãotodo* na topologia do ser do sujeito tem a ver com a escritura da barra negativa na linguagem. Se o Nome-do-pai é destituído de sua centralidade, o que marca a castração como aquele tempo em que o sujeito compreende que ele pode tudo, mas algo há que faltar no que se refere ao seu desejo? Dizer escritura não é o mesmo que dizer escrita: aqui se evidencia uma espécie de jurisdição do desejo lavrada no corpo borromeano do ser falante. Se antes a lei simbólica era fincada no sujeito como um significante do pai, agora se compreende que essa ordenação escrita nas dimensões do dizer é parte da linguagem. O Nome-do-pai e os mitos são versões simbólicas e imaginárias dessa natureza da linguagem, nos termos lacanianos.

Lacan (1971-1972), partindo do particular em Aristóteles, vê que o *nãotodo* se produz a partir da afirmação da existência (no primórdio da negativa freudiana, juízo de existência sem atribuições), existência só possível de ser afirmada a partir da relação do Real com o número, do número como parte do Real. As modalidades opositivas de Aristóteles, possível/impossível, necessário/contingente, são rechaçadas mostrando como o necessário comporta uma gama de elementos negativados e contraditórios: *não poder não*, o que conduz do *impossível, não poder* ao *poder não* e, na rota contrária, encontra-se o improvável, *poder não poder*. Da existência e da conjugação do impossível e do improvável, Lacan (1971-1972) traz a terceira categoria inclusa no *nãotodo*, a negação. A partir das fórmulas da sexuação, o psicanalista lê duas formas gramaticais de negação submetidas à constatação de que *não há relação sexual*, máxima negativa topológica: foraclusão e discordância, em que a foraclusão *não se limita às partículas negativas de uma língua, submetidas a uma carga semântica, e a discordância não se limita ao nãotodo*. Foraclusão *não corresponde a discordância, no sentido de não é isto que eu disse*, esclareço. Foraclusão corresponde a uma função lógica, portanto, destituída de semântica e alocada no dizer. Lembro que a fala é uma dimensão imaginária e simbólica das dimensões do dito. Assim, foracluir *não* está restrita à função da fala tal como estabelecido nas negativas freudianas. Foraclusão de algo que existe (fora[ex]clusão), da existência como o que pode ser dito ou não, como se todo juízo de existência tivesse como resolução a foraclusão das marcas que não podem ser ditas dessa existência. Como questão do Real sobre o que *não pode ser* dito, isso que escapole por ser desabonado de poder diz do ser falante e duvida da relação sexual. *Não é possível escrever o* Real senão como lógica do que foi foracluído da existência no dizer, poislgo vai escapulir, fraudar o que a ordem própria da língua determinou: as formações do inconsciente anunciam isso que toma forma no equívoco e na sonoridade esvaziada da cadeia significante. Essa função de exclusão significante é universal para todo ser falante. A fórmula *não há relação sexual*, há o Real, realiza a negativa na topologia pela função da foraclusão. A foraclusão surge, no ensino de Jacques Lacan, a partir da psicose e da alucinação do Homem dos Lobos: proximidade com o Real possível mostrada na imagem do dedo dependurado, fora da anatomia, mas ainda no corpo como marca do indizível, como um significante que escapuliu. Essa negativa corresponderia à negativa na estrutura topológica, universal a todo ser falante e, por isso, perdendo sua função distintiva como na estrutura simbólica.

Lacan (1971-1972), rechaçando a lógica dos quantificadores de Aristóteles como quantidade, e a negativa no silogismo, inventa, a partir de um significante matemático (matema) o *signo da negação*, tal como propôs no ano anterior, quando apresentou as fórmulas da sexuação que antecedem a máxima da nova lei do inconsciente estruturado como uma linguagem: *Não há relação sexual (il n'y a pas de rapport sexuel)*.[1] Essas fórmulas correspondem a escritas inéditas que formalizam o gozo, a castração, a função fálica. É uma linguagem formal, via letras que traduzem os termos e as relações na

---

[1] Segundo Roudinesco e Plon (1998), em 1971, Jacques Lacan criou o termo "matema" para indicar uma escrita algébrica (do número da matemática/letra) dos conceitos psicanalíticos e que permitisse a transmissão desses conceitos como estrutura, como o próprio conceito a ser transmitido. Cada matema escreve o impasse de sua própria formalização e sua impossibilidade de transmissão. Os autores apontam a linguagem da psicose como essa lógica. No seminário de 1972-1973, *Mais ainda*, Jacques Lacan (1985b), partindo da lógica da matemática, propõe "matemas" para dizer do "que se ensina" – se transmite – na psicanálise. Em sua álgebra, as letras deram o *start* dos primeiros matemas: A, S1, S2, $, a. No avanço de suas elaborações, articulou essas letras que compuseram o grafo do desejo a fórmulas, como a fórmula da fantasia ($ ◊ a), do símbolo (Σ), dos quatro discursos, os matemas da sexuação, entre outros. Um matema funciona ao condensar a ausência (do Real), em ocorrências como: o matema ($) diz do conceito de *Spaltung*, a divisão do sujeito do inconsciente irredutível e alienado. Em vez de falar (associar na cadeia simbólica) a sentença *o sujeito que é efeito da cadeia de significante é um sujeito dividido, é um sujeito barrado*, usa-se ($); a cadeia de significantes é escrita na fórmula (S1→S2); o matema S(A) é a castração materna como significante da falta do Outro; A, grande Outro como campo e posição da linguagem; e assim sucessivamente se encontram vários matemas, uma espécie de economia simbólica no ensino de Lacan que não tampona o ponto da impossibilidade de dizer tudo.

estrutura, assim como seus limites.[2] Ao tratar da negação fundada pelos quantificadores, o signo da negação é o traço (−) sobre, letra A invertida dos quantificadores universais, e a barra sobre essa letra nega esse quantificador universal. Esse signo determina a função do *nãotodo* no que concerne aos quantificadores do ser, ao gozo e à castração. Sobre essa negativa, o que existe se escreve como número do Real, como o que existe − existe como significante matemático.

O alvo da formalização da castração é destituir o pai de sua totalidade e, por conta disso, o falo da centralidade estrutural. Dizer significante numérico é supor um significante deposto de significação, mas não prescindir do que existe como esse significante: é porque existe *ao menos um* pai não castrado como mito que o falo como existência universal não existe. O falo é negado não por ser castrado, mas como o que existe como função significante. Segundo Lacan (1971-1972), a negação se inscreve na função fálica: "na negação da castração, na recusa, no *não é verdade* que a castração domine tudo" (p. 32).

A negação não está limitada ao falso e verdadeiro, ao opositivo das proposições, é uma função lógica cujos impasses testemunham

---

2 O traço (−) da negação deve ser colocado acima, e não à esquerda dos quantificadores. No matema, Jacques Lacan toma tudo do modelo matemático, exceto a dedução. Ele não se deduz de nenhum outro matema, nem outros são deduzidos dele. A procura do passo a passo na construção das fórmulas por parte de Lacan, como faz Guy Le Gaufey (2015) em seu livro *O não-todo de Lacan*, torna-se, então, um modo de lê-las, não como uma escrita enigmática, mas como produto de uma série de decisões tomadas na direção de situar o feminino, o "não-todo" que escapa à lógica fálica, em convergência com o discurso da psicanálise. Para Milner (1996), só há matema a partir do "Aturdito", texto que se articula ao seminário *Mais Ainda*, (*Encore*), em que se encontra a escrita final das fórmulas da sexuação. Milner (1996, p. 147) chama essas escrituras de "matema primário" porque "a psicanálise diz só uma coisa, sempre a mesma, há algum sexo". Guy Le Gaufey (2015) afirma que os efeitos de matema não têm tido incidência sobre outras disciplinas, mas apenas sobre os leitores lacanianos do circuito mais próximo.

o Real em um discurso que não se fecha, mantendo uma hiância irredutível, o impossível no discurso, ponto em que o gozo intervém. Lacan (1971-1972) está a pensar na negativa do ser falante que advém desse ponto: o ser falante é "essa relação perturbada com seu próprio corpo que se chama gozo" (p. 39). A castração é uma função lógica que é verdadeira para todo domínio x, homem e mulher que existe, na função. Ao negar a lógica dos quantificadores universais, Lacan (1971-1972) situa a mulher como *nãotoda* a negar a função fálica, recusar essa negação, recusa possível na medida da relação com a função fálica que estabelece sua indeterminação.

O que é a existência diante da negação da função fálica? Se a relação homem x mulher mostra o impossível como verdadeiro possível, prevalecendo o Édipo como um mito, não uma lógica, e o sujeito, alçado à condição de ser falante, é a articulação topológica borromeana que faz suplência dessa permanente negação da castração, a foraclusão do Nome-do-pai como universal, havendo universal.[3]

---

3 Wittgenstein (1974), nas elaborações acerca da proposição e do sentido, discorre sobre o que nomeia de "geometria da negação", o que se encontra por trás da palavra *não* quando esta é usada. O filósofo está pensando em espaços lógicos e propriedades que compõem essa gramática, e não na interpretação da palavra, pois parte do princípio (quase freudiano) de que duas negações resultam em uma afirmação (princípio que Jacques Lacan, de certo modo, evita reeditar com a negação da castração, na lógica proposta, frisando a existência a partir da impossibilidade da função fálica). Wittgenstein (1974) sustenta que uma dupla negação, na verdade, não produz nada, mas ela é algo: "Gostaríamos de dizer: 'A negação tem a propriedade de, quando duplicada, produzir uma afirmação'. Mas a regra não nos dá uma descrição adicional da negação, ela constitui a negação. A negação tem a propriedade de negar verdadeiramente tal e tal sentença" (p. 38). As propriedades não se duplicam e, na geometria, não se descreve uma forma, mas ao escrever essa forma, trata-se da própria forma e sua definição. O signo da negação não decorre da natureza da negação, conforme o filósofo que lembra, ainda, que há a forma da negação e, depois, sua gramática. Um signo ganha função de negação pelo modo como é colocado no jogo da linguagem, ou seja, a negação não está restrita ao termo "não" da língua, pois esta é estática,

Com base na lógica matemática e das elaborações em torno da lógica aristotélica, das negativas universais e particulares, da negativa como premissa da existência, Jacques Lacan (1972-1973/1985b) elabora as premissas sobre sexuação, matematização lógica da negativa universal "*Não há relação sexual*", pois o falo não é mais o centro de nosso desejo.

Lacan (1972-1973/1985b), impondo a função do escrito mediante a constatação de que o significado não é o que se ouve, mas efeito do significante que se ouve, o que ressoa, reitera que, no discurso, o lugar do significado é ocupado por um liame escrito como uma barra no algoritmo saussuriano (S/s), barra que não se compreende, não há meio de explicar mesmo quando é escrita da negação. Conforme o psicanalista, é difícil compreender o que são negações: por exemplo, a negação da existência não corresponde à negação da totalidade. Assim, a barra – a negação com suporte no escrito – não é para se compreender: o escrito (do Real) realiza um impasse, impondo que se anteceda no tempo da conclusão, para se escrever mais. O que se escreve é em função da negação, da hiância irredutível do Real que o discurso comporta, traços de negação, letras como marcas negativadas efeitos da formulação "Não há relação sexual".

O arranjo sobre a sexuação apresenta quatro fórmulas, distribuídas por quatro espaços, os dois superiores trazendo as formulações matemáticas propriamente ditas concernentes ao ser falante quem quer que seja, homem e mulher.[4] A sexuação indica existências na

---

4   e para ser um signo é preciso mobilidade. Wittgenstein (1974) mostra que em todo "não" há a apreensão de um gesto de rejeição.

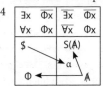

Fonte: Lacan, 1972-1973/1985b, p. 105.

linguagem a partir da descentralização da função fálica, dividindo os seres falantes em dois modos de gozo (todo e *nãotodo*), e não como referência à anatomia dos sexos. Esses espaços são divididos por uma barra vertical, sendo o lado esquerdo o lado masculino e o lado direito, o lado feminino. Os espaços são separados também por uma barra horizontal, de modo que, abaixo dessa barra, configuram-se o masculino e o feminino por meio de letras que, em vetor, relacionam-se atravessando a barra. Essa distinção masculino/feminino/homem/mulher é enunciativa, dêitica no sentido de uma posição no discurso de um sujeito que assume essa posição e, em sua gramática, usa os termos que lhe prover para dizer de si. Essas letras são os elementos concernentes ao inconsciente e seu sujeito. A saber: o sujeito dividido ($), símbolo fálico ($\Phi$), objeto *a*, o significante de uma mulher (Å), o significante da falta no Outro [$S(\text{Å})$] e função fálica (Φx).[5]

Sobre a castração e a negação, Lacan (1972-1973/1985b), retomando o pai edipiano como mito, destaca que, do lado masculino, a função fálica é negada na existência por um x, pois há ao menos um homem para quem a função fálica não acomete e que, por outro lado, para todo homem é verdadeiro que a função fálica perturba. A função do pai passa a ser não de um significante central na organização do sujeito, mas a de negar a castração pelo x na existência. Como dupla negativa, supre-se a relação sexual e esta é irredutível,

---

[5] Sobre a existência, as formulações lacanianas em torno de homem e mulher dizem que há um conjunto dos homens porque há ao menos um homem castrado (o pai depois feito pedaços da horda primitiva) e não há um conjunto de mulheres (por haver A mulher) porque há ao menos uma mulher toda (ensejo para o gozo feminino). O significante "sexuação" é interessante de ser tomado em sua origem latina, pois a aglutinação do sufixo -ação ao substantivo sexo, na língua portuguesa brasileira, mostra bem do que se trata a questão do sexo e da sexualidade em psicanálise nessa derivação: transforma o substantivo "sexo" em um verbo do tipo "sexuar", uma ação no dizer, sempre por dizer. E, ainda, rejeita a centralidade de um nome do sexo do ser falante, uma lei.

pois o que a negação da função fálica estabelece é que o todo não se escreve. A função fálica (Φx) que diz sobre a castração, na fórmula, tem um traço horizontal sobre ela indicando sua negativa, determinando que existe pelo menos um homem que não foi submetido à castração, ou seja, o pai mítico, *primevo*, de *Totem e tabu*, e não o pai edipiano. Para Lacan (1972-1973/1985b), esse *pelo menos um* que não é castrado é o que possibilita a castração, porque a exceção na existência impõe a lei. A proposição universal expressa na segunda fórmula do lado masculino só prevalece porque pelo menos um elemento pode dela ser subtraído como universalidade escrita na fórmula *para todo homem é verdadeiro que a função fálica incide*, menos para um homem.

Do lado feminino, "a parte mulher dos seres falantes", Lacan (1972-1973/1985b) ressalta que cabem todos os seres falantes independentemente de quem sejam, desde que habitem a linguagem e que não permitam que "nenhuma universalidade, será nãotodo, no que tem a opção de se colocar na (Φx) ou bem de não estar nela" (p. 107). É preciso negar duplamente a castração na medida em que esta vem – pela via do saber e da verdade – tornar o ser falante completo do saber do Outro. Assim é a função do x no falo e que atesta a foraclusão como nenhuma universalidade, *nãotodo*. As fórmulas do lado feminino remetem às proposições "não existe ao menos uma mulher para quem a função fálica não incide" e "para não toda mulher é verdadeiro que a função fálica incide". Essas formulações subvertem a negativa lógica do quantificador universal "toda mulher é castrada". Para o sujeito do Real, "não existe ao menos uma mulher que não seja castrada". A dupla negativa recai sobre a existência e sobre a castração. Recai, ainda, no *nãotoda mulher* elaborada na fórmula "para *nãotoda* mulher é verdadeiro que a função x incide". Dando-se o mesmo com o quantificador existencial, negando-o ("não existe x"). Também, nega a função ("a função fálica não incide"). Todo conjunto universal, na lógica lacaniana, funda-se diante do um foracluído do todo, negado. Pela lógica da sexuação, dois elementos não se equivalem, não há equiparação entre homem e mulher, o universal do lado masculino não se completa com o lado feminino, justamente por, neste, não existir o universal (o universalismo é mito como o pai *primevo*), a mulher é *nãotoda*, de onde Lacan escreve a fórmula "não há relação sexual" como dito dessa impossibilidade de relacionar "o homem" (o todo) com uma mulher (*nãotoda*). O ser falante é função lógica negativada, concluo depois disso.

Para Lacan (1972-1973/1985b, p. 198), a relação sexual é o que *"não para de não se escrever"*, o Real impossível de dizer, e mostra que não há, no dizer, nada que possa ser dito sobre a existência da relação sexual. Não se trata, porém, de inexistência, mas de interdito, de dizer mais, em que a foraclusão se inscreve como ordenador interdito do todo dizer, e não mais o grande Outro.[6]

Ao trazer a fórmula da demanda que suporta o nó borromeano entre Real, Simbólico e Imaginário, *eu lhe peço que você recuse o que te ofereço, porque não é isso*, Lacan (1972-1973/1985b, p. 152) nos remete a seu texto "*O aturdito*" (1972/2003b; *L'etourdit*, 1972) para, no que concerne à negativa no dizer, interdito, um dizer nada não como ausência de palavra e sentido, mas dizer da condição de *nãotoda*, esclarecer que não se trata de que o dizer fica esquecido, mas "que se diga" e isso não engane sobre esse dizer. O grito, diz o psicanalista, é o que distingue o gozo obtido do gozo esperado, especificando o que se pode dizer na linguagem e suas *dit*-mensões.

---

6 "A contingência, eu a encarnei no *para de não se escrever*. Pois aí não há outra coisa senão encontro, o encontro, no parceiro, dos sintomas, dos afetos, de tudo que em cada um marca o traço do seu exílio, não como Sujeito, mas como falante, do seu exílio da relação sexual" (Lacan, 1972-1973/1985b, p. 198). A necessidade consiste, conforme o psicanalista, no *não para de se escrever*, negação que prevalece metaforicamente no amor. A contingência, por sua vez, é a possibilidade de sempre acontecer de outro jeito.

21. A negação em *O aturdito*[1]

Que se diga escrito em letras da matemática o impossível, o que é interdito ao Simbólico e sua interpretação, foracluído da cadeia associativa da fala. A estrutura é topológica e é isso que Lacan (1972/2003b) elabora nesse texto que se recusa a se escrever a cada parágrafo.[2] O psicanalista busca reduzir o discurso psicanalítico – nem semblante nem simulacro nem palavras – à radicalidade

---

1 *L'etourdit* (1972); Lacan (1972/2003b).
2 O trabalho de Jacques Lacan é de aproximar a teoria e a clínica psicanalítica da matemática e de sua lógica, o que vem estabelecendo de modo cada vez mais radical desde o fim dos anos de 1960. No seminário *De um Outro ao outro* (1968-1969/2008b), Lacan é preciso: "A essência da teoria psicanalítica é um discurso sem palavras" (p. 11). No seminário seguinte, com a elaboração dos quatro discursos redutíveis a matemas, culmina no seminário *De um discurso que não fosse semblante* (1971/2009). O psicanalista, que propôs a lógica simbólica para furar o Imaginário da experiência analítica, avança no sentido de furar, com o Real, a primazia do Simbólico – a alienação pela lei é interdita. O que é diferente de propor que um psicanalista faça matemática ou que a língua e a fala percam lugar na clínica psicanalítica. A questão é sobre o legado do ouvido para além das formas sonoras limitadas a sentidos encadeados na rigidez simbólica, daí o equívoco como o eixo da escuta.

do Real em um discurso que se pretende lógico, em que a teoria psicanalítica não seja explicativa, de sentidos interpretáveis, nem metafórica, e os significantes sejam assemânticos, sem significação alguma, do Real (*significante matemático* que prescinde do efeito imaginário do sentido). Dizer sem significação implica considerar que a cadeia associativa foi suspensa em determinado ponto, pois o encadeamento significante sempre gera um efeito de sentido, lugar de sua deformação estrutural, em que não há correspondência entre sonorização e a forma que a representa como lei, como o equívoco. A proposta é de uma psicanálise como aturdimento e cujo princípio negativado e ético é *"Não há relação sexual"* se contrapondo ao princípio da não contradição da filosofia aristotélica. O ser falante está submetido ao primeiro princípio e isso lhe perturba – faz gozo diante do *nãotodo*. O dito que perturba, escrita aturdita.

Interessante notar que, desde a virada topológica, no início dos anos 1960, Jacques Lacan opera com o termo negação/*négation*, e não negativa/*négative*, este usado com função de adjetivar operações lógicas e/ou os quantificadores. A negativa freudiana, aspecto adjetivo da tópica psíquica e da fala dos pacientes, torna-se uma ação, no sentido de dizer e fazer. Aturdir é termo presente na língua portuguesa e se refere a atordoar, deixar o outro pasmo, entre outras acepções. Em francês, o psicanalista escreveu uma amarração entre vertigem, tontura (*étourdi*, zonzo, baratinado) e conversar (*dit*, dito), criando uma espécie de "convertigem", um dizer que carrega o não sentido, contraponto à fala que porta a associação simbólica para efeitos de sentido, de onde advém seu peso e seu perigo. Esse aturdimento é o próprio equívoco, na medida em que abala o simples fato de enunciar uma palavra, pois destitui os sentidos prontos, destitui a alienação na linguagem.[3] Se a lógica simbólica busca no falo uma espécie de

---

3 Esse rompimento das barreiras que protegem os sentidos determinados das palavras – a equivocidade – sacode as identificações imaginárias e simbólicas do sujeito e o ato de falar ganha outra dimensão, outros contornos menos assu-

completude simbolizada no saber do Outro, no símbolo do falo (de tê-lo), o Real se impõe excluindo qualquer marca que insista em tamponar o nada: será sempre inconsistente o saber suposto e o Outro como aquele que pode supor. A estrutura topológica não comporta um pai como centro, mas como versões submetidas ao desejo do ser falante.[4]

---

jeitados aos discursos. A descentralização do falo é símbolo disso na estrutura do inconsciente considerando a constituição do sujeito.

4 Badiou e Cassin (2013, p. 31) lembram que o fértil diálogo de Jacques Lacan com Aristóteles coloca o psicanalista às avessas com a filosofia do grego, cujo princípio diz que não existe universal sem a exceção que o funde. Para o psicanalista, a exceção faz o universal, segundo os autores, lendo o aturdimento da psicanálise: "Para todo homem, falar é dizer alguma coisa, na medida em que exista pelo menos um homem que não." A fala imaginária comporta a negação de completude: dito. O dito sempre comporta uma negação, pois não há sentido único. Assim, vai-se do princípio aristotélico "não existe contradição", fundado na univocidade do sentindo em um mundo estruturado pela linguagem, para o princípio lacaniano "Não há relação sexual", na discursividade, prevalecendo o equívoco na enunciação. Equívoco como o que comporta essa negação universal: "Não há sentido que não seja equívoco, e isso se chama 'ab-senso'", o que escapa para fora da norma do sentido aristotélica, das normas da linguagem, o que retorna sempre, o Real. O aturdito se inscreve na letra, na homonímia, conforme Badiou e Cassin (2013, p. 17), a ab-negação realizada pelo significante, pelo corte, tudo pelo Real. Esse ponto levantado é fundamental para associar a negação com a topologia, significante em conexão com a negação. Badiou e Cassin (2013, p. 19) lembram que há equívocos em toda a linguagem humana, inclusive, "que há nos sons da voz e, ainda mais perturbador, nas letras (na letra)." O equívoco é a condição do sentido, a exceção. No que concerne ao autismo, a recusa à fala e ao Simbólico como cadeia sempre apontou para uma recusa à alienação ao sentido, ao desejo e à demanda. A retenção da voz, no autismo, sugere um deslocamento ao que o equívoco nela contido pode apontar para o sentido que vem do Outro, ao ser invocado. Os autores mostram que, para Lacan, interpretação e sentido são diferentes de significação e ambiguidade (pontos insondáveis para o autista e sua imutabilidade), pois a interpretação – o dito – faz furo, faz equívoco, colocando o Outro em posição de inconsistência, o que, para o autista, torna os ditos toleráveis. Assim, o equívoco, em vez de perturbar o autista com a falta de concretude na significação, não teria o mesmo efeito do mal-entendido, em que o que está em jogo é o sentido de um e de outro, às

vezes prevalecendo o do outro. A exceção como lógica realizada no equívoco permite ao autista, em sua experiencia com as palavras, aturdir o outro e produz algo de si. Dos equívocos aristotélicos ordenados nas palavras, nas frases e nos raciocínios pela homofonia, pela interpretação e lógica, interessam como os autores leem a conexão do significante com a negação – ab-senso, pela via da letra e da homofonia-homonímia, da normativa da gramática para o equívoco inconsciente no jogo estrutural das letras. A letra corta o jogo opositivo de significação do significante, seu valor, impondo do Real, uma escuta do equívoco, fora desse jogo associativo. A letra vem negativar o valor do significante, seu (efeito de) sentido como a contradição do universal do jogo simbólico, portanto, o que o confirma: é o equívoco na topologia do ser falante e sua lalíngua, língua com a qual o psicanalista brinca ao logo de todo o texto nas homofonias e homonímias que se perde na tradução para o português, fazendo às vezes do lapso, dos chistes significantes do inconsciente estruturado pelas associações simbólicas. Badiou e Cassin (2013, p. 31) demonstram, ainda, que o princípio da não contradição – o existe um que limita o paratodo (a exceção faz a regra) tem estrutura a ser refutada, em que Aristóteles coloca o outro como necessário para confirmar a universalidade do princípio. Assim, o princípio lacaniano furado pelo Real prescinde do outro como o que confirmaria tal princípio: "a exceção faz o universal ... O fato de que, então, tudo se encadeie/desencadeie de outro modo é contemporâneo: um sujeito, a função fálica, nem verdadeiro nem falso, mas decaído no furo, e uma topologia muito mais complexa, moebiusada e torada, do que a do dentro/limite/fora que define o sentido aristotélico." Essa topologia indica que, a cada conclusiva lógica, esta decaí na sequência do dizer. O autista é o homem que, ao recusar a primazia da fala, confirma que falar é dizer alguma coisa desencadeada pela foraclusão da função fálica, que insiste no furo, na dimensão da letra, do Real? Badiou e Cassin (2013, p. 50), a partir da filosofia da linguagem, da gramática grega e outras línguas como a francesa, mostram como a negação está atrelada ao ponto de equívoco na linguagem. Os autores sustentam a herança ontológica dos termos negativos em que "ninguém" e "nada" mostram atributos de seres e objetos, de "coisa" invertida em "nada". Os autores buscam no [Den] de Demócrito o nada como o vazio, consequência do que chama invenção significante, falso corte, menos que nada que se distancia dos sentidos das línguas, os átomos são letras inventadas e recriadas a cada escrita. Em filosofia, esse vazio não funda o um, o que difere das elaborações lacanianas, a partir desse filósofo grego que tira proveito do "NADA" como que constitui um conjunto vazio que constitui o UM, que permite a suposição do NADA. O que se gere desse Nada é discurso e não material: "é não dialetizável, precisamente por não ser uma negação da negação, assumida e destacada, mas

Dessa convertigem, Jacques Lacan (1972/2003b) define a estrutura como Real, escrito da ética do ser falante – "Não há relação sexual". A máxima lacaniana, "O inconsciente estruturado como uma linguagem", sustentada pelas associações significantes, agora toma ares de letra (a instância da letra de 1953 é elevada à categoria negativada do equívoco, da contradição), pois o ser falante habita lalíngua, língua não compartilhável, e por ser sempre escutada como equívoco, como deformação pelo Outro, pela normatividade simbólica foracluída dessa dimensão do ser falante.[5] O trabalho de Lacan é com a letra como escrita e inscrição e a relação com o Real que faz furo em todo simbólico que se apresente como ambivalência, significação, sentido unívoco e interpretação. O *nãotodo* que fura o universal, nos termos aristotélicos, passa da palavra falada ao significante dos sonhos, dos chistes e dos lapsos e para a letra do equívoco, das homofonias e homografias de várias significações possíveis.

Primeiro aspecto a ser recortado na topologia negativada de *O aturdito*: da palavra ao significante e do significante à letra – do

---

uma subtração desde a negação e, por isso, um prestígio, uma ficção . . . Não é uma porta de entrada, mas uma porta de saída". Ainda, conforme Badiou e Cassin (2013), para o trabalho de Jacques Lacan em *O aturdito*: "*Den*: o nome do significante quando ele se inventa como tal, não podendo ser confundido com nenhum significado e com nenhum referente, está ligado à letra e à apresentação do discurso pela letra" (p. 53). Para os autores, o psicanalista francês vai do ser, para o "gozo do ser", "gozo do corpo", como significância, efeito de significantes como diferença pura, como equívoco, para inscrever a significância (e não significados e sentidos) na letra, no referido texto: "um traçado de letras em metamorfoses encadeadas, que, então, remetem antes a um pequeno a como momento de uma trajetória" (Badiou & Cassin, 2013, p. 55). Trata-se do Real como do princípio lacaniano inscrito na negação de "Não há relação sexual", o *ab-senso*, Real como diferença, ligado aos impasses da lógica e à letra como jogo puro de palavras, no entre o significante e o desempenho do ser, no gozo do corpo, no litoral.

5 Como o equívoco de um sujeito paranoico que escuta a questão "O que fulano faz no sexo?", "como O que fulano faz de errado no sexo?" Ou ainda, o vacilo na alienação diante da fala do outro: "Não sei se foi o que você disse. Foi o que você disse?", vacilando em autorizar seu equívoco no dizer (na escuta).

significante como o que se ouve, o significante saussuriano, da cadeia, dos efeitos de sentido pela diferença como imagem acústica que ressoa no sujeito e no Outro, à letra como o que – do Real da escrita, da marca negativada do traço unário – faz furo, letra de lalíngua, do equívoco. A teoria do valor que inscreve a lógica da alteridade na concatenação significante, do sujeito como o que um significante representa para outro significante, é o que o outro significante não é, negativa simbólica. Essa teoria, dá lugar à letra como negação da própria possibilidade de qualquer representação, mas que o ser falante é por falar, não interessando o que diga: a letra como marca do dito, do Real como impossível de dizer o que é.[6]

---

[6] Badiou e Cassin (2013, p. 66) destacam que Jacques Lacan, em *O aturdito*, busca formalizar o equívoco da linguagem pela borda e sua negação, a passagem, na experiência analítica, da impotência do Imaginário ao impossível do Real. Trata--se de uma topologia articulada a partir do *ab-senso* que designa o sexo (das fórmulas da sexuação). Os autores, a partir da tríade lacaniana verdade, saber e Real, destacam que a tese de *O aturdito* é a de que "do real há tão somente uma função de saber. Há uma função de saber e essa função de saber não é da ordem da verdade como tal." O Real, nesse texto, define-se como a ausência de sentido, *ab-senso*, segundo Badiou e Cassin (2013, p. 66), o sentido como *ab-senso*: "O real é *ab-senso*, portanto, ausência de sentido, o que, bem entendido, implica haver sentido." O real não é o sem sentido, pois ausência (*absense*) de sentido não é o *non-sense* do inconsciente estruturado na lógica do encadeamento simbólico, mas constitui o Real do inconsciente na fórmula da negação universal "Não há relação sexual", na impossibilidade da relação, ausência de toda relação, "ausência de todo sentido sexual". Badiou e Cassin (2013, p. 67) possibilitam ver que *O aturdito* é uma formulação que fura a lógica da negação/afirmação, pois, pelo viés do Real, da ausência de sentido, dificulta a interpretação do equívoco: "Senso ab-sexo é uma fórmula, a fórmula que diz que não há relação sexual. E é capital perceber que as expressões negativas ('não há', 'há ab-senso') vêm equivaler a uma fórmula não negativa, que é: 'senso ab-sexo.'" A fórmula "Não há relação sexual" não entra no jogo nem da inversão de sentido, do tipo "há relação sexual", também não é do tipo nem sentido nem sem sentido, não jogo opositivo da gramática simbólica, mas é ab-senso, ausência de sentido, conforme reiteram os autores, considerando a função do matema na transmissão do saber, verdade e Real na experiência psicanalítica (transmissão do impasse): "Mas ausência de sentido quer dizer positivamente senso ab-senso, isto é, finalmente, o real como tendo

A proposição gramatical acaba sempre por negar a verdade sem dizê-lo, mesmo diante do semblante e da significação que sugestiona como existência no discurso: "não há universal que não deva ser contido por uma existência que o negue" (Lacan, 1972/2003b, p. 450).[7] Nessa fórmula, negações das quais derivam o *nãotodo*: todo universal é furado por uma existência. Essa fórmula corresponde a outra: "Não há relação sexual", formulações da lógica do Real encobrindo o imaginário das significações, dos semblantes do discurso. Discurso que se articula a partir da castração, da inscrição do Nome-do-pai em certa modalidade negativa. Porém, dizer "a partir" não determina que seja apenas a negação no Simbólico em cena.

O impossível de dizer como centro da topologia: impossível de dizer qual objeto perdido causa o desejo, impasse de todo ser falante. Em termos de posição, o lugar do sujeito do inconsciente é deslocado ficando esse centro vazio, interessando a posição (diante) desse objeto. Essa é a novidade nesse modo topológico em habitar a linguagem e não entre significantes, avança para outra posição, pois o entre é impreenchível em termos de sentidos. Para isso, Lacan (1972/2003b, p. 451) retoma Freud e seu *ab-senso* que denota o sexo, "senso-absexo que se desdobra uma topologia em que é a palavra que decide", indo do universal do não sentido, do *nonsense*, para uma

---

essa ausência de sentido que é que não há relação, neste caso, relação sexual, o que a fórmula sintática do senso ab-sexo concentra afirmativamente. É esta a proposição central de '*O aturdito*': a ausência de sentido não é um sem sentido porque ela é senso ab-sexo" (Badiou & Cassin, 2013, p. 68). O saber do Real é a afirmação da ausência de sentido. Uma inversão interessante lendo as lógicas das negativas: passa-se de uma negativa que faz reconhecer uma afirmação original, Real e Simbólico, para uma negação em que a afirmação confirma a ausência de sentido, o vazio – Simbólico e Real.

7 Lacan (1972/2003b, p. 448) inicia *O aturdito* a partir da proposição lógica na sentença gramatical "Que se diga fica esquecido por trás do que se diz em o que se ouve (*Qu'on dise reste oublié derrière ce qui se dit dans ce qui s'entend*)", mostrando o ponto em que essa lógica toca o Real, o impossível de dizer no dito, mas lá está.

negativa radical: ausência de sentido, de uma alteridade simbólica e opositiva para uma radicalidade do impossível, da castração simbólica para a privação real.[8] Uma transformação da primazia da fala e do encadeamento significante para uma ordenação do "sem dizer não vai", pois o "dito não vai sem o dizer", este como *dit*-mensão que ex-siste ao dito, como do Real. O termo "transformação" é para dizer de outros modos de traduzir-se na linguagem para além da fala como subordinada ao Outro. As mudanças lineares na cadeia simbólica ganham versões sem direção e sentidos pré-determinados, outros contornos, outras amarrações entre os significantes entorno dessa posição vazia como centro da estrutura do ser falante: o ser falante não vai em mão única.

O discurso matemático – sua lógica – é a que toma o dizer como sujeito e não a realidade, mesmo implicando o dito. Lacan parte da geometria euclidiana e da teoria dos conjuntos para ler esse dito que isola nessa lógica:

> *o incompleto do inconsistente, o indemonstrável do refutável, ou até acrescentar-lhe o indecidível, por não conseguir excluir-se da demonstrabilidade – imprensa-nos tanto na parede do impossível, que se emite o "não é isso", que é o vagido do apelo ao real. (Lacan, 1972/2003b, p. 452)*

---

8 Segundo nota do tradutor, Jacques Lacan lança mão da homonímia *ab-sens* e *absence* ("ausência"), em francês, em que o prefixo *ab-* remete a afastamento, privação ou negação do sentido. Portanto, não é nem frustração com o sentido da necessidade, nem o corte no sentido da castração, é o não da privação – ausência. Na experiência com a língua vislumbrada do *Fort-Da!*, o pequeno ser vai ser privado, em algum ponto, do objeto amoroso que a linguagem lhe permite restituir simbolicamente em partes. Assim é que o desamparo é irredutível em todo ser falante.

Ecos da *Austossung* ao abordar as quatro impossibilidades no discurso do inconsciente que se ordena na análise, partindo do dizer demonstrável:

> *por escapar ao dito. Por conseguinte, só assegura esse privilégio ao se formular como "dizer que não", se, ao ir ao sentido, é o "contém" que se apreende nele, e não a contradição; a resposta, e não a retomada como negação; a rejeição, e não a correção. (Lacan, 1972/2003b, pp. 452-453)*

Suspende-se o verdadeiro do dito mantendo a relação da verdade com o Real, de onde advém o dizer, encerrando a função da dupla negação. Essa negação que ecoa, a qual o psicanalista irá se dedicar como universal pela exceção que a confirma, é a foraclusão, negação radical de todo significante, única possibilidade de se ter acesso ao Simbólico, ao significante primordial: o dito ex-siste na medida de sua foraclusão, a existência confirma a negação e não seu contrário, a negação confirma a existência/afirmação primordial, o centro da relação saber/verdade/dizer é vazio e não falicizado.[9] Esse dizer se circunscreve em torno desse vazio:

> *como real, isto é, pelo impossível, o que se anuncia como: não há relação sexual. Isso supõe que de relação (relação "em geral") só há enunciado, e que dela o real só se certifica ao se confirmar pelo limite que se demonstra das consequências lógicas do enunciado. Aqui, limite*

---

9 Jacques Lacan está se referindo à necessária foraclusão do dito de Freud como o que ordena o discurso psicanalítico e não a centralidade desse discurso em tomadas de sentidos dessa letra, pois é justamente na ausência de sentido que se estabelece e se ordena um dito, do Real.

> *imediato, posto que "não há" nada que faça relação de um enunciado. (Lacan, 1972/2003b, p. 454)*

Essa negação se inscreve pela experiência da foraclusão do significante Nome-do-pai, significante centro do saber, da verdade do sujeito – essa expulsão inscreveria um impasse inarticulável entre os enunciados: falta um elemento nessa estrutura, sendo essa a existência presentificada. Cada sujeito, no dizer, fará amarrações entre o Imaginário, o Simbólico e o Real para suplência da falta desse nome, de centro que faria o laço da relação. Falar agora comporta não dizer tudo. Na psicose, uma das amarrações interessantes seria pela via da dimensão simbólica, em que o sujeito entraria na construção de metáforas delirantes, visando a sentidos possíveis. Contudo, essa regra não vale para aqueles sujeitos que do Real operam com letras destituídas de efeitos de sentidos. Contudo, o que distinguiria um ou outro senão a negação, a relação dando lugar à negação, haja vista que o objeto com o qual qualquer sujeito irá se enlaçar é por ser perdido. A negação do tipo "não há" não sustenta a lógica da negação na medida em que ela conota a existência.

Os seres falantes são seres divididos e seu corpo é feito (efeito) do discurso que diz da função de órgão que o torna um significante como foi dito que *"não tenho um corpo por isso não sei onde gozo"* indo a *"meu próprio corpo me traindo"*, enquanto se construía toda uma teoria para justificar e explicar o *"eu não sei fazer coisas, coisas"*. Esse significante cava o lugar, no falante, da não relação sexual – sua incompletude: o corpo é ligado, cerzido por todos os lados pelo impossível nos ditos que demonstram o Real. Nesse ponto, seria possível questionar o corpo como consistência imaginária e, mais ainda, como imagem: não apenas, mas uma dit-mensão costurada pelos ditos de Real, Simbólico e Imaginário, pois a questão do eu (*moi*) e do falo não se limita ao Imaginário, são assunto do sujeito, o que implica estarem submetidos ao Real, ao impossível de contemplação e significação como totalidade. O Imaginário como corpo interessa como a dimensão que comporta furos, onde o espelho não traz mais a exatidão do "eu sou isto que minha mãe me diz que sou". Traz estranhamento e cujo buraco se localiza a angústia, mas sem palavras.

Lacan retoma a articulação sobre a foraclusão como o centro em torno do qual se articula a não relação sexual e a função fálica (Φx), feita anos antes, em 1960, ao abordar a estrutura da personalidade:

> *Pois foi na "questão prévia" (préalable) de meus Escritos, que era para ser lida como a resposta dada pelo percebido na psicose, que introduzi o Nome-do-pai, e é lá que, nos campos (nesse Escrito, figurados num grafo) pelos quais ele permite ordenar a própria psicose, podemos medir sua potência.*
>
> *Não há nenhum exagero, no que concerne ao que a experiência nos oferece, em situar na questão central do ser ou do ter o falo (cf. minha* Bedeutung *dos Escritos) a função que supre a relação sexual. (Lacan, 1972/2003b, p. 457)*

Em qualquer postulação universal de existência, algo se opõe como "desmentido à função fálica", o que a torna possível: a foraclusão é confirmada como centro do dizer. Ao que Lacan (1972/2003b, p. 458) apresenta duas lógicas nessa foraclusão sustentadas pelo quantificador lacaniano do (ao menos) *existe um* na relação com o universal e o complemento (Vx • Φx e • Φx):

1. Para todo x, Φx é satisfeito, o que pode ser traduzido por um V denotando valor de verdade; isso, traduzido no discurso analítico, cuja prática é fazer sentido, "quer dizer" que todo sujeito como tal, já que este é o desafio desse discurso,

inscreve-se na função fálica para obviar a ausência da relação sexual (a prática de fazer sentido está justamente no referir-se a esse ab-senso).

2. Há um caso excepcional, conhecido na matemática (o argumento $x = 0$ na função exponencial x/x), em que existe um x para o qual Φx, a função, não é satisfeita, ou seja, por não funcionar, é excluída de fato.

Na primeira função, a função fálica opõe-se ao *ab-senso*, ausência da relação sexual – opõe-se ao Real; na segunda função, a função fálica não funciona (sem inscrição do Nome-do-pai), sendo excluída. O sujeito como efeito de um "dizer" não se realiza pelas vias que se quantifica como valor de falso/verdadeiro, mas como o que se foraclui – esse "dizer não" é a foraclusão, tomando a função fálica como avesso da castração.

Na fórmula Φx, a existência é marcada por um x indecifrável na relação com a função fálica que o "um que existe é o sujeito suposto de que aí a função fálica não compareça", um sujeito suposto na foraclusão do falo, da nomeação paterna (Lacan, 1972/2003b, p. 459). As negativas são duas: a negação da castração que confirma a castração; essa castração em sua exclusão mantém vazio o lugar de supor sujeito, não mais nesse centro de saber que toma lugar e posição na linguagem como outro e sua falicização, o saber suposto pelo Outro é inconsistente, marcado por esse x. Não mais, portanto, uma dupla negação para confirmar a *Bejahung*. Todo acesso à relação sexual é semblante como algo decente (*dé-sens*), em que o sentido cai em conformidade com as premissas sobre o saber e a verdade, com o falso e o verdadeiro: "Nada funciona, portanto, senão pelo equívoco significante, isto é, pela astúcia por meio da qual o ab-senso da relação se tamponaria no ponto de suspensão da função." O equívoco significante é função de um sujeito que, em sua astúcia, traquinagem, brincadeira com a língua, escreve a ausência do sentido ao mesmo tempo que suspende a função fálica.[10] O significante Nome-do-pai é escrito como um equívoco significante, uma astúcia do sujeito para suspender essa nomeação pela primeira negação – castração do Pai, da lei apresentada pelo Outro. E, a um só golpe, a destituição de lugar e posição no Simbólico pela negação – foraclusão disso que foi inscrito pela função fálica. Duas negativas: essa negação é o x da existência topológica.

A articulação entre a fórmula "Não há relação sexual" e a fórmula da função fálica não implica não haver relação com sexo, mas há implicações na função sujeito não falicizado, dito mulher não se nega que existe um, há pelo menos um para que a castração seja validada, o pai. O Outro não é apenas castrado/barrado, ele é inconsistente pela sua falta de garantir o Nome-do-pai. É o dizer que faz suplência a toda castração. Lacan (1972/2003b) especula que não se trata de transformar essa negativa em um quantificador universal – em uma universal negativa, pois, assim, retornaríamos ao *nãotodo*, "atestando a existência de um sujeito a dizer não à função fálica, a supô-lo pela

---

10 Lacan (1972/2003b) retoma a relação da castração com o Simbólico, a frustração com o Imaginário e a Orivação com o Real – três modalidades de negativas efeitos do ato do sujeito em negar as consequências de sua posição nas *dit*-mensões da linguagem, premissas de um sujeito suposto saber (pelo Outro) em que o Nome-do-pai seria a ordem do discurso do inconsciente. A função do semblante e seu sentido, laçado ao todo da linguagem, reiteram a verdade de que não há relação sexual – sendo essa a função do semblante, forjar o todo da linguagem. O semblante do sexo (um sentido ao gozo) vem suprir essa negativa, dando ensejo ao mais-de-gozar do sujeito. O psicanalista faz a volta para a topologia, pois a função fálica, a castração é falha para todo homem, mas há um que não. A castração é fruto de um mal-entendido e sua função, seu mito edipiano é um dito e, em todo dito, há mal-entendido, mais ainda, equívoco. Considerando a função fálica, a fala se justifica como enlaçamento do Imaginário e do Simbólico considerando as formações do inconsciente, o mal-entendido, as ambiguidades e o *nonsense* no trabalho da cadeia significante; enquanto o dito se justifica pelo equívoco da homofonia de um significante e sua ausência do sentido (*ab-senso/ ab-sexo*), na articulação Simbólico e Real. O dito abala uma estrutura por escrever a equivocidade do significante que a concatenação tenta siginificar.

contrariedade dita de duas particulares" (p. 466). O sentido do dizer inscritos por esses quantificadores não é uma ordenação opositiva nem de coexistência do contraditório.

Ao não se suspender a função fálica, tudo pode ser dito (da mulher como metade), porém é todo excluído do universo simbólico, é *nãotodo*. Como quantificador negado é que o sujeito se inscreve na linguagem e é esse sujeito (na metade mulher) por ser *nãotodo* que é que nenhum é todo (a mulher por ser não toda é que nenhuma é toda). O que suporta esse sujeito é uma estrutura topológica cujo espaço é extensão desse *nãotodo*, espaço que, estruturado como uma linguagem, não concerne à falação, do *isso* fala (plena) e fala (vazia), mas que a *matéria bruta* do inconsciente é dito que carrega o equívoco significante, a letra como ausência de sentido, algo da existência inacessível, mas enumerável. O dito, o aturdito e o meio-dito se articulam em torno do *nãotodo*. Da distância da fala, os ditos "só podem completar-se, refutar-se, inconsistir-se, indemonstrar-se e indecidir-se a partir do que ex-siste das vias de seu dizer" (Lacan, 1972/2003b, p. 469), numa estrutura em que se articulam Real, Simbólico e Imaginário em torno do vazio deixado pela foraclusão do significante da lei. Esvaziamento que, topologicamente, permite que o sujeito retroaja sobre esse ponto aberto pelo corte introduzido em cada objeto topológico – não borromeano – pelo furo do Real, pois esse corte, como se vê nas transformações contínuas dos objetos toro, banda de Moebius, garrafa de Klein, *cross-cap* tem efeito do *ab-senso*, da ausência de sentido. Essa estrutura não se realiza pela via da metáfora, da fala, não tem efeito de significado, escreve-se pelo dito, do que tem efeito de sujeito, corte fechado, porque o "'significado' do dizer, como penso ter dado a perceber por minhas frases iniciais, não é nada senão a ex-sistência ao dito (aqui, a este dito de que nem tudo se pode dizer)" (Lacan, 1972/2003b, p. 473).

Definição de dito: comporta um impasse, equívoco no qual o falante se dá conta de que nem tudo pode ser dito. A angústia aparece na fala sempre como dito, não reconhecível, sem nomeação, porque todo dito comporta o não dito, algo de impossível de dizer, pois o significante do saber foi foracluído. Quando o analisante anuncia que não sabe o que dizer, que não consegue dizer, a noção de dito não coloca em xeque a tradição da associação livre como o tudo dizer? Talvez é preciso não perder de vista que uma palavra basta para instituir o ser falante. O ser, desse dito, que foraclui o significante mestre, significantiza-se reduplicando-se ao infinito, é o ser que se inventa ali no ponto onde o corte produz o dito quando se fecha. O *nãotodo* é o lugar onde se encontra o Real como o impossível, lugar da *causa do desejo*, que como premissa pode ser universal, mas como existência é sua exceção do dizer do Real como exclusão. No entanto, exclusão deste Real, diz Lacan:

> *que não há relação sexual, pelo fato de que um animal, d'estabitat (stabitat) que é a linguagem, por abitalo (la-biter) que para seu corpo cria um órgão-órgão que, por assim lhe ex-sistir, determina-o por sua função, desde antes que ele a descubra. É justamente por isso que ele fica reduzido a descobrir que seu corpo não é sem outros órgãos, e que a função de cada um deles lhe cria problemas – coisa pela qual se especifica o dito esquizofrênico ao ser apanhado sem a ajuda de nenhum discurso estabelecido. (Lacan, 1972/2003b, p. 475)*

O Real como exclusão na linguagem (algo que fica de fora no próprio discurso e não algo do tipo o Real aqui e a linguagem lá) coloca a experiência psicanalítica não mais reduzida à função da fala, mas estabelece a ordenação pelo discurso não como semblante. Falar é articular as dimensões do dizer, da linguagem. O dito do esquizofrênico sem nenhum discurso estabelecido que diga de seu corpo, portanto, sem inscrição da função fálica e estabelecido pela foraclusão, não suporta essa exclusão e implode em pedaços. Aos corpos, diante da exclusão constitutiva do Real, restam-lhes abrigarem-se no discurso pelas funções que essa exclusão lhes determina, escreverem-se a cada transformação topológica em torno do esvaziamento central, como consistência, como significante e como buraco, um será sempre outra coisa: fim das relações binárias.

Lacan (1972/2003b, p. 475) mostra que esse discurso se situa no vão da exclusão do Real na linguagem "pelo laço social a que se submetem os corpos que *abitaño* (*labitent*) esse discurso." Como se ordena esse discurso regulado pelo Real que implica considerar sua exclusão?

Depois das elaborações em torno da negação "Não há relação sexual", exclusão radical da primazia do Simbólico na gênese do sujeito, as formulações sobre essa existência no discurso são fundamentais para compreensão do autismo como estrutura subjetiva topológica na medida em que é essa exclusão do Real que ele testemunha (exclusão "do" Real, imposta pelo Real). Tomar a foraclusão na lógica do Simbólico é correr o risco de manter essa estrutura situada na psicose. Em termos topológicos, o autismo como corpo no discurso que se funda no vazio da exclusão no Simbólico é outro (h)abitante da linguagem, pois é preciso considerar essa exclusão validada como o um de cada ser falante.

De início, esse laço social não é para formar grupo, formar par, isso lhe é impossível (sua marca do Real): o discurso psicanalítico (o discurso para a psicanálise) é livre da necessidade do laço social. Lembro que "necessidade" é elemento importante na lógica imaginária, assim como a obscenidade do grupo. Esse discurso (chamado de científico) não se enquadra nos quatros discursos psicanalíticos: do mestre, da histérica, do capitalismo e universitário, estes estão na dependência das articulações significantes. O discurso topológico gira em torno do objeto *a*, a letra esvaziada que localiza na estrutura o centro vazio, o nada que gera a função sujeito: o que faz laço é Real, o impossível (do grupo): estamos identificados pelo impossível de nosso desejo. Porém, onde se suporta esse objeto *a*, pergunta o psicanalista, se não é no grupo? No dizer que ocupa o lugar do Real. Esse lugar é o lugar do impossível no discurso, do impasse na formalização:

> *Essa diz-mensão de um impossível, que, incidentalmente, chega a compreender o impasse propriamente lógico, é, num outro texto, aquilo a que chamamos estrutura. A estrutura é o real que vem à luz na linguagem. Obviamente, não tem nenhuma relação com a "boa forma".*
> (Lacan, 1972/2003b, p. 477)

O Real é o impossível escrito na fórmula "Não há relação sexual". A estrutura é o impossível na linguagem, seu equívoco, em que os impasses da formalização correspondem a: inconsistência, incompletude, indemonstrável e indecidível, ou seja, toda a ausência do sentido (*ab-senso*).[11] No dizer do discurso, presentificam-se a inconsistência e a incompletude da linguagem (o outro da psicanálise, barrado e inconsistente). O Real é indemonstrável e não se pode determinar nem solucionar – não há como escrevê-lo, visto que a toda tentativa significante este é foracluído. A queda do falo como esse elemento significante que bem poderia ser consistente, completo, demonstrável e solucionar o lugar da falta pelas vias de um saber suposto, mas esse significante é um equívoco, marcando uma ausência de sentido pelo traço que só faz por assentar essa impossibilidade por não reeditar significações no discurso que faz

---

11 *Les "impasses" logiques: inconsistance (H), incomplétude (M), indémontrable (U), indécidable (A), c'est-à-dire "le mur de l'impossible"*. (Lacan, 1972, recuperado de http://staferla.free.fr/Lacan/L'etourdit.pdf)

laço pela ausência, que se sustém em torno dessa impossibilidade. Essa lógica discursiva é o que elaboro para sustentar o autista como ser falante.

A fala é um equívoco para o ser falante e nada lhe garante um órgão de linguagem que lhe ateste essa função. Essa relação é sempre metafórica, é sempre por atribuição de uma significação a essa função: a relação entre a função fálica e o objeto *a* não se realiza a não ser como impossível. Esse ponto submete a função da fala a uma dimensão das impossibilidades do Real, função que não garante o laço social, função não mais de mediação, uma função entre outras funções que a estrutura do Real lança no jogo do discurso: nem um órgão de linguagem garante a fala, e nem falar garante o laço social. Ao recusar qualquer lógica fora da linguagem e dessas impossibilidades, Lacan (1972/2003b, p. 477) define a existência como "dejeto de todo discurso" ("*déchet de tout discours*"). Dejeto, desperdício e os restos dos órgãos: fezes, excrementos e sinônimos. Tudo que o corpo expulsa, coloca para fora, mas, ao contrário dos objetos pulsionais, não oferece/serve ao Outro: o sujeito como o que é rejeitado pelo discurso que inscreve como resto e não serve ao Outro, não tem serventia e não se submete, não se ajusta ao Outro. O sujeito não é escravo do senhor da linguagem. Aqui, isso que o corpo expulsa, mas é dele mesmo, só pode ser dele.

Outro modo pelo qual se ordena esse discurso fundado na exclusão do Real "é o mais esvaziado de sentido que há, por prescindir de toda e qualquer metáfora, por ser metonimicamente de ab-senso" (Lacan, 1972/2003b, p. 478), e a fantasia, como fórmula, funda-se nesse aspecto. Esvaziado de sentido, o que se condensa e se desloca é a ausência de sentido, a transformação contínua dessa estrutura em torno de um objeto imutável. Espaço dos mais privilegiados para o autista, como estrutura, pois resolve seu problema com a alienação de sentidos. Mas fica deveras exposto ao Real.

Esse discurso não é uma seriação na lógica do encadeamento significante, é uma ordenação na lógica dos números, em que a série numérica representa justamente o inacessível. Um número não representa um sujeito para outro número como efeito de sentido, ele a-presenta pela metonímia de *ab-senso* o objeto *a*. A topologia fornece o enlaçamento em torno da hiância que revela o ex-sistir do Real: existência como exclusão, como ausência de sentido. Sobre essa topologia, nem teoria nem prática, Lacan (1972/2003b, p. 479) ressalta que sua função é fazer cortes no discurso "tais que modifiquem a estrutura que ele acolhe originalmente", modifiquem o universal estrutural. Dois pontos podem ser depreendidos desse destaque. O primeiro tange a outro aspecto do discurso: é feito de cortes que possibilitam sua transformação. O segundo corresponde ao fato de que esses cortes são na própria estrutura que parasita nesse discurso. Assim, a rigidez simbólica é cortada pelo Real provocando o sujeito para que se ordene em diferentes lógicas. Esse discurso é o que sustenta o inconsciente e se ordena na análise:

> *Recorrer ao nãotodo, ao ahomenosum (hommoinsun), isto é, aos impasses da lógica, é, ao mostrar a saída das ficções da Mundanidade, produzir uma outra fixão (fixion) do real, ou seja, do impossível que o fixa pela estrutura da linguagem. É também traçar o caminho pelo qual se encontra, em cada discurso, o real com que ele se enrosca, e despachar os mitos de que ele ordinariamente se supre. (Lacan, 1972/2003b, p. 480)*

O ser falante é isso que se enrosca com o impossível que fixa na estrutura de linguagem o menos um: é isso menos tudo.[12] Acerca

---

12 Em *despachar os mitos de que ele ordinariamente se supre* encontra-se a foraclusão que Jacques Lacan vem sustentando para a topologia – o Nome-do-pai (Édipo,

da díade significação e sentido, pois vem-se falando de *ab-senso*, a psicanálise é ciência do embaraço, do discurso embaraçoso pelo fato de que a letra escreve o impossível de dizer do Real, "um matema pelo qual se situe a relação do dizer com o dito." Essa relação via matema (o número é matema do Real, representa o impossível conforme a aritmética de Frege) tem como lógica a castração de seu "sentido metafórico". Ou seja, o discurso psicanalítico não é para ser número. Ao propor matema, Lacan (1972/2003b, p. 485) inscreve, no centro desse discurso, a negação da castração, a foraclusão como ausência de sentido. Esse é o discurso do saber sobre o Real. Esse ponto da ausência de sentido é fundamental no autismo pela via da topologia, como especulação estrutural, na medida em que o autista recusa na alienação à linguagem justamente essa submissão ao sentido. Sem a metáfora não há generalização e o ser retrocede como re-volta se desfazendo do embaraço encontrando o desejo de uma "fala mais além". Assim, a topologia como estrutura do Real "não foi 'feita para nos guiar' na estrutura. Ela é a estrutura como retroação da ordem de cadeia em que consiste a linguagem. A estrutura é o asférico encerrado na articulação linguajeira, na medida em que nele se apreende um efeito de sujeito".[13]

---

falo) como respostas do Simbólico à falta são, no retorno do Real, despachados, colocados para fora deixando a ausência cravada no centro da estrutura. "Fixão" e "ficção" respondem pela homofonia à estrutura do sujeito e sua verdade: a primeira marca do Real no centro com o x, e a segunda do significante em cadeia chegando ao sujeito como posição na linguagem, enquanto o Outro fixa a dimensão de onde habita a linguagem.

13 Um movimento retroativo dessa topologia pode ser lido na seguinte passagem de Lacan (1972/2003b): "o dizer ultrapassa o dito, devendo esse dizer ser tomado por ex-sistir ao dito mediante o qual o real ex-ist(ia) a mim, sem que ninguém, por ele ser verificável, pudesse fazê-lo passar ao matema" (p. 483). Outra questão que se impõe é em relação à interpretação nessa estrutura como aberta às significações que diz sobre o sujeito e sobre a situação clínica. Ou seja, significar não é fazer qualquer sentido e menos ainda todo o sentido, em termos de generalizações que se aplicam a todos os seres humanos.

A borda do autista, os objetos autísticos e sua imutabilidade são dizeres desse ser falante cuja função sujeito se realiza fora da semantização e da falicização, como tentativas de esburacar-se. Ao inventar o "aesférico" (a-esférico), Lacan coloca buracos na estrutura psíquica que interessa à psicanálise, não mais preenchíveis pelo grande outro nem pelo falo, pois é justamente a foraclusão que permite o enodamento, que mantém real, simbólico e imaginário atados. Todo sujeito vai responder por invenções únicas a essa falta. Porém, para o autista, a questão do simbólico como registro psíquico é complexa, conforme venho apresentando, e suas soluções não tão apartadas do real. A imutabilidade, o congelamento do autista na entrada da cadeia simbólica não o determina como excluso do discurso, mas a exclusão real – a negação radical é a gênese de sua estrutura que se escreve em uma topologia que retroage sobre o ponto esvaziado, o *ab-senso* testemunhando os impossíveis do real e demonstrando o indemonstrável: o fato de haver ser falantes que não falam, mas dizem e lidam com seus buracos sem os contornos do outro. A transformação contínua nas dimensões topológicas localiza a imutabilidade do autista como existência fundada num x não compartilhável, invenção original e de difícil semantização, um ser como esvaziamento defensivo do outro.

Sobre a topologia como estrutura do real, Lacan (1972/2003b) enuncia:

> *O que a topologia ensina é o vínculo necessário que se estabelece entre o corte e o número de voltas que ele comporta, para que se obtenha uma modificação da estrutura ou d'asfera (com de apóstrofo), único acesso concebível ao real, e concebível pelo impossível no que ele o demonstra. (p. 486)*

O corte e os giros que o sujeito faz em torno desse furo permitem admitir a exclusão da função da fala como mediadora das relações, como encadeamento simbólico, como superfície da demanda e do desejo. O autista (verbal ou não verbal), mas ser falante, pode criar acesso ao Real que responde ao impossível do laço pela via da alienação da linguagem, lendo em seus traçados imutáveis o *ab-senso* que nada demanda do Outro, inventar voltas nesse lugar que já existe. Como ex-istência a esse corte do Real, há o que falta como causa do desejo, trabalho de operação para o autista em transformar continuamente, em reeditar as tentativas de acesso a essa falta como impossível, trabalho que se dá desde as invenções duras como seus objetos autísticos até à invenção de uma literatura própria. Ex-sistência como dizer comprovada pelo dito na repetição que busca o *fading* moebiano: trabalho a que o autista se coloca nas tentativas de que sua imutabilidade corte para uma dimensão de falta, aesférica. A ordenação como número coloca a demanda na cena, na medida em que, por não ser furo, o corte nunca faz da demanda par, mas sempre ímpar, ou seja, fora de qualquer relação de unicidade entre sujeito e Outro, mas uma operação lógica do ser falante em sua prática (solitária) do dizer ao Outro. Assim, é possível imaginarizar que o autista faça do discurso um recurso na linguagem para enlaçar uma demanda, mas que não implica uma resposta do Outro direta, pareada.

Entre a repetição como encadeamento de significantes, como seriação, e a repetição como ordenação na lógica do número ordinal, há diferença. Essa repetição por ordenação, repetição do um a um, de relação entre um e outro, localiza a imutabilidade do autista como uma possibilidade de operação constitutiva em torno da falta como causa, e não falta causada no Simbólico. Essa operação destitui essa repetição de qualquer interpretação, de qualquer efeito de sentido, em que o autista repete como função organizadora de sua topologia:

> *Ele é o dizer pelo qual são retomados, para lhes fixar o desejo, os cortes que só se sustentam como não fechados*

> *por serem demandas. Demandas que, por parearem o impossível com o contingente, o possível com o necessário, censuram as pretensões da lógica que se diz modal.* (Lacan, 1972/2003b, p. 592])

E, ainda:

> *E, quanto ao transfinito da demanda, isto é, à re-petição, caber-me-á voltar ao fato de ela não ter outro horizonte senão dar corpo a que o dois não seja menos inacessível do que ela, simplesmente por partir do um, que não seria o do conjunto vazio?* (Lacan, 1972/2003b, p. 495)

A estrutura do Real permite trabalhar o inconsciente como linguagens estruturadas como lógicas do *nãotodo* na diz-mensão do objeto *a*:

> "estruturado como uma linguagem", isto é, como a lalíngua que ele habita, está sujeito à equivocidade pela qual cada uma delas se distingue. Uma língua entre outras não é nada além da integral dos equívocos que sua história deixou persistirem nela. É o veio em que o real – o único, para o discurso analítico, a motivar seu resultado, o real de que não existe relação sexual – se depositou ao longo das eras. Isso, na forma que esse real introduz ao um, isto é, ao unido do corpo que aí forma origem, e isso fazendo, aí faz órgãos esquartejados de uma disjunção através da qual, sem dúvida, outros reais colocam-se a seu alcance, mas não sem que a via quádrupla desses acessos se infinitize, para que daí se produza o "número real". (Lacan, 1972/2003b, p. 592)

A negação concerne ao mais radical do Real, ao que faz cair o "não" do nada que o invoca, onde pelo impossível de dizer se mede o Real no discurso, uma ordenação de ditos e não ditos, de um corpo feito buracos e pedaços da língua do ser falante.

O problema da dupla negação é retomado diante da lógica como ciência do Real, dando a ver que os não tolos erram, mas que essa negação não determina uma afirmação do tipo os tolos não erram, considerando que existe um universo dividido por todo enunciado e "que dizer o homem, e que se o diz – quero dizer, por dizê-lo – tudo o mais se torna não-homem" (Lacan, 1973-1974/2018, p. 23). A sonoridade com errância para o ser falante é dada, pois a ordem tem um centro vazio, de saber foracluído: pode-se ir e vir por caminhos não determinados, por outros reais. A questão retorna sobre o Nome-do-pai, na relação da negação da castração, dupla negação (nega a negação, foraclusão do Nome-do-pai). Lacan reitera que é a mãe como outro absoluto que:

> *não faz mais que encarnar, encarnar a voz – a saber, a mãe, a mãe fala, a mãe pela qual a palavra se transmite, a mãe, se há que dizer, é reduzida a traduzir esse nome (n-o-m) por um não (non), justamente, o não que diz o pai, o que nos introduz no fundamento da negação: é que esta mesma negação forma um círculo em um mundo, que ao definir alguma essência, essência da natureza universal, quer dizer, o que se suporta do todo – justamente rejeita, rejeita o quê? – fora do todo, levado por ele a ficção de um complemento ao todo, e faz a todo homem responder: por isso, o que é não-homem, não se sente acaso que há uma hiância desse não lógico ao dizer-não? Ao dizer-não proposicional, diria eu, para suportá-lo. A saber, o que faço funcionar, em meus*

> *esquemas, acerca da identificação sexual. Quer dizer que todo homem não pode confessar seu gozo, quer dizer em sua essência, fálica, para chamá-la por seu nome, que todo homem não chega senão, ao se fundar sobre esta exceção, de alguma coisa, o pai, enquanto que proposicionalmente ele diz não a essa essência. O desfiladeiro, o desfiladeiro do significante por que passa ao exercício essa alguma coisa que é o amor, é muito precisamente esse Nome do pai. O Nome do pai que só é não (n-o-n) ao nível do dizer, e que se cunha pela voz da mãe no dizer-não a um certo número de interdições, isto no caso, no feliz caso, naquele onde a mãe quer, com sua pequena cabeça, proferir algumas mutations. (Lacan, 1973-1974, pp. 180-181)*

A relação do autista com a voz pode ser considerada levando-se em conta como essa voz carrega a castração, o significante Nome--do-pai, ali no jogo moebiano entre dizer-sim e dizer-não, entre afirmação e a negação. Ao recusar a voz do Outro, o autista realizaria essa dupla negação às avessas, recusando que a castração se inscreve, antes de sua foraclusão. Assim, é importante destacar que, para a psicose, a foraclusão concerne a essa dupla negação (exclusão da castração, do Nome-do-pai como efeito dessa castração), enquanto no autismo se trataria de excluir a voz antes da inscrição do Nome--do-pai e sua exclusão: seu trabalho, do Real, é impedir a inscrição da castração. O nome carrega o não, como foi dito, pelo que ressoa da voz do Outro. Carrega não apenas na seriação significante, pois se assim fosse não estaríamos falando de sujeito do inconsciente. Há na linguagem elementos anteriores à cadeia falada e a voz, aqui referida por Lacan, carrega o traço da primeira negação. Antes da língua, estamos submetidos aos traços dos sons destituídos da cadeia e que não têm significação, são formas. A barra da negação é a versão disso no discurso psicanalítico.

Não poucas vezes escuta-se o pai dizer que ele é firme com a criança, mas que o pequeno não o obedece, não para quieto, é muito agitado (à deriva, não encadeia uma história no brincar), mas, ao mesmo tempo, muito carinhoso, não sabe o que é o não: há um nome incluído, mas seguido da exclusão de sua regência pela lei que deveria inscrever. A palavra firme do pai não pesa no centro do ser, esse traço da castração é foracluído da voz do Outro que o introduz como pai, como na psicose.

O falo *é* o que parasita a "função da fala". A fala é fiadora do falo e vice-versa, considerando que o gozo fálico é efeito da relação Simbólico e Real. O gozo fálico não corresponde ao gozo real do autista, na medida da exclusão do desfiladeiro significante. Aspecto importante para considerar a decaída da primazia da fala e do Simbólico no autismo e sua relação com a dupla negação. Lacan prossegue com a castração em sua lógica de dupla negação:

> *A castração é que o falo é transmitido de pai para filho, e isso inclusive comporta alguma coisa que anula o falo do pai antes que o filho tenha direito de portá-lo. Freud refere-se à ideia da castração essencialmente dessa maneira, na qual a castração é uma transmissão manifestadamente simbólica. (Lacan, 1975-1976/2007, p. 83)*

Na transmissão simbólica, algo nega o Nome-do-pai antes que o filho o tenha. Nesse significante, o Real deixa a marca da negativa anterior à nominação, o não, foraclui a significação fálica de qualquer significante. O falo, nesses termos, corresponde ao x indefinível do Real, suporte da função significante na relação com a (não) significação. O que se inscreve na castração não é o sentido que vem do outro, mas sua exclusão original que o falo do pai já carrega e transmite via castração.

22. A negação na constituição do sujeito

As negativas correspondem a operações subjetivas distintas, mas que têm como efeito comum – e não igual – afastar qualquer representação hostil do eu. Desde as proposições freudianas sobre essa temática já aqui abordadas, o sujeito se utiliza, necessariamente, da fala como o lugar de realização dessas operações: o sujeito (na análise) se serve da gramática da língua, em todas as suas formações inconscientes, para que sua fala tenha efeitos de negação no discurso, recurso para lidar com o (não)sabido inconsciente, com seu desejo e com a intrusão do Outro. Pela negação, o sujeito interpreta seu desejo. São as partículas de negativas das línguas que mereceriam, nesses termos, ser exploradas: quando fala, o ato de negação se realiza sobre conteúdos indesejáveis de serem lembrados. Assim, as negativas são recursos do Simbólico para tratar o Real, de negar o hostil, o desprazer, afastar o incômodo do desejo, adiar esse encontro. Essa negação é tentativa de barrar as representações adversas, na medida em que não haveria negativa que não tenha sido precedida de afirmação: dizer não sobre algo que foi dito sim. Desde os primórdios do psiquismo, ela se presentifica como gênese, como apresentei na primeira parte deste trabalho. São modalidades estruturais singulares no universal do Simbólico e que sofreram importante torção para a negação efeito do *nãotodo* que estrutura o ser falante. Isso deu ensejo a uma negação ordinária a todo sujeito – a foraclusão, pensando na topologia como estrutura e a não necessidade de especificação de estruturas clínicas, pois a própria negação coloca o sujeito sob efeitos diferentes de negações similares, como na paranoia e na obsessão. Ao lidar com o sujeito representado por (entre) significantes, essa negativa é consequência de atribuição de juízos à existência. Todavia, o objeto *a* impõe uma negativa fora do jogo simbólico, uma negativa como marca do Real em todo dito que carrega um dizer. Esse ponto é crucial por permitir aprofundar o autismo para além da via da negativa simbólica nas funções da fala, o que teria limitações pela própria recusa em fazer-se representar pelo simbólico, por suas metáforas, metonímias, simbolismos, e outros jogos estruturais. A recusa como negação marca a experiência de satisfação do pequeno ser – recusa a afirmar a experiência de que é possível o prazer com o Outro sem o preço da alienação. Na sua experiência com a linguagem e com as palavras, o autista antecipa que a castração, mesmo negada, mantém o sujeito ligado ao Outro sem preencher o espaço vazio que os separa, por vezes estendendo esse espaço. Como estrutura subjetiva, o autismo se encontraria desse modo organizado e sua atividade psíquica se caracterizaria a partir dessa recusa.

Os termos usados por Sigmund Freud nos trabalhos sobre as negativas compõem uma problemática de traduções, em psicanálise. Não é objetivo aqui, validar esta ou aquela tradução para *Verdrängung*, *Verleugnung*, *Verwerfung*, *Veneinung* e *Versagung*, todavia a relação do autismo com a linguagem e a palavra falada impõe localizar a especificidade dessas operações. Klajnman e Vivès (2019) destacam que o verbo *werfen* (ejetar, jogar fora, em alemão) usado apenas uma vez por Freud no texto de 1925 e que, nesse termo, poderia se propor uma modalidade de negação ligada diretamente à experiência inicial do psiquismo entre prazer e desprazer. *Werfen*, assim como as outras negativas, seria uma das formas de tratar o Real, em que o que não é bom para o sujeito, ele joga fora. Tudo se inicia com *Bejahung*, a afirmação no Simbólico. Da simbolização primitiva incidem as negativas sobre ela (Real sobre Simbólico) de tal modo que haveria, por exemplo, a não afirmação do significante Nome-do-pai na psicose e, na histeria, haveria a não afirmação de qualquer significante que pudesse organizar o sujeito em suspensão.

Na leitura que Lacan faz do caso do Homem dos Lobos, o destaque dado é para o fato de que o plano genital parece não existir e a não inscrição da *Bejahung* pode ocasionar um fenômeno psicótico, mas não uma estrutura psicótica, esta que é dependente da *Verwerfung* (foraclusão). O pequeno não consegue dizer-que-sim, dizer que algo lhe acometeu, não inclui algo do Real no Simbólico. O que mostra que um sujeito pode lidar de modos diferentes com o Real. Para além das possibilidades da *Bejahung*, há uma referência original no uso do verbo *werfen* que alude a uma expulsão original reversível que propõe outra forma de designar o Real irrepresentado por ter sido ejetado. Alusão a um Real a ser nomeado para além do recalque originário de um Real inominável e inacessível, epara além da Coisa como irrepresentável e do significante enlaçado ao símbolo que pode representá-lo pela *Bejahung*, apartando a possibilidade de foraclusão, portanto, de psicose. Esse *werfen* é diferenciado de *verwerfen* do significante do Nome-do-pai/foraclusão, pois haveria um pedaço do Real que poderia ser nomeado e, outra que poderia ser, mas não está nomeada, e uma terceira parte que jamais será nomeada, rejeitada de modo radical, que é a foraclusão comum a todos os seres falantes. É a *Verwerfung*, o que não terá retorno de forma simbólica, e a *Ausstossung*. A *Verwerfung* é a ação expressa pelo verbo *werfen*:

> *O primeiro termo, correlato ao tempo do recalque originário, assinala uma expulsão concomitante à* Bejahung, *ou seja, diz respeito a um "não" ligado a um "sim". Enquanto algo é afirmado, outra parte disso é expulsa, sendo nesse duplo movimento que o real se cria. O segundo termo expressa uma foraclusão, um "não" absoluto que dá origem à psicose, vale dizer, uma ruptura sem tratamento simbólico e que só retorna como real, isto é, sob a forma de vozes, pensamentos e sensações que provêm do exterior por não terem sido inscritas simbolicamente. Na* Verwerfung, *portanto, rejeitam-se as representações que fizeram parte do eu e permanecerão para sempre excluídas. Já a ação expressa pelo verbo* werfen *se refere a uma expulsão original reversível que propõe outra forma de designar o real.* (Klajnman & Vivès, 2019, p. 209)

Essa expulsão original nos ajuda a supor o autismo como outra modalidade de responder ao Real, considerando a fixação da ausência não suprimida nem por delírios nem pela alucinação, levando adiante o que seria marca estrutural no autismo, para além da foraclusão comum a toda estrutura. Porém, como marca estrutural, não pode ser reversível, indicando, sobretudo, outras possibilidades de foraclusão como funcionamento, e não necessariamente definidora de uma estrutura psicótica.[1]

---

1 A foraclusão, a partir da topologia lacaniana, deu ensejo para a proposição da "foraclusão generalizada", feita por Jacques-Allain Miller na direção de uma psicose ordinária e teve sua origem na dupla negação que Jacques Lacan leu no caso do Homem dos Lobos: Sergei reconhece a castração e a ejeta, expulsa, pois dela nada quer saber, lidando de modo diferente com o real da castração na estruturação do inconsciente.

A negativa é presença no psiquismo, numa espécie de negativa primordial na gênese do sujeito até sua letra topológica em uma negação validada para todo ser falante. Retomo do ponto inicial, pois é nesse mítico que localizo o traço do autismo como estrutura topológica, haja vista o apresentado como o impasse do Simbólico nessa amarração, tratando-se da amarração entre Real e Imaginário, de alocar a falta do significante primordial, e esse é o indiscernível de cada sujeito. De antemão, na história do autismo, sua aproximação com a psicose, no campo psicanalítico, sempre foi controversa e se propor a foraclusão generalizada ou, ainda, usando expressão milleriana, das psicoses ordinárias, seria englobar todo ser falante nessa lógica, com suas saídas borromeanas determinantes de suas nomeações, como suplências a essa foraclusão primordial. Parece haver uma dependência absoluta entre a clínica dita borromeana e a lógica de uma foraclusão generalizada, comum. Insisto que essa negativa primordial e radical opera efeitos e marcas distintas. Minha proposta não é debater essa questão da foraclusão/psicose ordinária, pois toda aproximação possível entre as estruturas, desde o Simbólico de Lacan e o princípio do cristal de Freud, é possibilidade na existência dos sujeitos na linguagem. Trata-se, na clínica, de demarcar uma radicalidade que as separa para fins de tratamento. Assim, tomando a foraclusão como negativa primordial a todo sujeito, o que as separa entre os autismos, as psicoses, as neuroses e as perversões? As nominações e os traços de suas sonorizações? Nominações remetem ao significante Nome-do-pai que, para o autista, é excluído antes de sua inscrição como uma dupla negação, não da castração, mas como recusa ao primeiro significante (*Verleugnung*), recusa reeditada a cada torção borromeana, por isso estrutural. Caso o fosse definitiva, não haveria habitante da linguagem. Esse é o tratamento do autista ao Real: recusar, reconhecer e representar um significante primordial na evitação inibitória diante da cadeia simbólica, o que o leva à renúncia (*Versagung*) do saber suposto pelo Outro.

A articulação entre a afirmação-expulsão *Bejahung/Austossung* localiza a problemática da negativa primordial na constituição do sujeito autista. A negação na fórmula "Não há relação sexual" é do Real, *nãotodo* e não depende da lógica opositiva e binária da linguagem, em que uma proposição é verdadeira caso haja uma negativa que a contradiga, tal como nas negativas freudianas: a negação é o falso no enunciado verdadeiro. Mesmo no Simbólico, a dupla negação (a negação da negação) se realiza; porém, ao negar a negação, tem-se uma sentença verdadeira, o que coloca a negação na dependência da afirmação originada pela afirmação primeira e apagada pela afirmação seguinte: afirma/nega-nega/afirma e fincando sempre um símbolo linguageiro como representante do representado. Nessa lógica binária, observe-se a cadeia simbólica estabelecida: S1 carregando o traço (unário) da primeira representação; esse traço contém sua negativa que incide sobre S1; essa negação é negada pela entrada de S2 alocando no entre significantes o vazio, seguida do encadeamento simbólico afirmada por essa mesma entrada de S2. Na sentença "Uma casa é azul", sua negação é "Uma casa não é azul", que equivale à afirmativa "Não é o caso que uma casa não é azul": duas negativas inclusas na sentença para validar "Uma casa é azul" na origem da sentença como estrutura e entre o sujeito e seu predicado. Assim, no Simbólico, a negação tem função de afirmar a proposição e sua negação de confirmar. Nessa lógica, o Simbólico contornaria com seus efeitos o nada. Todavia, haveria uma negação que antecederia à afirmação, marcada nos ditos pelo equívoco significante na forma de letra assemântica, e equívoco significante corresponde a não fazer concatenações e condensações?[2]

---

2   Essa proposição lógica corresponde à negativa na dialética da filosofia de Hegel em que a negação tem como efeito em si mesma uma afirmação; ao se negar algo, o que se tem é a ontologia de outras afirmações, características e diferenciações, como no exemplo dado. Para o filósofo alemão, discursos e coisas podem ser negados, tudo pode ser negado na relação contraditória com outras determinações. Nessa dialética, temos a operação negativa, a resolução desta negação

Nessa negação, realizam-se não a ausência de sentido (*ab-senso*) e menos ainda a privação, mas a inscrição de um significante primordial ali onde era o vazio, a castração. Na constituição/estruturação do sujeito, a negação está atrelada à relação do sujeito com o Outro, como lugar e posição na linguagem.

No texto de 1925, *A negação*, percorrido aqui, Freud (1925/2016c) apresenta a "afirmação primordial" e a "expulsão primordial", respectivamente, *Bejahung* e *Austossung*, algo como dizer-que-sim e dizer-que-não. Para que as operações de negação descritas se inscrevam, são necessárias uma afirmação e uma expulsão na gênese do sujeito na qual recalque, desmentido, recusa e rejeição correspondem ao desencadeamento simbólico desse lugar mítico do psiquismo. De modo geral, é por nascer imerso no campo da linguagem que a negativa no Simbólico ascende como estruturante sobre o sujeito via função da fala em que algo é mediado como ausência pela presença do significante: alternância simbólica, onde não é possível ao sujeito o acesso imediato ao objeto. Essa tentativa de apreensão do mundo exterior, em cena na formação do eu, só é possível pela estrutura da linguagem que comporta em si a não totalidade e o traço da negativa, da ausência.

Como expus, no "Comentário" à negativa, o filósofo francês Jean Hyppolite (1954/1998) parte da negação como constitutiva do sujeito destacando as funções analisadas por Freud do pensamento

---

e a manutenção da contradição, pela afirmação. É o conceito de suprassunção (*Aufhebung*): significação de negar, elevar e conservar o objeto negado. Essa negação, para o filósofo, ascende à consciência dos sujeitos instaurando ações criadoras mediadas pelos discursos. Jacques Lacan lê na introdução que Kojève (2002) fez da obra de Hegel que o homem não pode apreender de imediato a realidade como totalidade, porque sua atividade é essencialmente discursiva, determinada por palavras cindidas na reunião e separação de conceitos, enlaçados pela atividade negativa que separa o homem de tudo o que é natural: é a negação que engendra o discurso, escuta Lacan de Kojève.

judicativo e as condições de sua formação por meio da negação, em que, no início mítico, nada haveria de estranho anterior à entrada da linguagem (representação): tudo que fosse interior ao sujeito encontrava-se também presente no exterior, fora dele, conforme levantei no "Projeto para uma psicologia científica" (Freud, 1895/1995).[3]

De modo geral, nesse trabalho freudiano, o aparelho psíquico se forma por meio de redes neuronais com diferentes funções: uma rede de neurônios cuja função é o contato com o mundo externo, recebendo as excitações desse mundo; outra rede contém dois outros tipos de neurônios cuja função é equalizar as descargas de excitação vindas de fora; e uma rede com apenas um neurônio, cuja função é a representação mnêmica dessas descargas de excitação, modo de armazenar no psiquismo o que foi percebido no início, via memória. Nesse processo entre interno e externo, a quantidade de excitação armazenada dentro do aparelho psíquico produz desprazer, e a sua descarga traz a sensação de prazer. A representação do objeto da primeira experiência de satisfação fica registrada no aparelho psíquico como um trilhamento (*Bahnung*) para as situações desprazerosas: toda vez que esbarra com o desprazer, o psiquismo recorre a esse percurso de satisfação interna, esse retorno ao princípio do prazer,

---

3 Desde o texto sobre as afasias, Freud (1891/2013a) propõe um aparelho de linguagem para localizar esses processos, pensando nos caminhos de compreensão e dificuldades na linguagem, na memória e na atenção. Esse aparato, junto com as elaborações no "Projeto", é outra modalidade de funcionamento ainda do sistema nervoso relacionado ao aparelho psíquico freudiano, relacionado ao eu como um conceito a ser elaborado a partir do que Freud, nesses primeiros trabalhos, pensava como "consciência" – um processo do sistema de percepção de neurônios (*W*). Mencionei que, nesse tempo das elaborações freudianas, a fala corresponde a um aparato motor – conta sua motricidade que permite a fonoarticulação dos primeiros sons do bebê, sem a dimensão simbólica que carrega. Esse psiquismo é um aparato neuronal, porém articulado à representação do mundo exterior, onde o aparelho psíquico é, ao mesmo tempo, uma operação fisiológica e uma casualidade da experiência do indivíduo, nos primórdios das elaborações freudianas.

dando ensejo para a Coisa como o objeto ao qual o aparelho psíquico tende a retornar, por ser o objeto da satisfação representada. Esse objeto é primeiro alucinado (do Real), depois simbolizado (Simbólico), porém é, desde o início, impossível ao sujeito encontrá-lo. Por conseguinte, a satisfação originária o coloca na trilha da repetição retornando a esse momento mítico de falta, e não ao objeto perdido. Nessa circunstância, a linguagem já cumpriu sua função – presença/ausência – de tornar o objeto externo à realidade interior do sujeito, carregada por associações e significações ao longo de suas experiências de prazer e desprazer. A fala, função motora, passa a ter função simbólica e mediadora entre o ser e o mundo do qual ecoam as imagens acústicas que irão revestir o corpo do eu freudiano. Tem-se a primeira marca psíquica escrita no psiquismo, como explorei na "Carta 52" a Fliess, de Freud (1896/2016d), que retomo rapidamente para enlaçar à afirmação/negação primordiais.

Dos quatro registros psíquicos propostos por ele, dois que implicam diretamente nas inscrições primordiais do *W*, das "percepções" (*Wahrnehmungen*) e do *Wz*, dos "signos da percepção" (*Wahrnehmungszeichen*), estratos psíquicos que se organizam em torno de negações diferentes. Em *W*, temos os neurônios gerados pelas percepções, em que o percebido não fica registrado. Porém, ocorrendo o registro de algum traço da realidade, há uma espécie de divisão interna do psíquico em formação entre a realidade (*Wahrnehmung*) e o signo (*Zeichen*). Segundo Lacan (1954-1955/1985a), em seu segundo seminário sobre o eu, esse signo corresponde à linguagem, ao Simbólico organizado pelas associações de semelhança e simultaneidade. Esse signo será negado no psiquismo no sentido de colocado para fora da consciência, fundando, por esse signo negado, o registro do inconsciente (*Unbewusstsein*).[4]

---

4 "A questão é saber se, entre estes dois sistemas, o sistema do eu – do qual Freud, num dado momento, chegou inclusive a dizer que era tudo o que havia de organizado no psiquismo – e o sistema do inconsciente há equivalência. Será

Os signos de percepção (Wz) são fundados nessa posição, por isso que fica de fora da consciência, fica no inconsciente. Essa relação signo de percepção e a negação é por Freud (1896/2016d) denominada transcrição, escrita: em se tratando de psiquismo, sua escrita, estrutura, comporta um traço apagado resultante do choque entre percepção e negação. A formação de Wz (signos de percepção) diz respeito às representações que possibilitam a diferenciação entre o fora e o dentro, pois W (percepções) corresponde à relação com mundo externo e Wz é espaço da existência de representação que garantiria a realidade do eu representado. Esses signos de percepção corresponderiam a protosignos linguísticos, aqueles que farão a mediação entre a realidade psíquica e o mundo exterior, composto de uma imagem acústica e um conceito, ou, avançando, de um significante e um significado, segundo as proposições da linguística estrutural. Esse signo carrega as marcas das sensopercepções da materialidade do mundo (cheiro, voz, fome, dor, movimentos musculares etc.) possibilitando torná-las representações de objetos associadas aos conceitos, representações-palavras: é essa negação entre os Wz (signos da percepção) e Ub (inconsciente) que possibilita a transformação do psiquismo organizado como um signo fechado para uma organização e seriação de associações entre significante e significado. A linguagem invade o ser sincronicamente às sensações advindas do exterior, organizando sua percepção e estabelecendo os

---

que a oposição entre eles é da ordem de um sim e de um não, de uma inversão, de uma pura e simples negação? Sem dúvida nenhuma, o eu nos diz muita coisa pela via da *Verneinung*. Já que estamos nessa por que não levar a coisa até ler, pura e simplesmente, o inconsciente mudando o sinal de tudo o que se relata?" (Lacan, 1954-1955/1985a, p. 80). Ainda chamado signo, mas Jacques Lacan fará a leitura estrutural e o verterá no significante como fundamento do Simbólico e esse signo originário ganhará estatuto de S1. Nesse ponto, especulo: no autista, há a decantação do signo original de percepção em significante via negação? Não seria um trabalho de tentar negar essa negação original, mantendo o signo maciço, sem cisão, como defesa contra a seriação significante, a abertura do signo?

primeiros diálogos sensoriais e pulsionais, o que lembra, então, que percepção é resposta psíquica, e não fisiológica, orgânica.[5]

Retomo o "Comentário" sobre a negativa de Freud feito por Jean Hyppolite (1954/1998) e a proposição de duas negativas: a denegação (juízos de atribuição e juízos de existência), e a "negação primária" formada pelo par afirmação-expulsão primordial (*Bejahung* e *Ausstossung*) que correspondem à negação interna ao juízo (denegação) e à atitude da negação (negação primária). Essa atitude da negação tem como efeito a divisão, pelo Simbólico, entre sujeito e objeto, entre representações-palavras e representações-coisas, correspondendo à divisão do signo.[6]

As funções do juízo são de atribuição de predicados e garantem a existência psíquica de determinada realidade exterior. Ao atribuir

---

5 Sausurre (1916/1995), no *Curso de Linguística Geral* que ministrou entre os anos de 1907 e 1910, mostra como a "língua" organiza a existência e que nada existe antes dessa estrutura, em passagens como as que se seguem: "Para compreender por que a língua não pode ser senão um sistema de valores puros, basta considerar os dois elementos que entram em jogo no seu funcionamento: as ideias e os sons" (p. 130); "Não existem ideias preestabelecidas, e nada é distinto antes do aparecimento da língua" (p. 130); havendo antes "o plano indefinido das ideias confusas (A) e o plano não menos indeterminado dos sons (B)" é a língua que organiza esse caos.

6 Seria possível localizar a *Ausstossung* na negação entre os *Wz* (signos da percepção) e *Ub* (inconsciente), por exemplo no choro dos bebês cujo traço estrutural a ser lido/escutado pelo outro incidiria na instauração da demanda onde "O que ele quer?" se inscrevia a partir desse ponto mínimo, não ficando de todo submetido à arbitrariedade do signo respondida pelo desejo do Outro. Os estudos de prosódias e sonoridades mínimas, entonações, ritmos podem nos ajudar com essa distinção. Aos analistas, cabe ler o enlaçamento entre sujeito e Outro e suas modalizações discursivas pela língua, pela circulação dos objetos parciais, localizar as primeiras trocas linguageiras, as primeiras recusas, as primeiras afirmações em fundamentos como a fome, o sono, os cuidados corporais, as primeiras expressões não verbais e verbais, os enquadres, os desencontros, o brincar, os primeiros traços nas superfícies, os barulhos, as alternâncias e as aquisições da criança, seus impasses, suas paralisações.

predicados, valor, ao que lhe era estranho e exterior, o sujeito se diferencia desse exterior. Pela via afirmação-expulsão primordial, o sujeito tem, agora, o recurso simbólico para o que antes dependia da homeostase do organismo: a alternância e a presença do objeto a ser representado garante, por ora, uma espécie de regulação entre princípio do prazer e princípio da realidade, estabelecendo essa lógica simbólica como lógica do inconsciente. Assim, enquanto a *Bejahung* estabelece as primeiras marcas/escritas psíquicas lá onde o psiquismo se estrutura pela presença-ausência dos objetos amorosos (traços mnêmicos nos termos freudianos), a *Ausstossung* é o recurso para que tal objeto "exista" no inconsciente, como negado, como essa ausência, e não fora, no exterior, como objeto causa do desejo, distinto do primeiro. As negativas têm função de inscrever a afirmação – não havendo negação sem afirmação e o afirmado precisa ser negado para existir psiquicamente para o sujeito – o x da existência formalizada: nem tudo pode ser simbolizado na *Bejahung*.[7]

A *Ausstossung* é como o Real para Lacan (1955-1956/2002a), aquilo que existe no fora da linguagem, a foraclusão ainda restrita à lógica simbólica da psicose em que todo elemento equivale, em oposição, a uma intersecção entre Simbólico e Real, sem mediação imaginária. Como inscrição da ausência, a negação primordial deixa o vazio, aquilo que não há significante que registre – nem mesmo o significante Nome-do-pai. No Simbólico, essa ausência duplamente negativa ainda recebe o registro de falta, de *das Ding* que anuncia para o sujeito a lógica de um objeto perdido,

---

7 Na "Apresentação" deste livro, referi-me ao fato social – considerado por muitos – de que o autista não tem senso moral, portanto, estaria excluído dessa articulação de juízos que apresento e, por isso, seria necessário sua tutela e vigilância e uma descrença em sua autonomia social. Este estudo é para sustentar como o psiquismo do autista se organiza e que há, sim, essas experiências de juízos e predicações, contudo, nos termos de seu uso da linguagem.

irrecuperável – impondo a repetição como funcionamento do sujeito no reencontro com o impossível.

A afirmação-expulsão é o modo como o sujeito articula Real e Simbólico. As negativas são modos de relação do sujeito com o mundo e que dizem, segundo Costa (2008), da "construção do mundo externo, isto é, através dos juízos de existências, responsáveis pela verificação, ou melhor, reencontro, das representações com as percepções que já neste momento não podem mais ser encontradas como eram" (p. 13).[8] A partir dessa negação primordial, o sujeito

---

[8] A partir das elaborações da negação em Hegel e Lacan, esse autor apresenta a negação primordial tanto no circuito simbólico como uma versão via lógica matemática, partindo da topologia lacaniana. Primeiro: "A 'afirmação primordial', portanto, é um recorte que o sujeito realiza dentre a totalidade das possibilidades de simbolização, escolhendo as percepções que serão lidas simbolicamente. Do mesmo modo, ele exclui (*Ausstossung*) de si percepções que, por isso, não irão fazer parte de suas representações. Essa exclusão forma, assim, o que é da ordem do real, do mundo exterior e inacessível ao sujeito. Ela impede, portanto, que o sujeito tenha acesso amplo e irrestrito sobre o mundo externo, ou melhor, sobre a sua ligação imediata com o que vem do Outro. As negações propriamente ditas do sujeito, isto é, aquelas que o determinam como psicose ou neurose, foraclusão (*Verwerfung*) ou recalque (*Verdrängung*), respectivamente, vão ocorrer sobre aqueles conteúdos que foram simbolizados" (Costa, 2008, p.13). Em nota de rodapé, apresenta a segunda proposição: "Na tentativa de esclarecer esse duplo processo da *Bejahung-Ausstossung*, podemos escrevê-lo de acordo com a linguagem da lógica formal. Se a *Bejahung* corresponde à afirmação que registra como representação uma percepção do aparelho psíquico, então, poderíamos dizer que tudo que é afirmado é colocado na ordem simbólica das representações: $\forall x \in P: (Bx \to Sx)$, onde P são todas as Percepções possíveis, Bx são percepções afirmadas ($B = Bejahung$) pelo aparelho psíquico e Sx, as percepções simbolizadas. Por sua vez, o lado negativo desta operação corresponde à da expulsão (*Ausstossung*) das percepções não representadas. Dessa forma, a oração $\forall x \in P: (Bx \to Sx)$ equivale à afirmação $\forall x \in P : (Ax \to Rx$), onde Ax são as percepções excluídas ($A = Ausstossung$) de toda possibilidade de simbolização, formando a ordem do Real (Rx). Concluímos, então que $\forall x \in P: ((Bx \to Sx) \lor (Ax \to Rx))$, quer dizer, para toda percepção possível, ou ela é afirmada e então é simbolizada, ou ela é excluída e então se encontra no real. A respeito das negações propriamente ditas, elas agem diretamente em uma

estabelece as negativas como defesas e, mais ainda, como marcas singulares de sua estrutura subjetiva. Ao recuperar esse ponto, sobre a negação primária e na relação com a foraclusão, faço a hipótese de que o autismo é resposta ao Real na proposição dessa negativa primordial e que o lugar da inscrição do traço distintivo do autismo se definiria no primeiro signo entre W e Wz de onde algo escapa na representação do objeto perdido ali na passagem para o inconsciente.

---

representação, naquela que produz a castração, o significante falo (Φx). Assim, $\exists x \in Px: (Sx \wedge \Phi x)$, isto é, existe uma percepção que é simbolizada (quer dizer, é uma representação) e é o significante do falo simbólico (Φx). A foraclusão (*Verwerfung*) e o recalque (*Verdrängung*) atuam nesse significante (Φx). Se x é o significante mestre (Φx), então se conclui que $\forall x \in S[(\Phi x) \to (Fx \vee Rx \vee Dx)]$, onde Fx é o significante forcluído; Rx, o recalcado e Dx, a desmentida: respectivamente, a psicose, a neurose e a perversão" (Costa, 2008, pp. 13-14).

23. A negação no autismo

A partir das especificidades da clínica com crianças, caminhos de distinção estrutural entre autismo e psicose podem ser delimitados tendo a negação como fundamento. As estruturas clínicas (neurose, psicose e perversão) são diferentes defesas do ser falante diante do trauma da linguagem que constituem o sujeito do inconsciente. Essas defesas são o recalque, a foraclusão e o desmentido, que determinam tanto a relação do sujeito com a linguagem como seu modo de habitá-la.

A partir da inserção do sujeito na lógica simbólica, das associações significantes e das relações entre seus elementos mediados por um adulto (agente cuidador), das primeiras inscrições psíquicas, "o sujeito estabelece os modos particulares de afirmar e negar, que as estruturas clínicas destacam por meio das operações privilegiadas em cada uma delas (recalque, na neurose; foraclusão, na psicose; e o desmentido na perversão)" (Vorcaro, 2019c, s/p). Reconhecendo a cadeia simbólica como o que tem efeito de sujeito e prevalece nessas referidas estruturas, o autismo perturba essa lógica simbólica, impondo que se avance nas proposições estruturais a partir das problematizações do complexo de Édipo, portanto, da inscrição da castração via elementos simbólicos como falo e significante Nome--do-pai, para as articulações borromeanas entre Real, Simbólico e Imaginário. Na psicose, haveria uma negação relacionada à elisão de elementos simbólicos primordiais. No autismo, haveria uma negação generalizada de toda representação da realidade, ou seja, a exclusão a toda representação. Aqui, vale questionar se excluir "toda representação" não poderia ser tomada como uma representação *nãotoda*, deixando marcado sempre essa negação em toda representação possível de realidade.

No ensino lacaniano, a foraclusão de significantes não afirmados, antes limitada à psicose, tomou lugar na constituição de todo sujeito na relação direta com a privação, com o Real, com o que retorna ao mesmo lugar, conforme Vorcaro (2019c).[1] O traço unário é o resíduo do irrepresentável objeto de satisfação. Este será representado pelo significante primeiro que o representa como existência justamente por negar o traço (e o objeto que este representa). Pelas vias do Outro, o sujeito é invadido pela rede de significantes em que esse traço é substituído como negação (o *não um*): negação originária que é estabelecida pela afirmação de ter havido um objeto de satisfação, mas perdido como coisa do Real: essa exclusão-afirmação primordial instaura o vazio entre os significantes. Neste ponto, a autora acata a proposição de uma foraclusão originária para todo sujeito: "A exclusão primitiva instauradora do traço vazio de onde parte o sujeito é reconhecida como a *foraclusão* que está lá, antes, no sujeito constituído primeiramente como -1 (Lacan, 1961-1962/2003a, p. 180), ou seja, 'introdução de uma perda na realidade' (Lacan, 1976/1966, p. 205) em que o lugar da alteridade, marcado no traço unário, inscreve essa perda como representação localizável no campo do Outro" (Vorcaro, 2019c, s/p). Numa relação com a origem do

---

1 Percurso no ensino lacaniano que explicitei.

psiquismo de Freud, o advento da alucinação como satisfação mostra isso: o pequeno bebê se satisfaz com essa marca de uma ausência original, não dizível conforme Jacques Lacan mostrou para o evento alucinatório do Homem dos Lobos, ainda menino. Ao responder ao apelo como demanda, o Outro afirma essa perda e a localiza como uma marca distintiva no ser. No autismo, estabelece-se a negação dessa negação – da função estrutural da foraclusão privando o ser de alucinar seu objeto de satisfação.

Faço uma aproximação disso com a questão da negação que depurei na topologia: negação da castração havendo pelo menos um castrado. Essa *ausência da foraclusão*, no autismo, não está relacionada a um déficit de significantes primordiais, como na psicose, mas "ao excesso de real impossível de ser negativizado" (Vorcaro, 2019c s/p). Ao *ab-senso* como ausência de qualquer sentido, complemento: o autista mantém da *Ausstossung* o irrevogável de não realização simbólica sem a castração para excluir. Não é sobre excesso de significantes e abismo semântico, como na psicose. Na contramão disso, é o excesso do Real que não se expulsa e passa a formar o eu-corpo do autista por essa negação da negação que escoaria esse excesso pelas vias dos significantes. Esse ponto é distintivo, considerando que a foraclusão com função estruturante se mantém para todo sujeito, atentando que é modalidade de resposta a esse negativo do ser.

Na psicose, a foraclusão corresponderia à exclusão da negação (da castração). Por sua vez, ressoando a definição lacaniana, a foraclusão da psicose concerniria à negação (*Verwerfung*) do significante fundamental da cadeia simbólica. Sem o Outro como alteridade, o psicótico tampona a não castração na alienação ao Outro não barrado, tornando os objetos pulsionais submetidos ao gozo do Outro, submetidos ao sentido e à imagem do Outro não castrado também. Aqui distingue-se, também, o congelamento solitário do autista da paralisação de dois atados na psicose. Para o autista, a *Ausstossung* impõe que invocar o Outro seja seu trabalho permanente. Suponho que os objetos (não) pulsionais dos autistas fazem essa borda frente ao risco da alienação, defendendo-os de "ser" o gozo do Outro, pois a borda sem consistência pode ser qualquer coisa e vai localizar no dizer do ser sua falta.[2] Caberia perguntar se o psicótico, pela foraclusão da castração, não seria o *ao menos um* do autista, na medida em que ele permite supor ao autista a lógica da negação da foraclusão da castração.

Diante disso, é relevante o esclarecimento de Vorcaro (2019c) sobre a possibilidade de uma exclusão radical do Outro na estrutura autística (como supõem os Lefort) e sobre as consequências dessa *foraclusão da foraclusão* sobre a afirmação (*Bejahung*), em que prevaleceria um excesso de Real impossível de ser negativado, sem que o sujeito dele se defenda. Defesa a esse excesso do trabalho subjetivo que se dá apenas com o autista: se defender não só do Real, mas de seu excesso. Caso não crie algo de defesa, que ordene esse excesso, ele desapare. A borda de linguagem, no autismo, seria uma função defensiva a esse excesso. Parece-me, de antemão, importante

---

2 Os desenhos referidos na "Apresentação" deste livro e que formam sua capa mostram esse traço não comunicável ao Outro, mas que diz e localiza essa falta, como furo. O significante como corte e a borda como o que localiza a falta no dizer do ser são diferenciados: no primeiro, o corte localiza essa falta na cadeia significante, interrompe o encadeamento e tem um nome (do pai); na segunda, não há consistência imaginária de fala nem de signos. Outro modo de ver isso são as fotografias *Echolila: sometimes / wonder*, que mostram as invenções de borda de Elijah. As fotos foram tiradas por seu pai, o fotógrafo Timothy Archibald (https://www.timothyarchibald.com/) como sua leitura do universo de linguagem muito próprio do filho. Esse trabalho é extraordinário por mostrar a linguagem e a comunicação sem palavras. Além de oferecer a definição de borda em psicanálise e sua importância para o autista, mostra uma inscrição significante de um Nome-do-pai possível, uma versão oferecida ao sujeito. Trata-se de contingência entre esse pai e esse filho, e não é por acaso que um prefira o silêncio e que o outro escreve por fotografias, essas imagens que dizem tanto sem palavras.

não perder de vista que sujeito é defesa da intrusão do Real na linguagem – ou do trauma da linguagem. Essa proposição assim radical, de não haver Outro no autista, poderia incorrer no risco de sua não estrutura subjetiva, como uma a-estrutura, reeditando um mal-entendido dentro do discurso psicanalítico. Ainda, não há para a psicanálise, lembra a autora, sujeito fora da linguagem, mesmo que não lance mão da primazia da fala para essa defesa. Para o autista, o que está em pauta não é o fora da linguagem, a ausência do Outro, mas a recusa ao enodamento Simbólico ao Real, em que o outro é uma fixão, nos termos lacanianos. Esse fora da linguagem força rever a primazia do encadeamento significante pelo menos na lógica binária. Estende-se o autismo para a estrutura topológica de transformação contínua e não linear em torno de um significante que se congele. Já na psicose, o significante um não se congela, desencadeando delírios à deriva do Outro.[3]

Considerando o que venho articulando, delimito a tese central de Vorcaro (2019c, s/p) acerca da relação autismo, estrutura e negativa. A intrusão da linguagem (no organismo) instaura o "juízo de atribuição em que a negação específica que suspende, isola e anula o desprazer comparece em contraste com a afirmação que admite, assimila e incorpora o prazer, conforme explicitados no cuspir/engolir salientado por Freud (1925/2016c)". A criança acessaria uma primeira distinção da sensação da satisfação – a afirmação primordial se inscreveria como decantação dos traços mnêmicos dos atributos dessa satisfação, da experiência de prazer da criança. Essa operação localizaria a criança autista numa estrutura simbólica primária,

---

3 Vorcaro (2019) faz referência à proposição de Jacques-Alain Miller (1998[1996] citado por Vorcaro, 2019) diferenciando a *fala* como aparato do eu determinado pela pulsão, pois implica o Outro e sujeito e a *apparola*, monólogo que visa gozo autista, por meio de uma estrutura da língua que se localiza no entre língua e linguagem destituída da função da fala e validado pelo gozo autista. Não compartilhável, portanto, fundada na estrutura da negação (*Ausstossung*).

de alternância "num 'aqui' com o qual se distancia e se separa de um 'lá'". Essa entrada na linguagem não garante o encadeamento simbólico por deslocamentos e substituições em cadeia associativa que possam estabelecer o enodamento simbólico e traduzir-se em traço unário, sendo este o conflito original para o autismo como estrutura subjetiva: "Parece-me que, no autismo, os traços mnêmicos carregados de sensações não se decantaram no traço unário distintivo e incomensurável, só passível de ser representado pelas substituições significantes." A psicanalista descreve o congelamento nos primórdios do psiquismo do autista que estabelece o excesso de Real. A imutabilidade me parece ser a resposta a esse excesso como traçado desse "aqui" apartado de um "lá", dizendo de outro modo: do sujeito apartado do Outro.

O traço unário é aquilo que é substituído pelo significante no jogo das primeiras alucinações de prazer e desprazer, estabelecendo "as modalidades de adiamento, antecipação e substituição implicadas na perda da ilusão alucinatória de satisfações que substituem esse traço pelo significante" (Vorcaro, 2019c, s/p). Disso decorreria a perda do objeto de satisfação, em que não mais o juízo atributivo da primeira experiência, mas o juízo de existência do qual o representado é reconhecido como presença externa ou como ausência exterior, inscrevendo a distinção entre a percepção (signos de percepção) e esse representado. Para o autista, fica impossível, sem essas operações judicativas, trabalhar com as semelhanças e dessemelhanças da linguagem que forjam as modalidades discursivas (semblantes) *dos representantes da representação*, pois ele se manteria no plano do juízo de atribuição buscando, pela repetição, reencontrar as experiências subjetivas iniciais de alucinação, independente de satisfazer ou não, daí a obsessão em torno da percepção do mundo onde os signos maciços prevalecem em detrimento da cadeia simbólica. O recurso à imutabilidade é para bordear e defender-se do caos de seu entorno, coisa que a língua é barrada de sua função.

As sensopercepções não são encobertas pelas diferenças na linguagem, e recusar os desdobramentos significantes é manter essa consistência dos primeiros traços de satisfação que podem ser lidos nos objetos autísticos colados ao corpo limitando e, muitas vezes, impedindo as trocas simbólicas, entrando em cena outra negativa, a renúncia ao grande Outro.

Partindo da organização psíquica freudiana, na qual se estabelecem o "reconhecimento e distinção dos objetos, ainda orientados pelo prazer e o desprazer" em que objetos prazerosos ficam representados no eu e aqueles desprazerosos são expulsos para fora, Vorcaro (2019c) trabalha com a proposição freudiana sobre as negativas simbólicas que estabeleci a partir da lógica fálica. Essa lógica que distingue a negação na topologia fazendo cair o falocentrismo para um *topos nãotodo*, esvaziado. A partir desse reconhecimento e da distinção dos objetos, o eu realizará sua primeira decisão de juízo atribuindo ou não uma qualidade à Coisa. A Coisa reúne o irrecuperável, o desejado, jamais reencontrado, o Outro absoluto.

A autora se refere a "introjetar-se tudo o que é bom e jogar fora (*werfen*)", como apresentei acerca desse verbo Esse mecanismo de expulsão é o que estabelece o equilíbrio do eu e determina a afirmação primordial regulando as moções pulsionais que se constituem como aparelho psíquico. Essas movimentações estabelecem as primeiras associações entre objetos percebidos e imagens, associações reeditadas via alucinação, buscando o mesmo no objeto percebido. Vorcaro (2019c) destaca que, ao alucinar, o aparelho psíquico busca reeditar uma realidade que não pensa. Isso me permite considerar um eu que ainda recorre ao não juízo atributivo da realidade para evitar o conflito prazer-desprazer, sem representações e associações. Todavia, como lembra a autora, a partir das elaborações freudianas, o eu-prazer lança mão do juízo de existência para inibir a alucinação, estabelecendo a inscrição de um eu-real, definitivo. Como a alucinação não garante a satisfação, é isso que aproxima o eu da existência de um mundo externo. Entre a percepção e a recordação, a inibição do eu tem função de equilibrar imagens e signos associados na realidade psíquica, para o que nesta é ausência e presença, estabelecendo o que se determinou como juízo de existência, a operação psíquica (e perceptiva) que responde pelo reencontro a um objeto de satisfação ao foi que antes representado, por ser perdido.

No juízo de existência, o estabelecimento do princípio da realidade se dá onde o eu diferencia a percepção da coisa representada, transformando a primeira experiência perceptiva. Esse mecanismo inscreve, no inconsciente, um objeto idêntico a cada reencontro, objeto que se concebe pela falta de significante a representá-lo sempre a partir do traço original negativado de atribuições: a Coisa como o referente do desejo e que liga o sujeito ao mundo exterior percebido, referente como aquilo em que sentido e referência não são assimiláveis para o objeto. A coisa como o Outro absoluto do sujeito a ser reencontrado. É do juízo atributivo ao que se orienta a partir de *das Ding* sobre o objeto que se estabelecem as vias de facilitação (*Bahnungen*) para a cadeia significante e suas associações por semelhança e dessemelhança. Afinal, esse Outro absoluto é lugar e posição na cadeia de linguagem, o tesouro de significantes.

Como se diferenciam no autismo e na psicose as duas funções de julgar (atribuição e existência)? Vorcaro (2019c) localiza no julgamento de atribuição a foraclusão significante na psicose, e no julgamento de existência o que nomeia de "*mecanismo de neutralização da realidade*", ou mesmo "*o mecanismo de exclusão ativa da realidade*", operando no autismo, onde esse julgamento de existência se sustém em traços de sensações, e não no traço distintivo, traço unário.

O juízo de atribuição é uma operação do eu de afirmar-incorporar ou expelir-expulsar de si signos de sensações do primeiro registro psíquico. Essa operação corresponde ao *Wz* dos signos de percepção/sensações que possibilitarão a fala (ponto fundamental para o autismo), na medida em que correspondem à primeira inscrição do simbolismo no psiquismo, na articulação topológica entre Simbólico e Real. Na ascensão do Simbólico sobre o Real, assim se opera a foraclusão na psicose: a afirmação primordial antecipa o juízo de atribuição, pois ao afirmar algo no eu, o faz pela negação de algo – reconhecimento como estranho, não-eu. Dessa afirmação, o Imaginário se entrelaça aos significantes diferenciando-se do que se estabeleceu como negação primordial (*Ausstossung*), o Real impossível de simbolização. Destaco que, na psicose, há diferenciação da *Ausstossung* pelo avanço da cadeia simbólica e as negativas corresponderiam à função defensiva de negar essa diferenciação sem inscrição do significante Nome-do-pai (foraclusão). Portanto, há na afirmação a incorporação da seriação significante, do Outro e, em articulação, a expulsão da coisa, da marca desse Outro como Real, impossível de reencontrar. Vorcaro (2019c, s/p) supõe que a "expulsão, essa *negação primordial* operada por todo sujeito, é indissociável da afirmação: aí separam-se o Outro e a Coisa, o simbólico e o real." A foraclusão (*Verwerfung*) incide nessa separação, como colocar para fora do sujeito o que do Outro o marcaria pela castração, o Nome-do-pai, significante que organiza o psiquismo. Ainda, uma fundamental diferenciação entre a foraclusão e a negação primordial: "Enquanto a *Ausstossung* se refere ao real, a *Verwerfung* se refere a um fragmento da bateria significante, introduzido no sujeito pela afirmação (*Bejahung*)." A foraclusão sempre *é* a foraclusão de significantes, em que os signos de percepção/sensação ficam fora da cadeia de significações, sem a função fálica que o nomearia deixando *à deriva do* Real se reorganizado via delírios: um significante posto para fora só pode ser restituído pela força de toda a estrutura de um delírio, respondendo todo o tempo a esse nome perdido.[4]

---

4 Essa inscrição do Nome-do-pai como um significante no corpo que faz barra ao gozo pode ser imaginarizada na cena do banho da mãe do pequeno Hans,

Vorcaro (2019c) localiza a negativa na estrutura autística na negação primordial, na *Ausstossung*, no ponto da alucinação. Sem critério de realidade, é necessário esse princípio para que o sujeito se realize como possibilidade, hipótese com a qual corroboro. A falta desse critério corresponde à falta do simbolismo na alucinação, o que determina ao sujeito – mediante uma espécie de fracasso alucinatório autoengendrado, posso supor – se ligar ao mundo externo via facilitações/associações. Daí a necessidade de julgar esse mundo externo, onde o juízo de existência busca não afirmar ou negar algo percebido no eu, mas busca reiteradamente o que não pode ser reencontrado (*das Ding*), modificando a experiência original de percepção. Sem essa alucinação primordial, o sujeito não se atentaria para o mundo externo, não se reorganizaria imaginariamente, tendo o objeto como centro. Ou seja, nessa negação primordial, o Real se articula com Imaginário, sem o Simbólico. A partir das moções pulsionais, o sujeito se defende das excitações enlaçando-as por vias de deslocamento e condensação, na linguagem. Entretanto, havendo embaraços, obstrui-se o circuito pulsional e a repetição entra como defesa contra o traumático que não escoou na cadeia simbólica pelas associações de palavras. Daí o pré-conceito de que o autista não tem senso moral, pois espera-se que assimile os critérios de julgamento da realidade definidos socialmente, o que não se realiza sem essa atribuição de juízo nos primórdios do psiquismo. Contudo, a experiência de percepção está voltada a essa tentativa sem fim de escoar o excesso do não representado, e isso também significa distanciar-se do aqui e do lá, privilegiar o um. O senso moral é algo sobre o outro, sempre. Algo sobre o lá, do qual

---

quando usar uma camisola traçaria o impossível nessa unidade – sujeito e Outro. A não inscrição do Nome-do-pai deixa marca real no corpo sem simbolismo, sem palavras, como o dedinho do pequeno Sergei em que significante encarnado não é uma metáfora.

o autista se distancia, o que não quer dizer que ele não represente essa presença, mas em outro valor "moral" além do que se espera.

As ligações se dão via palavras, representações verbais e signos, como demonstrei. Havendo falhas nessas transposições verbais, o circuito pulsional não opera e a não simbolização mantém o traumático perturbando o sujeito, impondo que este construa defesas ante o Real. Na negação primordial, acredito, haveria uma não inscrição dessa cadeia, portanto, permanecendo-se na negação sem que se afirme e se negue como se dá no juízo de atribuição. O que se perde da atribuição à existência é a cadeia, o entre um e outro. O juízo de atribuição carregaria o peso do signo perceptivo indo um a um, no autista. Assim, a existência seria negativada – uma figura do negativo como estrutura (Safatle, 2006) e tal como Jacques Lacan destaca no avanço de seu ensino na fórmula da dupla negação • Φx, negação da negação da castração.[5]

Para se fazer valer, a alucinação precisa fracassar para desobstruir o pensamento entre percepção e consciência, forjando uma cadeia combinatória e associativa de núcleos da representação (*Vorstellung*) que têm a mesma estrutura do significante, como representante da representação (*Vorstellungrepräsentanz*). Esse é o ponto distintivo na estrutura autística, segundo a hipótese de Vorcaro (2019c) e que consiste em não haver, para o autista a alternância prazer e desprazer, e por efeito, a presença e ausência da cadeia significante. Essa indiferenciação não se efetiva devido à não inscrição de um traço distintivo que irá ser substituído por um significante, mantendo a satisfação direta, sem mediação pelo funcionamento significante. Essa fragilidade nas representações psíquicas coaduna com uma

---

5   Negação da negação da castração, ou não há relação sexual, na medida em que o encadeamento de negativas vai inscrevendo o *nãotodo*. Negação primordial sempre enlaçada a uma afirmação primordial, Real e Imaginário, e que ganha torção pela negação (foraclusão generalizada) da castração (foraclusão do Nome-do-pai): Real e Simbólico e Real. Toda negativa corresponde a um pedaço do Real.

composição imaginária de eu sem objetos ditos parciais. Isso explica a lógica e prevalência de objetos autísticos sem função simbólica.

Não haver fracasso da satisfação coloca o sujeito frente à possibilidade de não inscrição da seriação simbólica, na medida em que – a partir da alternância, mal-entendidos, desencontros entre sujeito e Outro – haveria a inscrição da falta, da barra do não há satisfação toda que não pelo gozo. Isso é escrito nas formulações negativas em torno do "Não há relação sexual", ascendendo a barra sobre a função fálica, sobre a existência e sobre o Outro. No autismo, essa organização psíquica não se daria pela incidência da lógica simbólica, fálica. Sem incidência de modalidades de castração, faz-se valer a privação e algumas manifestações muito próximas da frustração, como potência do Imaginário que vem suprir a não ligação via representações verbais como uma experiência de linguagem na qual se articulam as dimensões do Real e do Imaginário, experiência *nãotoda* representação.

A dificuldade em compor imaginariamente os objetos precariamente inapreensíveis da realidade, diante do impasse do Simbólico em razão do excesso de Real, coloca o autista em um estado de alerta permanente frente aos riscos de intrusão do Outro. A precariedade imaginária é reeditada em algumas tentativas terapêuticas de educar e moldar o autista para esse recurso de atribuição de juízos consistentes da realidade, como o uso de imagens nas táticas de intervenção. A dureza pulsional ou, seu oposto, a agressividade, são respostas comuns a trabalhos que privilegiam a conhecida programação visual, por exemplo. Essa programação visual tem por objetivo, de modo geral, trabalhar essa função de juízo considerando que o autista tem dificuldades de entender conceitos fundamentais para que possam realizar tarefas cotidianas, comunicarem-se de modo prático e, mais interessante, passar de uma tarefa a outra. Não nego, de modo algum, os ganhos que autistas possam ter em sua autonomia na vida diária com essas intervenções. A questão que coloco é que essas intervenções desconsideram a função defensiva do autista em não passar a outra coisa, sendo necessário atrelar esse imaginário maciço como tática de tratamento ao avanço do Simbólico naquilo que este comporta de tempo e alternância e de possibilidades de circulação de energia psíquica, de deslocamento, condensação e figurabilidade na linguagem.

O autista apaga a alucinação que fracassa sem enodamento dos traços verbais. Ao operar essa elisão, defende-se do engano da satisfação e, por consequência, eu diria que do risco da alienação nesse engano. Os traços da satisfação sem representações que a afirme não ganham função significante de representar esse sujeito e seu desejo por não se instaurar as combinatórias significantes, determinando o congelamento da cadeia significante nesse ponto de suspensão.

Desse modo, a imutabilidade do autista é o recurso estrutural mediante sua posição de habitante da linguagem: sem as ligações verbais que engatam e facilitam as experiências, o autista se enlaça ao concreto do mundo destacado de sua fluidez. O significante não opera em cadeia, não podendo ser interpretado como efeito de sentido, não podendo metaforizar e simbolizar, ficando o peso do signo encerrado em si como código a ser lido pelo Outro: o que carrega o signo é o corpo como articulação borromeana, nas dimensões real e imaginária, sem a borda pulsional do Simbólico. A cena em que a criança autista, em seu trabalho com argila, constrói formas, coloca-as enfileiradas repetindo esse fazer até pode demonstrar que, nessa linha reta, essas formas se deslocam numa breve curvatura e depois retornam à mesma ordem. A rigidez na cadeia significante é furada por esse traço diferente, que foi ali e voltou ao mesmo lugar.

O autista questiona a hipótese estrutural lacaniana que diz que sem a articulação simbólica ao Imaginário não se constituiria uma realidade psíquica. Hipótese que possibilitou não alocar o autismo na lógica das estruturas subjetivas simbólicas. Todavia, sem partilhar essa lógica que só pode ser estabelecida na ligação com o Outro – o que coloca o autista ao pé de lalíngua não compartilhável –, esse sujeito busca traços de satisfação em uma estrutura escrita de modo circular e recíproco, biunívoco, em que é duplo de si mesmo. Em suas idas e vindas, o autista se organiza visando reeditar relações autoengendradas de manter-se internamente em equilíbrio, função da invenção de objetos autísticos que trazem junto a si. Para Vorcaro (2019c), mesmo considerando a autoexclusão do autista da seriação significante, este se encontra imerso nesse Outro que localiza na linguagem. Veja a escolha por "autoexclusão": o autista escolhe sua posição na linguagem, exclui-se na máxima do que suporta em sua solidão. Sem a mensagem, sem os equívocos e sem as dessemelhanças prefere a realidade que chega pelas semelhanças. O fato de o autista tapar os ouvidos ao outro mostra isso, pois é da linguagem que o autista recolhe os signos que serão sua referência no mundo, fora da enunciação, mas que o ajudam a afrouxar o peso do Real e a severidade da angústia como resposta a essa posição.

No que tange à recusa à fala, Vorcaro (2019c) mostra que o dizer do autista, ao forjar um domínio de gozo, escreve uma articulação entre corpo, objeto e movimento que busca, no trilhamento imutável, o retorno ao mesmo lugar, mas sem um objeto a ser reencontrado.

Contudo, questiono: o autista se lança, sem a mediação do Outro, ali onde para todo ser esse objeto se escreve como perdido? E do sem equívoco não é o lugar na língua onde resta algo para o autista, onde ele pode fazer valer seu dizer (e não dizer) frente ao domínio das significações do Outro que se equivoca em relação ao que dele escuta? O equívoco mostra ao autista que há um dizer sem risco de alienação de sentidos.

A partir dessas pontuações, sigo desse ponto considerando que a voz estaria articulada como isso do Real que ecoa do ponto da elisão da alucinação que não fracassa, voz como resto do eco de um outro muito primitivo, do que resta de sua inconsistência diante do Real que só pode se inscrever como equívocos e impasses no falar com o Outro.

24. O caso Dick

Acerca da função da negativa na constituição do sujeito, amplio as elaborações retomando um caso clínico notório na psicanálise: do menino Dick, analisado pela psicanalista inglesa Melanie Klein e publicado em 1930 (Klein, 1930/1996). Com isso, o objetivo é localizar a negação primordial na narrativa do caso articulando Real, Simbólico e Imaginário, estes dois últimos presentificados na leitura da psicanalista inglesa e de Jacques Lacan. Após essa discussão do caso, finalizo este estudo construindo uma hipótese em torno da negação primordial e da voz na qual, pelos mecanismos de afirmação e negação, inscrevem-se a recusa e a renúncia como traços imutáveis no autismo.

A relação entre os mecanismos de *Ausstossung* (expulsão), *Verneinung* (negação) e *Bejahung* (afirmação) no caso Dick despertou o interesse de Lucero e Vorcaro (2017).[1] A leitura que Jacques Lacan

---

1 *Expulsão* é o termo traduzido enfatizando o jogar para fora sem deixar marca, além de remeter à agressividade como defesa em cena, o que sugere resposta do sujeito ante a intrusão da linguagem. Pela negação primordial, busca afastar os efeitos traumáticos da linguagem.

empreende desse caso no seminário sobre os escritos técnicos de Freud (Lacan, 1953-1954/1983) de certo modo inaugura as discussões em torno do simbolismo que levam à diferenciação do sentido pelas vias do imaginário do sentido como efeito da cadeia significante na convergência com as discussões sobre a negativa.[2]

Partindo do fato de que a negação é um mecanismo que tem, por efeito, a afirmação por suprir e suspender um reconhecimento, as autoras mostram que a negação "opera no domínio das palavras, no intuito de evitar o afeto desagradável relacionado a uma representação" (Lucero & Vorcaro, 2017, p. 2). Algo é inscrito no inconsciente pelo juízo de atribuição e pelo juízo de existência como forma de negação primordial que Jacques Lacan vai articular com a afirmação (*Bejahung*), pois a castração não se operou ali, mostrando haver negação antes de sua função simbólica. A ausência da castração não garante a definição estrutural, na infância. No juízo atributivo do pequeno Sergei Pankejeff, o Homem dos Lobos, Jacques Lacan localiza não a esquizofrenia mediante o impossível de ser falado da alucinação, mas a *Verwerfung* (foraclusão) que se opõe à afirmação, expulsando para fora qualquer inscrição simbólica, expulsando o significante Nome-do-pai, algo que não pode ser falado. Vorcaro e Lucero (2017) esclarecem que:

> *Não podemos confundir a* Verwerfung *com a* Ausstossung *ou a* Verneinung. *A* Ausstossung aus dem Ich, *a expulsão para fora do eu, constitui o real, na medida em que ele é o domínio do que subsiste fora da simbolização. Trata-se de um processo fundante do psiquismo, comum a todos os seres humanos. A negação (*Verneinung*), que*

---

[2] No trabalho "À memória de Ernest Jones: sobre sua teoria do simbolismo", de 1959 e publicado nos Escritos, em 1966, leva adiante essa questão que foge ao escopo deste trabalho.

*sucede a expulsão (*Ausstossung*), é condição para a Bejahung, porém, tal afirmação (do símbolo) pode ser impedida pela forclusão (*Verwerfung*). (p. 2)*

O que se tem é a negação primordial no território do Real, o nada que gera a coisa. Desse lugar de expulsão do eu do que é traumático, tem-se a negação como desmentindo, pois nela há, antes, a afirmação (diz que sim e depois diz que não), e esta inscrição de um significante só pode ser apagada pela foraclusão. A negação seria uma negação comum em todas as estruturas, como intersecção imediata entre Real e Rimbólico, sem intermediação do Imaginário. Na *Ausstossung*, negação do Real, fica de fora o prazer de negar, o investimento libidinal, o que, prevalecendo, seria o conteúdo intelectual, simbólico, e não o afetivo. Esse conteúdo é conservado por meio de símbolos de negação na gramática do sujeito, entrando em cena o jogo simbólico de atribuições aos objetos introjetados ou expulsos, via de afirmações que estabelecem os limites da existência entre sujeito e objeto.[3]

Ao adentrarem na discussão do caso Dick, relatado por Melanie Klein (1930/1996), Lucero e Vorcaro (2017, p. 4) destacam o caráter imaginário presente na simbolização lida pela psicanalista inglesa no mecanismo de sadismo no menino (introjeção e expulsão de objetos em uma equiparidade simbólica): no Simbólico, de fato, não há igual, mas distinção, e no processo descrito haveria um duplo espelhamento entre menino (eu) e objeto. O interesse é pela presença da negação no simbolismo da criança e não seu preenchimento imaginário via fantasias. Contrapondo-se à leitura kleiniana do caso da fantasia

---

3 Para a negativa do autismo, é necessário destacar o não encadeamento após essa primeira negativa fundante. No autismo, o que prevalece de símbolo? Um traço? Um significante? Uma letra de *lalangue* não compartilhável? Ou signo bruto como conteúdo, sem a barra que faz deslizar significante e significado?

sádica como mediadora do eu com o mundo exterior, as autoras supõem que "o problema de Dick está na falta de relação com a realidade devido a uma imobilidade na formação de símbolos, que teria relação com o desenvolvimento do eu". Destaco uma lógica nuclear em se considerar que, na simbolização, algo se mantém imóvel, imutável no brincar da criança, em seu circuito no mundo que a psicanalista inglesa considera ter sido por ele representado, ao mesmo tempo que informa seu desligamento deste mundo. Foi essa imobilidade que barrou o circuito de afetos agressivo entre criança e mundo, fracassando seu desenvolvimento posterior. No brincar de Dick, havia uma precariedade de representações, como uma fragilidade e rigidez simbólica que Klein detectou e que mudou a direção de tratamento, para interpretações precoces: "não havia relação afetiva ou simbólica de Dick com os objetos, suas ações diante deles não eram tingidas pela fantasia e, por isso, não era possível atribuir-lhes o caráter de representações simbólicas" (Lucero & Vorcaro, 2017, p. 4). Dick levou sua analista a se aproximar cada vez mais do primitivo, de sua protolinguagem.

O recorte incide sobre a rigidez simbólica da criança evitando a alternância na fala, durante a sessão de análise: *estação, escuro, babá*. Esses significantes não compunham uma seriação, mantendo-se na função de signo, fazendo cada um, uma imagem. A psicanalista introduz uma interpretação entre um e outro signo, inscrevendo uma mediação imaginária nesse circuito ao qual o menino se "adapta" pela via da repetição maciça, rigidez na contramão do que poderia ser a fixação de um sentido (alienado ou não):

> *Antecipemos, neste ponto, uma pequena observação de Lacan (1953-54/1979, p. 102, 105) quanto ao fato de a criança verbalizar um primeiro apelo – Dick pergunta pela babá. O apelo, até então inexistente no menino, é*

também a possibilidade da recusa, pois o outro pode não responder. É, pois, no momento em que se produz o apelo que se estabelecem no sujeito as relações de dependência – como Klein não deixará de notar. Lacan (1953-54/1979, p. 102) vê, ainda no apelo, uma primeira comunicação, no sentido próprio, técnico, do termo. (Lucero & Vorcaro, 2017, p. 4)

Nessa pequena observação, realiza-se a estratégia de tratamento na clínica com autistas: escutar a demanda pela sua ausência, aqui na forma de um signo na função de apelo, e os autistas falam sendo necessário não perder de vista que nós não os escutamos. Essa estratégia abre para que diferentes táticas de intervenção sejam mediadas por outras linguagens, como o brincar, as modelagens ou o desenho, ou pela aproximação acústica pela fala, pela sonoridade da música. Como acontece com Dick, o brincar está a serviço da imutabilidade em decorrência do congelamento e recusa à seriação significante, o que sustenta o inventário criativo no brincar infantil.

Dick se interessa pela linguagem, pelo nome dos objetos, indícios das relações de objetos, de representações internas primordiais implicadas na alternância da linguagem como a se inscrever na medida em que a simbolização carrega uma presença e uma ausência da coisa, mesmo que não mate essa coisa.[4] Há uma indefinição estrutural do menino, distanciando-se da psiconeurose infantil e aproximando-se da psicose via esquizofrenia pelo isolamento da realidade externa, ainda que sem sustentação, considerando não ter ocorrido regressão

---

4 Quando uma criança em seu mutismo (um fenômeno ligado à recusa à primazia da fala) pega um objeto e mostra ao outro, é possível haver ali um apelo para que esse outro ofereça nomeações a esse objeto, o que se pode ver na continuidade, quando passa a outro e outro objeto mesmo que numa repetição maciça, sem o circuito pulsional de trocas.

no desenvolvimento da criança. Esta é a deixa que Lucero e Vorcaro (2017) capturam para, com a leitura de Lacan sobre o caso, investigar a "expulsão (*Ausstossung*) do sadismo e destruição do objeto, sem possibilidades de *Bejahung* e simbolização" (p. 4), como valor estrutural, mas sem definição.

As autoras recortam, da leitura lacaniana, o destaque dado ao que delimito de intrusão da linguagem no pequeno Dick via interpretação da psicanalista inglesa. Intrusão, pois houve consequências para a inserção desse exterior no pequeno, problema do apelo que não vira demanda. E intrusão porque foi preciso "furar" a recusa à primazia da fala do menino, palavra invasiva de sentidos (uma das recusas primordiais no autismo), palavra alienante, ponto ao qual retornarei em minha leitura do caso. Por ora, destaco o lugar onde Jacques Lacan localiza a entrada da simbolização, da ascensão do signo sobre o Imaginário: no proferimento da palavra "*estação*" por Dick, seguido do desencadeamento na linguagem. Seu mundo precariamente imaginário vai sendo articulado por nomeações e objetos nomeados: "De acordo com a leitura lacaniana, Klein introduziu a verbalização em Dick, simbolizando, através do mito edipiano, uma relação efetiva de um ser, nomeado, com um outro" (Lucero & Vorcaro, 2017, p. 5). Pouco importa o sentido, a interpretação, haja vista a castração como impossível para Dick. O que se realiza, via a história da ascensão das palavras de Klein invadindo o pequeno, é que este precisa realizar defesas.

Nesse mundo articulado pelo Real e Imaginário, em que ponto o Simbólico introduz um corte no imutável para transformá-lo? O pequeno Dick escutou, do imaginário das interpretações da psicanalista, a "palavra significativa, que humaniza o homem", o significante primeiro (Lucero & Vorcaro, 2017, p. 5). Afinal, Dick possui palavras isoladas, fora das trocas com o Outro, recusando a usá-las para falar com a analista, equivocando em relação à função da palavra, comunicar-se com os outros. Palavras fora da cadeia de sentido, mas dispunham de algo da linguagem, de elementos do Simbólico. Dispunham da lógica simbólica opositiva, uma negativa diante da palavra do outro afirmada, dispunham de pedaços não associados da fala. Dick está na linguagem, mas não fala. Sem a amarração Simbólica, o Real e o Imaginário se equivalem, porque ele "não fez a *Bejahung*, ele não fez a assunção da palavra, do significante que permitiria a simbolização da realidade" (Lucero & Vorcaro, 2017, p. 5). Dick não disse que sim ao outro.[5]

Dick não atinge a atitude simbólica. Sua negação é primária, anterior à afirmação primordial que o inscreveria na dinâmica dos efeitos de sentido da cadeia simbólica, fazendo a cisão entre Real e Imaginário e passando a outra dimensão, agora do Simbólico e do Real. Como recortam Lucero e Vorcaro (2017), Jacques Lacan reconhece não ter havido no menino essa transformação, que se manteve em estado puro, no Real indiferenciado na linguagem, nível da negativa, dos juízos de atribuição e de julgamento. Dick testemunha a indistinção, testemunha um psiquismo no qual o conteúdo afetivo e pulsional foi expulso pela *Ausstossung*. Entretanto, sem a ascensão da afirmação primordial que o inscrevesse na lógica do Simbólico e suas negativas, reafirmando as primeiras experiências como representações e ligações entre ele e o mundo

---

5 Lucero e Vorcaro (2017) trazem a seguinte citação do seminário lacaniano: "A prova é que brinca com ele. Serve-se dela para fazer um jogo de oposição contra as tentativas de intrusão dos adultos. Por exemplo, comporta-se de uma forma que é dita no texto negativista. Quando sua mãe lhe propõe um nome, que é capaz de produzir de maneira correta, o reproduz de maneira ininteligível, deformada, que não pode servir para nada. Reencontramos aqui a distinção entre negativismo e denegação (atitude de negação) – como nos lembrou o Sr. Hyppolite, provando por aí não somente sua cultura, mas que já viu doentes. Dick serve-se da linguagem de uma forma propriamente negativista" (Lacan, 1953-54/1979, p. 101)" (p. 5). São as recusas e renúncias de Dick diante da fala do Outro, da demanda do Outro e a oposição pelo Simbólico se realiza pelo corpo, pela atitude.

externo. É necessário que o pequeno introjete a palavra do Outro, acolha significantes oferecidos para ordenação desse mundo caótico onde o imutável é sua defesa: "aquilo que pode ser expulso, exteriorizado, encontra uma referência no campo afetivo e pulsional, o que será introjetado ou afirmado (*Bejahung*) é da ordem do simbólico" (Lucero & Vorcaro, 2017, p. 6). Nesse jogo entre Real e Simbólico, o Imaginário entra como mediação, mas, em Dick, trata-se ainda de uma imaginarização maciça impedindo que seu interesse pelos objetos do mundo o coloque a trabalho de significá-los e representá-los pelas vias do simbolismo, onde uma palavra nada mais é que uma imagem. Esses objetos limitados não nomeados localizam Dick no vazio da linguagem, não entre um e outro, sem seriação. Todavia, como lembram as autoras, Jacques Lacan, reiterando a importância da intepretação de Melanie Klein, sustenta que Dick está humanizado na linguagem, visto que, mesmo ainda não operando sentidos sobre objetos no mundo, ao outro lhe foi possível interpretar, dar-lhe algum sentido ao vazio falando com ele, oferecendo-lhe uma espécie de matriz simbólica pelas nomeações e significantes que lhe oferecia e que ele escutou. Dick não foi só invadido pela palavra de Melanie Klein, foi também marcado por essa palavra no peso do signo que carrega. Na visada da estrutura simbólica e da fala em sua função de encadear, facilitar e ligar o sujeito e o mundo, Dick foi situado no Simbólico como alteridade:

> *Ao chamar o trem de Dick e interpretar a "brincadeira" do menino de acordo com o mito edipiano, Klein supõe que ali está um sujeito que tem seus próprios desejos – e que, pelos efeitos de sua interpretação, não se restringem a "foder" sua mãe. O fato é que Klein não se limita a nomear as coisas para a criança ou a descrever seu comportamento; ela o concebe a partir de um outro lugar. Esse método se estende a outras "brincadeiras" e vemos*

> *que, em todas elas, Klein acaba por localizar a criança no romance familiar. O que ela faz, igualmente, é atribuir uma certa historicidade ao mundo de Dick. A criança se interessa por esse novo mundo povoado de fantasias e, desde então, os objetos ganham outro colorido e se tornam mais atrativos. (Lucero & Vorcaro, 2017, p. 7)*

A insistência do simbolismo faz Dick recolher do Outro um saber sobre seu desejo, seu inconsciente do discurso do Outro pelas vias de uma intepretação (apelo e demanda). Se o pequeno sujeito se defende da história significante, renuncia a entrar nesse jogo e recolher os significantes que lhes são de direito, nesse tesouro que lhe antecede, cabe a quem se apresenta a esse pequeno escutá-lo apostando na linguagem e seus elementos ordenadores, senão também se entra na lógica de retenção das palavras, onde se a criança não adere a esse jogo de linguagem na superficialidade de trocas, a palavra do outro é lhe negativo, quase como uma punição – o que lhe pertence dessa estrutura não lhe será oferecido, pois ele, *a priori*, não quer. Essa recusa é um outro modo desse querer falar ao outro e ser escutado pelo outro. Essa estrutura simbólica não dispensa a fala, como mostra o trabalho. Todavia, frente à potência da negação primordial em Dick, pode-se supor que, mesmo vislumbrando o Simbólico, o Outro está por vir como inconsistente e a castração não vai se operar, mantendo-o às voltas com a privação. O limite suportável do Real é sustentado pela foraclusão primitiva no Simbólico: "Se Dick não era capaz de fazer a Bejahung é porque alguma coisa se passou no nível da negação – o que pode ser comprovado por suas atitudes negativistas" (Lucero & Vorcaro, 2017, p 7).

A negação no Simbólico fica comprometida, prevalecendo a negação primordial, em que não há possibilidade de simbolização, em que se supõe a que *Verneinung* (denegação) não operou. Mas, e a foraclusão (*Verwerfung*)? Em termos estruturais, a hipótese ideal é a de que no mundo caótico do recém-nascido, a *Ausstossung* (expulsão), seguida da *Verneinung* (denegação) separando o afetivo do intelectual e submetida ao Simbólico que antecede a criança, inscreveria a *Bejahung* (afirmação) da ordem simbólica organizando as moções pulsionais do bebê num circuito sem excesso e sem privações. Entretanto, como lembram as autoras, no devir constante na criança, algo pode se passar em outra ordem, do inesperado, não idealizado:

> *Há sempre falhas, pedaços de real não simbolizados, excessos de descargas pulsionais, que serão absorvidas pelo corpo (psicossomática), e o imaginário, que opera para além do que é dito, também pela via corporal, singularizando as vivências de cada sujeito.*
>
> *Assim, voltando ao caso Dick e às suas dificuldades de simbolização (Bejahung) e inibição da expulsão (Ausstossung), nos perguntamos se já poderíamos falar aqui de forclusão (Verwerfung)? E, se supusermos [sic] que sim, essa forclusão já determinaria uma estrutura clínica psicótica ou, tal como nos alerta Lacan, quando aborda a alucinação do dedo cortado no Homem dos Lobos, não podemos ainda falar de psicose na criança, mas apenas de alguma coisa que não pode ser simbolizada nesse momento? (Lucero & Vorcaro, 2017, p. 8)*

Vale destacar que, assim como se deu na leitura lacaniana sobre o caso do Homem dos Lobos, também ocorreu em Dick uma indefinição no que tange ao diagnóstico estrutural – ou seja, o estatuto da foraclusão em ambos os casos não garantiu sustentar a psicose como saída, ensejando a lógica de uma foraclusão generalizada, comum às diferentes estruturas. Ainda, lidar com os impasses nesse encontro em o ser e a linguagem não está à mercê de uma definição diagnóstica, como se uma estrutura correspondesse a um diagnóstico patológico. Para Dick, existe a hipótese de um autismo diante de todo questionamento lançado pelo diagnóstico de Melanie Klein para esquizofrenia.

25. A voz no contexto das elaborações psicanalíticas

Partindo da diferenciação entre a foraclusão generalizada e negação primordial, retomo o caso Dick para investigar o que se opera na negação primordial do autista que o mantém na posição de habitante da linguagem, mesmo foracluindo significantes primordiais. A voz atua como operador nessa negativa, enodando borromeanamente Real e Imaginário no autismo. Isso quer dizer que a voz contorna o lugar do objeto e avança sobre Real e Imaginário, fazendo aí traço do Simbólico. O que há de voz nos ditos de Dick? Recupero a leitura do caso Dick na narrativa feita por Melanie Klein (1930/1996) e o comentário feito por Jacques Lacan (1953-1954/1983), dessa narrativa.

Do mesmo lugar onde Freud dá a elisão do sujeito do inconsciente e localiza um objeto não discernível pelas representações e palavras, *das Ding*, Jacques Lacan apresenta o grito como esse sem marcas de palavras: a ausência de significantes que, para Freud, sinaliza a presença de um objeto hostil que provoca dor e é uma ponte para o sujeito captar algo do ocorrido. Esse obscuro confere importância ao que ocorre com o sujeito ainda não colocado em palavras, porém situando-o no universo da linguagem. Assim, o grito atesta a presença de um objeto obscuro, ainda impronunciável ao sujeito, na medida em que impõe que o outro diga algo sobre ele para o sujeito. Quem escuta um grito sempre supõe que algo não vai bem: sem qualificações, é o desamparo que é anunciado na sua forma mais real, sem palavras possíveis. E, desse modo, algo vai sempre ficar desconhecido para o ser falante, ao mesmo tempo em que muito pode ser dito.

O silêncio quase obsessivo – por ser defensivo e não uma incapacidade de falar – pode se esgotar nessa função. De modo inesperado, como tudo que vem do Real, um garoto com seus 8 anos, de difícil diálogo sensorial com o mundo, com agravos na capacidade de aprendizagens em geral e submetido a maus-tratos só suportava o contato com o outro via situações em que o corpo estivesse em cena, como brincadeiras de cama elástica sendo equilibrado por esse outro. Sempre silencioso, nunca usava palavras para se presentificar nos discursos, posição de severa recusa que, seja nas intrusões no cotidiano ou nas terapias, respondia sempre por meio de gritos. De modo inesperado, como se dá todo advento do ser falante, em estado de visível angústia, ele, na cama elástica, grita o significante "embora", como grito mesmo lançado ao ar para que alguém pegasse. Aquele que não fala, de quem nunca se ouviu uma palavra, nesse dizer hostil consegue, como contingência, denunciar seu desejo de não mais estar no ambiente de negligências que vivia. Um adendo: esse ir "embora" não foi dito em relação a sair de onde estava, mas como grito, testemunhou a angústia de ir embora dali para o lugar onde não queria voltar. Trouxe seu valor opositivo de não querer ir embora diante do terror de ter que ir embora.

O grito opera *das Ding* por instaurar o apelo e a resposta. O grito não é o vazio nem a Coisa, mas dele, da ausência de traço significante, o Outro oferece os significantes que irão lhe imprimir valor de linguagem. O grito é a primeira experiência hostil do ser humano e é a partir dela que Jacques Lacan (1959-1960/2008a, p. 71) faz uma diferenciação fundamental: *Mot* (*palavra* em francês) remete ao que se cala, aquilo para o qual nenhuma palavra é pronunciada e o que interessa, no que tange ao inconsciente, "são as coisas enquanto mudas. E as coisas enquanto mudas não são exatamente a mesma coisa que as coisas que não têm relação alguma com a palavra." Essa outra coisa enquanto muda é o vazio da linguagem contornado pelo sujeito entre ele e o Outro, dando voltas no objeto. O grito é a coisa que não tem relação alguma com a palavra. O autista é aquele cuja palavra será da função do grito, em que, na relação com a palavra *nãotoda* do Outro, seu laço é com o *não*, a parte elidida da linguagem – vive como se não tivesse necessidade do laço, do discurso que se funda nessa lógica e, menos ainda, de preencher essa incompletude do Outro. Sua língua é estranha ao outro e vice-versa. Certa vez, escutei que o bebê ficava fazendo "sonzinhos estranhos no berço", expressão que sempre me volta por remeter à negação primordial, à surdez do outro e ao problema para a perda do objeto, na medida em que esses balbucios dão indícios disso que vai sendo cedido ao Outro e recebendo em troca nomeações e significantes, situando esse estranho como dele mesmo. Principalmente porque são nesses balbucios o primeiro espaço da sexualidade, do corpo onde Freud situa o prazer e o desprazer: é na sexualidade que o ser humano balbucia. Em relação ao recorte trazido, tem-se o desinvestimento libidinal sem o autoerotismo caro ao autista, nos primórdios estruturais. O que permitiria à criança no trilhamento do autismo tornar esse grito Coisa (não)dita?

Dos objetos parciais, a voz é dos que invocam o Outro nessa função próxima do grito como apelo e de *das Ding*, pois, na falta de representação, o Outro oferece significantes para bordear esse vazio. Das primeiras lalações de um bebê, de onde ainda não se destacam significantes, ele já opera para além do grito. Os balbucios, os sonzinhos da língua do bebê já trazem a voz invocando o Outro: sabemos da voz não pela entonação ou prosódia, mas pela presença do Outro, pela instauração do circuito de demanda e desejo, do dizer e fazer. A voz, assim, é o que expõe o vazio. A voz é um enigma que o sujeito percebe, escuta, mas não decifra.

A voz tem estatuto de objeto parcial da pulsão (de objeto *a*) inscrito em um ponto de vista estrutural e não no de desenvolvimento, como na tradição psicanalítica para o olho, o seio e as fezes em função de objeto: o objeto *a* é parte e centro das operações sincrônicas de estruturação do sujeito como significante suposto na estrutura de linguagem. Ao mesmo tempo, existe como marca excluída dessa estrutura simbólica, sendo alocado nas diz-mensões do dizer que a topologia escreve. Lacan (1964/2008b) coloca a voz e o olhar como objetos parciais. Ao olhar e invocar o Outro, esses objetos ligam o sujeito ao Outro, não à toa são os dois objetos em recusa no autista: ver-se no semelhante, ouvir-se e invocar o Outro.

Dessas primeiras considerações sobre a voz, volto ao momento em que a voz ganha presença no seminário de Lacan sobre as psicoses dos anos de 1955 e 1956. Assim, destaco que diante da recusa à primazia imaginária da fala e da renúncia à presença na cadeia simbólica, a voz no autista, como todo objeto, não o liga ao Outro. Portanto, a função de invocar o Outro presente nesse objeto pulsional é negativada no autista que retém a voz, o que, por vezes, ecoa aos moldes da alucinação, no funcionamento das ecolalias, no tapar a mão com boca para falar para que a voz bata nessa mão e contorne sobre si mesmo, retorne ao ponto de onde saiu, e nos sussurro, além da força do silêncio.

A negação primordial que se opera no autismo torna sua posição na linguagem de recusa e renúncia. Para o autista, esses mecanismos são estendidos para além da trivialidade afirmação-negação-afirmação ocorrendo desdobramentos em cada um deles, torções para além da dimensão binária. Logo, na afirmação do autista já poderia se realizar, dado o avanço do Real, uma recusa a circuito simbólico. Dessa recusa, a foraclusão que confirmaria não a afirmação, mas o que foi recusado.

Como efeito dessa lógica, a renúncia ao Outro como garantidor de seu desejo, na qual a imutabilidade faz função ali onde os significantes do *Fort-da!* atuariam para outros sujeitos na presença de um significante. Significante esse que carrega como traço essa negação primordial que ecoa na estrutura do autista que este insiste em manter expulso. Seria possível articular essa negação primordial com a voz no autista, na medida em que apagaria a invocação do Outro?

O objeto voz, aqui em destaque, não se realiza na cadeia linguística, pois desde seus traços mínimos até os discursos, está fora dos fonemas e do registro sonoro, e concerne ao vazio dessubstancializado. O que já aponta ser, como objeto, advindo da dimensão (em termos topológicos) do Real: a voz como o que ressoa do Real, não situável nem localizável na sincronia do sujeito. Se a fala carrega a cadeia de significante, significante primordial e o Outro e, ao preterir essa modalidade de linguagem, o autista corre o risco de manter-se não identificando a ser um, não valeria pensar que o traço unário teria lugar na voz, para o autista? E, ao afirmá-lo poderia ser marcado como significante na contagem do um um, e não um mais um, situando o autista na linguagem?

Jacques Lacan parte da leitura do caso do Homem dos Lobos (1955-1956/2002a; 1960/1998h) para, junto com Jean Hyppolite (1954/1998; 1954/1998c; 1954/1998d), reler o texto freudiano sobre a negativa, chegando às diferenciações entre negação primordial, afirmação, negação/denegação/foraclusão e os juízos de atribuição e de existência presentes nesses mecanismos. O que antes foi colocado para fora, será nomeado de modo mais consistente como significante do Nome-do-pai, o significante a ser apartado, elaborando o termo foraclusão no seminário sobre as psicoses, sobre a leitura que empreende do caso Schreber.[1]

---

1 No seminário sobre *As formações do inconsciente*, Lacan (1957-1958/1999) articula a *Verwerfung* à mulher, com a foraclusão do significante do gozo do

A negação desse significante é um diferenciador importante com os elementos das formações do inconsciente que escapam na fala do sujeito, como chistes e lapsos. Nestes, a negação mantém-se na lógica do recalque, do reconhecimento do desejo. Naquele, não é qualquer significante colocado para fora, é o significante da castração que deixa rastros no inconsciente que só podem ser medidos pelo Real, fora da metaforização. A foraclusão é mecanismo no delírio, porém sua realização é na alucinação, pois, no delírio, o sujeito realiza tentativas de compartilhar um saber que inventa quase como suplência da metáfora paterna, enquanto na alucinação nada se compartilha. Nesse ponto do ensino de Jacques Lacan, estabelece-se a noção de voz em psicanálise, pela primeira vez. Não posso deixar de notar que as elaborações sobre a voz se inscrevem no contexto das negativas, especificamente da expulsão radical, como a alucinação.

Abordando os fenômenos elementares da psicose como fenômenos de linguagem, Lacan (1955-1956/2002a, p. 133) se refere ao monólogo do psicótico como um discurso interior, que ouvimos, mas não tomamos parte, onde as vozes seriam parte do vivido pelo sujeito. A referência é ao vivido/escrito por Daniel Paul Schreber em suas *Memórias de um doente dos nervos*, destacando o esvaziamento do sentido e que suas vozes comportam um aspecto importante: "*Todo não-sentido se anula*". Lacan lê interrupções nas frases ditas pelo juiz – entre um dito e outro "a significação está presente de uma dupla maneira, como esperada por um lado, pois que se trata de uma suspensão, como repetida por outro lado, pois que é sempre a um sentimento de já tê-la ouvido que ele se atém."

Na paranoia de Schreber, as vozes compõem seu repertório de teorias psicológicas sobre o mundo. Porém, importante é como esse domínio sobre o sentido todo é defesa contra o que interrompe a

---

outro sexo. Essa primeira articulação já contém os fundamentos da negação radical da topologia borromeana.

frase, ali onde algo foi deixado de fora do "pensamento" do juiz. Nesse ponto da teoria, trata-se do *nonsense*, do que não faz sentido para quem escuta, mas o sentido está ali suspenso no discurso, presente na língua, no jogo das ambivalências de sentido e não sentido. Não se trata, portanto, de não sentido, nos termos do *ab-senso* da negação radical escrita na fórmula "Não há relação sexual."

Das vozes de Schreber como entidades divinas, Lacan insiste que se trata de uma presença real, da estrutura de palavras presente o tempo todo, marcando a distinção entre aquele que fala nas vozes e o sujeito do significante, sujeito esse que mantém uma relação conturbada com a ordem simbólica. O psicanalista recorta, dessas vozes, a voz (de Deus) presente no delírio, presente no discurso no que seja efeito da articulação entre Real, Simbólico e Imaginário. Dessa articulação, o delírio responde pelo que falta no discurso invertido pela "*Verneinung* – irredutível, não manejável, não-curável" (Lacan, 1955-1956/2002a, p. 154). A voz psicótica testemunha o inconsciente naquilo que este tem de não compartilhável pelas vias do sentido do discurso, "fixado, imobilizado numa posição que o coloca sem condições de restaurar autenticamente o sentido do que ele testemunha, e de partilhá-lo no discurso dos outros."

Do discurso de Schreber, Lacan (1955-1956/2002a) recorta a voz que intervém sem que o juiz tenha dela controle, causando-lhe indignação. A voz do outro radicalmente estranho: "errante, e que intervém para provocar perto do sujeito na segunda potência uma convergência, uma intencionalização do mundo exterior, que o próprio sujeito, na medida em que se afirma como eu, repele com grande energia" (p. 157). A voz como o que ressoa do Real, para além da língua compartilhável como estrutura, a voz como presença-ausência no Real. Lacan (1955-1956/2002a) destaca que a alucinação verbal não se limita ao fato do sujeito escutar o que fala e menos ainda a um fenômeno perceptivo. Atente-se para como isso avança da protopercepção dos primeiros signos. Escutar e falar são da ordem de uma direção de significação, algo se destaca para fora dos limites do outro absoluto presente nos delírios que é sentido como inefável, não dito pelo sujeito.[2] A voz é o que se detém no delírio, escapa da significação; na alucinação não há pensamento, portanto, não há atribuições. A função de *Verwerfung* (foraclusão) permite a Lacan explorar a questão no nível do significante primordial, para fora do Simbólico e da voz acusatória na paranoia. Da decantação feita desse elemento não significantizável no delírio, o significante se aproxima do Real. Nessa aproximação, esse significante é excluído, rejeitado da cadeia de linguagem.

Ao desenvolver a questão da foraclusão do Nome-do-pai, Lacan mostra que, na relação com o Outro, apelo e demanda, a voz entra como a invocação do Outro para além daquele que é o interlocutor, nas frases de recusa. Na invocação, trata-se de fazer ver que o sujeito que porta a fala:

> *meu desejo depender de teu ser, no sentido de te convidar a entrar na via desse desejo, seja ele qual for, de maneira incondicional. Esse é o processo de invocação. Essa palavra quer dizer que eu apelo para a voz, isto é, para aquilo que sustenta a fala. Não a fala, mas para o sujeito como portador dela. (Lacan, 1957-1958/1999, pp. 157-158)*

---

2 Lacan (1955-1956/2002a), sobre a relação entre ouvir e falar, destaca como a significação é determinante dessa articulação: "É no nível em que o significante acarreta a significação, e não no nível sensorial do fenômeno, que o ouvir e o falar são como o direito e o avesso. Escutar as palavras, acomodar o seu ouvir a elas, é já ser mais ou menos obediente a elas. Obedecer não é outra coisa, é ir ao encontro, numa audição. Resumamo-nos. O sentido vai sempre em direção a alguma coisa, em direção a uma outra significação, em direção ao encerramento da significação, ele sempre remete a alguma coisa que está adiante ou que volta sobre si mesmo. Mas há uma direção" (p. 159).

Destarte a qualidade personalista da linguagem, de onde Lacan parte, esclarece-se que fala e voz não se confundem, e esta sustenta estruturalmente aquela e, importante, que o sujeito evoca a voz do Outro. O psicanalista está pensando na invocação neurótica nos chistes, na ordem significante que se articula com o desejo do sujeito. Pense nas consequências para a paranoia, em que o sujeito fica preso a essas vozes no delírio por causa da foraclusão. Essas vozes ensinam ao psicótico um código próprio à sua fala, enquanto, para o autista, essa invocação é evitada.

As alucinações verbais são fenômenos estruturados no nível do significante. Na foraclusão, ao menos uma vez o Nome-do-pai foi evocado, lembra Lacan, ao retomar o grafo do desejo, demarcando o momento da exclusão:

> *é na medida em que o que foi chamado num dado momento no nível do Tu, foi, justamente, o Nome-do-pai como aquele que é capaz de ratificar a mensagem e que, por isso mesmo, é a garantia de que a lei como tal se apresente como autônoma. É esse o ponto de báscula, de virada, que precipita o sujeito na psicose.* (Lacan, 1957-1958/1999, p. 160)

A foraclusão na psicose implica que, ao menos uma vez, o Nome-do-pai tenha aparecido para o sujeito, pois na *Ausstossung*, o traço unário se inscreveu, o que não se daria no autismo. Esse *ao menos uma vez* pode ser lido como *ao menos um* para quem esse traço não instaura a cadeia simbólica. A exclusão desse significante central impede a articulação entre mensagem e outro. No exemplo dado pelo psicanalista, o significante "*porca*" se opôs ao enunciado de sua paciente como formação delirante "*Eu venho do salsicheiro*", não assumível no discurso. Essa formação delirante não se pareia com a teoria sexual do garoto Hans que chegava a várias conclusões, sendo uma delas "do ovo nasceu o pequeno Hans", em termos de sintaxe, ambas funcionam bem, mas a primeira há um problema de significação não alcançado pelo ouvido do Outro, um disparate.

Como se estabelece a relação entre analista e analisante, a partir do rompimento do ideal de eu? Entre vários fundamentos articuláveis, Lacan (1964/2008b) demarca a função da pulsão como a realidade do inconsciente na medida em que podemos considerá-la como um circuito da cadeia de significantes entre sujeito e Outro. Das vias das identificações, o sujeito estabelece entre Real e Simbólico objetos parciais pulsionais para se ligar a esse Outro como lugar da linguagem, tesouro dos significantes. Imbricados em várias questões, destaco o objeto voz, o objeto de invocação desse Outro: "O inconsciente é a soma dos efeitos da fala sobre o sujeito, nesse nível em que o sujeito se constitui pelo significante" (Lacan, 1964/2008b, p. 126). A soma dos efeitos da fala consiste nos equívocos, chistes, lapsos, sonhos ou mesmo no eixo metonímico e nos efeitos do significante, manifestando-se no encadeamento da língua que a fala carrega: no proferimento de Hans, vê-se como o Outro é invocado, na medida é que é resposta à dúvida sobre o que é o pai.

Dessa linguagem, entre sujeito e Outro, há a perda de *lalíngua* (para o Outro), deixando como rastro do inconsciente o significante. O objeto voz é a extração que Jacques Lacan faz, a partir das psicoses, para alocá-lo como elemento constitutivo do sujeito, objeto da pulsão (invocante), assim como o seio (pulsão oral), as fezes (pulsão anal) e o olhar (pulsão escópica). No circuito pulsional, a pulsão invocante se destaca por ser a ligação entre lalíngua/significante e a fala, dividindo o sujeito na medida de se ligar à fala (oral) pelo investimento sexual. O citado enunciado "fazia sonzinhos estranhos no berço" mostra a torção no autismo: sem resposta do Outro, a voz não operou essa invocação, não destacando das lalações do bebê nenhum significante que o representasse, nenhuma vibração que tocasse o ouvido do Outro como significação, apesar de se apresentar na escuta como sensopercepção. A questão é supor qual traço de estranhamento comportava essa sonoridade não reconhecível pelo Outro inscrevendo-o numa profunda condição de solidão. Dessa primeira experiência com a linguagem, a palavra falha na função de significantizar a angústia e resta ao pequeno ser inventar suas defesas, organizar a seus moldes o caos de seu psiquismo.

A pulsão é o que nos desperta do Real (*Não vês, pai, que estou queimando*)[3], escondida atrás do *Vorstellungrepräsentanz*, o lugar da representação (e não o representante representativo). Desse lugar, advêm os objetos parciais que demandam o Outro: o olhar, solicita ser visto; o seio, solicita ser comido; as fezes, solicita ser aceito; e a voz invoca esse Outro como lugar do desejo, invoca ser falado. Destes, a voz e o olhar são suportes que o sujeito demanda para o desejo do Outro.[4] Essa relação desejo do Outro e sujeito intercambiada pelos objetos pulsionais coloca duas recusas fundamentais no autista que se fecha para a voz e para o olhar que instaura o circuito pulsional. Também, é essa relação que inscreve o sujeito na cadeia simbólica pela via da matriz simbólica que opera no Imaginário e, de modo específico, para a voz que invoca esse Outro como cadeia de linguagem e lugar do desejo e da alienação.

---

3 *Ne vois-tu pas, père, que je brûle ?* (Lacan, 1964/2008b, recuperado de http://staferla.free.fr/S11/S11%20FONDEMENTS.pdf)
4 Jacques Lacan (1964/1998j), no escrito "Posição do inconsciente no Congresso de Bonneval" afirma que olhar e voz são suportes que o sujeito encontra para o desejo do Outro e que a função da pulsão é revolvê-los para resgatar a perda original, pulsão como representante da sexualidade no inconsciente e sempre parcial, onde morte e vida são dois aspectos. Importante que a pulsão de morte, em Lacan, não corresponde à lógica do ser-para-a-morte de Heidegger e não tanto ao inanimado freudiano. Morte, para o psicanalista, é morte como significante, tal como explora no seminário de 1964 e, mais adiante, como ausência em presença que determina o *ab-senso*, o não sentido do sexo.

A voz é um dos objetos parciais e não há tanto sobre esse objeto quanto aos outros três, nas produções de Lacan: olhar (esquize), fezes e seio. Diferente da voz da razão, a voz do inconsciente é insistente, ressoando do vazio. A voz é uma das facetas do objeto *a* que, como realidade topológica, dos objetos topológicos, é contornado pela pulsão pelas vias significantes inscrevendo a sexualidade, o sentido da falta.

O objeto *a* possibilita ao sujeito não vacilar na separação do sentido da alienação, porque toma lugar na centralidade do ser, seu arrimo. Como imagem, engana que existe, é tendencioso ao desejo do sujeito. Como significante, não cola em um nome. Das vozes nas alucinações verbais, fragmenta-se o objeto voz.[5] Em razão da presença da voz como objeto parcial das pulsões, a alucinação não é uma percepção falsa da realidade, algo capturado pela percepção, mas um *percipiens* ao sujeito do ato da percepção. Esse objeto ocupa o lugar do indizível do ser falante, lugar da função do gozo, do sempre mais-de-gozar. Voz, importante ressaltar, não é o silêncio (na análise), a voz áfona concerne ao silêncio da pulsão (pulsão muda). Retomando o Real, na topologia, como o impossível de dizer frente à negação radical na sentença "Não há relação sexual", a voz é o "tudo o que não se pode dizer" (Miller, 1994/2013), o mais estranho que habita o sujeito. Como objeto parcial, não pode ser registrada pelos sons da língua (estrutura de fonemas), não é palavra, nem concerne à prosódia e à entonação da fala, possibilitando ver os ruídos indiscerníveis do sujeito. Como objeto *a*, não se aloca no campo perceptivo do sujeito nem na fisiologia da fonoarticulação: como resíduo, é o resto. Em termos topológicos, o importante é que a voz não pertence à percepção sonora; sendo afônica, pois, ela aloca o furo que regula o enlaçamento do sujeito na cadeia significante a partir do

---

5 A presença da voz retida nas alucinações verbais, verborreias, ecolalias nos ditos autistas, merecem esse recorte. Todavia, no autismo, a pulsão não escoa para o Outro e o objeto voz é retido no sujeito fazendo contorno nessa posição, considerando que a voz se solta da fala, escapa das formas da língua.

vazio por ser objeto decaído. Todavia, considerando que, em todas as estruturas, a negação se realiza de diferentes modalidades, a voz opera também na frustração e na privação, na neurose, na psicose, na perversão e no autismo, na relação com suas negativas. Todavia, é preciso levar em conta, na relação entre objetos parciais, a relação do sujeito com o Outro, pois "é como substituto do Outro que esses objetos são reclamados e se fazem causa do desejo", em função de não haver relação sexual (Lacan, 1972-1973/1985b, p. 171). Essa substituição é metafórica, é um resto do sentido do desejo que vem do Outro que fica inscrito no sujeito, no corpo. Cabe à voz verter em letra os significantes, marcar no corpo esse resto.

Da escrita de Joyce, em que significantes foram transformados em letras, traços de sons ali na entrada da cadeia significante, Lacan (1975-1976/2007) diz que "as pulsões são, no corpo, o eco do fato de que há um dizer" (pp. 18-19), cortando qualquer relação de ordem natural das pulsões e seus objetos parciais: o eco do dizer (considerando todas as diz-mensões, todos os modos de se enganchar borromeanamente significantes, portanto e inclusive, a fala). Para que ressoe e consoe, o corpo precisa ter orifícios, buracos topológicos, como o ouvido, "porque ele não pode se tapar, se cerrar, se fechar. É por esse viés que, no corpo, responde o que chamei voz." O ser falante não pode cerrar os ouvidos à própria voz, mas ao que ressoa da boca do Outro, como faz o autista ao tapar os ouvidos. Escutar forma a palavra nesse sentido: como forma, e a significação passa a contar com esse barulho no corpo. A perspectiva do "eco" é diferente da perspectiva da cadeia sonora. Nessas, o ouvido acolhe palavras e significantes cuja ordem linear tem um limite. O que se escuta vai até um ponto, geralmente final. A sucessão de fonemas, morfemas, palavras, frases e enunciados se espalha como discursos. Avançam sobre os falantes enlaçando-os em um circuito social. O "eco" é a reverberação no corpo de algo incontido e solitário. Acaso o espelho d'água de Narciso não tremeu com a voz de Eco?

Como pensar a voz fora dos sons da língua, não limita a uma imagem acústica? Como todo objeto parcial, a voz concerne ao sujeito, sua castração e objeto *a* na medida em que esvazia a matéria em que são concebidos, cujo traçado conserva um dentro e um fora. A voz cinge os sons da língua exaurindo seus significados, destacando os significantes na medida da existência unária. A voz é um elemento de amarração não detectável e não orientável no ponto da constituição do sujeito e de sua relação com o significante um, que não se liga a outro significante e, na função de objeto *a*, é preciso cair do corpo ficando a ressonância, ser perdido antes que o outro a capture na alienação – é objeto que resta da separação.

A voz é (o) real para o sujeito. Como nas alucinações, ele não duvida dela e ela está tamponada pelo imaginário da falação na clínica. A voz é o que se interpõe entre o significante e o significado, separando um do outro, é o não falar, é para ser lida e escrita, é o que vai articulando Simbólico e Real. Esse indizível não se escuta na neurose em virtude da castração, por ser "uma dimensão de qualquer cadeia significante, na medida em que qualquer cadeia significante – sonora, escrita, visual, etc. – comporta uma atribuição subjetiva, ou seja, designa um lugar para o sujeito" (Miller, 1994/2013, p. 9).[6]

O referido autor, retomando o exemplo da "porca" usado por Jacques Lacan no seminário sobre as psicoses, lembra da função atributiva da voz a um Outro. O que parece importante, para o autismo, é o tipo de atribuição da voz, na medida em que renuncia a invocar o Outro. Ainda, no que tange às negativas, a voz estaria

---

6 É no *shophar* que Jacques Lacan vai escutar esse Nome-do-pai indizível: um instrumento feito de chifre de carneiro de onde ecoou para o povo hebraico, ainda no Êxodo, a voz de Deus, o sonido (*qol*, em hebraico). Voz indiscernível de Deus apenas escutada pelos profetas. Ao tocar o *shophar*, a voz de Deus é escutada para lembrar ao povo da lei (de Deus). Ao longo do Antigo Testamento, o *shophar* é tocado para invocar o povo pela voz de Deus: é o chamamento sem signos, sem imagens.

localizada junto ao juízo de atribuição? Todavia, como vazio, é eco de *Ausstossung*, o dizer do impossível. Na psicose, a voz é o efeito da foraclusão do Nome-do-pai e pertence à dimensão do utro (tal como na neurose). No autismo, é efeito da renúncia ao Outro, da negação da presença do Outro na relação com o significante, cadeia que recusa. Sem o atributo de invocação, ou resistindo a isso, a voz no autista permanece na dimensão de si mesmo, retida sob os ecos do dizer que reiteradamente não sai do lugar.

A voz se engancha nos significantes em cadeia. Para o autista, essa voz mantém o imutável, retida no primeiro significante. Se para o psicótico importa que a voz vem como chamamento do Outro, tal como se invoca Deus, para o autista importa que a voz não seja tomada pelo Outro, rompendo movimentos enunciativos maciços e repetitivos em que se ouve o outro indistinto. Na ecolalia, o significante se quebra sem que o Outro entre, mostra que a voz do autista não invoca o outro e se ata a um significante. É preciso um furo para que a voz ecoe para o Outro, o que se opera por meio de elementos de intercambiação entre o autista e a linguagem: a escrita, como mostram muitos autistas e suas obras geralmente autobiográficas; a música, sendo os autistas as crianças que aprendem mais rápido; o desenho como traçado. É possível ver crianças que se recusam a entrar na lógica da fala e sustentar o não falar de modo resistente que, durante o trabalho (autotrabalho, em que cantarolam as próprias músicas), comecem a verbalizar significantes, depois encadear. Há aqueles em que a música – esse lugar onde o som ainda não se transformou em fonema, mas se inscreve como cifra – faz advir esse objeto em sua função de parcialidade e bordeamento: a musicalidade é por ser incorporada ao corpo por ondas vibratórias não significadas. A passagem que alguns autistas fazem da fala ecolálica para o canto ajuda a compreender o atributo da voz que interessa ao autista: uma ordenação sem alienação ao sentido, considerando que a linguagem da música se estabelece de cifras anteriores à linguagem verbal.

Os traços sonoros destituídos do peso dos signos desatam o autista ali no ponto de imbricação da fala. Interessante como estar em um coral, pertencente ao enquadramento de um canto, não é tomado como intrusivo, na medida em que essa sonoridade é escrita de traços que marcam sem alienar, a serem decifrados por cada um.

A voz é da ordem da incorporação. A inscrição no corpo da criança que bordeia esse corpo autoengendrado de onde o que ressoa é uma particular fórmula da demanda: *isso* o que te ofereço é não, é a voz como invenção que ressoa no Real.[7] A voz como objeto do desejo é pulsão invocante, de chamamento, cujo enodamento vai de um "'ser chamado', um 'se fazer chamar' e um 'chamar'. Mas, para chamar, é preciso dar voz, depô-la" (Vivès, 2009, p. 330): do grito, o sujeito escuta do Outro sua demanda invertida.

A voz é o tratamento que o autista dá à invasão da enunciação do Outro. A criança autista mostra sua escolha de não se deixar alienar aos significantes do campo do Outro, pelo menos não completamente, conforme mostra Jean-Claude Maleval (2018) sobre os autistas como verborrágicos, tomados por um excesso de palavras que geralmente não se prestam ao diálogo. O funcionamento linguístico da ecolalia revela isso. O autista não está disposto a ficar bem com o peso da alienação que as palavras têm para ele. Não está disposto a abrir mão para o Outro de seu gozo vocálico, entre outros aspectos. E não toma posição como enunciador (o mecanismo de inversão pronominal mostra o que é manter o eu como *dêixis* na enunciação, assim como a preferência pela terceira pessoa e a recusa a repetir o nome próprio que escuta na boca do outro). O autista constitui para si esse objeto de gozo que teria função invocante: essa voz não é a sonoridade, como falamos, mas "aquilo que carrega a presença de um sujeito em seu dizer" (Maleval, 2018, p. 91). Dessa presença, o

---

7 Da formulação de Jacques Lacan (1971-1972): *Peço-te que me recuses o que te ofereço porque não é isso*, no seminário *Ou pior. Le savoir du psychanalyste*.

traço marcante é o da negação e essa voz seria, portanto, *nãovocante*, sem recorrer ao Outro, como se deu com a pequena Marie-Françoise cuidada por Rosine Lefort.[8]

A voz do autista é não falicizada e, por isso, a verborreia ou o mutismo vêm como tentativas de escapar do som da própria voz, pois, sem a castração, a voz fica no Real. Como já me referi, muitas crianças autistas colocam a mão em frente à boca para imaginariamente não invocar o Outro, uma dupla defesa para que sua voz não seja um chamamento e mantenha a borda no corpo, intensificando o duplo de si mesmo. O autista, para não incorporar o vazio do Outro (*das Ding*), retém a voz colada no próprio corpo, acontece no corpo. Nessa escolha, o significante não cifra esse gozo, mantendo o sujeito ali na articulação Real e Imaginário. Passa para a verborreia, para a cantiga, para o canto e para a musicalidade, sobrecarregado "por um gozo vocal desregulado, vivido como uma energia em excesso" (Maleval, 2018, p. 107), não abrindo mão desse gozo "para não se confrontar com o desejo do Outro" (p. 115). Não se confrontar em ser o desejo do Outro.

Retorno ao caso Dick para supor a voz retida no ponto da negativa primordial, no gozo vocálico do autismo suposto de Dick. Dick interessa, antes pela indefinição estrutural, e mais pelo fato de ser um menino, diria, não verbal, sem autodesempenho, daqueles a que Lacan advertiu que nós é que não os escutamos, na clássica passagem da conferência de Genebra, em 1975, e cuja relação com a linguagem nos permite, via ficção, supor uma posição autística e não psicótica, tal como em alguns estudos.

---

8 *Nãovocante* como significante para o autismo e o lugar que o significante lhe designa na linguagem como alternativa a *invocante* que, em língua portuguesa brasileira, implica o jogo de oposições invocar e não invocar: troca-se o *in-* da determinação e indeterminação, do jogo das escolhas do sujeito, pela radicalidade da negação.

26. O que há de voz nos ditos de Dick?

O caso Dick testemunha a hipótese sobre a negação primordial como marca estrutural no autismo que, mesmo em face da generalidade da foraclusão, o trabalho da afirmação primordial e suas negativas se estabelecem mais pela recusa da cadeia significante e renuncia ao Outro como lugar do desejo e da demanda. Esse duplo mecanismo negativado para o autismo estabelece saídas estruturais topológicas *nãotoda* borromeana. Primeiro, o autista testemuna a negação radical lida pela *Ausstossung* no Simbólico. Segundo, testemunha a escrita na topologia como *ab-senso* do sexo, não sentido (*Não há relação sexual*) cujo laço é feito como imutável. Passo às tentativas de recortar o estrato topológico da voz de Dick a partir do Imaginário e da inibição descritos por Melanie Klein no célebre artigo de 1930 (Klein, 1930/1996) à matriz simbólica decantada por Jacques Lacan na relação com o Imaginário e o Real, no seminário de 1953-1954 (Lacan, 1953-1954/1983). Termino enodando com o que ressoa da voz de Dick, resíduo não compartilhável que bordeia o vazio: eco do Real. Dick é lido, nesses moldes borromeanos, como um sujeito do inconsciente em permanente autotrabalho subjetivo de conquista seu lugar na linguagem.

O simbolismo, como mecanismo inconsciente, não está relacionado às formas de representação da linguagem como códigos, signos e mesmo formas indiretas como metáforas e outras representações na relação signo e sentido. O processo de formação das representações internas do sujeito é marcado pelo fato da linguagem ao mesmo tempo possibilitar essas representações, mas impossibilitar sua correspondência direta com o mundo externo. Mais ainda, a cada representação, algo é perdido. Desde o simbolismo freudiano dos sonhos, para a psicanálise, importa a inconstância entre o símbolo e o simbolizado e que não se tem acesso a essa relação que não seja pela "interpretação" da e pela linguagem que a estrutura. Para a criança, o termo simbolismo está diretamente relacionado aos mecanismos de estruturação inconsciente como condensação, deslocamento e figurabilidade do Simbólico. O brincar da criança toma forma por seu simbolismo que constrói a realidade psíquica da criança a partir de sua relação com a realidade externa, com certo peso imaginário também.

De modo específico, começo com Melanie Klein (1930/1996) no artigo "A importância da formação de símbolos no desenvolvimento do ego", no qual apresenta o caso do menino Dick dando a ver os impasses nessa formação e nos entraves para o desenvolvimento do ego.[1]

Melanie Klein (1930/1996) desdobra o conceito de simbolismo dentro da psicanálise a partir da hipótese freudiana de que a agressividade e o investimento libidinal são constitutivos do psiquismo.

---

[1] Mantenho o termo "ego" pela sua presença na psicanálise inglesa e pela distinção de eu a partir da leitura lacaniana. Ainda, não usarei expressões como "grande Outro", considerando que no relato da analista não há essa especificação.

Mas, para ela, estariam presentes desde o nascimento como o ego, determinados pelo sadismo oral que, projetado para o exterior, estabeleceria as fantasias de seio mau e devorador e ligado à pulsão de morte. Klein (1930/1996) antecipa o conflito edipiano tornando-o precoce e relacionado a essa fase do sadismo, na qual, no bebê, haveria o desejo oral-sádico de devorar o seio da mãe, desejando introjetar o corpo da mãe e depois destruí-lo pelas vias do sadismo, como fezes e urina (projetá-lo para o exterior). Nesse ponto, entra o conceito de simbolismo, importante no caso que aqui retomo. A autora se baseia em dois psicanalistas: em Sándor Ferenczi, para quem a identificação é precursora do sadismo, na medida em que o bebê busca reencontrar nos objetos seus órgãos e seu funcionamento; e no simbolismo de Ernest Jones, para quem o princípio do prazer possibilita a sublimação entre coisas diferentes e igualmente prazerosas. Diante disso, considera que o simbolismo se sustenta na sublimação, "pois é através da igualdade simbólica que as coisas, as atividades e os interesses se tornam o conteúdo das fantasias libidinais" (Klein, 1930/1996, p. 252). A expressão "igualdade simbólica" aponta para o paradoxo na tese da psicanalista inglesa, pois "simbólico" é justamente a diferença.

Klein (1930/1936) está alicerçada na hipótese de que a criança busca, introjetados no corpo da mãe, o pênis do pai, as fezes e os bebês, alvos de seu sadismo como mecanismo de defesa. Ao atacá-los via fantasias de destruição (morder, rasgar), a criança entra em um estado de ansiedade gerada pela culpa e medo diante dessas fantasias de destruição (entrando em cena o precoce conflito edipiano). Essa ansiedade é internalizada pelo mecanismo de introjeção sádico-oral do objeto, no que se desenvolve como um superego da criança. Em consequência disso, a criança desenvolve mecanismos de defesas diferentes do recalcamento, defesas primitivas e referentes ao sadismo da criança e ao objeto atacado: ao primeiro, trata-se de expulsar o perigo; ao segundo, trata-se de destruí-lo, pois é fonte de perigo diante do risco de retaliação. O simbolismo surge nesse conflito da criança com o corpo da mãe que é fonte de toda essa ansiedade e sadismo. A criança investe maciçamente sua libido e sua agressividade na mãe (e depois no pai). Esse investimento sádico-oral gera culpa e ansiedade levando-a a deslocar esse investimento para o mundo exterior, passando a atribuir-lhe significados ao que introjeta do mundo exterior, a atribuir juízos predicativos à realidade via mecanismos de projeção e introjeção.

O simbolismo funda a capacidade da criança de fantasias libidinais buscando soluções para esse conflito sádico pela relação simbólica com os objetos e diferentes interesses com o mundo. Esse investimento libidinal em outros objetos e a ansiedade diluída impõe uma resposta psíquica: desenvolve-se a primeira identificação, a formação de um ego e a criança começa a transferir sua libido sádica. Isso é o que a psicanalista inglesa chama de pulsão epistemofílica do interior da mãe para objetos do mundo exterior. Com isso, a criança arrasta o conflito para um novo objeto e, por ainda não diferenciar o conflito de todo o mundo interno do externo, esse conflito vai se deslocando para outros objetos simbolizados do mundo exterior. Desse modo, é pelas vias do conflito sádico e da agressividade que a criança passa a investir libidinalmente no mundo exterior e a estabelecer relações com esse mundo. O símbolo surge justamente nesse ponto de sublimação da criança (ao contrário de Ernest Jones, que sustenta que o símbolo surge na ausência de sublimação), como mostra o brincar da criança que é, ao mesmo tempo, um fazer sublimatório da criança e a expressão simbólica de seus desejos, conflitos e ansiedades. Sem esse simbolismo, o ego sofre as consequências da ansiedade nos conflitos não gerenciados pelas fantasias e pelo simbolismo, o que interfere no seu desenvolvimento. As primeiras introjeções no corpo da mãe e com a realidade tornam-se destrutivas diante das permanentes ameaças.

O menino Dick mostrou a Melanie Klein (1930/1996) os efeitos da inibição no simbolismo, o impedimento na formação simbólica, sobre o desenvolvimento do ego.² Até aqui, é preciso considerar

---

2 Inibição é um conceito importante para a psicanálise, a partir das elaborações de Freud (1925-1926/1996b) sobre inibição, sintoma e angústia, e se refere às limitações do eu no enfrentamento dos conflitos. Câmara e Herzog (2018, p. 56) contam que o substantivo *Hemmung* (inibição) e o verbo *hemmen* (inibir) eram termos presentes na língua alemã desde o final do século XVIII, indo da literatura, passando pela filosofia, neurofisiologia e psicologia, com duas conotações: inibição como "o entrelaçamento de duas forças", em que "a de maior intensidade regulava ou controlava a outra", e a inibição se referindo "à relação competitiva entre duas forças de poderes equivalentes, em um campo de recursos limitados", este último prevalecendo na acepção psicológica dos termos. Esses termos foram assimilados pela psiquiatria clínica descritiva de Emil Kraepelin e Eugen Bleuler para descrever o comprometimento funcional no pensamento e na volição de pacientes depressivos, expresso pelo sofrimento dos pacientes diante da consciência da incapacidade, não descrevendo mais mecanismos neurológicos e, sim, "manifestações patológicas que denotavam a ausência mesma de uma função que, supunha-se, o sujeito deveria expressar normalmente" (Câmara & Herzog, 2018, p. 57). Os autores mostram que, nos trabalhos freudianos, o termo "inibição", desde 1893, foi sendo substituído por "recalque" a partir com a entrada em cena da histeria. Todavia, lembram que no "Projeto" (*Entwurf*) (Freud, 1895/1995), o termo adquiriu relevância associado a uma ocupação do "eu", estando implicada nas funções deste de regular as intensidades psíquicas e na distinção entre mundo externo e aparelho psíquico, permitindo a diferenciação entre um e outro, não sendo um processo patológico, mas que concerne ao fato de que o eu nada faz do que inibir as excitações e diferenciar as percepções e as representações. A inibição é "o instrumento pelo qual o eu busca resistir à tendência do aparelho psíquico de alienar-se em sua própria compulsão à alucinação" (Câmara & Herzog, 2018, p. 59). Esse uso do termo "inibição" ainda se aproxima da lógica neurofisiológica, não se aproximando da lógica da inibição como ação, lembram os autores. Câmara e Herzog (2018) destacam que a inibição aparece, nos estudos freudianos, relacionada à pulsão inibida em sua meta, retomando Freud, em que, entre outras consequências, "a inibição se torna a moeda de troca por meio da qual a criança preserva sua relação com os pais, uma vez que os impulsos sexuais edípicos a estes últimos dirigidos são vertidos em sentimentos afetuosos" (p. 59). O uso, por Freud, do termo inibição como referência à incapacidade de agir (do eu)

aparece em relação aos sintomas histéricos (inibição da fala/mudez), inibição de vontade, inibição na melancolia com efeitos paralisantes no corpo. Merece destaque também que, nos dois casos, Pequeno Hans e Homem dos Lobos, a inibição surge como referência à incapacidade sofridas pelos dois: a fobia do menino como reação à angústia (da castração) faz com que ele não saia de casa por medo de cavalos e, com o Homem dos Lobos, relacionada à dúvida, não ter que se decidir, considerando-o caso de neurose obsessiva. Porém, neste último, infiro que a inibição tem a ver com o Real na alucinação sofrida pelo paciente em sua infância, sem palavras para dizer que sim à castração. No texto "Inibição, sintoma e angústia", Freud (1925-1926/1996b) diferencia inibição de sintoma não sendo, portanto, da categoria de sintomas negativos, mas tem uma função metapsicológica e, ainda uma relação com as negações freudianas, a inibição não corresponde ao recalque. Nesse trabalho freudiano, a inibição é apartada de seu princípio neurofisiológico e passa a designar uma dificuldade funcional do indivíduo atrelada ao uso da palavra, consistindo "na limitação (*Einschränkung*) de uma função do eu exercida por essa mesma instância, podendo ser motivada por duas situações: para prevenir um evento psíquico (conflito com as outras instâncias, instauração de um novo recalcamento, desencadeamento de angústia) ou em consequência da redução maciça de energia disponível no eu. Freud não resolveu os problemas em relação à conceituação de inibição, mas destaca alguns elementos apresentados, a saber: "(1) o agente da inibição, isto é, aquele ou aquilo que o exerce, é o eu [*o eu inibe o próprio eu isolando determinada função do restante de suas atividades e suspende a capacidade de executá-la diante a angústia*]; (2) o objeto sobre o qual a inibição incide também é o eu – mais precisamente, as denominadas 'funções do eu'; (3) o efeito causado pela inibição trata-se de uma limitação funcional, podendo ser descrito também como restrição, abandono, suspensão, impedimento, embargo etc.; (4) o motivo para o surgimento da inibição pode ser relacionado seja (4.1) à prevenção de algum evento psíquico, seja (4.2) ao esvaziamento de energia disponível no eu" (Câmara & Herzog, 2018, p. 62). No caso Hans, Freud enlaça sintoma, inibição e angústia na neurose infantil. Os sintomas do garoto são a condensação e o deslocamento em uma fobia – medo dos cavalos, como defesa à angústia de castração, angústia em não saber o que se passava com seu corpo. Desse sintoma, produziu-se sua inibição em não sair de casa com medo de se deparar com cavalos. No ensino de Jacques Lacan, essa tríade é introduzida na lógica borromeana, estando a angústia atrelada ao Real, o sintoma ao Simbólico e a inibição ao Imaginário, aqui como primeiro efeito no corpo como consistência e como signo do embaraço do sujeito com a castração, com o desejo e como lugar do gozo (orifícios). Nessa que simbolismo e recursos de linguagem estão entrelaçados, como mostra o brincar do menino, e nisso se vê que Dick não falava e não brincava.

Volto mais especificamente ao caso narrado por Melanie Klein (1930/1996). Na nota explicativa do texto, os editores ingleses ressaltam se tratar do primeiro relato de caso clínico com crianças na história da psicanálise e que é um caso de psicose infantil. Como já abordei, pela leitura dos elementos em cena e do ponto de vista da psicanálise lacaniana, o signo "psicose" não corresponderia à posição do pequeno na linguagem. Todavia, é preciso considerar o contexto do caso e o fato da psicose infantil ter sempre respondido pelos impasses no desenvolvimento infantil, até o advento do texto de Léo Kanner, nos anos de 1940, estabelecendo a síndrome autística.[3] Ainda, importante não perder de vista como o caso é uma tentativa da psicanalista no seu fundador trabalho clínico de compreensão da esquizofrenia infantil e que o autista sempre esteve, estruturalmente, próximo da esquizofrenia. Além do mais, a grandeza de Melanie Klein foi não se resignar aos problemas do desenvolvimento infantil como definitivos, núcleo de qualquer psicanálise com crianças. No caso de Dick, uma criança que não falava, sem sinais de representação e percepção e um simbolismo rudimentar. Assim como Rosine Lefort, não ser verbal não as impediu que tratassem essas crianças. A clínica psicanalítica com crianças, a dita kleiniana e a dita lacaniana, nas imprecisões do campo da psicose e do autismo, foi fundada na direção de tratamento de duas crianças que não falavam.

---

lógica borromeana, entre RSI, a inibição corresponde à invasão do Imaginário no Simbólico e essa invasão paralisa o sujeito pelo embaraço, como se vê nas depressões; o sintoma é o avanço do Simbólico mediante os impasses do Real; e a angústia é a invasão do Real sobre o Imaginário que passa pelo corpo.

3 Não se pode ignorar que, atualmente, acontece o contrário: o total apagamento da "psicose infantil" de diretrizes diagnósticas em detrimento da extensão do espectro autista.

Melanie Klein (1930/1996) tem como hipótese nuclear de suas elaborações sobre a psicose infantil a possibilidade de que o ego se defenda da intensa ansiedade por meio da expulsão excessiva de seu sadismo e, com isso, não restando nenhuma experiência à criança de ansiedade, exploração do mundo e de formação dos símbolos, interrompendo o dito desenvolvimento "normal". Dando à ansiedade e às suas soluções função para além da inibição nas crianças, chegando a concebê-la não apenas como um sintoma, mas como um impulso à criatividade. Para a psicanalista, a formação de símbolos, equações simbólicas e identificações estão no centro da relação da criança com o mundo. O primeiro modo de defesa do ego é o mecanismo de expulsão anterior à repressão, do qual difere. O que me remete à negação primordial tratada neste estudo. O sadismo (na relação com o objeto) está presente no estágio inicial do desenvolvimento infantil onde se instaura a ansiedade e o conflito edipiano (precoce), iniciando o processo de identificação.

O caso Dick é um caso em que se pode ver "uma extraordinária inibição no desenvolvimento do ego" (Klein, 1930/1996, p. 253). O menino Dick tinha 4 anos de idade com vocabulário pobre e realizações intelectuais limitadas (foi comparado a uma criança entre 15 ou 18 meses pela psicanalista, segundo seus critérios de desenvolvimento infantil normal). De início, informa que havia "vocabulário" em Dick, era um menino de vocalizações mesmo que limitadas e fora de suas funções de comunicabilidade. Não apresentava sinais de adaptação à realidade nem de ter contato afetivo/emocional com seu ambiente. Além de não demonstrar muitos afetos, era indiferente à presença ou à ausência de pessoas próximas, como a mãe e a babá. Sem exibição de ansiedade e, quando ocorria, era muito baixa e:[4]

---

[4] Dessas descrições da psicanalista inglesa, elas apenas não trazem o valor biológico como causa, como colocado por Léo Kanner.

Não possuía quase nenhum interesse, com uma única exceção, a que voltarei mais tarde; na maior parte do tempo, limitava-se a juntar alguns sons de forma desconcatenada e repetia constantemente determinados ruídos. Quando falava, geralmente empregava seu paupérrimo vocabulário de forma incorreta. Não se tratava apenas de uma incapacidade de se fazer entender: na verdade, não tinha a menor vontade de fazer isso. (Klein, 1930/1996b, p. 253)

Destaque para *"juntar alguns sons de forma desconcatenada"*: é a descrição da experiência de congelamento da cadeia de significantes que vem sendo apresentada, sem encadeamento e alternância, e sem o desejo do Outro, sem invocação. Se encadeamento e sem essa alternância do desejo, há em Dick uma posição *nãovocante* na linguagem. Também estavam presentes atitudes opositivas relatadas pela mãe do menino, nas quais este fazia exatamente o contrário do que lhe era solicitado, como nas alterações da fala da mãe, quando repetidas: repetição correta de palavras que lhe eram ditas, mas de modo insistente, ecolálicas, posso inferir conforme relato da psicanalista, *repeti-las sem parar, mecanicamente*. Nesse momento, a psicanalista distingue a estrutura "psicótica" da neurótica, considerando que nesta haveria o endereçamento das atitudes opositivas e referência ao outro envolvido. Em Dick, portanto, não havia esse endereçamento e menos ainda referência ao "outro" envolvido. Contudo, chama a atenção que não endereçamento, referência ao outro não é o mesmo que não invocar o outro. Dick não apresentava reação à dor quando se machucava nem solicitava conforto, como a maioria das crianças, o que corresponde à sua dificuldade perceptiva; havia uma inabilidade motora para o uso de alguns objetos, como facas e tesouras, além de incapacidade para manejar outros objetos funcionalmente, como a colher que usava para comer, continua relatando a psicanalista. Esse ponto do "uso funcional de objetos" é amplamente tomado como sinal diagnóstico, mas antes de ser visto como capacidade de aprender o uso de determinado objeto, não se pode esquecer que essas funções ligadas aos objetos são determinações e invenções culturais, por isso precisam ser transmitidas à criança dentro do "simbolismo" pela linguagem.

Nesse ponto do relato do caso, Klein introduz a cena clínica propriamente dita, na transferência com a criança. Conta que, ao chegar, o menino manteve-se na indiferença em relação à babá que foi embora e à analista que seguiu para dentro do consultório. Nem quem foi nem quem fica, nenhuma alternância. Dick faz um traçado singular dentro do espaço analítico:

> *Uma vez lá dentro, começou a correr de um lado para o outro sem nenhum objetivo e muitas vezes se desviou de mim como se eu fosse um móvel – tudo isso sem mostrar qualquer interesse em nenhum objeto dentro da sala. Enquanto corria de um lado para o outro, seus movimentos pareciam totalmente descoordenados. A expressão de seus olhos e de seu rosto era fixa, distante e não deixava transparecer nenhum interesse. (Klein, 1930/1996, p. 254)*

Em termos de espaço, Dick trilhou uma superfície plana, em linha reta, imutável, esquivando-se do lugar do outro, sem dar voltas de um objeto, sem investimento libidinal entre ele o mundo externo. A cena descreve todo congelamento psíquico da criança. Klein (1930/1996) destaca a falta de ansiedade como reação da criança diante da presença do outro e no ambiente desconhecido, vivenciada por crianças neuróticas, como se o outro não operasse efeitos sobre ele. O comportamento de Dick, ela observa, não estava associado a significados ou expressão de afetos, de qualquer afeto, até mesmo a ansiedade que, para a analista, lembro, é fundamental para o desenvolvimento do ego como reação ao sadismo primordial, o que coloca a criança em movimentos defensivos mediante as ameaças do mundo externo (presentificadas via fantasias primitivas). Diante disso, Klein (1930/1996) apresenta a historicidade do menino, tentando encontrar a causa dessa ausência, dessa imobilidade da criança: a mãe não conseguiu amamentá-lo (ou, o bebê Dick não conseguiu se fazer amamentar naquele outro que lhe oferecia a satisfação, posso supor com base no relato da analista). Quase morreu de fome, conta: estado de privação nos primeiros dias de vida para o que o outro lhe oferecia, sendo alimentado artificialmente (*alimentos artificiais*), ausência de demanda. Reações somáticas digestivas e hemorroidas (os buracos que o ligavam ao mundo via oralidade e via fezes conservavam a lógica de obstruídos, fechados para o mundo). A psicanalista destaca o grau severo de ansiedade da mãe em relação ao bebê. Também, sem laço com pai e com a babá.

Klein (1930/1996, p. 255) identifica o sentimento de culpa no menino frente às reprimendas da nova babá que o viu se masturbando aos 4 anos de idade. Aos 3 anos, Dick tinha hábitos de higiene e controle de esfíncteres, mas a recusa alimentar sempre foi presente, "sem menor desejo de mamar" (recusa o alimento como seriação significante, como intrusão do outro). A psicanalista lembra que, mesmo diante de pessoas afetuosas e para quem Dick demonstra boas respostas em seus comportamentos, não se liga a elas em termos afetuosos, não estabelece relações de objetos com as pessoas no sentido de que estas não ganham investimento libidinal da criança e não seriam simbolizadas internamente. A hipótese de Klein era de uma "excepcional inibição" causada pelos fracassos – termo usado pela psicanalista – nas etapas do desenvolvimento:

> *No caso de Dick havia uma total incapacidade do ego suportar a ansiedade, de ordem aparentemente constitucional. A zona genital entrara em ação muito cedo; isso causou uma identificação prematura e exagerada com o objeto atacado, e contribuiu para a defesa igualmente prematura contra o sadismo. O ego parou de desenvolver a vida de fantasia e de estabelecer uma relação com a realidade. Depois de um frágil começo, a formação dos símbolos nessa criança foi imobilizada. As tentativas iniciais deixaram sua marca em um único interesse, que isolado e sem relação com a realidade, não pode formar as bases de novas sublimações. A criança era indiferente à maioria dos objetos e interesses à sua volta, e não conseguia sequer compreender seu propósito e significado. No entanto tinha interesse em trens e estações, assim como em maçanetas e portas, e na maneira como essas se abriam e se fechavam.*[5] *(Klein, 1930/1996, p. 255)*

Interesse restrito em trens e estações e a iteração de objetos frios, como maçanetas e portas, sem fazer circuito. Klein (1930/1996) interpreta essas posições da criança à luz da teoria freudiana sobre o complexo de Édipo, dando a este uma presença precoce no psiquismo. Para ela, a fantasia sádica de Dick era símbolo da *penetração do pênis no corpo da mãe*: portas e fechaduras representavam entradas e saídas desse corpo, e maçanetas, o pênis do pai e do menino, mobilizando via esses símbolos o medo do que aconteceria caso penetrasse o corpo da mãe. Um adendo: na citação anterior, a rigidez e a insistência nos movimentos de trens e portas não apontam para uma satisfação libidinal e de trocas entre sujeito e outro, mas uma borda. Não era

---

[5] Parece possível supor uma espécie de nascimento da imutabilidade ali onde o traço unário deveria deslocar a criança no campo da linguagem.

agressivo, como demonstrou sua recusa em mastigar a comida, desde pequeno. Como defesa aos impulsos sádicos contra o corpo da mãe, foi interrompida a formação de símbolos e fantasias. Essa ausência de fantasia impactou seu desenvolvimento, segundo a psicanalista.

Direcionando a análise pela técnica do brincar, Klein (1930/1996) descarta as limitações na fala de Dick, pois essa técnica pode prescindir das associações verbais, focando no simbolismo presente no comportamento do menino. Em Dick, contudo, não se tratava de inibição em seu brincar, mas o simbolismo não se desenvolveu em razão de sua indiferença às coisas ao seu redor e seu não investimento libidinal em objetos que valessem ser representados simbolicamente ou pela via das fantasias. Havia uma ausência da relação simbólica com objetos e com o mundo, conta a psicanalista, uma recusa precoce à entrada na fala. Desse ponto de ausência partiu a análise de Dick, ponto de angústia para a analista.[6]

Ao perceber que Dick não se interessava pelos brinquedos disponíveis na sala durante determinada sessão, Melanie Klein (1930/1996, p. 257) lhe oferece – partindo de seus interesses restritos – dois trens, um grande e um menor que colocou lado a lado, nomeando-os de "Trem-papai" e "Trem-Dick", este o menor e aquele o maior. Antes, já é válido afirmar que, desde o princípio, "interesses restritos" determinam a direção de tratamento com essas crianças, lugar de possível espaço de transferência. Dick, então, pega o "Trem-Dick", empurra o brinquedo até a janela e diz: "Estação", ao que a psicanalista prontamente lhe interpreta: "A estação é a mamãe; e o Dick está entrando na mamãe", forjando um simbolismo no brincar da criança e se abstendo da palavra dita pelo menino em sua

---

6 A ausência simbólica também se presentificou na transferência de Rosine Lefort e Marie-Françoise (1980/1984): a pequena, mesmo em face da privação, não fazia demanda ao Outro nem à analista. Esses dois casos nos alertam sobre como a transferência com o autista se instaura nesse ponto de negação, de ausência (simbólica).

função significante. Dick corre, esconde-se no vão entre as portas e diz "Escuro", correndo de volta. O menino faz esses movimentos diversas vezes, conta a psicanalista. Ao que ela interrompe, dizendo-lhe: "É escuro dentro da mamãe. O Dick está dentro da mamãe escura." Dick pega o trem, mas volta para o espaço escuro entre as portas. A psicanalista conta que o menino reagiu verbalmente às suas explicações sobre "entrar na mamãe escura", utilizando-se dos termos "Babá?", como uma questão, ao que ela respondeu: "A babá já vem", frase que Dick repetiu várias vezes como se as retivesse em sua mente; retendo-as, recusa a entrar no encadeamento simbólico, retendo a frase como um bloco maciço e dando sinais daquele que estaria na função de cuidador primordial.

Nesse percurso, um traçado que ele vai repetir, mudando apenas de lugar escuro: primeiro significante "Estação", a interpretação, o espaço escuro, esvaziado de palavra, outro significante "Babá". Klein (1930/1996) conta que Dick repetiu o mesmo comportamento e as mesmas verbalizações nas duas sessões seguintes, alterando apenas o lugar onde se escondia, como se mudasse sem mudar. Quando se escondeu atrás de uma cômoda no hall da sala, teve um acesso de ansiedade e chamou por ela (Klein não informa como Dick a chamou, se foi pelo nome). Klein (1930/1996) observa que a ansiedade despertou no menino o sentimento de dependência em relação a ela e à babá, que continuou questionando se estava vindo: "Ao mesmo tempo, o menino começou a se interessar pelas palavras reconfortantes 'a babá já vem' e, ao contrário de seu usual, repetiu-as e decorou-as" (p. 257). Palavra ditas pela analista que tomou para si, pela ecolalia. A mesma notou o menino olhando pela primeira vez para os brinquedos da sala, destacando a tendência agressiva presente quando, ao apontar para uma carroça de carvão, disse "Cortar" (admito que Dick direcionou um "pedido" à analista). A psicanalista lhe oferece tesouras que ele não sabe manejar funcionalmente – assim, não consegue cortar. Ela, agindo conforme o olhar que ele lhe dirigiu (instaurando uma demanda imaginária), pega a tesoura e corta os pedaços de madeira. Dick, então, joga tudo fora e diz: "Foi embora." A psicanalista interpreta como se fosse as fezes que o menino estivesse cortando para fora da mamãe. Ao arranhar a porta do *hall*, ela lê como uma identificação do menino com o espaço e a carroça, e ambos com o corpo da mãe que ele atacava. Também, presença da agressividade. Aqui, o traço do menino já comporta outros significantes.

Na sessão seguinte, Dick chora ao se separar da babá, "algo extraordinário" para o menino que não se ligava afetuosamente a ninguém, que não reconhecia a presença nem a ausência de outros, era indiferente. Curioso, o menino passa a se interessar pelos brinquedos na sala, em detrimento das saídas e entradas pela porta: encontra a carroça cortada na sessão anterior e a encobre com outros brinquedos. A analista lhe diz que a carroça representava a mãe, ao que ele reage levando-a para o espaço entre as portas. Klein (1930/1996) vê a análise progredindo no ato do menino de lançar para fora a carroça, ao mesmo tempo símbolo do objeto danificado (a mãe cortada e que introjeta o pênis do pai) e seu próprio sadismo, usando como mecanismo de defesa a projeção deste para o mundo externo. Ela continua identificando (e nomeando) outros símbolos que a criança vai formando durante a análise, como a bacia de água que simbolizava o corpo da mãe e que lhe causava medo de se molhar, enxugando-se compulsivamente (obsessão). Essa ansiedade o levou para o ato de urinar: urina e fezes simbolizam substâncias prejudiciais e perigosas para o menino e, assim como o pênis localizado no útero materno, serviam para atacar o corpo da mãe em suas fantasias. Esses objetos eram fontes de danos para ele mesmo, gerando medo e sadismo direcionado para a destruição desse objeto (pênis).

Klein (1930/1996) recorta uma cena analítica em que o menino realiza essa fantasia no brincar quando, ao levar um "homenzinho de brinquedo até a boca, cerrou os dentes e disse 'Papai chá', querendo dizer 'Comer papai.'" (pp. 258-259). Em nota de rodapé, o tradutor informa a importante homofonia/alternância de fonemas em língua inglesa nesses enunciados: "Em inglês, *'tea'* (chá) e *'eat'*(comer)." À guisa da interpretação da analista, esse episódio ganha *status* linguístico e estrutural, pois escuta-se a ressonância no dito de Dick demonstrando a possibilidade de inscrição no Simbólico e descolamentos dos mesmos fonemas na estrutura formando palavras diferentes cuja significações estavam associadas ao desejo da criança: palavras sob palavras, trabalho com a língua dos mais complexos que atua na posição dos elementos fazendo do mesmo, outra coisa. Entre "*tea*" e "*eat*", joga-se, inclusive, com o mal-entendido da língua, entre o que se diz e o que o outro escuta, além da sofisticada poética afrontando a linearidade, trocado elementos de lugar em uma alternância diferente da alternância do *Fort-Da!* freudiano, mas inscrição da linguagem, de todo modo: em Dick, como um um, no neto de Freud, como um mais um da seriação significante. Esse mal-entendido gerou a interpretação da psicanalisa que identificou introjeção do pai, medo do objeto, supereu primitivo e agressivo, e medo da mãe/culpa. Para ela, significava que o menino teria entrado na fase genital de seu desenvolvimento de modo precoce, pois além da ansiedade, outros afetos se presentificam na fantasia, como medo e culpa e necessidade de compensar o outro por essa agressividade, o que a criança vai realizando nas brincadeiras seguintes, quando é possível vê-lo guardando os brinquedos, protegendo seus objetos. Nesse ponto, é pertinente como o sentido (Imaginário) encobriu o Simbólico, e também como o termo "precoce" é presença recorrente no relato do caso. Todavia, a psicanalista alerta que, a partir desse lugar de seu desenvolvimento genital precoce, instaurou-se uma inibição no desenvolvimento do menino em virtude da impossibilidade de relacionar à realidade essa identificação com o objeto. Suponho que, da negativa primordial, Dick não avançou na relação afirmação-negação. Não à toa, seu primeiro significante é "Estação", lugar de parada diante do que está por vir.

Dick, segundo ela, mesmo em face à presença de empatia com o outro, não discernia ainda o investimento libidinal e dos diferentes objetos: "Pobre Sra. Klein" e "Pobre cortina", davam no mesmo, ainda pela prematuridade do ego, e pela dificuldade com a polissemia das palavras:

> *Dick se isolou da realidade e imobilizou sua vida de fantasia ao se refugiar na fantasia do corpo escuro da mãe. Desse modo, aparentemente também conseguiu desviar sua atenção dos diversos objetos do mundo externo que representavam o conteúdo do corpo materno: o pênis do pai, as fezes, as crianças. Seu próprio pênis, que era o órgão do sadismo, assim como seus excrementos, deviam ser jogados fora (ou negados), pois eram perigosos e agressivos. (Klein, 1930/1996, p. 259)*

O congelamento da vida de fantasia – que associo à imutabilidade que o permitia se desviar da intrusão do mundo externo – e a expulsão de símbolos que corresponderiam, na lógica kleiniana, ao genital e ao edipiano como centralidade da organização psíquica, apontam para um sujeito em uma posição outra além da neurose e da psicose. A expulsão do "genital" em Dick diz de uma não inscrição desses símbolos (símbolo fálico, diga-se) e de uma não alienação a eles, portanto, de uma foraclusão outra que não a da psicose. No caso de Dick, não há indícios de que o pai foi sabido e depois foracluído. Ademais, saliento como nas interpretações kleinianas os termos que aparecem – na fala mesmo da analista – como "pênis", "útero", entre outros mencionados, só se relacionariam com Dick via uma lógica de simbolismo que primasse pela relação direta entre signo e um significado, lógica imaginária da língua, na medida em que se estabelece para o objeto um significado antecipado, como representante do objeto. Porém, o mais importante é como esse funcionamento imaginário tapa a escuta para a parte significante excluída da transferência entre a analista e o menino, tapa a escuta às ressonâncias de uma ausência na língua da criança que a analista tenta tamponar pela presença de signos. Tarefa essa impossível, pois essa negação é indizível e inominável, embora deixe restos.

Klein (1930/1996, p. 260) sustenta que as fantasias rudimentares e a formação dos símbolos permitiram-lhe entrar em contato com o inconsciente do menino, possibilitando a manifestação e a diminuição da ansiedade (mas, que não eliminou sua inibição), o que significava que, segundo sua hipótese, "a elaboração da ansiedade estava partindo do estabelecimento de uma relação simbólica com as coisas e os objetos". Dick mantém-se na aproximação e no distanciamento dos objetos, conforme seus impulsos agressivos e interesses restritos, porém mais aberto para o mundo exterior, não mais de todo isolado. Em seus movimentos pela sala e por seus objetos, Dick ia "expandindo seu vocabulário, pois agora tinha uma curiosidade cada vez maior não só pelas coisas em si, mas também pelos seus nomes. As palavras que antes ouvia e ignorava, ele agora lembrava e empregava corretamente" (Klein, 1930/1996, p. 260). Dick bordeia seu lugar no mundo contornando-o com as palavras que o outro vai cedendo. Seis meses de tratamento, a psicanalista destaca o prognóstico favorável para o caso, reconhecendo que teve que mudar sua técnica, antecipando suas interpretações a partir de conhecimentos gerais, porque o menino trazia representações vagas em seus comportamentos, o que ativou sua ansiedade e seus afetos.

Nesse momento do tratamento, a analista ressalta que já era possível entrar em contato com o menino por meio de algumas palavras. Hoje, relendo o caso, é com satisfação que se pode identificar esse momento mítico no qual, em análise, Dick fez seus arremedos com os primeiros signos e, quiçá, com os primeiros significantes decantados e ordenados a seu modo. Para ele, o lugar do grande Outro mantido no escuro agora pode ser ocupado como palavra.

Melanie Klein (1930/1996) conclui o caso lembrando que, ao trabalhar com essa criança cujo ego não estava aberto às influências do meio externo, tratava-se, como com outras crianças, do acesso ao seu ego. A psicanalista observa, ainda, que o diagnóstico do menino, seguindo-se critérios nosográficos, poderia ser confundido com demência precoce, descartando-se causa orgânica, assim como uma psiconeurose. Porém, ela sublinha que em Dick o traço diferencial é a inibição do ego em seu desenvolvimento, e não uma regressão. Disso faz a hipótese de se tratar de uma psicose infantil, de modo específico, possibilidade de esquizofrenia. A psicanalista diz ser factível observar nas crianças o afastamento da realidade, falta de ligações emotivas e de concentração em atividades, comportamento tolo e fala sem sentido, excesso de mobilidade (motricidade no percurso repetitivo) e estereotipias, obediência automática, o comportamento negativo no sentido de opositivo e a dissociação. A análise dessas crianças pode revelar ideias persecutórias próximas da paranoia, além de medos hipocondríacos. Contudo, a psicanalista destaca que a presença de traços psicóticos e/ou esquizofrênicos nas crianças pode existir sem que se trate de uma psicose de fato. Ponto importante, pois ajuda a compreender a posição transferencial de Dick e sua indistinção, fazendo a analista se decidir pela esquizofrenia. Hipótese diagnóstica mesmo diante da advertência de uma condição diferente da esquizofrenia típica na infância, reiterando a inibição no desenvolvimento de Dick como diferenciada da regressão comum nos quadros de esquizofrenia. Melanie Klein fez o que todo analista faz na posição do Outro: supor saber sobre o que se passa com o sujeito, mas cabe a ele decidir-se pelo lugar a ocupar nessa transferência.

A psicanalista esclarece que, nos quadros típicos de psicose/ esquizofrenia infantil, a criança perde aquisições no desenvolvimento, regredindo, mas, no caso de Dick, isso não ocorreu: o menino não avançou a partir de determinado ponto de seu desenvolvimento. Em termos psicanalíticos, Klein (1930/1996) chegou às seguintes hipóteses constitutivas para os casos de psicose infantil: o conflito edipiano precoce é dominado pelo sadismo; o ego se defende inicialmente do próprio sadismo e, depois, contra os objetos; é uma defesa agressiva/destrutiva, e não de repressão, e pode se voltar para o próprio corpo da criança (aos órgãos genitais). Para a psicanalista, concordando com as hipóteses freudianas, a fixação da psicose se dá nos estágios iniciais do desenvolvimento, no estágio do narcisismo, com a demência precoce antecedendo a paranoia. Interrompem-se os investimentos objetais, a relação com a realidade e o desenvolvimento da vida da fantasia, prevalecendo o sadismo como defesa contra o mundo exterior e seus objetos. Suspendem-se as relações simbólicas com as coisas, pessoas e objetos do mundo, com o corpo materno e com a realidade: é o retraimento base da ausência de afeto e ansiedade (da inibição) que a analista coloca na conta nosográfica da demência precoce.

Melanie Klein (1930/1996) nos deu uma versão imaginária da estruturação do psiquismo, na qual as antecipações imaginárias introduzem o sujeito na linguagem via um sentido maciço e que liga o ser e uma certa imagem estabelecida pelo outro. Todavia, nesse enodamento imaginário com o Real de Dick – sem relações de objeto, sem representações e ligações psíquicas com o mundo, uma exclusão estrutural – ela nos ofereceu o corte significante, uma espécie de matriz simbólica ecoada da boca do outro que inscreveu uma torção no rígido trilhamento do menino: o proferimento de "estação" entre os trens nomeados pela analista, resíduo do escuro mu(n)do de Dick.

Do caso Dick, Jacques Lacan (1953-1954/1983) se detém nas palavras como mediadoras das relações de objeto. Lucero e Vorcaro (2017) destacam que, dessa leitura, o importante era apreender como o mundo infantil se constituía pela articulação do Imaginário e do Real e os investimentos nos objetos. Estruturação que se estabelece da palavra que humaniza, o que o psicanalista francês detectou no trabalho da psicanalista inglesa com o menino mediante os impasses na simbolização, afirmação, inibição da expulsão e dúvida sobre a inscrição da foraclusão do Nome-do-pai.

Reiterando a questão da estrutura não decidida na infância, as autoras reforçam que o efeito da dificuldade de simbolização na afirmação primordial e a inibição da negação primordial seria a foraclusão, apontando para uma possibilidade de psicose ou um impasse (decorrente da inibição ou da dificuldade de simbolização?) nessa estruturação infantil. Recordo que, neste momento do ensino de Jacques Lacan, a foraclusão estava sendo lida como um mecanismo da psicose, o que nos impele a alocar Dick nessa posição de linguagem, tal como fez Klein apostando na psicose infantil. Contudo, ao apontar para algo não simbolizado, é interessante avançar para a foraclusão tal como opera Lacan na topologia, que se realiza em todo ser falante e não apenas no psicótico. No caso da ausência de simbolização, isso tem consequências mais traumáticas, dificuldades primordiais que mantêm a recusa ao Simbólico como outra possibilidade de negação, marca da estruturação de Dick que poderia ser outra: o autismo.

A experiência psicanalítica, a resistência e as defesas na análise são o contexto para Lacan (1953-1954/1983) entrar no caso Dick de Melanie Klein (1930/1996).[7] Não deixa de chamar atenção que

---

7 Freud (1914/1996a) usa o termo resistência como referência a barreiras no tratamento e que são formas do paciente defender o seu sintoma, na transferência, entre outros usos do termo, conforme traduzida pela psicanálise inglesa. Na transferência, o paciente atualiza os laços pulsionais infantis para a transformação destes. Assim, a resistência, segundo Freud, usa a transferência como meio do paciente se desviar do enfrentamento do sintoma, repetindo os laços sexuais. Lacan (1953-1954/1983, p. 46) reformula para *Tudo que destrói a continuação*

esse caso antecede a apresentação feita por Rosine Lefort sobre o caso do menino lobo, colocando em discussão a questão da psicose na infância e sua relação com o Simbólico e com o Real, num trilhamento para chegar à virada da resistência para a negativa, insistindo que são mecanismos psíquicos diferentes. Em ambos os casos, dois significantes marcam a posição das crianças na linguagem: "estação" e "lobo!".

O que fazemos quando fazemos análise? é a questão de Lacan (1953-1954/1983) partindo da estrutura estabelecida em transferência e seu manejo. As negativas constituem essa estruturação, hipótese que são construídas com base nas modalidades defensivas durante a análise. Essas negativas concernem ao jogo da transferência, mas de maneira diferente da resistência que domina a cena analítica. Elas constituem o sujeito do inconsciente, localizando-o na relação com o Outro e com o mundo externo para além das relações intersubjetivas, e são reconstruídas na história do sujeito durante a análise.

Lacan (1953-1954/1983) chega ao caso Dick partindo da instância do ego. Segundo ele, é um engano tomá-la como a mais importante para as elaborações em torno da experiência analítica. Questionamento diante do caso do Homem dos Lobos que colocou Freud longe do fantasiado, do imaginarizado e próximo do real (termo que ainda merece, nesse ponto do ensino lacaniano, ser lido com cuidados ali entre representação, mundo externo e realidade psíquica, como registro). A rejeição é à máxima em voga, naquela época, de que, na psicanálise, lidamos com o eu (ego) e que tudo passa pelo eu (ego) como o sintoma privilegiado e a ser tratado na psicanálise. A busca é pela restituição da psicanálise como experiência do inconsciente a partir da dialética das palavras, do Imaginário para o Simbólico. Contrapondo-se à leitura do ego da psicanalista

---

do trabalho é uma resistência, impede a revelação do inconsciente na análise, para responder à questão "essa resistência, de onde ela vem?".

Ana Freud, passa à leitura da formação do ego, de Melanie Klein, buscando saber o que é o ego como experiência de linguagem e qual a função da linguagem no estabelecimento dessa instância psíquica que denomina de sistema. Segundo ele, o (eu) foi definido por Melanie Klein sem que ela soubesse, como "série de defesas, de negações, de barragens, de inibições, de fantasias fundamentais, que orientam e dirigem o sujeito" (Lacan, 1953-1954/1983, p. 27). Ou seja, ego (eu) e sujeito do inconsciente não são sinônimos.[8] Na formação do ego, a procura é por aquilo que afasta a análise de uma conjuntura adaptacionista e ideacionária (do ego como conjunto dos ideais do indivíduo, conforme a psicologia do ego supõe em Freud). Nessa formação, o que há de traço do inconsciente que a resistência teria função de manter distante do sujeito toda vez que dele se aproximasse via associações fonêmicas?

A resistência no trabalho de análise é concebida por Freud como alguma coisa produzida do lado do consciente, "mas cuja identidade é essencialmente regulada pela sua distância, *Entfernung*, em relação àquilo que foi originalmente recalcado" (Lacan, 1953-1954/1983, p. 46). A relação do conteúdo da resistência com o inconsciente não é resolvida nesse trabalho freudiano, sendo levada junto às elaborações sobre o trauma, no estudo do caso do Homem dos Lobos, onde está plantada a dúvida sobre o que de fato foi seu evento traumático, pois este só pode ser definido pelo que conta o sujeito. Nessa condição de falar sobre o que aconteceu, uma lembrança (*Erlebnis*) pode ser tanto vivida como não vivida. Além disso, uma palavra vai sempre ficar por ser dita.[9]

---

8   Em francês, isso foi resolvido por Lacan (1949/1998a) desde o texto sobre o estádio do espelho, no qual o (*moi*) corresponde ao (eu) e o (*je*) ao sujeito do inconsciente.

9   Lacan (1953-1954/1983) destaca que "Freud, no fim dos *Studien über Hysterie*, define o núcleo patógeno como o que é procurado, mas que repele o discurso – aquilo a que o discurso foge. A resistência é essa inflexão do discurso ao se

Das ambiguidades nas definições freudianas sobre a resistência, Lacan (1953-1954/1983) destaca a tradição de tomar a resistência como o que emana do recalcado, do que estaria para ser revelado, *verdrängt* ou *unterdruckt*. Nos estudos freudianos sobre o tema, Jacques Lacan localiza, no texto *Sobre a dinâmica da transferência*, de 1912, uma nota que destaca o ponto de suspensão no discurso que Freud relaciona à resistência e está direcionado ao analista, portanto, à experiência de análise, e disjunta do recalcado no inconsciente. De certo modo, o que está no inconsciente contido, recalcado, não pode ser diretamente visto pelo fenômeno da resistência, porque não tem a ver com sintoma, mas com a estrutura do inconsciente. A resistência determina a transferência. O psicanalista francês recorta, do texto freudiano sobre o Homem dos Lobos, o lugar da negativa como cerne do conflito edipiano entre *isso* e *eu*, lembrando que Freud considerava que a castração operou no Homem dos Lobos:

> *Quando o sujeito, diz Freud, tinha chegado a uma primeira maturação, ou pré-maturação infantil, e estava maduro para realizar, ao menos parcialmente, uma estruturação mais especificamente genital da relação dos seus pais, recusou a posição homossexual que é a dele nessa relação, não realizou a situação edipiana, recusou, rejeitou – a palavra alemã é* verwirft *– tudo que é do plano da realização genital. Voltou à sua verificação anterior dessa relação afetiva, retirou-se para as posições da teoria anal da sexualidade. (Lacan, 1953-1954/1983, p. 57)*

---

aproximar desse núcleo. A partir de então, só poderemos resolver a questão da resistência se aprofundarmos o sentido deste discurso" (p. 48). Há uma marca no discurso que localizaria a relação negativada do sujeito com o inconsciente, tratando-se de um evento estrutural e de linguagem, e não algo localizado em uma memória datada e impossível de ser revivido.

A solução de sua questão genital (usando termo freudiano) é posta de lado, contida não como no recalque, porque Sergei recua diante de sua posição amorosa, de seu lugar no romance familiar. Para isso, o faz pela recusa e rejeição de um traço que marcasse esse lugar, o traço da castração. Nessa recusa, o que se inscreve é a foraclusão de um elemento inacessível não como sintoma e/ou fenômeno na transferência, mas como componente estrutural do inconsciente, ou seja, a castração não operou no Homem dos Lobos.

Lacan (1953-1954/1983) questiona a tradução francesa lendo a *Verwerfung* como rejeição e escolha cujo efeito é a recusa, diferenciando de *Verdrängung* como recalque (*Eine Verdrängung ist etwas anderes als eine Verwerfung/um recalque é outra coisa que um julgamento que rejeita e escolhe*). O que se passa com o Homem dos Lobos no que concerne à castração não é da ordem do recalque e, ainda, Freud aloca que um juízo pode ter como efeito diferentes negativas do mundo exterior em que o destaque fica para haver julgamento ali onde não deveria haver existência, na *Verwerfung*:

> *Essa articulação importante indica-nos que, na origem, para que o recalque seja possível, é preciso que exista um para além do recalque, algo de derradeiro, já constituído primitivamente, um primeiro núcleo do recalcado, que não só não se revela, mas que, por não se formular, é literalmente como se não existisse – sigo aí o que diz Freud. E, entretanto, em certo sentido, está em algum lugar, porque, Freud nos diz isso em toda parte, ele é o centro de atração que chama para si todos os recalques ulteriores.* (Lacan, 1953-1954/1983, p. 56)

Há um centro negativado que não coloca em palavras e que evoca as negativas. Essa posição primordial é a negação como a gênese de onde se instaura o desencadeamento da linguagem estruturado pela afirmação. O centro vazio funda o sujeito como o que um significante representa para outro significante. O efeito disso sobre a fala não é pouco: é o que fura sua soberania em termos de sentido. Essa negação primordial será determinante na suposição de que um dizer é mais que falar: é o ato de fala que não se reduz aos não ditos nem aos ditos não das sentenças proferidas, mas os comporta; o signo da linguagem não carrega apenas o significante, mas essa marca impossível de ser preconcebida e significada antes de ser dito, porque há um limite real entre sentido e significação que se confunde com o ser falante que existe nesse dizer. O sentido como efeito da cadeia significante (sujeito do inconsciente) é uma possibilidade da ordem própria dessa concatenação, seus arranjos possíveis. O dizer como escrita das articulações Real, Simbólico e Imaginário é aquilo no qual a significação sempre está por ser dita e não ser dita. Em termos de estrutura, toda vez que o não se junta com uma palavra, deve-se considerar isso como uma marca dessa negação na estrutura simbólica das línguas, e não como um termo para negar as coisas e o mundo: traço do impossível que forma e amarra a linguagem. Não são apenas os significantes que nos antecedem ali na posição do Outro como lugar das palavras. Esse Outro é o lugar também desse traço de indizível e impossível da linguagem *nãotoda* que organiza o inconsciente.

Há uma não existência como centro lógico do inconsciente e que antecederia a própria estrutura e seus elementos, como o recalque, a resistência e outras negativas. *Há uma não existência* é possível ser dito por haver linguagem. É esse fundo e suporte da *Verwerfung* da experiência genital do Homem dos Lobos como "Coisa singular, o que ali está excluído da história do sujeito, e que ele é incapaz de dizer" (Lacan, 1953-1954/1983, pp. 56-57).

Atrelado a isso, Lacan (1953-1954/1983), retomando a ciência freudiana dos sonhos, diz que o pensamento que se esquece é o que interessa ao analista, que está na base do desejo. A palavra esquecida enlaça sujeito e Outro pelo que revela, e não por mediação, pelo *isso* e não pelo *eu*. Denuncia nos pontos do esquecimento, do chiste, dos lapsos, da palavra que, distorcida, transposta o lugar do desejo. A resistência se instaura no lugar da ausência dessa palavra reveladora. Na organização infantil, diante do fascínio e da abertura que a criança tem pela palavra que vem do Outro sobre o mundo, essa palavra é a que testemunha a relação do sujeito com esse Outro. A criança anseia por essa palavra que vai lhe suprir de coisas a dizer e a compreender. Como no *Witz*, essa palavra pode ser libertadora em sua função simbólica entre o eu e o Outro, e não apenas alienante: a palavra ata e desatada.[10]

Interpretar resistências é trabalhar em função dos egos do analista e do analisante, já que não se tem acesso direto a toda significação. O símbolo linguístico presente na relação ego e palavra ganha *status* estrutural no qual a *Verneinung* é a denegação, diferenciada de negação. A palavra também carrega a diferença entre a *Bejahung*, da afirmação e a negatividade instaurada num nível inferior na ligação sujeito-objeto, com o julgamento em ação.[11]

---

10 Sobre a palavra a serviço da resistência, Lacan (1953-1954/1983) diz algo importante na relação palavra, eu e outro: "Essa perspectiva leva-nos exatamente a isto – a resistência de que se trata projeta os seus resultados no sistema do eu, na medida em que o sistema do eu não é nem mesmo concebível sem o sistema, se é que se pode dizer, do outro lado. O eu é referente ao outro. O eu se constitui em relação ao outro. Ele é o seu correlato. O nível no qual o outro é vivido situa exatamente o nível no qual, literalmente, o eu existe para o sujeito" (p. 65).
11 Nessa aula do seminário, é apresentada a "Introdução e resposta a uma exposição de Jean Hyppolyte sobre a Verneinung de Freud" (Lacan, 1953-1954/1983): "O momento em que o sujeito se interrompe, é ordinariamente o momento mais significativo da sua aproximação em direção à verdade. Apreendemos aqui a resistência no estado puro, que culmina no sentimento, frequentemente tinto de angústia, da presença do analista" (p. 66). A verdade destituída de Imaginário e Simbólico, quando a palavra revela, justamente, por ser ausência, impossível de ser falada. O *nonsense* (não sentido) e os equívocos das deformações do

O Simbólico como abertura do homem aos símbolos diverge de sua fixação no discurso organizado: o que se passa entre a formação do símbolo e o discurso do eu, entre a representação e a fala. Lacan (1953-1954/1983) parte do termo *Aufhebung*, destacado do texto freudiano sobre a negativa. Em alemão, essa palavra "significa ao mesmo tempo negar, suprimir, mas também conservar na supressão,

>   inconsciente (*palavra não dita porque recusada, porque* verworfen, *rejeitada pelo sujeito*) se aproximam do *ab-senso* do Real, do furo da linguagem para além do que claudica. Lacan (1953-1954/1983) retoma o Homem dos Lobos para localizar a negação em sua história: na alucinação infantil, impossível de ser dita ao outro: "Lembrem-se do exemplo que lhes citei da última vez no Homem dos Lobos. O progresso da análise do sujeito em questão, as contradições que apresentam os traços através dos quais seguimos a elaboração da sua situação no mundo humano, indicam uma *Verwerfung*, uma rejeição – o plano genital sempre foi para ele como se não existisse, literalmente. Essa rejeição, fomos levados a situá-la no nível, eu diria, da não-*Bejahung*, porque não podemos colocá-la, absolutamente, no mesmo nível do que uma denegação" (pp. 66-67). Distinção entre neurose e psicose. Não teria havido a afirmação do significante da castração – foi negada essa inscrição primordial, como se não tivesse existido, supondo que existiu por essa gramática condicional. Esse é um aspecto que se diferencia da negação no autismo: neste, não existiu – ou, a existência é ausência, não haveria condicional. Continua: "De um modo geral, com efeito, a condição para que alguma coisa exista para o sujeito, é que haja *Bejahung*, essa *Bejahung* que não é negação da negação. O que é que se passa quando essa *Bejahung* não se produz e quando nada é, pois, manifestado no registro simbólico?" A castração foi como se não tivesse existido para o Homem dos Lobos, manifestando-se imaginariamente pelo dedo cortado – alucinação, articulação Imaginário e Real, sem inscrição simbólica: foraclusão é o que existe como se não tivesse existido. O símbolo "dedinho cortado" refere exatamente isso por não ter sido dito. Devastado, não ousa falar ao Outro que não existe mais. O psicanalista reitera que não se pode dizê-lo psicótico ou não, neste momento de sua infância, mas que "Há pois aí, ao nível de uma experiência inteiramente primitiva, nesse ponto de origem em que a possibilidade do símbolo abre o sujeito para uma certa relação ao mundo, uma correlação, um balanceio que eu lhes peço que compreendam – o que não é reconhecido faz irrupção na consciência sob a forma de visto." Na neurose e na perversão, há o que existe e por isso mesmo precisa ser esquecido para que seja marcado como o que existe.

suspender" (p. 77). Qual a função dessa negativa na formação do eu distinta da denegação, da negação, da foraclusão e do desmentido?[12]

As negativas descritas no texto freudiano não mostram o que, de fato, estaria por trás da afirmação primordial do sujeito; na lógica do "ao negar", o sujeito desnuda algo em torno do que se organiza ao mesmo tempo que afirma o que foi negado. Ou seja, tirando a função da negação do inconsciente, sustentando sempre haver um centro de saber não representado. A organização do inconsciente está situada em uma negação primordial, do impossível de ser negado por existir como ausência – do impossível da negação da negação que ocorre nas negativas simbólicas. O que se mostra não no sintoma ou nas interpretações, nos símbolos, mas no vazio das lembranças, vazio diferente do esquecimento, do chiste, do ato falho. A palavra esquecida é presença em ausência.

Atentando para o intricamento do complexo de Édipo como organizador infantil, esse limite estrutural estaria, justamente, no vazio que esse centro de saber comporta. O falo como signo da linguagem carrega sua incompletude e a impossibilidade de tudo saber institui a suposição de saber e, adiante, destitui até mesmo

---

12 Não é inútil lembrar que no texto "O estádio do espelho como formador da função do eu", Lacan (1949/1998a) considera que não se trata de reduzir o eu a uma instância psíquica de dominação da subjetividade, mas que, em sua estruturação como um enlaçamento entre indivíduo e mundo externo, o inconsciente se estrutura na medida em que o eu seria a entrada da lógica simbólica, por meio do que denomina de matriz simbólica na formação da unidade do eu, no estádio do espelho. Na formação do eu, qual sua função no estabelecimento do inconsciente estruturado como uma linguagem? Aqui não apenas como a palavra que é reveladora das defesas do sujeito na relação com seu desejo, como as negativas, não obstante a palavra como aquela que é por ser ausência, diferente do Simbólico onde a palavra é presença da coisa ausente, da morte da coisa que existe como significante. Centro da organização do inconsciente, que não é um conglomerado de pulsões desorganizadas, pois não é somente o eu que tem uma organização própria.

essa suposição, na medida em que o sujeito é o saber (de si). É o Real furando esse Simbólico e vertendo sua lei em insuficiente para a organização do enigmático inconsciente. Com isso, os elementos simbólicos não são o centro, mas são arranjos, contornos, retornos, ritornelos e escritas a partir desse misterioso centro negativado. As afirmações e as negações são desencadeamentos e associações desse âmago do ser, soluções diante do Real. Ainda distante da radicalidade dos últimos anos do ensino lacaniano, o real "é o que resiste absolutamente à simbolização" (Lacan, 1953-1954/1983, p. 82). Articulando com a percepção alucinatória do Homem dos Lobos, a simbolização é como *verworfen*, foracluída. O símbolo é interditado, ou interdito, no entre o dito, para distanciar da força de proibido que a lógica edipiana carrega e possibilitar ao sujeito subverter essa ordem, ali onde pode advir:

> *Manifestam-se numa etapa em que não podem, em nenhum nível, lhe dar a revelação de qual é a sua situação nesse domínio interditado que é o seu inconsciente, porquanto estão ainda no plano da negação ou no da negação da negação. Algo não foi ainda franqueado que está justamente para além do discurso, e necessita um salto no discurso. O recalque não pode desaparecer pura e simplesmente, só pode ser ultrapassado, no sentido de* Aufhebung. *(Lacan, 1953-1954/1983, p. 82)*

Essa passagem apresenta algo fundamental para a estruturação e a constituição do sujeito: situa uma posição em que ainda um elemento não entrou, não foi representado, não foi permitido ser simbolizado. Uma estrutura sempre *nãotoda*, diferente das negativas do tipo recalque, nas quais houve franqueamento de um elemento simbólico, o que sua dupla negação permite supor e suprimir. Posso jogar com o risco de que essa *Aufhebung* tenha efeito de aturdimento no discurso, eco da *Ausstossung*.

Descartando que esse elemento tem lugar na análise do eu, Jacques Lacan parte para os desdobramentos do trabalho da psicanalista inglesa:

> Melanie Klein enfia o simbolismo, com a maior brutalidade, no pequeno Dick. Ela começa jogando imediatamente em cima dele as interpretações maiores. Ela o joga numa verbalização brutal do mito edípico, quase tão revoltante para nós quanto para qualquer leitor – Você é o trenzinho, você quer foder a sua mãe. *(Lacan, 1953-1954/1983, pp. 83-84)*

A entrada na/da linguagem no sujeito é sempre brutal, traumática, e Klein estabelece, com o menino, desde o início, uma suposta demanda, para além dos maciços e apressados conteúdos edipianos, pois mesmo que ela quisesse fazer valer sua interpretação, Dick não sabia sobre isso de "foder" a mamãe. O psicanalista francês busca fazer ver o que se instaurou de simbólico a partir da negação primordial, não sem antes mostrar que essa era a posição de Dick, na linguagem, essa é mesmo sua entrada: todo símbolo carrega uma matriz simbólica. Todavia, com Dick, sua posição antecede até mesmo essa matriz simbólica, de onde depreendo que sua relação com a linguagem é brutal, traumática. Independente do outro, Dick é dos sujeitos que vão sempre viver em tensão com linguagem, pois esta será sempre intrusiva na medida em que o que o estrutura é essa lógica de uma simbolização impossível, submetido não à alienação maciça dos sentidos, mas submetido a esse algo nunca simbolizável. Esses sujeitos não esquecem o esquecimento. O Outro, mesmo incansável, não tem a resposta para isso: a solução simbólica vem na palavra que vai ecoar desse lugar indizível.

O que ressoa desse simbolismo kleiniano aos ouvidos de um eu ainda não formado, inibido em sua estruturação? A voz de Melanie Klein ou a voz de Dick, invocando esse Outro que, na posição de analista, pode responder? Alguma coisa fez resto dessa fala que encobriu Dick. Como todo ser falante, ele respondeu ao avanço do que do Real tem na linguagem que a fala só faz carregar pelo traço negativo dos significantes que encadeia. Respondeu como? Na leitura que fiz do texto kleiniano, foi possível apresentar a recusa ao encadeamento em Dick, sua fixão toda vez que se escondia do outro, primeira posição do pequeno sujeito na linguagem: recusa a uma ordenação pelos símbolos que vem do Outro maciço. Dick recusa o encadeamento no proferimento "*Você é o trenzinho, você quer foder a sua mãe*", recusa o sentido dessa interpretação da analista, mais para um intrometimento. Mas, daí vai marcá-lo. O que do Simbólico se atou ao Real articulado ao Imaginário, para o menino, sendo essa a estrutura na transferência de Dick e Klein?

A interpretação kleiniana não opera efeitos imediatos no menino, nem de negação nem de afirmação, do tipo que diria – na linguagem própria das crianças – "não, não quero foder minha mãe", ou ainda, "sim, quero foder minha mãe, mas nego isso", ou mais, "estamos ambos nos fodendo". Dick não investe sua libido diretamente no Outro, no corpo do Outro para desejar esse Outro. Seu ego não está formado, o que é suposto pela falta de contato dele com o mundo: é indiferente, é ausente. Não se localiza refletido no discurso desse Outro que avança sobre ele. "Ausência" é o termo usado por Jacques Lacan (1953-1954/1983, p. 84) quando sustenta que a realidade não está, para ele, simbolizada, mas que ele está nela como inconstituído. Sem ego formado, indiferenciado no seu estado puro, "não humano" na medida de sua não relação com os objetos do mundo. Aqui o significante "inconstuído" representa Dick não apenas como uma estrutura subjetiva ainda em formação, como se dá no tempo da infância, mas designa seu lugar de não constituído, onde esse "não" não é para negar a existência, é para justamente sua posição na linguagem. esses objetos distintos do mundo têm função subjetiva, são representações, passam a ser presença pelos significantes e seus efeitos de significação imaginários – assim, ausentes. Acredito que Dick é o ausente, e não os objetos. Interessante lembrar que, assim como os alimentos, que muitos autistas recusam e que é erroneamente identificado como "ele tem alimentação seletiva", os objetos também são dos símbolos maiores de nossa cultura e laço social – fazem parte já aí do tesouro da linguagem que nos antecede, tanto como instrumentos funcionais são parte do avanço civilizatório, como objetos afetivos e simbólicos, que podem tanto garantir a presença e o laço com o outro, como localizar a ausência de algo do Outro que nos resta. Desse modo, para Dick, só serão tomados em partes, um por um, evitando a seriação, a concatenação.

Melanie Klein mostra bem o que não sabe dizer sobre a complexidade da teoria do ego: "se, no mundo humano, os objetos se multiplicam, se desenvolvem, com a riqueza que constitui a sua originalidade, é na medida em que aparecem num processo de expulsão ligado ao instinto de destruição primitivo" (Lacan, 1953-1954/1983, p. 84). São as relações de objetos (representados, significados, expulsos, perdidos, destruídos e reconstruídos) que humaniza o que é estado puro: é o Simbólico contornando o Real, dando forma topológica aos objetos do mundo. Esse *processo de expulsão* é a gênese do psiquismo e é validado para todo ser: nenhuma estrutura se estabelece que não se origine nesse ponto de tentativas do ser em manter o estado puro. Aqui, é preciso colocar a ambiguidade em relação à foraclusão, que não corresponderia a esse processo de expulsão original, mas ao universal do Simbólico, em que a lei é inscrever o Nome-do-pai para excluí-lo, pela afirmação-negação. Uma estrutura subjetiva é, antes do laço com o Outro, o contorno no ser de linguagem desse estado puro, do vazio como centro, ali onde a função da negação primordial é manter a ausência como marca do sujeito, o que se realiza pelas tramas imaginárias e simbólicas, como experiência com a linguagem e com as palavras. Isso nos mostra Dick, para quem o imaginário parece falhar nesse contorno do vazio, como se daria para os pequenos nas vias da psicose e onde o Simbólico faria as vezes para os pequenos nas vias da neurose e perversão. Ora, desse jeito, suponho que a potência imaginária da interpretação quase imagética de Melanie Klein operou efeitos imaginários nesse ego em formação. Uma possível marca simbólica seria efeito do signo forjado em significações na função de antecipação imaginária, ascendendo sobre o menino e seu corpo ainda não imagem, não consistente, mas lido (interpretado) pelo outro na cena analítica como uma primeira identificação: Dick, você é isto que lhe digo!

Lacan (1953-1954/1983) reitera o quão primitiva é essa "ejeção" dos objetos no psiquismo do sujeito para o mundo externo: "que não está ainda organizado no registro da realidade propriamente humana, comunicável, surge cada vez um novo tipo de identificação. É o que não é suportável, e a ansiedade surge ao mesmo tempo" (p. 84). Nesse trecho, o sujeito é efeito dessa expulsão: toda vez que há uma recusa em representar um objeto, comunicar, o sujeito se estrutura e como um novo tipo diferente a cada tentativa de organizar o que não é suportável. Como estrutura subjetiva, modo do ser habitar a linguagem, o sujeito é esse novo tipo como resposta a esse insuportável inominável, indeterminado, indemonstrável e impossível de representar. Desse modo, é da negação primordial a gênese do sujeito. Do nada e do vazio que gera esse sujeito, advém do inconsciente no *topos* da negação primordial. Sujeito apenas discernível e lido a partir do que retorna dessa primeira expulsão. Essa identificação sinalizada pela ansiedade e determinada por essas relações de objeto antecedem o eu. Cada identificação com o objeto é sinalizada pela ansiedade, o que não se via em Dick que, em estado de realidade pura, sem se aproximar da primeira identificação, não se reconhecia no outro e, menos ainda, discernia entre ele e o outro, circulando de modo indistinto pelos espaços, sem tatear as superfícies, sem dialogar pelas vias das sensações e percepções. Ao que Lacan é preciso frente ao simbolismo suposto pela analista:

> *O intervalo entre as duas portas é o corpo da sua mãe. Os trens e tudo que se segue é, sem dúvida, alguma coisa, mas que não é nem nomeável, nem nomeada. ...*
>
> *[Melanie Klein] ousa lhe falar – falar a um ser que se deixa, pois, apreender como alguém que, no sentido simbólico do termo, não responde. Ele está lá como se ela não existisse, como se fosse um móvel. E, entretanto, ela lhe fala. Ela dá literalmente nomes ao que, sem dúvida, participa do símbolo porque pode ser imediatamente nomeado. Mas que, para esse sujeito, só era, até então, realidade pura e simples. (Lacan, 1953-1954/1983, p. 85)*

A função do Outro como lugar dos significantes é ocupada pela analista, na transferência na posição reversa, pois ela não sabe: a fala carrega esses significantes operando sobre esse ser ainda no corpo da mãe, por vir, sobre esse estado puro – o Real onde cabem apenas ressonâncias da linguagem. Há na fala da analista uma não mediação, pois Dick é incomunicável, nos termos de uma comunicação intersubjetiva em que um fala e o outro responde, em conformidade de um sentido. Rompendo com a lógica dialógica, a analista lhe oferece signos que serão, na análise, decantados na ordenação topológica de Dick que fixamente se movimenta pela sala, um vai e vem sem borda que a fala de Klein parece injetar nesse corpo indistinto, pois o menino ainda não contorna o vazio, está nele de onde expulsa tudo do mundo que ali busca posição. Sem a ansiedade (sinal diante do outro), Dick não transforma seu espaço subjetivo, não transforma seus objetos, não os retira, não os coloca em outros lugares e não lhes dá outras formas. Trata-se da ausência da figurabilidade, da metáfora e da metonímia, e isso tem como efeito a fixação da realidade numa imutabilidade, porque são as idas e vindas diante dos objetos – das relações imaginárias e de significação com os objetos – que dão "sua moldura a esse real infinitamente mais complexo que é o real humano", cujo efeito são as fantasias (Lacan, 1953-1954/1983, p. 85).

O Imaginário, em Dick, não opera sobre o avanço do Real até que a analista lhe invada com signos cuja potência de sonoridades deixa saltar (dele) um significante que instaura alguma transformação, um elemento a mais que redireciona a rígida estrutura de Dick. Não foi o sentido da interpretação de Klein que teve efeito no garoto, mas algo da voz da analista que fez eco topando com os ecos da voz de Dick:

> *Não é, entretanto, uma realidade absolutamente desumanizada. Ela significa, ao seu nível. Ela já está simbolizada porque se lhe pode dar um sentido. Mas como ela é, antes de tudo, movimento de ida e vinda, trata-se apenas de uma simbolização antecipada, fisgada, e de uma só e única identificação primária, que tem nomes – o vazio, o preto. Essa hiância é precisamente o que é humano na estrutura própria do sujeito, e é o que nele responde. Ele só tem contato com essa hiância. (Lacan, 1953-1954/1983, p. 85)*

Nessa hiância, o canto escuro, diante da possibilidade de investida de sentido do outro, faz-se a hipótese de haver um objeto ao menos que não pode ser nomeado. O psicanalista francês não lê nas poucas palavras que Dick esboça a *Bejahung*, já que ele não toma as palavras para si. Porém, a ausência de ansiedade em Dick sugere que este está bem em relação a essa realidade negada.

Qual a função da intromissão da psicanalista inglesa sobre o mundo do menino, pela palavra? Intrusiva, mas não ortopédica, na medida em que Dick parece estender seu campo de circulação a cada avanço das palavras não moduladoras da psicanalista. Dessa questão, o Imaginário insiste, considerando que, em Dick, Real, Simbólico e Imaginário estão presentes, mas que a problemática consiste na junção do Simbólico com o Imaginário naquilo que ainda é o Real, essa parte da realidade psíquica inacessível do representante representativo. O Simbólico se presentifica pela fala da analista e o Imaginário pelas relações e modulações, sadismos, expulsões, introjeções e projeções ansiosas em torno dos objetos.

O estádio do espelho não é sobre uma etapa do desenvolvimento, mas parte do psiquismo cuja função é mostrar as relações do sujeito com sua imagem enquanto *Urbild* do eu, enquanto unidade: eu sou esse outro. Momento que não pode ser denegado, negado – mas, antes, essa imagem é afirmada.[13] A experiência do buquê invertido – em específico o lugar do vaso e do buquê como metáfora entre continente e conteúdo das representações – mostra que o domínio do eu primitivo se institui pela sua divisão do mundo exterior: "o que está incluído dentro distingue-se do que é rejeitado pelos processos de exclusão, *Ausstossung* [sic], e de projeção" (Lacan, 1953-1954/1983, p. 96). O domínio imaginário do corpo antecede a maturação biológica, como efeito dessa clivagem, onde o sujeito se antecipa a essa prematuridade se vendo, se refletindo e se concebendo como outro que não ele mesmo, dimensionando a fantasia, o Imaginário como estruturante.

---

13 Lacan (1953-1954/1983) introduz a tópica do Imaginário a partir de esquema de Freud na ciência dos sonhos e da óptica, apresentando o experimento do buquê invertido mostrando o que resulta da intrincação estreita do mundo imaginário e do mundo real na economia psíquica: "a todo ponto dado no espaço real, corresponda um ponto e só um num outro espaço, que é o espaço imaginário. É a hipótese estrutural fundamental" (p. 93). No espaço imaginário e no espaço real, é a dimensão simbólica que instaura a diferença.

> *Supomos na origem todos os issos, objetos, instintos, desejos, tendências etc. É, pois, a pura e simples realidade que não se delimita em nada, que não pode ser ainda objeto de nenhuma definição, que não é nem boa, nem má, mas ao mesmo tempo caótica e absoluta, original. É o nível ao qual Freud se refere em* Die Verneinung, *quando fala dos julgamentos de existência – ou bem é, ou bem não é. E é aí que a imagem do corpo dá ao sujeito a primeira forma que lhe permite situar o que é e o que não é do eu. Bem, digamos que a imagem do corpo, se a situamos no nosso esquema, é como o vaso imaginário que contém o buquê de flores real. Aí está como nós podemos representar o sujeito anterior ao nascimento do eu, e o surgimento deste.* (Lacan, 1953-1954/1983, p. 96)

Jacques Lacan insiste em uma existência anterior à expressão simbólica da afirmação e negação – existência feita de ausência que é anterior ao eu que determina o que se afirma ou se nega. A relação entre Imaginário e Real se dá articulada pela posição do sujeito, pelo Simbólico no *mundo da palavra* que retoma seu comentário sobre a experiência de Melanie Klein com o menino Dick, criança que possui alguma coisa da linguagem que lhe permite ser tocada pelo que a analista lhe diz:

> *A criança tem um vocabulário muito limitado, e mais do que limitado, incorreto. Ela deforma as palavras e, a maior parte do tempo, as emprega mal, enquanto em outros momentos nos damos conta de que ela conhece o seu sentido. Melanie Klein insiste no fato mais chocante – essa criança não tem o desejo de se fazer compreender, não procura se comunicar, as suas únicas atividades*

mais ou menos lúdicas são emitir sons e comprazer-se nos sons sem significação, nos barulhos. (Lacan, 1953-1954/1983, p. 98)

Dick não se liga ao outro pela fala, não se direciona ao outro, não faz demanda e seu gozo é vocálico nos sons que emite sem significação, nos resíduos de lalíngua, nos restos dos pedaços do Real: se satisfazer nos sons sem significação é o modo de Dick habitar a língua, escapando da alienação e sem entrar no encadeamento simbólico. Dick compreende uma palavra proferida pela analista e não toda a cadeia (compreensão corresponde ao tempo lógico do sujeito, antecipa uma asserção, uma direção). O que se destaca é que há em Dick alguma coisa da linguagem que lhe permite ser invadido pelas palavras da analista: Dick está na linguagem a seu modo. Recorto a experiência com a palavra, de Dick: poucas palavras usadas fora da norma; deforma as palavras criando outras relações entre forma/som e sentido de modo concreto; não usa a palavra para falar com o outro, não quer isso; faz sons que retém no corpo sem oferecer a ninguém, o que dá no mesmo que dizer que não têm sentido. Contraponto à nossa experiência comum com as palavras: muito vocabulário insistindo no uso certo; palavras e ambiguidades, em que som e sentido se encontram no mal-entendido e não sentido; usamos a palavra para nos comunicar com outras pessoas, instaurar interlocutores, ser ouvido; nossos sons estão sempre carregados de sentidos e significados. Dick retém a voz, se defende da alienação e do peso das palavras, resiste à invocação do outro, suas palavras não está submetidas à comunicação, não compartilha facilmente alguma coisa da linguagem que chega decantada na forma de signos isolados, não encadeados.

O menino está na linguagem, há um encontro do impossível com o Outro. Algo aí é feito nele por ter sido afetado pelos significantes encadeados por ela. Dick *dispõe de certos elementos do aparelho simbólico*, mesmo indiferente e sem as ansiedades vistas nas crianças, ponto que já considerei como traço da imutabilidade: "Ela está aí, essa criança, como se nada contasse. Olha Melanie Klein como olharia um móvel", conforme sublinha Lacan (1953-1954/1983, p. 98) sobre o menino para quem a realidade é uniforme, biunívoca, tudo é indiferente. No Imaginário, entre o eu e o mundo, a diferença é inscrita pelo Simbólico, introduzindo a primeira divisão do sujeito. Para Dick, os significantes "uniforme" e "indiferente" não dizem de uma unidade e, menos ainda, de uma indistinção entre sujeito e Outro como na psicose, ou algumas manifestações na neurose, quando, na fantasia infantil, o adulto lembra que "minha mãe era indiferente a mim": o menino não tinha preferência por seu mundo exterior, nada lhe parecia atrativo, a não ser o vazio do Outro, ali onde a interpretação de Melanie Klein não faz o sentido, mas oferece o traço, deixando aberto ao sujeito o traçado. Dick parte-se de um eco desse dizer.

A partir das relações de objeto da criança, cujo continente é o corpo imaginarizado da mãe, lugar de ato de destruição, Jacques Lacan (1953-1954/1983) mostra que a equação imaginária, introjeção – expulsão – reintrojeção, será submetida a uma equação simbólica entre os objetos, "um mecanismo alternativo de expulsão e de introjeção, de projeção e de absorção, quer dizer, de um jogo imaginário" (p. 99). Em Dick, há um esboço primitivo de inclusão imaginária de objetos reais, do mundo exterior: "o número de objetos que são significativos é, para ele, fato surpreendente, extremamente reduzido, reduzido aos signos mínimos que permitem exprimir o dentro e o fora, o conteúdo e o continente". No menino, não se realiza a articulação entre as formas imaginárias e o Real pelo limite dessa equação simbólica, que torna difícil que algo se presentifique como ausência, vazio e objetos no interior do corpo da mãe, o vaso e o buquê ao mesmo tempo. De sua imutabilidade, Dick não cede a qualquer movimento na linguagem e o sintoma da inibição realiza isso.

Dick toma os objetos de modo maciço, sem partilha, sem tomá--los como estrutura, o que significaria incluir o Outro: essa criança não faz apelo. Dick usa, pelas vias da negação, o sistema de linguagem que possui como resposta à intrusão dos adultos brincando com esse rudimentar sistema de linguagem e essa brincadeira faz função de oposição contra as tentativas de intrusão dos adultos:

> *Por exemplo, comporta-se de uma forma que é dita no texto negativista. Quando sua mãe lhe propõe um nome, que é capaz de reproduzir de maneira correta, o reproduz de maneira ininteligível, deformada, que não pode servir para nada. Reencontramos aqui a distinção a fazer entre negativismo e denegação... Dick serve-se da linguagem de uma forma propriamente negativista.* (Lacan, 1953-1954/1983, p. 101)

O menino brinca com a língua que não compartilha com o Outro, que não faz apelo nem demanda como defesa da intrusão desse Outro – do real da língua que vem do Outro e do Simbólico que carrega a alienação. Dick usando a linguagem de modo opositivo, para negar a palavra do Outro, é hostil – ou seja, há afetos em circulação. Esse negativismo de Dick não corresponde à denegação na estrutura, mas é a realização de outras negativas, da recusa ao encadeamento na linguagem (sua imutabilidade e desaparecimento no escuro também mostra isso) e renúncia ao sentido que vem do Outro, no caso, à interpretação maciça de Klein, restando algo disso, um rastro de escrita que abriu para outras possibilidades com as palavras, com os sons, com os objetos e com a analista. Assim como Rosine Lefort, Melanie Klein escuta a ausência de apelo – demanda negativada para o autista. Sua defesa é a negação primordial, e não o negativismo, a oposição pela oposição em uma atitude hostil e negativa de subversão (da lei) do Outro: essa lei é, antes de foracluída, não existente para ele, não haveria Outro para afrontar na medida em que Dick sabe da inconsistência do Outro. O confronto edípico pela mãe não está em seu horizonte, ainda no escuro desse corpo materno. Por isso, o saber suposto na interpretação de Klein é por ele ignorado (o desejo da analista também), marca nuclear na transferência com esses sujeitos (Souza, 2021): desejo falar com você, desejo que você fale comigo.

Dick interrompe seu apelo no momento em que ascende à palavra (seu vocabulário é limitado pela linguagem): ascender à palavra falada é ascender à seriação significante e instaurar a demanda e o circuito pulsional. E, ainda: "essa criança é, até certo nível, mestre da linguagem, mas ela não fala. É um sujeito que está aí e que, literalmente, não responde" (Lacan, 1953-1954/1983, p. 102). Para ser falante, sem falar, é preciso saber sobre o que a linguagem oferece de soluções a essa decadência da fala de seu lugar soberano em carregar o peso dos sentidos. A mestria do menino consiste em recusar a primazia da cadeia simbólica ao não falar e, desse modo, renuncia ao Outro como o que sabe sobre seu desejo: Dick é o sujeito que sabe da linguagem. A negativa de Dick, que nem mesmo brinca, recai sobre a fala e, desse modo, o Simbólico enquanto cadeia não ascendeu sobre a quase indistinta articulação entre o Real e o Imaginário, justificando seu limite de expressão e significação nas relações de objeto sem se dar conta que essas relações existem pela falta desse objeto.

Nesse ponto do caso, Klein (1930/1996), citada por Lacan (1953-1954/1983, p. 102) conta, e o psicanalista francês destaca como o evento principal da análise, que suspendeu sua técnica e direcionou o tratamento: "– *Dick pequeno trem, grande trem Papai-trem*. Nisso, a criança se põe a brincar com o seu trenzinho, e diz a palavra *station*, isto é, estação. Momento crucial, em que se esboça a junção da linguagem e do imaginário do sujeito". Momento de ascensão do Simbólico sobre o Imaginário maciço e o Real, de amarração borromeana que permite a Dick sua transformação contínua bordeando o vazio escuro que habita, de onde sai para uma parada na estação da linguagem: *Station* é o primeiro elemento significante não história da clínica com crianças, aquele unidade de língua que carrega uma significação escorregadia da interpretação que vem do Outro. A associação primária está no encadeamento de trem e estação, relação por semelhança na significação e dessemelhança na forma.[14] A psicanalista lhe diz "– *A estação é Mamãe. Dick entrar na Mamãe*". Então, tudo progride, lembra o psicanalista francês. Tudo se desencadeia na fala quando esta é furada naquilo que aliena sujeitos na linguagem. Nesse evento, a alternância simbólica se realiza e Dick afirma a presença do Outro por meio de um significante que lhe advém dessa linguagem negativada. O espaço transferencial toma contorno das estações de trem que vão e vêm trazendo e levando pessoas, vai e vem ainda rígido, imutável e reiterado no mesmo caminho de uma linha de trem que não muda.

Melanie Klein introduziu o verbo no corpo não imaginarizado de Dick. Introduziu a nominação dos objetos. Introduziu signos num corpo para fazer linguagem. Dick retorna ao vazio de seu esconderijo, depois volta para o laço com o Outro. Figura do negativo que faz apelo chamando pela babá como uma presença a ser reeditada, e espera resposta como indícios do dizer e fazer da demanda. Da

---

14 Esse tipo de funcionamento é recorrente na fala de autistas e se realiza por meio de paralelismos rígidos, assim como uma indistinção na entonação, e não apenas na ecolalia. Cito um recorte de fala para demonstrar essa associação, porém, não perdendo de vista que a fixão na posição dos elementos é trabalho complexo e pode se manter até mesmo como solução ao avanço do outro falante, protegendo a forma do dizer. Palavras de um menino, num primeiro encontro, depois de andar pela sala em silêncio, por algum tempo: "*Cê va-i ba-TÊ?. Cê qué brin-CÁ?. Fa-iz xi-xi bain-e-RU?.*" O ponto de interrogação junto ao ponto final já é para mostrar da indecisão que vai nos acompanhar em nosso percurso em um ritmo entoado desse seu princípio. Os destaques nas primeiras e últimas sílabas de cada frase marcam a repetição na entonação, também nesse trilhamento (Souza, 2014).

voz da analista, os ecos em Dick introduziram antes a letra que fez forma ao traço unário. Essa introdução escreveu o significante que fez corpo. A pressa da interpretação não fez ainda um corte, pois a experiência em cadeia de significante se iniciava nesse momento mítico, de um significante *station*, primeiro congelado, depois no vai e vem do trem. O que operou nessa forma autoengendrada e refugiada nos vãos vazios da sala foi a colagem de um signo que arrastou um significante traçado. A partir desse centro – que a psicanalista inglesa reconhece como o primitivo mito edipiano, a nominação do pai –, o menino simboliza a realidade em torno dela. Pouco importa o sentido. Não se trata do Nome-do-pai na centralidade da neurose infantil, mas de uma espécie de suplência ecoada para a recusa a esse nome – foraclusão como negação primordial, que difere da psicose por não ter sido foracluída após a primeira afirmação na relação com a analista.

Station é o centro da organização imutável em Dick, o lugar de onde entra e sai conforme sua ordenação, como se isso tivesse aberto as portas de seu inconsciente como discurso do Outro, um pedaço desse discurso. É feito de letras que lhes são caras, que já apareceram antes na sua língua inglesa (t) e (a): brinca na estação de seu desejo com elas, mesmo que nos pareça estar congelado. As palavras que Klein ofereceu a Dick a colocou nessa posição de grande Outro, mas, Melanie Klein não o sabe, o que coloca a possibilidade de questionar a torção que todo autista faz ao analista, na transferência: da suposição do saber do analista sobre o sujeito para um saber do sujeito para o analista.[15] Nessa relação, a criança passa a habitar a linguagem de uma posição que *pode fazer agir o Imaginário e o Real*

---

15 "Eis um caso onde é absolutamente manifesto. Não há nenhuma espécie de inconsciente no sujeito. É o discurso de Melanie Klein que enxerta brutalmente sobre a inércia eu-óica inicial da criança as primeiras simbolizações da situação edipiana. Melanie Klein faz sempre assim com os seus sujeitos, mais ou menos implicitamente, mais ou menos arbitrariamente" (Lacan, 1953-1954/1983, p. 104).

e conquistar o seu desenvolvimento, precipitar-se em associações nas quais os objetos se alternam, são encadeados. Afinal, o Outro lhe enxertou a linguagem, fazendo laço onde não se ligava a nada, instaurando um enodamento Real e Imaginário por um pedaço de símbolo inserido nesse vão escuro entre ele e o mundo externo: o discurso de Klein fez função de ligação e facilitação para o menino ressoando em algo dele da linguagem.

Esse enodamento Real e Imaginário por uma única palavra grafada na estrutura do sujeito pelo outro mostra o autismo como estrutura (não)borromeana, pois o Simbólico não avança como cadeia, mas por pedaços da língua. Dick transforma, por si mesmo, seu percurso em torno do centro vazio de onde ecoa um significante após a intrusão da fala da analista, desdobrando-se e articulando por meio de objetos que substituem esse espaço escuro de sua realidade, mas não o preenche; contorna esse espaço como a bacia d'água – objeto que pode ter seu centro vazio quando a água for jogada fora. Dick mantém seu traço estrutural – a negativa primordial. Vai ascendendo, no mundo exterior, trilhando objetos mais duros e frios (radiador, entre outros mais elaborados), alternando o vazio e o cheio, conteúdo e não conteúdo – presença e ausência passam a ser uma possibilidade a ser escrita no corpo, para ele.

Na articulação Imaginário (precário) e Real inefável de Dick, há um traço simbólico, mediante as palavras do mito edipiano que ecoaram da boca da analista. Basta uma palavra para fazer valer a presença do Simbólico, colocando o mundo em movimento, com a articulação entre Imaginário e Real e as possíveis sucessividades, pois há bordas que limitam a nomeação dos objetos. *Station* é a primeira palavra ressoada da primeira negação: *"Todo esse processo parte desse primeiro afresco que constitui uma palavra significativa, formulando uma estrutura fundamental que, na lei da palavra, humaniza o homem"* (Lacan, 1953-1954/1983, p. 105).

As relações de objeto são, afinal, relações não imaginárias, mas relações simbólicas, de nomeação dos objetos – de significantes que o Outro oferece de seu tesouro para que o pequeno ser estabeleça seu lugar nessa linguagem: oferece objetos, oferece o nome dos objetos e seu valor e é com tudo isso que o sujeito começa sua jornada na linguagem. A primeira palavra de Dick é como um afresco: nela, corpo permeável, vai sendo revestido de mais significantes que, à medida que são incorporados, dão forma a Dick como ser falante. Contudo, nessa pintura analítica, há a palavra que insiste em não se amarrar em cadeia Simbólica: é retida e sai da boca de Dick como um eco. O negativismo defensivo do menino pode ceder lugar a outros afetos, a outras moções pulsionais, a outras respostas quando a linguagem ecoa no seu corpo, mas, algo permanecerá retido, exclusivo a ele, sem a partilha com o Outro.

O Real inefável, não nomeável, é ao mesmo tempo prazeroso e insuportável, é por haver em Dick algo indizível que a analista antecipa imaginariamente uma interpretação. Aliás, isso antecede qualquer clínica de cuidado com o autista, em psicanálise: apostar no sujeito do desejo. *Station* como local de parada e partida, o ponto do furo cuja borda ordena o menino no caos do mundo e barra o maciço das falas da analista, ao mesmo tempo que o localiza na linguagem e o posiciona como aquele que diz diante do Outro. Basta uma palavra, testemunha Dick à experiência psicanalítica.

Lacan é preciso ao recortar, no encadeamento do momento mítico de Dick (aqui traduzido como trem/grande/pequeno/estação/papai/mamãe), a inscrição da possibilidade de apelo quando anseia pela babá:

> *O apelo não implica a recusa, ele não implica nenhuma dicotomia, nenhuma bipartição. Mas vocês podem constatar que é no momento em que se produz o apelo,*

> *que se estabelecem no sujeito as relações de dependência. Ele acolherá a partir de então a sua babá com os braços abertos e, indo se esconder atrás da porta, de propósito, manifestará, de repente, em relação a Melanie Klein, a necessidade de ter um companheiro nesse canto reduzido que foi ocupar por um momento. A dependência virá em seguida. (Lacan, 1953-1954/1983, p. 105)*

Da posição zero do apelo, mediante antecipações imaginárias, Dick começa a estabelecer a ligação (*Bejahung*) e a negação. Esse primeiro apelo instaura um querer e a necessidade quebra a rigidez de sua recusa estrutural: lê-se o movimento do menino nas associações pré-verbais e pós-verbais, em que o mundo real foi simbolizado por meio de um símbolo primitivo. O um significante foi suficiente para locar Dick no mundo da linguagem compartilhada e de significações. Linguagem humanizada, pois a palavra tem a virtude simbólica de ordenar o caos do Real.

Dick demonstrou, no estilo da imageria da topologia, como a recusa à primazia da fala impõe modalidades de subjetivação. Ao recusar o encadeamento simbólico, uma palavra de virtude simbólica, ou seja, aquela capaz de traçar o sujeito no campo do Outro, tornou possível que o pequeno se aproximasse e se distanciasse: aproxima-se da babá como necessidade e se distancia da analista escondido nos cantos, ligando-se a ela por essa palavra enquanto se protege da alienação dos sentidos das intepretações, nessecanto escuro de ecoa a negação primordial. Instaura uma regulação própria (não à deriva como na psicose): um contorno que permite o perto e o separado em torno do vazio, a partir do espaço negro e mudo onde esteve sempre. Da formação do eu, tem-se a operação de alienação, afânise e separação que deixara nesse escuro um objeto sem nome e sem imagem.

Essa palavra virtuosa – estação (*station*) – é uma outra tipologia de simbolização primordial não operável na alternância do *Fort-da!*. Ela tem função não da fala, portanto, mas do dito que arrasta a dimensão particular dos resíduos do Real. Na falha do princípio do prazer, Dick goza desse *um* dito enquanto está submetido às brutais interpretações e significantes do outro, posição ocupada – na transferência – pela analista, justamente por ela não saber sobre Dick. Sem o saber do Outro, ambos, analista e criança, passam a fazer um saber, a escrever um trilhamento, um trilho que parte da estação de Dick e não dos passageiros de Melanie Klein. O centro é destituído do que o Outro oferece (Dick ascende à foraclusão dos significantes do Outro).

Lacan (1953-1954/1983) destaca os resíduos do mito edipiano proferido pela analista sem torná-lo o centro de sua organização – nos termos lacanianos, estava já sem Nome-do-pai inscrito. Isso ajuda a discernir o que propus para a distinção entre a foraclusão generalizada que Dick realizou a partir dos termos que a analista ofereceu e a foraclusão concernente ao mito edípico. Essa exclusão na superfície fora da linguagem não se deu nos termos da psicose, considerando que não havia sido inscrito o Nome-do-pai para ser foracluído, mantendo a hipótese da ausência primordial: o ser falante não depende da centralidade fálica.

A palavra virtuosa advém de Dick, eco que antecede a fala da analista. Topologicamente, o percurso que ele começa a escrever é uma invenção diante da precariedade de seu atamento borromeano, via o signo. No ponto em que se inscreve impasses na ordem simbólica, a criança restitui uma ausência nuclear. Seu inconsciente se estrutura dando voltas nesse furo, cerzindo-se pela nominação que adveio do Real, nesse pedaço de língua *Station* que ele introduz onde o Outro é inconsistente. Nesse ato de linguagem, Dick faz a inscrição de uma afirmação [*Bejahung*] advinda do Real da negação primordial [*Ausstossung*] ordenando Real e Imaginário que testemunha a gênese dessa negação. *Bejahung* já concerne a uma marca simbólica seguida de derivações (transformações no espaço da análise, *tea/eat*, apelo). Isso se estende para, então, outras modalidades de negativas (quando nomeia pelo chamamento a babá, Dick deixa a analista de fora), estabelecendo um juízo atributivo do mundo exterior que passa a ser lido de modo fixo como defesa aos predicados imaginários e simbólicos – de semelhança e alteridade. Dessa primeira afirmação, no sentido de uma presença no discurso, o ser se afirma como o traço da linguagem marcando uma posição nessa estrutura, pois há possibilidade de um traço unário arrastado pelo primeiro significante do menino.

No entanto, não posso sustentar que, nas vias de um autismo, como especulo para Dick, se esse traço veio do arcabouço de significantes do Outro. Senão daí, de onde? Dick, em sua primeira marca estrutural, ascendeu pela recusa da primazia simbólica (*station* como parada) e nos movimentos imutáveis sustentou essa recusa. A negação primordial se valeu pelas vias de uma renúncia a esse Outro como lugar de garantia subjetiva, apenas confirmando, a seu modo, a foraclusão comum a todas as estruturas. Todavia, no autismo, essa foraclusão acaba por (re)afirmar a *Ausstossung* e não preenchê-la com um centro fálico do saber e/ou objetos de suplência retirados do mundo exterior e oferecidos pelo Outro. A série das negativas no pequeno sujeito não concernem, desse modo, nem à *Verneinung* (denegação), nem a foraclusão nem ao desmentido frente à *Bejahung*, mas, corresponderiam às séries *Verleugnung* (recusa) e *Versagung* (renúncia) mantidas por algo na voz de imutável, na borda que não aceita complemento e ambiguidades na gramática. Bordas dizem dessas negativas como mecanismos defensivos na relação com o Outro para um sujeito que testemunha a negação primordial como traço estrutural.[16]

---

16 Uma das crianças de Kanner (1943/1968) nos ensina uma borda diferente da borda concreta do autista em tapar a boca e os ouvidos: o menino Alfred, quando lhe perguntaram "Sobre o que é essa gravura?" respondeu: "Pessoas movendo sobre". Alfred interrompeu a cadeia associativa e de complementos

O trabalho de ordenação, um saber – fazer herdeiro do dizer e fazer da demanda – não impõe ao sujeito a recusa e a renúncia a essa afirmação primordial, o que torna seu trabalho subjetivo o avesso moebiano da constituição do objeto a: para o autista, não seria tão simples dizer da perda, do que o sujeito cede na separação. A alienação não se opera nos termos simbólicos e, em Dick, ele resiste trocando os cuidados imaginários e simbólicos de Klein e se ligando às necessidades que a babá pode lhe restituir na função do apelo. A percepção dos objetos e suas representações, na lógica da negação primordial, não entalha a falta nesse afresco, mas se estabelece numa sensoprotopercepção que instaura um enodamento entre Real e Imaginário. O Simbólico se inscreveria pelas vias de pedaços, de palavras isoladas para o sujeito manter-se no laço com o Outro sem que este seja todo sobre ele, seu desejo e sua demanda, sem que a regulação fálica tenha sequer sido inscrita para ser foracluída. Afinal, o pai, para o autista, é duplamente foracluído, conforme Bergès e Balbo (2003): o sujeito advém como elisão, o menos um do excesso de gozo, onde há a não falta do Outro. Nesse conjunto em que o Outro é duplamente apagado, para quem a criança tapa os ouvidos e se vira de costas, é preciso reconhecer o que se recusa aí, e não é a função parental de pai nem de mãe. Essa posição é um convite a uma nova abordagem, a um novo jeito de ser isso ou aquilo para esse sujeito, a novas respostas para questões que chegam não de modo direto, mas chegam pelas bandas, pelos lados, chegam por partes, chegam como se fossem um trem vazio onde o Outro embarca somente quando a porta se abre. Ao confirmar a descentralidade

---

da gramática e, na alteração que faz na ordem sintática dos termos, escreveu outra estrutura que, aos ouvidos do outro, não serão prontamente significadas e complementadas por objetos. Esse brincar com a língua de Alfred é uma torção na estrutura linear da cadeia simbólica, uma topologia (não)borromeana, pois nega essa estrutura simbólica e sua determinação subjetiva.

do Outro e a foraclusão, o convite é para a invenção de novos pais e novas mães.

Disso depreendo a elisão defensiva do sujeito autista diante da brutalidade complexa da linguagem.[17] Essa é a formalização do autista frente a esse complexo, formalização que resulta não em sua exclusão, mas de estar elidido, suspenso entre a percepção e as sensações do mundo e as primeiras facilitações e afirmações, do grito ao apelo. Das representações (*Vorstellungen*) o ser de linguagem mantém-se na elisão, conforme lembra Lacan (1959-1960/2008a): "as coisas são *vermeidet*, elididas. O nível das *Vorstellungsrepräsentanzen* é o lugar da *Verdrängung*" (p. 81). Seria possível supor que sem a regulação pelo princípio do prazer (demanda, objeto, outro), o autista manteria o real alucinatório enlaçado à realidade imaginária. O enodamento simbólico possível seria vertido na imutabilidade desse circuito importando essa fixação pulsional e o gozo nas vezes do investimento libidinal, no qual cada sujeito passe a regular o princípio do prazer. Como Lacan (1953-1954/1983) advertiu sobre o ponto do olhar, no Imaginário, em Dick, sua autoelisão no olho impediu que os objetos externos ganhassem forma, unidade, o que foi preciso para que ele escrevesse a partir do vazio escuro que habitou no corpo da mãe até mesmo um lugar para se ver.

Dick foi afetado pela linguagem. Como metáfora do banho da linguagem que constitui o sujeito do inconsciente, esse banho foi a conta-gotas marcando esse corpo afresco por pigmentos de língua. Ainda que seus movimentos e sua circulação sejam na contramão do Outro, o menino não direciona os ecos do dizer de Klein em seu corpo para o exterior. A pulsão, mantendo seu investimento autístico, sinaliza uma primária função de objeto da qual "babá" é a primeira nominação, segunda palavra virtuosa e amorosa de Dick

---

17 A elisão defensiva no autista, conforme Lucero e Vorcaro (2017). Essa supressão no dizer.

por enlaçá-lo ao outro que dele cuida. Ao mesmo tempo, manter-se defendido da intrusão desse outro, barrando a lógica transicional desse objeto entre Dick e o mundo: seus objetos não são partilháveis, por isso a lógica partilhável do Édipo kleiniano ecoa sobre o corpo do menino, mas não reverbera a significação fálica. Dick, do *topos* de sua *station*, começa a diferenciar interno e externo, dentro e fora, senão, como se defenderia dessa intrusão?

Se as palavras de Dick que nomeio de palavras virtuosas são elucubrações de lalíngua – testemunhando sua impossível partilha e submissão ao sentido do Outro –, o menino mostra um saber próprio. Dick fez uma estação, um dito ali onde a fala foi recusada como mediadora e como campo da escrita do inconsciente: o confronto de Dick nunca foi com a castração tal como insistiu Melanie Klein. Seu confronto é de uma lógica de anterioridade, é com o risco que lhe acomete ser desaparecido no vazio escuro de sua localização na linguagem. Assim, ele ecoa desse vazio os resíduos da língua que reverberam do corpo da mãe como metáfora para essa escuridão, pois todo corpo é sincronicamente consistência, significante e vazio escuro, sua topologia.[18]

---

[18] Silveira e Vorcaro (2016) tecem elaborações sobre a articulação entre a *Verneinung* e o traço unário no que concerne à constituição do sujeito, a partir do seminário de Jacques Lacan sobre a identificação, dos anos de 1960-1961. As autoras supõem, no texto freudiano sobre as negativas, a ideia de sucessividade da *Verneinung* em relação à *Ausstossung*, em que essa expulsão primordial é anterior às inscrições simbólicas das negativas *veiculada pelo não das construções gramaticais*, pois o que é expulso do eu só pode ser possível conforme a afirmação de seu pertencimento ao eu. O que é julgado como estranho ao eu, aquilo que é expulso configurando o não eu, só pode sê-lo segundo a afirmação daquilo que pertence ao eu. Em Freud, contudo, lembram as autoras, *Ausstossung* e *Bejahung* compõem uma mesma operação constitutiva, sem anterioridade. No ensino de Jacques Lacan, as psicanalistas esclarecem que, nesse seminário, a *Verwerfung* corresponderia à *Ausstossung* no texto freudiano, uma negação primordial e radical implicada na diferenciação dentro e fora e, como já havia desenvolvido no seminário sobre as psicoses, define *Verwerfung* como *rejeição*

Dick faz eco de *Ausstossung*. Com essa afirmação, propondo que a voz – como um dos objetos pulsionais e cuja função é invocar o Outro – é essa ausência a qual Dick recorre, mas a mantém retida no ponto de elisão, relação possível da voz com o eco do Real figurando a negativa no autismo de Dick.

> de algo primordial quanto ao ser do sujeito (não *Bejahung*), não simbolização de um significante primordial, o real indefinível pelo símbolo imaginário e não redutível à cadeia simbólica. Conforme as autoras, para o psicanalista francês, o que determina uma estruturação subjetiva é essa operação de juízo sobre o significante primordial e, mais ainda, sua exclusão: "No artigo em que reúne o conteúdo das exposições dos primeiros meses do seminário sobre *As psicoses* (1966/1998), [Lacan] afirma ser 'ao significante que se refere a *Bejahung* primordial' e aponta a *Carta 52* (1896) como exemplar do destaque dado por Freud a este 'termo de uma percepção original, sob o nome de signo, *Zeichen*' (Lacan, 1998/1966, p.564). A *Verwerfung* parece distinguir-se, ainda que sutilmente, da *Ausstossung*. Se a primeira, como não-*Bejahung*, constitui a rejeição de um significante primordial, considero que concerne a um tempo posterior à separação primitiva entre o que é da ordem do Outro e da Coisa, isto é, do simbólico e do real. É algo do simbólico que a *Verwerfung* rejeita, e o pensamento lacaniano prossegue deixando mais claro que a '*Ausstossung* se refere ao real e que a *Verwerfung* se refere a um fragmento da bateria significante introduzida no sujeito pela *Bejahung*' (Rabinovitch, 2001, p. 30)" (Silveira & Vorcaro, 2016, p. 506). É o não um confere à casa vazia a notação -1: "Daí o esforço lacaniano em indicar que a marca conferida pelo traço unário é essencialmente a marca de uma distintividade — *Einzigkeit* — e não de uma unificação — *Einheit*" (Silveira & Vorcaro, 2016, p. 511). Assim, compreendo por que Jacques Lacan viu em Dick e em seu simbólico primitivo uma possibilidade de função significante, na medida em que franqueou – via traço que distingue e não que não unifica – uma diferenciação no caos amórfico do Real que estava imerso (vazio escuro do corpo da mãe). Viu essa possibilidade de um nada que gera uma existência na linguagem, o sujeito que advém da privação primeira à que se articula a perda primordial do objeto, e esse possível é o possível do sujeito. O traço unário é marca de que o sujeito se constitui como ausência radical do simbólico, em que a estrutura é o Real e esse traço é a insistência na cadeia simbólica, a cisão original entre Real e Simbólico presente na gênese do psiquismo e que permite supor porque o autista pode recusar esse encadeamento, porque ele já é presença no conflito com a ausência no Real, marcada pelo traço apagado a ser lido pelo Outro. Portanto, uma topologia não contínua, e não numa oposição binária.

Sobre negação e voz, a asserção é que a negação radical formalizada na máxima topológica "Não há relação sexual" comportada nos proferimentos de Dick são, mais ainda, que ecos de lalíngua, mas advêm da voz como ruídos do vazio escuro como centro da organização subjetiva de Dick: o nada gera a vida.

Porge (2014b) propõe uma estrutura da voz aos moldes constitutivos do estádio do espelho de Jacques Lacan, e não aos moldes da fala. Um estádio de eco em que este é um dado da voz que a precederia em vez de ser dela a reduplicação consecutiva, como a funcionalidade do fenômeno da ecolalia muitas vezes encobre. O lugar voz não é na cadeia simbólica, mas próximo da *Ausstossung*, como o que antecede a formação do eu (*moi*) e o precede, já como negação no Simbólico na medida em que pode ser localizada como elemento áfono. A voz é o desconhecido na sonoridade da fala de cada um, como o que escapa às descrições fonéticas: como objeto negativado, ela se localiza no entre-duas-mortes. A morte como significante: o vazio entre os significantes de onde se perde o objeto *a* entre o que não pode dizer, compartilhar e as organizadas pela escrita e pelo delírio.

Como primeiro objeto, dos objetos que carregam a pulsão entre sujeito e Outro, a voz tem estrutura áfona, é muda e o eco é o que ressoa do significante, em que a relação fala e voz se limita a que a primeira atesta, pelo estranhamento, a presença da voz.[19] Por-

---

19 Porge (2014b) faz referência à definição de pulsão de Jacques Lacan no seminário sobre o *sinthome* de Joyce (1975-1976/2007): "as pulsões são, no corpo, o eco do fato de que há um dizer" (p. 18) (*Ils ne s'imaginent pas que les pulsions c'est l'écho dans le corps du fait qu'il y a un dire*), definição que rompe com a dualidade pulsional em Freud e, ademais, substitui o limite entre o somático e o psíquico freudiano pela lógica de borda. Essa definição enfantiza a sonoridade como o que marca o corpo, que faz o ser falar. O objeto parcial da pulsão, a voz, comporta dois buracos – a boca e o ouvido – escutar, escutar-se e fazer-se escutar, ressoando na fala. Como desconhecida do sujeito, a voz está para não

ge (2014b) diz algo fundamental para considerar a voz no autismo: como pulsão invocante, seu trajeto vai modificar o percurso das outras pulsões.

Partindo da alucinação auditiva, Porge (2014b) destaca que esta mostra o aspecto intrusivo do Outro, pois quem fala é o outro fora da concatenação, a exterioridade é intrusiva sobre o sujeito. Essa exterioridade intrusiva é o que o autista recusa. Esse peso da voz do Outro Dick recusou entrando em um estado de agitação e intensa movimentação na sala: sem unidade imaginária, a intrusão do Outro como real foi insuportável para Dick, já que sem unidade não pode fazer o um.[20] Dick está incluso em um circuito indistinto entre sua boca e sua orelha, antes da assunção da palavra virtuosa que inscreve a distinção nesse caos escuro: o significante no real, ainda como uma protolinguagem.

---

confirmar a identidade do sujeito na medida em que, aos ouvidos castrados e foracluídos, ela sempre carrega o peso do outro – a voz do outro. Experiência contundente para mostrar esse peso na sua forma imaginarizada é quando alguém fala ao telefone e reconhece ali que sua "voz" é quase idêntica, podendo ser até mesmo confundida com a voz de alguém que têm função constitutiva para si. A reação é de desconforto e incômodo.

20 No cotidiano da clínica com crianças autistas, ouve-se muitos relatos de latidos de cachorro, barulhos de caminhões e outros sons indistintos da linguagem que desencadeiam modos de agitação nas crianças e, dependendo da complexidade maciça do Imaginário, responde até pelas vias de automutilações no local em que o cachorro que latiu pode ter mordido, para a criança. Isso é fundamental diante da intrusão dos sons da linguagem (e não apenas da língua) para o autista que podem arrastar qualquer possibilidade de avanço sobre seu corpo de um elemento exterior e localizado na linguagem. O peso da voz é localizado, para todos, no corpo e, para o autista, a borda tende a barrar essa intrusão, e quando há um vão pelo qual algo do exterior pode escoar sobre o autista, este reage de modo sintomático e pelas vias da angústia, e não apenas pela inibição. Ademais, são os significantes de filtram os sons do mundo, e as bordas não se estabelecem nesses termos.

Porge (2014b), ainda sobre o circuito da voz, localiza-a na cadeia significante, no entre-duas-mortes, no entre-dois-significantes, a voz "como o resto não redutível ao significante" (p. 48), portanto, objeto *a*. Para que se inscreva nessa função, é imprescindível que seja indiscernível na concatenação significante, no entre significantes representado como sujeito por esses significantes. Porém, Dick é daqueles que se congela nessa cadeia – sua imutabilidade está a serviço de manter uma ordenação que não contemple essa seriação. Sua voz é retida e escapa como um resíduo nessa ordenação diante do estranhamento do outro ao escutá-lo: há eco na negação primordial, um dizer. Entre "*tea*" e "*eat*" como esse entre-dois-significantes. Sem o objeto *a* que faça suplência à falha de sua nomeação, Dick se engancha no próprio significante, sua parada é sua estação, lá de onde nem papai nem mamãe entraram, ainda (mesmo que nossa analista insistisse nessa presença imaginária).

A voz está enlaçada à erogeneização do corpo e de lalíngua e, como pulsão invocante, vai desenhando a borda entre corpo e linguagem, como estrutura topológica – advindo do Real (Porge, 2014). Para o autista, a voz vai mesmo ter que ser retida, pois escapa sempre de Eros. Em Dick, seu precário vocabulário, seu quase mutismo, distante do silêncio da castração, diz de uma retenção da voz como barra justamente entre ele e a intrusão da linguagem que vem do Outro. Foi pela privação e necessidade, portanto Real e Imaginário, que se fez o apelo pela babá que ganhou *status* no discurso do menino, pela força de apelo ao proferir "babá", de um significante a mais na quase completa ausência da fala, um dito. Contudo, um apelo sem Eros, e essa borda em torno dos orifícios boca e orelha não demanda o Outro, pois não vai ser regulada pelo princípio do prazer.

Porge (2014b) lembra que a borda é uma constância numérica que, como eco do dizer, impõe um circuito (ao que o autor propõe como estádio do eco), que vai do sujeito ao Outro, da boca retornando à orelha do ser, pois toda pulsão passa pelo campo do Outro, não fechando nenhum dos orifícios implicados na voz. Para Dick, todavia, o circuito boca-orelha ainda não se inscreveu, quando chega à análise com Klein. Os dois estão fechados, não escuta o que lhe dizem e não fala com quem lhe direciona a fala. Resta-lhe inventar, criar a primeira borda diante da intrusão da intepretação da analista que reconhece, nele, um sujeito, um inconsciente – afinal, a psicanalista nunca cedeu dessa hipótese, de seu desejo de analista. O que ressoa em *station* é um primeiro traçado topológico do menino bordeando o vazio escuro no corpo da mãe – aquele da indistinção da negação primordial. Essa palavra gramaticalizada e escutada pela analista vetoriza a voz de Dick, cria uma rota para ele nesse circuito de linguagem, rota imutável ali onde se inscreveria a constância de Eros. Porém, uma rota não entre boca e orelha, mas capaz de permitir que o outro entrasse, pois foi a analista quem escutou o que foi dito, e uma escuta só é possível quando o Outro é invocado.

Se a pulsão se fecha no retorno sobre o Outro e seus objetos topológicos costuram esse laço, para Dick, esse trajeto em laço é estabelecido pelo seu controle obsessivo desses objetos: ao reter a voz, ir de palavra isolada em palavra, ao não ceder de seu interesse por trens, ao controlar *station*, quem entra e quem sai, os esconderijos e, mais ainda, quem responderá ao seu apelo – a babá. Trata-se da representação do mundo que Dick almeja para si.[21] De palavra isolada em palavra isola (de S1 em S1), evitando a todo custo subjetivo o encadeamento significante, Dick se distancia do encantamento do *Fort-da!*, da alienação do simbólico. Sua matriz simbólica atesta a

---

21 Porge (2014b), ao diferenciar pulsão invocante – a voz – da fala, destaca que, também, como objeto pulsional, a voz não é mais nem o automatismo mental da alucinação verbal nem a voz interior do supereu. Porém, resíduo como em Dick, sugiro.

eficácia do dito quando o menino "se vira" e nada encontra no nível do vaso invertido, pois essa desordem pulsional e de seus objetos se dá no nível do Real, antes da percepção via Imaginário da realidade.

Para o menino, a indistinção se presentifica nos termos do eu, por isso Klein insistiu tratar-se de uma formação do eu, ainda em frangalhos, e Lacan viu ali a possibilidade de saída da negação primordial por um traço significante que o humanizasse. Para localizar o significante isolado de Dick – *station*, babá – e sua relação com a voz e a negação primordial, porque são significantes que não nomeiam o pai como ordenação edipiana, sigo na proposição de Erik Porge (2014b) sobre o silêncio e o grito, reiterando que a voz não é eco, mas sua inferência.

O silêncio se localiza no circuito voz e eco, correspondendo à voz sem eco – eco silenciado, na medida em que a fala se cala. Voz e fala são parceiras: a fala faz pausas ao silêncio.[22] Dick não se cala, sua solidão no vazio escuro do corpo da mãe o põe como aquele que, ao se calar, habita o silêncio. Sua solidão barra o eco da voz do Outro e, silencioso, Dick ecoa do grito nada além do vazio. A voz em sua relação com o grito que, para ganhar dignidade de objeto, precisa ser separado e separável do sujeito.

No menino, sua elisão no discurso como sujeito marca a negação primordial como *topos* constitutivo na medida em que foi lida pelo equívoco imaginário do negativismo ao outro, das recusas intermitentes. Porge (2014b) sugere que a estrutura da voz faria um traçado do grito ao apelo à fala, sendo a voz separável como objeto *a* na articulação apelo e fala, matriz simbólica e Imaginário. Em Dick, *station* é proferida quase como uma autoexpulsão, lançado fora

---

22 Mesmo em autistas verbais, essa parceira voz e fala se observa. Em alguns, pode ser confundida com disfluência de fala (gagueira). Pode ser vista nos sussurros. Há pausas.

como o que se lança fora no grito para ser ouvido como apelo, Real e Imaginário. Lugar onde o Outro entrou como marca simbólica, localizando na fala seguida de uma possibilidade de desejo: quer a babá, pois sua imutabilidade não atesta não desejar (ser possível de).[23]

Essa é a contradição lógica de Dick em uma existência elidida e imutável: um juízo de atribuições que não admite o mal-entendido e, ao expulsar, como eco da voz, garante a presença da linguagem da ausência na percepção imutável sem assunção de sentidos múltiplos, ambíguos. Uma certeza não psicótica, pois não há o Outro absoluto que a ateste escrevendo sua recusa aos desdobramentos significantes e sua renúncia ao saber suposto pelo Outro (de seu desejo).

---

23 O congelamento da cadeia significante para os autistas impede que se instaure, entre o autista e o Outro, a relação pulsional entre seu corpo e o corpo do outro que o acolhe, via significações. Desse modo, um contato físico, um movimento ou um ruído que ameaçam interromper este isolamento podem ser tratados como se não existissem ou, ao contrário, tomados como violência. A precoce ausência da atitude antecipatória em alguns bebês (que temos notícia *a posteriori*) mostra essa primitiva modalidade de defesa como marca estrutural da organização infantil no autismo: *imutabilidade* diante do que o Outro lhe oferece e lhe demanda, que pode ser lida equivocadamente como ausência de desejo. Na espacialidade provocada pelo achatamento da articulação entre RSI, o autista se congela no *topos* das primeiras inscrições imaginárias, no campo perceptivo, onde haveria a elisão das representações, na recusa intensa e maciça da percepção dos objetos externos. Assim, o enlaçamento Real e Imaginário, na topologia estrutural do autista, considera, em termos de teoria da constituição do sujeito, a formação do eu como primordial para a formação do sujeito do inconsciente: no autista, inscreve-se um embaraço, no qual haveria uma não correspondência da formação da imagem corporal unificada (R-I), conforme as proposições de Jacques Lacan (1949/1998a) para o estádio do espelho. Nessa não formação da unidade, o corpo fica à deriva do Outro, sem o circuito pulsional, sem atribuição à regulação da linguagem, daí buscarem soluções, como objetos autísticos, mecanismos de sínteses como a Máquina do Abraço de Temple Grandin, a escrita literária em suas autobiografias, o interesse obsessivo por determinado assunto.

Considerações finais

Neste estudo, recolhi de lugares específicos do discurso da psicanálise elementos que me ajudassem a compor a hipótese do autismo como estrutura subjetiva, esta pensada em suas possibilidades de transformações do sujeito em torno de seu desejo, escrito na perspectiva do objeto *a* da topologia lida por Jacques Lacan. Investigar como se inscreve uma subjetividade e se organiza um psiquismo, nos termos psicanalíticos, é examinar a experiência com a linguagem de cada sujeito, o que cada um faz com a palavra e qual lugar nessa existência como linguagem. Esse fundamento é ético e permeia o fazer em psicanálise. Pode, então, ser um paradoxo frente às especificidades do autista com a linguagem. Entretanto, a clínica psicanalítica é o espaço que gera as teorias, e o autista impõe aos analistas uma espécie de deslocamento na sua posição de escuta, leitura e intervenções. Essa linguagem muito particular determina novas direções de tratamento. Por isso, fala-se em estrutura como um significante que precisa ser lido na clínica como aquele que carrega o traço do sujeito que determina uma direção de um tratamento.

A experiência do autista com a linguagem e a palavra foi levada adiante considerando as elaborações em torno das negativas e da negação na estruturação do sujeito. Diferente do recalque, da foraclusão e do desmentido, no autismo, estaria em funcionamento a recusa aos desdobramentos significantes e a renúncia ao saber suposto pelo Outro (de seu desejo). Delimitei como a negação primordial, na origem da afirmação e suas negações, está amarrada ao centro do autismo como estrutura, dando ensejo para tomá-la como estrutura (não)borromeana, estrutura do Real, na prevalência diante da estrutura simbólica escrita na gramática do sujeito. Este (não) tem função de letra por marcar, nessa nomeação, esse contundente traço de negar-se à lógica alienante da linguagem.

O trilhamento da negativa e da negação em psicanálise articulada à estruturação subjetiva e constituição do sujeito partiu dos trabalhos de Sigmund Freud e Jacques Lacan. Apresentei a relação do autismo com a negativa e a negação, finalizando com o caso Dick da psicanalista Melanie Klein (1930/1996), articulando a negativa estrutural no suposto autismo, a voz como pulsão invocante e a imutabilidade. Nesse entremeio, lancei mão do nome fundante do tema, Léo Kranner, e de nomes fundantes do tema em psicanálise: Rosine e Robert Lefort, Gabriel Balbo e Jean Bergès, Jean-Claude Maleval e Ângela Vorcaro. Esses discursos foram lidos buscando seu ponto de confluência sobre as noções trabalhadas.

A questão da negativa (e negação) ainda merece outros desdobramentos no campo psicanalítico, tanto no que concerne às traduções propostas (em que muitas se contradizem) como na relação com as estruturas e suas modalidades de linguagem topológica e simbólica que a clínica psicanalítica possa testemunhar.

No que se refere ao autismo, levantei alguns elementos mais como princípio do que como fim da investigação, pois a questão estrutural na psicanálise não se encerra, e tal como a topologia, é sempre contínua e em transformação. Como proposições, estão mesmo articuladas a noções em constantes mudanças e atualizações.

Partindo da complexa formação do eu, no autismo, o processo original de facilitação-ligação-representação entre o indivíduo e o mundo externo se estabeleceria a partir da negação original. No autista, na formação do eu, seria fixado um Imaginário maciço articulado ao Real, fechado para a inscrição das ligações residuais da linguagem. O autista não se liga ao Outro como toda linguagem, mas se liga por meio de um resíduo da negativa primordial, confirmando-nos que a linguagem é *nãotoda*. *Estação* ecou pelo menino Dick como o vagido do apelo ao Real, pois, para haver representação psíquica, nos termos freudianos – inconsciente – e para haver negação, é necessário um elemento residual da primeira ligação, facilitação. Falar em negativa não é falar apenas na falha como referência ao recalcado claudificante no discurso, mas ao Real, ao impossível que existe como o que não está ali, como presença vazia, como o que está na linguagem como exclusão, e isso o autismo nos permite construir.

As atitudes negativistas e opositivas de muitos autistas são erroneamente tomadas como comportamentos. Todavia, esses sujeitos nos informam (como Dick) um elemento subjetivo e distintivo que se relaciona ao juízo de atribuição e de existência que estabelecem com o mundo e, dessa posição, algo se oferece à revelia do ser para o Outro. Diante disso, escrevi um significante a mais para a negação em psicanálise: fora[ex]cluído do Simbólico, em que o prefixo -*ex* foi enxertado em foraclusão (da tradição de estrutura psicótica) marcando o incluído da castração que foi jogado fora, posto para fora do Simbólico. Fora[ex]cluído é sempre deixar excluído, impedir a castração sendo precavido dela, escapando da alienação ao desejo do Outro. Ex-siste como marca constitutiva do Real, letra que escreve o impossível, o interdito ao autista: o *x* de sua existência no centro do nome.

No que concerne ao autismo, a recusa à fala e ao encadeamento simbólico apontou para uma recusa à alienação ao sentido, ao desejo e à demanda. A retenção da voz, no autismo, também sugere um deslocamento ao que o equívoco nela contido pode apontar para o sentido que vem do Outro, ao ser invocado. O autista é ser que fala que, ao recusar a primazia imaginária dessa fala, confirma que falar é dizer alguma coisa desencadeada pela foraclusão da função fálica. Ao falar, o autista insiste no furo, na dimensão da letra, do Real. Insiste no *nãotodo* como o lugar onde se encontra o Real e onde ele habita a linguagem. Porém, de furo excluído, o autista submete seu corpo, pela *nãotoda* necessidade de laço social, ao discurso que lhe habita de modo topológico, esvaziado de sentido, onde a relação comporta a lógica de não haver completude. Esse corpo formado pelas dimensões de Real e Imaginário vive a transformação sustentada pelo contraditório de sua imutabilidade nessa perturbada relação com seu corpo, com seu gozo provocado pelo Real com o qual se enlaça suprido por um Simbólico precário. Precariedade esta que o autista responde por meio de sua borda, dos objetos autísticos e de sua imutabilidade não semantizados e não falicizados. Os signos e significantes que a fala do autista carrega funcionam no *ab-senso*, no *ab-sexo* como ausência de sentido (o valor lhe pertence) mantendo *Ausstossung* como irrevogável, de não realização simbólica, sem a castração para excluir. Assim sendo, prevalece no autista um excesso de Real impossível de ser negativado, sem que o sujeito dele se defenda.

No autismo, a organização não se daria pela incidência alienante da lógica simbólica, fálica, mas como uma estrutura topológica na qual se articulam Real e Imaginário, *nãotoda* representação.

O caso Dick permitiu ler, como hipótese, a negação primordial do autista que o mantinha na posição como habitante da linguagem, mesmo foracluindo a cadeia de significantes, na relação com a voz não falicizada, não invocante do Outro que fica no Real e em sua a imutabilidade: *station* é do gozo vocálico do autismo suposto de Dick, da negação primordial, enquanto *babá* dá indícios de apelo ao Outro.

Do enodamento Imaginário com o Real de Dick – sem relações de objeto, representações e ligações psíquicas com o mundo, uma exclusão estrutural – o corte significante, nas vezes da matriz simbólica que ressoou da boca da analista, inscreveu uma torção no rígido trilhamento do menino: o proferimento de *"estação"* entre os trens nomeados pela analista, um resíduo do escuro mudo de Dick. Desse corte, desse giro, resíduos do Simbólico passam a compor o enodamento entre Imaginário e Real, não (de todo) borromeano na medida em que a cadeia simbólica não se estabeleceu em sua lógica própria, mantendo o congelamento do sujeito a cada ameaça de concatenação, fazendo valer sua recusa ao Simbólico. O que marca essa posição de Dick, na linguagem, é o que recortei como palavra reveladora: *station* escreve a corporeidade do sujeito, lugar de atravessamentos do que vem do exterior.

A voz entra em cena como o que soa dessa posição negativa, de ausência que se presentifica como eco que resiste a invocar o Outro, como resposta à intrusão desse Outro. Todo autista dispõe de elementos do Simbólico que lançará mão na curvatura topológica, no cerzimento de seu inconsciente, e não na linearidade binária do Simbólico: da voz da analista, os ecos em Dick introduziram o significante *station* como o centro da organização imutável em um enodamento Real e Imaginário por uma única palavra enxertada. Essa palavra foi inserida pela boca da analista na estrutura do sujeito pelo Outro mostrando o autismo como estrutura (não) borromeana, haja vista que o Simbólico não avança como cadeia, mas por pedaços. Dick começa a estabelecer a ligação (*Bejahung*) e a negação. Esse primeiro apelo instaura um querer e a necessidade quebrando a rigidez de sua recusa estrutural. Assim, basta uma única palavra virtuosa – *station* – para que habite o sujeito instaurando sua experiência com a palavra, essa palavra e, nunca qualquer palavra. Em sua elisão defensiva do sujeito autista diante da brutalidade da linguagem que resulta não em sua exclusão, mas em estar elidido, suspenso entre a percepção e sensações do mundo e as primeiras facilitações e afirmações, do grito ao apelo, Dick faz eco de *Ausstossung*. O que ressoa em *station* é um primeiro traçado topológico do menino bordeando o vazio escuro no corpo da mãe – aquele da indistinção da negação primordial.

Com isso, posso finalizar este estudo sobre as negativas (e a negação) sustentando que estas localizam a falta que nos causa no discurso: *Verdrängung* como recalque, *Verleugnung* como recusa, *Verwerfung* como foraclusão do Nome-do-pai, *Verneinung* como desmentido da lei, *Versagung* como renúncia. A série das negativas no autismo não concernem, desse modo, nem à *Verneinung* (denegação), nem a foraclusão nem ao desmentido frente à *Bejahung*, mas dizem respeito às séries *Verleugnung* (recusa) e *Versagung* (renúncia) mantidas por algo na voz de imutável na borda que não aceita complemento e ambiguidades na gramática, como uma fora[ex]clusão no autismo como estrutura subjetiva, como o lugar que um significante lhe designa na linguagem.

Imagine uma jovem participando de um encontro com um grupo de amigos. Sentada ali entre aqueles que são objetos de afeto, ela está inclusa no laço social. Porém, é possível que se escute uma espécie de condição solitária: escutar e fazer-se escutar implica, ainda, entrar na lógica do encadeamento discurso, de ordem própria e sentidos muitos e, ainda assim, determinados. Sua saída é calcular a soma dos signos, um por um, mas o tempo da reciprocidade destoa: ao conseguir dizer ao outro, esse outro já passou a outra coisa. Cabe a ela, então, recomeçar, ir de parte em parte do discurso inventando um modo de falar que possa introduzir nos discursos que circulam novas modalidades de falar e, principalmente, de escutar esses seres de linguagem que até querem nos falar, mas precisam ao mesmo tempo se defender do risco que a palavra tem para eles. Por vezes, a saída pode ser não passar à palavra, pois a ancoragem do Outro é um risco. Entre fixar-se e diluir-se na fala que circula, o autista vai marcar um x de onde lhe for possível se ligar aos outros, recolher nomes e significações sem o risco de seu desaparecimento, sem o risco da exaustão subjetiva.

A palavra é perigosa não apenas para o autista, é preciso não esquecer. Não se pode dizer tudo, e não apenas o autista.

Este estudo foi uma tentativa de responder à questão: o que pode a psicanálise com esses seres que falam e não falam a seu modo e, nisso, nos perturbam?

Referências

Badiou, A., & Cassin, B. (2013). *Não há relação sexual: duas lições sobre "O aturdito" de Lacan*. Zahar.

Bergès, J., & Balbo, G. (2003). *Há um infantil da psicose?* CMC.

Bernardino, L. M. F. (2006). A abordagem psicanalítica do desenvolvimento infantil e suas vicissitudes. In L. M. F. Bernardino (Org.), *O que a psicanálise pode ensinar sobre a criança, sujeito em constituição*. Escuta.

Calligaris, C. (1989). *Introdução a uma clínica diferencial das psicoses*. Artes Médicas.

Campos, H. de. (2005). O afreudisíaco Lacan na galáxia de lalíngua (Freud, Lacan a escritura). *Afreudite: Psicanálise Pura e Aplicada*, *1*(1), 1-22. (Trabalho original publicado em 1989)

Câmara, L., & Herzog, R. (2018). Aspectos preliminares para um estudo sobre a inibição em Freud. *Tempo Psicanalítico*, *50.(1)*, 53-71, 2018. Recuperado de http://pepsic.bvsalud.org/pdf/tpsi/v50n1/v50n1a04.pdf.

Costa, O. A. (2008). A negação primordial na constituição psíquica: o problema da afirmação-expulsão (*Bejahung-Austossung*) segundo Freud e Lacan. *Intuitio, 1*(2), 33-48.

Dolto, F. (1980). Prefácio. In M. Manonni, *Primeira entrevista em psicanálise*. Campus.

Eidelzstein, A. (2017). *Las estructuras clínicas a partir de Lacan: neuroses, histeria, obsesión, fobia, fetichismo y perversiones* (Vol. II). Letra Viva. (Trabalho original publicado em 2008)

Feofillof, P., Kohayakawa Y, & Wakabayashi, Y. (2011, 12 de julho). *Uma introdução sucinta à teoria dos grafos*. Recuperado de https://www.ime.usp.br/~pf/teoriadosgrafos/texto/TeoriaDosGrafos.pdf.

Freud, S. (1974). Totem e tabu. In S. Freud, *Edição standard brasileira das obras psicológicas completas de Sigmund Freud* (Vol. 13). Imago. (Trabalho original publicado em 1913)

Freud, S. (1995). Projeto para uma psicologia científica. In S. Freud, *Edição standard brasileira das obras psicológicas completas de Sigmund Freud: Vol. 1. Publicações pré-psicanalíticas e esboços inéditos* (pp. 213-264). Imago. (Trabalho original publicado em 1950)

Freud, S. (1996a). Recordar, repetir e elaborar. In S. Freud, *Edição standard brasileira das obras psicológicas completas de Sigmund Freud* (Vol. 12). Imago. (Trabalho original publicado em 1914)

Freud, S. (1996b). Inibição, sintoma e angústia. In S. Freud, *Edição standard brasileira das obras psicológicas completas de Sigmund Freud* (Vol. XX). Imago. (Trabalho original publicado em 1925-1926)

Freud, S. (2004). Além do princípio do prazer. In S. Freud, *Obras psicológicas de Sigmund Freud. Escritos sobre a psicologia do inconsciente* (L. A. Hanns, Coord. Geral & Trad.; pp. 123-198). Imago. (Trabalho original publicado em 1920)

Freud, S. (2010a). Introdução ao narcisismo. In S. Freud, *Obras completas, Volume 12: Introdução ao narcisismo, Ensaios de metapsicologia e outros textos (1914-1916)* (P. C. Souza, Trad., pp. 9-38). Companhia das Letras. (Trabalho original publicado em 1914)

Freud, S. (2010b). O inconsciente. In S. Freud, *Obras completas de Freud, Volume 12: Introdução ao narcisismo, Ensaios de metapsicologia e outros textos (1914-1916)* (P. C. Souza, Trad.; pp. 99-150). Companhia das Letras. (Trabalho original publicado em 1915)

Freud, S. (2013a). Sobre a concepção das afasias: um estudo crítico. In S. Freud, *Obras incompletas de Sigmund Freud: Neurose, psicose, perversão* (E. B. Rossi, Trad.). Autêntica. (Trabalho original publicado em 1891)

Freud, S. (2013b). O Homem dos Ratos. In S. Freud, *Obras completas de Freud, Vol. 9: Observações sobre um caso de neurose obsessiva ["O Homem dos Ratos"], Uma recordação de infância de Leonardo da Vinci e outros textos (1909-1910)* (P. C. Souza, Trad., pp. 13-112). Companhia das Letras. (Trabalho original publicado em 1909)

Freud, S. (2013c). As pulsões e seus destinos. In S. Freud, *Obras incompletas de Sigmund Freud: Neurose, psicose, perversão* (P. H. Tavares, Trad.). Autêntica. (Trabalho original publicado em 1915)

Freud, S. (2014). Formulações sobre os dois princípios do acontecer psíquico. In S. Freud, *Obras psicológicas de Sigmund Freud: Escritos sobre a psicologia do inconsciente* (L. A. Hanns, Coord. Geral & Trad., pp. 63-77). Imago. (Trabalho original publicado em 1911)

Freud, S. (2015). Análise da fobia de um garoto de cinco anos / "O pequeno Hans". In S. Freud, *Obras completas de Freud, Vol. 8: O delírio e os sonhos na Gradiva, Análise da fobia de um garoto de cinco anos e outros textos (1906-1909)* (P. C. Souza,

Trad., pp. 123-282). Companhia das Letras. (Trabalho original publicado em 1909)

Freud, S. (2016a). História de uma neurose infantil ("O Homem dos Lobos" 1918[1914]). In S. Freud, *Obras completas de Freud, Vol. 14: História de uma neurose infantil ("O Homem dos Lobos"), Além do princípio do prazer e outros textos (1971-1920)* (P. C. Souza, Trad., pp. 9-119). Companhia das Letras. (Trabalho original publicado em 1914-1918)

Freud, S. (2016b). Neurose e psicose. In S. Freud, *Obras incompletas de Sigmund Freud: Neurose, psicose, perversão* (M. R. S. Moraes, Trad., pp. 271-278). (Trabalho original publicado em 1924)

Freud, S. (2016c). A negação. In S. Freud, *Obras incompletas de Sigmund Freud: Neurose, psicose, perversão* (M. R. S. Moraes, Trad., pp. 305-314). Autêntica. (Trabalho original publicado em 1925)

Freud, S. (2016d). Carta a Fliess 112 [52], de 6 de dezembro de *1896*. In S. Freud, *Obras incompletas de Sigmund Freud: Neurose, psicose, perversão* (M. R. S. Moraes, Trad., pp. 35-45). Autêntica. (Trabalho original publicado em 1985)

Freud, S. (2017). Sobre a dinâmica da transferência. In S. Freud, *Obras Incompletas de Sigmund Freud: Fundamentos da clínica psicanalítica*. (C. Dornbusch, Trad., pp. 107-120). Autêntica. (Trabalho original publicado em 1912)

Granon-Lafont, J. (1990). *A topologia de Jacques Lacan* (L. C. Miranda & E. Cardoso, Trad.). Jorge Zahar.

Gueller, A. S. de. (2017, dezembro). Do nascimento aos obituários: o legado de Rosine e Robert Lefort. *Percurso, 59*, 91-100.

Guerra, A. M. C. (2017, março). Impacto clínico da topologia borromeana no estruturalismo lacaniano. *Ágora, 20*(1), 35-51.

Hans, L. H. (1996). *Dicionário comentado do alemão de Freud.* Imago.

Hyppolite, J. (1998). Comentário falado sobre a "Verneinung" de Freud. In J. Lacan, *Escritos* (V. Ribeiro, Trad., pp. 893-902). Jorge Zahar. (Trabalho original publicado em 1954)

Kanner, L. (1968). Autistic disturbances of affective contact. *Acta Paedo-Psychiatrica, 35*(4), 98-136. (Trabalho original publicado em 1943)

Kanner, L. (1944). Early Infantile Autism. *Journal Pediatric*, v.25, 211-217.

Kanner, L. (1968). Early Infantile Autism revisited. Psychiat. *Digest., 29*, 17-28 revisited in *Childhood Psychosis*, 1973, 135-141.

Klajnman, D. L., & Vivès, J.-M. (2019, junho). A tradução de *Die Verneinung* para o português e uma nova hipótese. *Revista Latinoamericana de Psicopatologia Fundamental, 22*(2), 199-214.

Klein, M. (1996). A importância da formação de símbolos no desenvolvimento do ego. In M. Klein, *Amor, culpa e reparação e outros trabalhos* (A. Cardoso, Trad., pp. 249-265). Imago. (Trabalho original publicado em 1930)

Klein, M. (1997). Uma neurose obsessiva em uma menina de seis anos de idade. In M. Klein, *A psicanálise de crianças* (L. P. Chaves, Trad.). Imago. (Trabalho original publicado em 1932)

Kojève, A. (2002). *Introdução à leitura de Hegel* (E. S. Abreu, Trad.). Eduerj.

Kupfer, M. C. M. (1999). Psicose e autismo na infância: problemas diagnósticos. *Estilos da Clínica, 4*(7), 96-107. Recuperado de http://pepsic.bvsalud.org/scielo.php?script=sci_arttext&pid=S1415-71281999000200010&lng=pt&tlng=pt.

Kupfer, M. C. M. (2000). Notas sobre o diagnóstico diferencial da psicose e do autismo na infância. *Psicologia USP, 11*(1), 85-105.

Lacadée, P. (1996, novembro). Duas referências essenciais de J. Lacan sobre o sintoma da criança. *Opção Lacaniana*, (17), 74-82.

Lacan, J. (1953). *Fonction et champ de la parole et du langage en psychanalyse*. Recuperado de http://staferla.free.fr/Lacan/Fonction%20et%20champ.pdf.

Lacan, J. (n.d.). ...*Ou pior (Seminário 1971-1972)* (A. T. D. Gonçalves, Trad.). Espaço Moebius.

Lacan. J. (1972). *L'etourdit*. Recuperado de http://staferla.free.fr/Lacan/L'etourdit.pdf.

Lacan, J. (1974-1975). *O Seminário, Livro 22: R. S. I.* (Tradução livre). Cópia não editada.

Lacan, J. (1983). *O Seminário, Livro 1: Os escritos técnicos de Freud 1953-1954* (B. Millan, Trad.). Jorge Zahar.

Lacan, J. (1985a). *O Seminário, Livro 2: O eu na teoria de Freud e na técnica da psicanálise 1954-1955* (A. Menezes, Trad.). Jorge Zahar.

Lacan, J. (1985b). *O Seminário, Livro 20: Mais, ainda 1972-1973* (M. D. Magno, Trad.). Jorge Zahar.

Lacan, J. (1992). *O Seminário, Livro 8: A transferência 1960-1961* (D. D. Estrada, Trad.). Jorge Zahar.

Lacan, J. (1995). *O Seminário, Livro 4: A relação de objeto 1956-1957* (D. D. Estrada, Trad.). Jorge Zahar.

Lacan, J. (1998a). O estádio do espelho como formador da função do eu. In J. Lacan, *Escritos* (V. Ribeiro, Trad., pp. 96-113). Jorge Zahar. (Trabalho original publicado em 1949)

Lacan, J. (1998b). Função e campo da fala e da linguagem em psicanálise. In J. Lacan, *Escritos* (V. Ribeiro, Trad., pp. 238-324). Jorge Zahar. (Trabalho original publicado em 1953 com prefácio reescrito em 1966)

Lacan, J. (1998c). Introdução ao comentário de Jean Hyppolite sobre a "Verneinung" de Freud. In J. Lacan, *Escritos* (V. Ribeiro,

Trad., pp. 370-382). Jorge Zahar. (Trabalho original publicado em 1954)

Lacan, J. (1998d). Resposta ao comentário de Jean Hyppolite sobre a "Verneinung" de Freud. In J. Lacan, *Escritos* (V. Ribeiro, Trad., pp. 383-401). Jorge Zahar. (Trabalho original publicado em 1954)

Lacan, J. (1998e). O Seminário sobre "A carta roubada". In J. Lacan, *Escritos* (V. Ribeiro, Trad., pp. 13-68). Jorge Zahar. (Trabalho original publicado em 1956)

Lacan, J. (1998f). A instância da letra no inconsciente ou a razão desde Freud. In J. Lacan, *Escritos* (V. Ribeiro, Trad., pp. 496-533). Jorge Zahar. (Trabalho original publicado em 1957)

Lacan, J. (1998g). A significação do falo. In J. Lacan, *Escritos* (V. Ribeiro, Trad., pp. 692-703). Jorge Zahar. (Trabalho original publicado em 1958)

Lacan, J. (1998h). Subversão do sujeito e dialética do desejo. In J. Lacan, *Escritos* (V. Ribeiro, Trad., pp. 807-842). Jorge Zahar. (Trabalho original publicado em 1960)

Lacan, J. (1998i). Formulações sabre a causalidade psíquica. In J. Lacan, *Escritos* (V. Ribeiro, Trad., pp. 152-196). Jorge Zahar. (Trabalho original publicado em 1946/1966)

Lacan, J. (1998j). Posição do inconsciente no Congresso de Bonneval. In J. Lacan, *Escritos* (V. Ribeiro, Trad., pp.843-864). Jorge Zahar. (Trabalho original publicado em 1960, retomado em 1964)

Lacan, J. (1998k). Observação sobre o relatório de Daniel Lagache: "Psicanálise e estrutura da personalidade". In J. Lacan, *Escritos* (V. Ribeiro, Trad., pp. 653-691). Jorge Zahar. (Trabalho original publicado em 1960-1966)

Lacan, J. (1998l). Conferência em Genebra sobre o sintoma. (1975) *Opção Lacaniana – Revista Brasileira Internacional de Psicanálise, 23,* 6-16.

Lacan, J. (1999). *O Seminário, Livro 5: As formações do inconsciente 1957-1958* (V. Ribeiro, Trad.) Zahar Editor.

Lacan, J. (2002a). *O Seminário, Livro 3: As psicoses 1955-1956* (A. Menezes, Trad.). Jorge Zahar.

Lacan, J. (2002b). *O Seminário, Livro 6: O desejo e sua interpretação 1958-1959* (publicação não comercial). Associação Psicanalítica de Porto Alegre.

Lacan, J. (2003a, outubro). *O Seminário, Livro 9: A identificação 1961-1962* (publicação não comercial). Centros de Estudos Freudianos do Recife.

Lacan, J. (2003b). O aturdito. In J. Lacan, *Outros escritos 1962-1963* (V. Ribeiro, Trad., pp. 448-497). Zahar Editor. (Trabalho original publicado em 1972)

Lacan, J. (2005). *O Seminário, Livro 10: A angústia 1962-1963* (V. Ribeiro, Trad.). Jorge Zahar.

Lacan, J. (2007). *O Seminário, Livro 23: O sinthoma 1975-1976* (S. Laia, Trad.). Jorge Zahar.

Lacan, J. (2008a). *O Seminário, Livro 7: A ética da psicanálise 1959-1960.* Jorge Zahar.

Lacan, J. (2008b). *O Seminário, Livro 11: Os quatro conceitos fundamentais da psicanálise 1964* (M. D. Magno, Trad.). Jorge Zahar.

Lacan, J. (2008c). *O Seminário, Livro 16: De um Outro ao outro 1968-1969* (V. Ribeiro, Trad.). Jorge Zahar.

Lacan, J. (2009). *O Seminário, Livro 18: De um discurso que não fosse semblante 1970-1971* (V. Ribeiro, Trad.). Jorge Zahar.

Lacan, J. (2010). *Encore 1972-1973* (A. T. Ribeiro, Trad.). Escola Letra Freudiana.

Lacan, J. (2018). *Os não-tolos erram / Os nomes do pai 1973-1974* [recurso eletrônico]. (F. Denez & G. C. Volaco, Trad. & Org.). Fi.

Lacan, J. (1966). Remarque sur le rapport de Daniel Lagache. In J. Lacan, *Écrits*. pp. 653-691. Seuil.

Laurent, É. (2012). *La bataille de l'autisme. De la clinique à la politique*. Navarin.

Lefort, R., & Lefort, R. (1984). *Nascimento do outro: duas psicanálises* (A. Jesuíno, Trad.). Fator. (Trabalho original publicado em 1980)

Lefort, R., & Lefort, R. (2017). *A distinção do autismo*. Relicário. (Trabalho original publicado em 2003)

Le Gaufey, G. (2015). *O não-todo de Lacan: consistência lógica, consequências clínicas*. Scriptorium.

Lucchesi, C. L. (1979). *Introdução à teoria dos grafos*. Recuperado de https://impa.br/wp-content/uploads/2017/04/12_CBM_79_05.pdf.

Lucero, A., & Vorcaro, Â. M. R. (2009). Das Ding e o outro na constituição psíquica. *Estilos da Clínica, 14*(27), 230-251.

Lucero, A., & Vorcaro, Â. M. R. (2013, abril). Do vazio ao objeto: *das Ding* e a sublimação em Jacques Lacan. *Ágora, XVI*(número especial), 25-39.

Lucero, A., & Vorcaro, Â. M. R. (2017). Lacan leitor de Melanie Klein: o caso Dick em questão. *Psicologia: Teoria e Pesquisa* [online], *33*, e3348.

Maleval, J.-C. (2009a). Os objetos autísticos complexos são nocivos? *Psicologia em Revista, 15*(2), 223-254.

Maleval, J.-C. (2009b). Qual o tratamento para o sujeito autista? (P. S. Souza Jr., Trad.). *Interação*, *34*(2), 1-34.

Maleval, J.-C. (2015, novembro). Por que a hipótese de uma estrutura autística? *Opção Lacaniana*, *6*(18).

Maleval, J.-C. (2017). "Sobretudo verborrágicos", os autistas. In J.-C. Maleval, *O autista e sua voz* (P. S. Souza Jr., Trad.). Blucher.

Maleval, J.-C. (2018, maio-outubro). Da estrutura autista. *Revista aSEPHallus de Orientação Lacaniana*, *13*(26), 4-38.

Maleval, J.-C. (2019). Autismo y otras preguntas – Entrevista a Jean-Claude Maleval. *Revista DeInconscientes*. Recuperado de https://deinconscientes.com/autismo-jean-claude-maleval/?fbclid=IwAR0zXxXq7tKDMPp9iubg841ykdU0lQ1vAKq9_qB--rbfwu5oedZ5BFSgy6Js.

Miller, J.-A. (2013). Jacques Lacan e a voz. *Opção Lacaniana online*, *4*(11). Recuperado de http://www.opcaolacaniana.com.br/pdf/numero_11/voz.pdf. (Trabalho original publicado em 1994)

Milner, J.-C. (1996). *A obra clara: Lacan, a ciência, a filosofia*. Zahar.

Milner, J.-C. (2021). *Introdução a uma ciência da linguagem* (Vários Trads.). Vozes. (Trabalho original publicado em 1989)

Porge, E. (2014a). *Fundamentos da clínica psicanalítica*. Mercado das Letras.

Porge, E. (2014b). *Voz do eco*. Mercado das Letras.

Rabinovitch, S. (2001). *A foraclusão: presos do lado de fora*. Zahar.

Rona, P. M. (2012). *O significante, o conjunto e o número: a topologia na psicanálise de Jacques Lacan*. Annablume.

Roudinesco, E., & Plon, M. (1998). *Dicionário de psicanálise*. Jorge Zahar.

Safatle, V. (2006). *A paixão do negativo: Lacan e a dialética*. Unesp.

Saufouan, M. (2004). O grafo de Lacan. In C. Dougeuille & R. Chemama, *Dicionário de Psicanálise – Freud & Lacan Vol. 2*. (pp. 16-32). Ágalma.

Saury, P. (1984). *Cadernos, nudos y superficies en la obra de Lacan* (R. F. Couto, Pres. & Ed.). Xavier Boveda Ediciones.

Saussure, F. (1995). *Curso de linguística geral* (20ª ed., C. Baley & A. Sechehaye, Orgs., I. Blikstein, Trad.). Cultrix. (Trabalho original publicado em 1916)

Silveira, D. M. G., & Vorcaro, Â. M. R. (2016, dezembro). Da Verneinung ao traço unário. *Ágora, 19*(3), 499-532.

Souza, C. R. (2014). *Dos paradoxos da constituição do sujeito e das tentativas de saber-fazer com a língua: a amarração sinthomática nas vias de um autismo* [Tese de doutorado, Universidade Federal de Uberlândia, Programa de Pós-Graduação em Estudos Linguísticos].

Souza, C. R. (2021). Isso o que te ofereço é "não": o autista e a transferência. *Gerais: Revista Interinstitucional de Psicologia, 14*(2), 1-28.

Vivès, J.-M. (2009). Para introduzir a questão da pulsão invocante. *Revista Latinoamericana de Psicopatologia Fundamental, 12*(2), 329-341.

Vorcaro, Â. M. R. (2004). *A criança na clínica psicanalítica*. Companhia de Freud.

Vorcaro, Â. M. R. (2005). A transferência na clínica com crianças. In *Crianças na Psicanálise: Clínica, Instituição e Laço Social* (pp. 59-97). Companhia de Freud.

Vorcaro, Â. M. R. (2008, abril). *Desastre e acontecimento na estrutura*. In mimeo.

Vorcaro, Â. M. R. (2016, setembro/dezembro). Paradoxos do diagnóstico psicanalítico nos autismos. *Estilos da Clínica, 21*(3), 736-755.

Vorcaro, Â. M. R. (2019a, 7 abril). A estrutura psíquica do autista. *Conferência*. II Congresso Internacional de Autismos do Brasil.

Vorcaro, Â. M. R. (2019b). Autismo: saber no real? In M. Lasch & N. V. A. Leite (Orgs.). *Anatomia Destino Liberdade* (pp. 129-138). Mercado das Letras.

Vorcaro, Â. M. R. (2019c). *Uma articulação preliminar da diferenciação estrutural autismo/psicose*. In mimeo.

Vorcaro, Â. M. R., & Capanema, C. A. (2010, dezembro). Desastre e acontecimento na realidade psíquica. *Psicologia em Revista, 16*(3), 490-504.

Vorcaro, Â. M. R., & Capanema, C. A. (2019). Uma leitura borromeana da estrutura. In M. Lasch & N. V. A. Leite (Orgs.). *Anatomia Destino Liberdade* (pp. 321-332). Mercado das Letras.

Vorcaro, Â. M. R., & Lucero, A. (2010, abril/junho). Entre real, simbólico e imaginário: leituras do autismo. *Psicologia Argumento, 28*(61), 147-157.

Wittgenstein, L. (1974). *Gramática filosófica. Parte I: A proposição e seu sentido. Parte II: Sobre a lógica e a matemática*. Loyola.

Impressão e Acabamento

Bartiragráfica

(011) 4393-2911